GERSTENBERG VERLAG

50 Klassiker

GEMÄLDE

Die wichtigsten Gemälde der Kunstgeschichte

dargestellt von Rolf H. JOHANNSEN

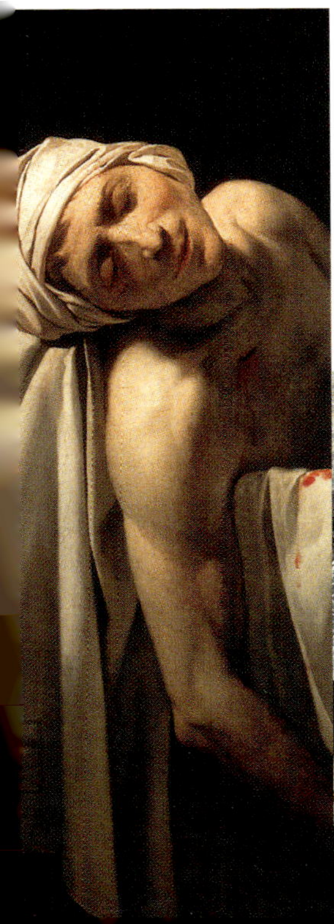

Künstler von A–Z

Vom lustvollen Sehen

Wir leben heute in einer vom Bild bestimmten Welt. Mit immer neuen Bildern versucht die Werbung Wünsche und Sehnsüchte zu wecken, die durch Kauf und Konsum zu befriedigen sind. Konsum ist das Thema der Pop-Art. Mit einem Werk ihres Hauptvertreters Andy Warhol, dem *Marilyn Diptych*, schließen die 50 *Klassiker Gemälde*. Ziemlich genau 700 Jahre vor der Beschäftigung Warhols mit dem Filmstar malte Cimabue in Florenz seine *Thronende Muttergottes*. Was haben die Bilder miteinander zu tun? Sehr viel. Beide setzen sich mit dem Bildtyp der Ikone, dem Heiligenbild der orthodoxen Kirche, auseinander. Von deren starren Formeln begann man sich um 1300 in Florenz zu lösen, Warhol griff diese Formeln 1962 in New York wieder auf und zeigt so, was vielen Menschen Marilyn Monroe war und heute noch ist, eine weltliche Heilige. Er schöpfte aus dem abendländischen Bildfundus. Kein Bild entsteht voraussetzungslos. Dies gilt für Raffaels Madonnen ebenso wie für Kandinskys abstrakte Kompositionen.

■ *Cimabue, Thronende Muttergottes (Maestà), um 1280, Tempera auf Holz, 385 x 223 cm, Florenz, Galleria degli Uffizi.*

Anhand von 50 *Klassikern* der Malerei wird der Weg von Cimabue zu Warhol, von Florenz nach New York nachgezeichnet: die senkrechte Koordinatenachse. Die waagerechte Achse verortet die *Klassiker* in ihrer Entstehungszeit. Jeder Essay ist für sich verständlich, will jedoch gleichzeitig zum Vor- und Zurückblättern anregen. Die in den Essays zur Anwendung kommenden Blickwinkel reichen von einer Fokussierung allein auf den *Klassiker* – die Entschlüsselung von Bildinhalten und die »Beweisführung« als Krimi – bis hin zum Panorama einer ganzen Epoche. Die Auswahl ist zwar repräsentativ, bei der großen Zahl klassischer Gemälde im Einzelfall jedoch zwangsläufig subjektiv. Manch einer wird seinen Lieblingsklassiker vermis-

■ *Andy Warhol, Marilyn Diptych, 1962, Siebdruck auf Acryl auf Leinwand, je Tafel 208,3 x 144,8 cm, London, Tate Gallery.*

sen. Entschädigung können Entdeckungen und neue Sichten auf vermeintlich Altbekanntes bieten.

»Sehen«, so stellt der englische Kunsthistoriker und -kritiker John Berger fest, »kommt vor Sprechen. Kinder sehen und erkennen, bevor sie sprechen können.« Maßgeblich durch Sehen bestimmen wir unseren Platz in der Umwelt und setzen uns in ein Verhältnis zum Mitmenschen. Doch die tagtäglich auf uns einstürzende Bilderflut droht, den Blick zu verschließen. Wir sehen, ohne wirklich hinzusehen. Wie wir ein Bild sehen, hängt von unserem sozio-kulturellen Hintergrund ab, von unserem Wissen oder Glauben und der Zeit, in der wir leben. Eine Höllendarstellung hatte für Menschen des Mittelalters eine andere Bedeutung als für uns heute, die wir das Bild nicht in einer Kirche, sondern im Museum sehen. Ein Bild Kandinskys wurde um 1910 anders gesehen als 1990; ein Bauer wird eine Landschaft immer anders als ein Städter betrachten. Das Sehen ist Veränderungen unterworfen. Das gleiche gilt für die Entschlüsselung und Deutung von Bildern. So wollen die *50 Klassiker Gemälde* auch kein Leitfaden, sondern Anregung sein, Anregung zu einer Entdeckungsreise, zum lustvollen Hinsehen, Neusehen und wiederholten Sehen – zum Kopfabenteuer Bildbetrachtung.

Thronende Muttergottes

CIMABUE

Cimabues überlebensgroßes, annähernd vier Meter hohes Bild der Thronenden Muttergottes muss auf die Zeitgenossen einen überwältigenden Eindruck gemacht haben. Der Meister malte diese *Maestà* – »Majestät« – um 1280 für den Hauptaltar der im damals modernen gotischen Stil neu errichteten Kirche Santa Trinità in Florenz. Berühmt war das Bild schon, als es noch in der Werkstatt des Malers stand. Giorgio Vasari zufolge soll das Bild Karl von Anjou (1226–1285), dem Bruder des französischen Königs und König von Sizilien, auf einer seiner zahlreichen Durchreisen von den Stadtherren gezeigt worden sein. Dem Vorbild Karls folgend, besuchten daraufhin die Vornehmen der Stadt Cimabues Atelier. Und da diese Besuche offenbar von einer »festlichen Fröhlichkeit« waren, hat der volkstümliche Stadtteil, in dem die Werkstatt Cimabues lag – so heißt es jedenfalls –, den Namen Borgo Allegri, fröhliche Vorstadt, erhalten. Solche Vorstädte waren in Florenz wie in anderen Städten Italiens seit dem 12. Jahrhundert wie die Pilze aus dem Boden geschossen, in demselben Maß, wie die Stadtbevölkerung wuchs. In ihnen wohnten und arbeiteten die Handwerker, die zum wachsenden Reichtum der Städte beitrugen. Die Kirchen der Vorstädte wurden in aller Regel von Bettelmönchen wie Franziskanern und Dominikanern betreut, die hier in der Volkssprache predigten. In der prächtigen Ausstattung dieser neuen Kirchen, zu denen auch Santa Trinità gehörte, drückte sich ein neues Selbstbewusstsein der arbeitenden Volksklassen aus, die sich zunehmend neben dem alten Stadtadel behaupteten und in immer stärkerem Maße die städtische Selbstverwaltung in die Hände nahmen. Zu der neuen Volksfrömmigkeit gehörte, dass die Bevölkerung feierlich von einem neuen Kirchenbild Besitz nahm. Aus den nicht immer eindeutigen Nachrichten Vasaris können wir schließen, dass Cimabues *Maestà* nach der Fertigstellung von der damals noch östlich der ummauerten Stadt gelegenen Werkstatt durch die Straßen bis zu ihrem Aufstellungsort getragen wurde, an der sich neben den Klerikern die örtlichen Würdenträger in einer feierlichen Prozession und das

GIORGIO VASARI

Viele Nachrichten über die italienischen Maler des Mittelalters und der Renaissance verdanken wir Giorgio Vasaris *Lebensbeschreibungen der berühmtesten Maler, Bildhauer und Architekten* von 1550 und 1568. Vasari prägte Begriffe wie »finsteres Mittelalter«, »Gotik« (ital. gotico, den Goten zugehörig, barbarisch, nicht antik) und »Renaissance«. Er ist der Erbauer der Uffizien, in denen nach 1580 Sammlungsräume entstehen, aus denen dann das Uffizien-Museum hervorgeht.

■ *Cimabue, Thronende Muttergottes (Maestà), um 1280, Tempera auf Holz, 385 x 223 cm, Florenz, Galleria degli Uffizi.*

ganze Volk beteiligten. Die am besten überlieferte Prozession dieser Art fand am 11. Juli 1311 in Siena statt, als die für den Dom der Stadt bestimmte *Maestà* Duccios – ein Gemälde, das ohne Cimabues Bild kaum denkbar ist – an ihren Ort gebracht wurde. Die Kirche Santa Trinità liegt nördlich des Arno, unweit der nach ihr benannten Brücke. Betrat der Gläubige das Mittel-

■ *Cimabue, Kruzifix, um 1260/70, Tempera auf Holz, 336 x 267 cm, Arezzo, San Domenico.*
Das überlebensgroße *Gemalte Kruzifix* in Arezzo gilt als das erste gesicherte Werk Cimabues. Monumentale gemalte Kruzifixe gehören zu den charakteristischen Schöpfungen der italienischen Kunst im Mittelalter.

schiff, fiel sein Blick als erstes auf den Hauptaltar mit der *Maestà* Cimabues. Über einem Unterbau steht ein Thron, auf dem Maria mit dem Christusknaben sitzt. Ihr Blick ist wie der ihres Sohnes auf den Betrachter gerichtet. Mit der rechten Hand weist sie auf Christus, mit der linken umfängt sie ihn. Christus selbst hat seine rechte Hand zum Segen erhoben, in der linken hält er eine Schriftrolle. Es ist der byzantinische Madonnentyp der *Hodegetria*, der *Wegweisenden Muttergottes*, den Cimabue seinem Bild hier zugrunde legt. Das »Urbild« der *Hodegetria* soll Kaiserin Eudokia Ende des 4. Jahrhunderts aus Jerusalem nach Konstantinopel gebracht haben. Im 10. Jahrhundert wurde dann die Legende gefördert, dass die *Hodegetria* vom Evangelisten Lukas, seitdem Schutzheiliger der Maler, gemalt worden sei, es sich bei ihr also um ein authentisches Bild der Maria handele. Die jahrhundertealte, aufgrund der Legende weit verbreitete byzantinische *Hodegetria* – Maria mit Kind und zumeist zwei Engeln – erweitert Cimabue grundlegend. Je vier hintereinander gestaffelte Engel stehen seitlich des Throns, den sie aus der Höhe herabgetragen haben. In symmetrischer Entsprechung blicken die zweituntersten auf die Madonna. Die übrigen sechs schauen aus dem Bild heraus. Weiter fügt Cimabue in die Arkaden des Thronsockels die Brustbilder von vier männlichen Gestalten ein, die sich aufgrund ihrer Spruchbänder benennen lassen. In der Mitte haben wir es mit Vorfahren Christi zu tun, Abraham und König David mit der Krone, links außen befindet sich der Prophet Jeremias, rechts Jesaias, der auf seinem Spruchband (Jes. 7, 14) die Jungfrauengeburt vorhersagt. Die Körperdrehung und die Blickrichtung der Propheten sind wie die starre Würde der Vorväter Christi inhaltlich und formal begründet. Sie blicken zu Christus auf, dessen Kommen sie vorausgesagt haben, und schaffen so eine, wenn auch nur schwache, Verbindung zwischen der Sockelzone und der *Thronenden Muttergottes*. Doch was den von Vasari bei Cimabue und dessen Werk festgestellten Übergang von der »alten griechischen Art« zur »neuen Art« ausmacht, ist weniger die Erweiterung des Motivs der *Hodegetria* als vielmehr die beginnende Verräumlichung des Bildes. Verräumlichung bedeutet, dass der Raum des Bildes kein unbestimmtes Jenseits mehr ist, sondern mit dem Erfahrungsraum der Betrachter zusammenwächst. Die Muttergottes rückt dadurch den Menschen näher – der religiösen Stimmung ihrer Zeit entsprechend, in der das Christentum volkstümlicher wird. Deutlich gibt sich der frontal gestellte Thron als dreidimensionales architektonisches Gebilde zu erkennen. Zwei eingeschwungene Stufen führen zu dem durch die Madonna und ein Kissen – dieses ist in der byzantinischen Tradition ein Attribut kaiserlicher Würde – verdeckten Sitz herauf. Die Sitzende selbst steht noch in einem etwas unklaren räumlichen Zusammenhang mit der Architektur des Throns. Unklar ist auch die räumliche Beziehung der Engel zum Thron und vor allem das Verhältnis des Throns zum Sockel. Die beiden äußeren Arkaden mit den Propheten befinden sich auf der vordersten Bildebene. Auf den ersten Blick scheinen auch Abraham und David unter einer Arkade zu sitzen. Doch schwingt hier der Bogen, parallel zu den Thronstufen, horizontal ein, wodurch Raumtiefe zum Ausdruck gebracht werden soll. Auf den ersten Blick scheint der Jesusknabe auf dem linken Oberschenkel der Maria zu sitzen. Demzufolge müsste das Bein hochgestellt sein, doch ist der linke Fuß Marias auf die untere Thronstufe, vor die Körpermitte gestellt, in die Achse, die Kopf und weisende Hand der Madonna bilden. Zwar umfängt Maria ihren Sohn mit dem linken Arm, doch

■ *Duccio, Maestà mit Heiligen, 1311, Tempera auf Holz, 211 x 425 cm, Siena, Museo dell'Opera Metropolitana.*
1308 ist der Vertrag zu Duccios großem Altar für den Dom von Siena datiert; 1311 wird das Werk feierlich in die Kirche eingeholt. Die über vier Meter lange Mitteltafel zeigt die *Thronende Muttergottes* von Engeln und Heiligen umgeben. Aus ihr entwickelt sich im 15. Jahrhundert die »Sacra Conversazione«, das »Gespräch« zwischen Maria und Heiligen, ein Bildtyp, der bis in den Barock Bestand haben sollte.

auch im Arm könnte sie ihn so nicht wirklich tragen. Dies ist nicht als »Fehler« des Malers zu interpretieren, sondern theologisch begründet. Die Gottesmutter deutet auf ihren Sohn und bestätigt dessen Existenz in »freier Selbstmächtigkeit«, wie die theologische Formel lautete. Dass ihr Sohn des Haltes durch sie nicht bedarf, gibt der Gottesmutter Bewegungsfreiheit: Vom Himmel herabgekommen, die Gläubigen im Blick, setzt Maria zum Herabschreiten vom Thron an. Es ist dieser Moment, den Cimabue darstellt.Auf den Bildern der Nachfolger Cimabues wird die Madonna weiter von ihrem Thron herabsteigen: Sie wird denselben Bildraum mit Heiligen und Stiftern betreten, einen Raum, den die Betrachter auch als den ihren empfinden, ja, sie wird sich sogar als »Demutsmadonna« auf dem Boden niederlassen. Die Gemeinde wird nicht mehr vor der Gottesmutter als Herrscherin mit den Attributen einer byzantinischen Kaiserin erschauern, sondern sich um die Jungfrau scharen, die nicht mehr als *Maestà*, sondern als »Magd des Herrn« dargestellt wird. Als das schlimmste Laster in der mittelalterlichen Stadt gilt später die »Hoffart« der Reichen und Mächtigen, die den inneren Frieden der Städte gefährdet. Die Geschlechtertürme der alten mächtigen Familien werden in Florenz und Siena auf eine einheitliche Höhe gestutzt, und über dem Eingang zum Büro des Steuereinnehmers mahnt – wie in Siena – die »Demutsmadonna« die Eintretenden zum Dienst an der Gemeinde. Den ersten Schritt in diese Richtung macht Cimabues *Maestà*.

■ *Gottesmutter mit Christuskind, so genannte Hodegetria, Mosaik aus der Hagia Sophia, Istanbul, um 1120.*
Dieser Madonnentyp wird in der Ikonenmalerei der Ostkirche bis heute praktisch unverändert wiederholt – Jahrhunderte nach Cimabues Aufbruch.

IKONEN

In der Ostkirche besteht bis heute die Vorstellung, dass den Ikonen »Urbilder« zugrunde liegen. Ihre ständige Wiederholung ist Ausdruck der Auffassung, dass die Ikone selbst heilig ist und deshalb nicht verändert werden darf. Der Ikonenmaler ist Kopist, Veränderungen am »Urbild« sind nicht erlaubt. In der Kirche des Westens galt dagegen nie das Bild selbst als heilig, sondern nur die dargestellte Person. Dies war die theologische Voraussetzung dafür, dass Cimabue das überlieferte Schema durchbrechen konnte.

CIMABUE: THRONENDE MUTTERGOTTES (MAESTÀ)

LEBEN UND WERK

Über das Leben des Cenni di Pepe oder di Pepo, genannt Cimabue, ist so gut wie nichts bekannt. Archivalische Nachrichten finden sich kaum. 1272, bezeichnet als »Cimmabove pictor de Florencia«, ist Cimabue Zeuge eines kirchlichen Verwaltungsaktes in Rom. Warum er sich zu diesem Zeitpunkt dort aufhält, ist nicht bekannt, doch kann aus dem hohen Rang der weiter in der Urkunde Genannten auf ein gewisses Ansehen und damit auch auf das Alter Cimabues geschlossen werden. Das von Vasari angegebene Geburtsjahr 1240 findet hier Bestätigung. 1301/02 ist Cimabue dann in Pisa erwähnt, wo er die Figur des Apostel Johannes im Apsismosaik des Doms ausführt. Kurz nach Vollendung des Mosaiks stirbt der Künstler. Das für Cimabue dokumentarisch gesicherte Werk in Pisa und die Angaben Vasaris bilden die Grundlage für die Rekonstruktion des Œuvres des Malers. Zahlreiche Zuschreibungen sind jedoch umstritten, auch schwankt die Datierung einzelner Werke zum Teil um Jahrzehnte. Das älteste bekannte Gemälde Cimabues ist das *Gemalte Kruzifix* in San Domenico in Arezzo. Es ist das einzige seiner Werke, das sich direkt mit spätbyzantinischer Malerei in Verbindung bringen lässt. Es bestätigt wiederum Vasari, der schreibt, dass Cimabue bei »Byzantinisten«, also bei eingewanderten Griechen oder in byzantinischer Tradition arbeitenden Künstlern, in die Lehre gegangen sei. Ein weiteres Kruzifix, 1966 durch das Arnohochwasser schwer beschädigt, malte Cimabue für Santa Croce in Florenz. Den Höhepunkt in Cimabues Kunst bilden der von ihm und seiner Werkstatt geschaffene Freskenkomplex in der Oberkirche von San Francesco in Assissi. Durch das Erdbeben im September 1997 wurden die ohnehin nur schlecht erhaltenen Fresken weiter geschädigt, besonders die bis dahin am besten erhaltenen *Vier Evangelisten* im Gewölbe der Vierung. Neben der *Maestà* der Uffizien stellt die *Thronende Muttergottes* aus San Francesco in Pisa (heute Paris, Louvre) ein weiteres sicheres Werk Cimabues dar. Entstanden nach der heute urkundlich als Werk Duccios gesicherten *Madonna Rucellai* in den Uffizien, ist sie auf 1285–90 zu datieren und weist wie das Werk des Sienesen, gotisierende Elemente auf. Cimabue gilt als wichtigster Vorläufer der neuzeitlichen europäischen Malerei. Ausgehend von byzantinischen Überlieferungen gelangt er zu einer in der nachantiken Kunst bis dahin ungekannten Plastizität und Freiheit in der Figurenbehandlung und im Bildaufbau.

DATEN

Wo zu sehen:
Florenz, Galleria degli Uffizi
Tempera auf Holz,
385 x 223 cm

Provenienz:
Entstanden um 1280 für den Hauptaltar der Kirche Santa Trinità in Florenz, mehrfach umgesetzt, ab 1810 Galleria dell'Accademia, seit 1919 in den Uffizien.

AUF DEN PUNKT GEBRACHT

Cimabues *Maestà* gehört zusammen mit den Madonnentafeln Duccios und Giottos zu den Hauptwerken europäischer Malerei um 1300. Vereint in einem Raum, bilden sie einen kaum zu überbietenden Auftakt zu der bedeutenden Gemäldesammlung der Uffizien.

Die Beweinung Christi und andere Fresken der Arena-Kapelle in Padua

GIOTTO

Ziel der meisten Besucher Paduas ist ein kleiner, auf halbem Wege zwischen Bahnhof und Innenstadt gelegener unscheinbarer Bau, die *Arena-* oder *Scrovegni-Kapelle* im antiken Amphitheater der Stadt, heute ein Park. Die Kapelle wurde von dem reichen und mächtigen Paduaner Bürger Enrico Scrovegni

■ *Giotto, Beweinung Christi, um 1305, Fresko, Padua, Arena-Kapelle.*

als Teil seines Familienpalastes errichtet; Giotto malte den Bau mit Ausnahme des Altarraumes in den Jahren um 1305 vollständig aus. Das Vorhaben Enricos fand sehr schnell Neider. Noch während Giotto in der Kirche arbeitete, kam es zum Streit zwischen ihm und benachbarten Augustinermönchen, die für ihre Kirche Konkurrenz fürchteten. Ihnen schien der Bau für den Zweck einer Privatkapelle zu groß und durch die Malereien Giottos zu prächtig ausgestattet. Die Kapelle sei mehr zur Ehre der Scrovegni als zur Ehre Gottes errichtet, denn sie habe eher den Charakter einer allen Gläubigen offenstehenden Kirche als den einer Familienkapelle, behaupteten sie völlig zu Recht, denn Giottos Bildprogramm entsprach dem der in dieser Zeit an vielen Orten in den Predigtkirchen der Bettelmönchsorden entstehenden Bildzyklen. Die Längswände der Kapelle teilt Giotto in vier horizontale Streifen. In der Sockelzone imitiert er Marmor, in gemalten Nischen finden sich Tugend- und Lasterdarstellungen. Diese nehmen inhaltlich Bezug auf das die ganze Westwand einnehmende *Jüngste Gericht*: Die Tugenden finden sich auf der Seite der Seligen, die Laster auf der der Verdammten. In den drei Zonen über dem Sockel erzählt Giotto in knapp vierzig Bildern das Leben Mariae und Christi, von der *Vertreibung Joachims aus dem Tempel* bis zum *Pfingstwunder*. Unter Auslassung der Westwand verläuft die Erzählung spiralförmig abwärts, von der oberen linken Ecke der Südwand bis zur unteren rechten der Nordwand. Der Versprung von der oberen in die folgende untere Zone geschieht an der Chorwand. Hier findet sich auch das einzige besonders hervorgehobene Bild des Zyklus, in dem die selten dargestellte *Aussendung des Erzengels Gabriels durch Gottvater* mit der *Verkündigung an Maria* verschmolzen ist. Giotto erzählt seine Geschichte in Form von aufeinander bezogenen Bildern, wobei er Prinzipien des heutigen Comics vorwegzunehmen scheint: Die Wiedererkennbarkeit der Personen in den einzelnen Szenen ist gegeben, und wie selbstverständlich übernehmen in einer Zeit, in der ein überwiegender Teil der Bevölkerung weder lesen noch schreiben kann, Gesten und Blicke der Figuren die Funktion des geschrie-

■ *Giovanni Dupré (1817–1882), Standbild des Giotto.*

■ Das kompositorische Zentrum und damit das inhaltlich Wesentliche liegt nicht in der geometrischen Bildmitte, sondern in der linken unteren Ecke.

■ Die von Giotto um 1305 ausgemalte Arena-Kapelle, Blick in Richtung Altar.

benen Wortes in den Sprechblasen des Comics. Durch diese Darstellungsweise vermittelt er den Menschen aus dem Volk, die in den italienischen Städten des ausgehenden Mittelalters erstmals aktiv an dem – mit dem politischen Geschehen in der Gemeinde eng verknüpften – religiösen Leben teilnehmen, die theologischen Grundkenntnisse, die sie brauchen. Es geht ihm nicht mehr, wie den älteren Künstlern in der Tradition der byzantinischen Kirchenmalerei, darum, die Volksmenge durch prächtige Bilder zu beeindrucken, sondern sein Ziel ist es, jedem Einzelnen die Glaubenswahrheiten so verständlich wie möglich zu machen. Dies zieht einen in der mittelalterlichen Kunst bis dahin noch nicht gekannten Realismus der Darstellung nach sich. Der Erzählstil Giottos ist äußerst ökonomisch. Weniges reicht ihm, um eine Szene schlüssig wiederzugeben. Auf Beiwerk und von der Haupthandlung ablenkende Nebenhandlungen verzichtet er. Die bühnenartige Architektur der ersten Szene des Zyklus, die *Vertreibung Joachims aus dem Tempel*, erweckt den Eindruck, sie sei von schräg links in das Bild hereingeschoben. Die Architektur unterstreicht gleichzeitig die Leserichtung der Bildfolge und die Bewegungsrichtung Joachims. Durch die Angabe eines Baldachinaltars und eines segnenden Priesters deutet Giotto die an sich weitgehend neutrale architektonische Konstruktion als Tempel. Anhand seines Heiligenscheins, den er als zukünftiger Vater der Maria trägt, ist Joachim für jeden Zeitgenossen zu identifizieren. Zusätzlich unterstreicht die Architektur, dass es sich bei Joachim um die Hauptperson der Szene handelt, die Kanzelsäulen hinterfangen seine Figur. Giotto gibt in realistischer Weise die Gefühle Joachims wieder, die Demütigung und die Wut darüber, dass sein Opfer wegen der Kinderlosigkeit seiner Ehe von den Priestern nicht akzeptiert wird. Joachims Körper ist leicht gekrümmt und vom Priester abgewandt. Sein Opferlamm scheint er vor dem Priester schützen zu wollen. Die Stirn in senkrechte Falten gelegt, schaut er den Priester an, der

»Es glaubte Cimabue in Malerei
Den Platz zu halten; doch es sank die Feste
Des Ruhms und Giotto hat nun das Geschrei!«

Der Zeitgenosse Dante in der *Göttlichen Komödie*, Purgatorio (XI, 94–96)

an seinem Gewand reißt und ihn von der Plattform zu schieben versucht. Giotto betont, dass es sich bei Joachim um einen aus der Gesellschaft Ausgestoßenen handelt: Der Priester drängt Joachim buchstäblich in einen »Nichtraum«. Die in dem Zyklus dargestellten Stationen des Marienlebens und besonders des Lebens und der Passion Christi sind theologisch fixiert. Giotto bleibt bei der Auswahl der Szenen also kaum Spielraum. Trotzdem scheinen seine Bilder eher einem dramaturgischen als einem theologischen Konzept zu folgen. Giotto schafft Spannungsbögen und Ruhepunkte innerhalb der Szenenfolge. Nachdem Joachim von dem Priester verstoßen wurde, finden wir ihn im nächsten Bild »beheimatet«. Es ist die idyllische Szene *Joachim bei seinen Herden*. Er wird von seinem Hund begrüßt, und selbst der Felsen im Hintergrund scheint ihn schützen zu wollen. Es folgt ein Szenenwechsel, die *Verkündigung des Engels an Anna*, dass sie Maria gebären wird.

Die Familie Scrovegni gehört zu der um 1300 besonders in Norditalien aufstrebenden Schicht von Kaufleuten und Unternehmern. Durch Geldverleih und Wucher gelangt die Familie zu Reichtum. Wucher galt als Sünde, sodass Dante in der *Göttlichen Komödie* den Vater Enrico Scrovegnis (gest. 1289) im siebenten Höllenkreis, bei den Wucherern, seinen Platz zuweist.

■ *Giotto, Vertreibung Joachims aus dem Tempel, um 1305, Fresko, Padua, Arena-Kapelle.* Perspektivisch gegebene raumhaltige Architektur als Handlungsort. Schützend legt Joachim seine Hand auf das Lamm, das er soeben noch opfern wollte.

■ *Giotto, Visitatio, um 1305, Fresko, Padua, Arena-Kapelle.* Ein Fresko entsteht in Abschnitten, den sogenannten Tagewerken (ital. giornata), von oben nach unten.

Die nächste Szene zeigt das *Opfer Joachims*, das Gott annimmt, wie die Hand im Himmel zeigt, *Joachims Traum* und schließlich das Treffen der Eheleute an der *Goldenen Pforte*: erstes »Happy End« und Ende des Aktes. Es folgt eine Pause, der Betrachter wechselt von der Süd- zur Nordwand. Mit der *Mariengeburt* beginnt der zweite Akt, der bis zu *Marias Brautzug* führt, der dritte behandelt die frühe Kindheit Christi bis zum *Kindermord von Bethlehem*. Ähnlich stringent wie der Erzählstil Giottos ist der formale Aufbau seiner Bilder. In einem der letzten Bilder der Folge, der *Beweinung*, halten und stützen fünf Personen den Leichnam Christi. Mit ihren vor Schmerz gebeugten Körpern beschreiben sie ein Oval um ihn. Dieses Oval spannt Giotto in zwei Senkrechte. Diagonal durchschneidet ein »gotischer« Felsen das Bild. Der an dessen Spitze grünende Baum und der ansteigende Verlauf des Gesteins deuten auf die Auferstehung. Die Bilddiagonale geht vom Kopf Christi aus. Auf ihr liegt der Kopf Marias, und sie bestimmt auch die Blickrichtung der trauernden Gestalt mit den zurückgeworfenen Armen, die zusätzlich über die gebeugten und sitzenden Figuren vor ihm an die Hauptgruppe gebunden ist. Sämtliche Figuren blicken auf den Leichnam, den Giotto durch das Mittel der Komposition in das Zentrum des Bildes rückt. In dieser Szene gelingt es Giotto, nicht nur verständlich zu erzählen, sondern das geschichtliche Geschehen dramatisch gegenwärtig zu machen. Der Betrachter wird zum Miterlebenden.

■ *Giotto, Stifterbild aus dem Jüngsten Gericht, um 1305, Fresko, Padua, Arena-Kapelle.* Erkaufen von Seelenheil? Enrico Scrovegni kniet vor Maria und zwei anderen heiligen Frauen. Er überreicht ihnen das von einem Augustinermönch getragene Modell seiner Kapelle.

GIOTTO: DIE BEWEINUNG CHRISTI UND DIE FRESKEN DER ARENA-KAPELLE IN PADUA

LEBEN UND WERK

Giotto wird um 1266/67 in Colle di Vespignano bei Florenz geboren. Legendär dürfte der Bericht Vasaris von Giottos Entdeckung sein: Cimabue habe Giotto am Straßenrand beim Zeichnen beobachtet und, da er ihm talentiert erschien, mitgenommen. Im Zusammenhang mit dieser Anekdote betont Vasari, dass Giotto in erster Linie durch das Zeichnen nach der Natur gelernt habe und so zu der Überwindung der älteren, »byzantinischen« Malweise gelangt sei. Einen Teil seiner Ausbildung hat Giotto mit Sicherheit in Florenz erhalten, wahrscheinlich in der Werkstatt Cimabues, vielleicht auch in Rom. Sollte sein angegebenes Geburtsdatum stimmen, kann er jedoch kaum bereits 1272 mit Cimabue in Rom gewesen sein, wie öfters angenommen. Um 1290 ist Giotto in der Oberkirche von San Francesco in Assisi tätig, vielleicht als Mitarbeiter Cimabues. Die Zuschreibung der frühen Fresken ist jedoch nicht sicher. Sie werden auch dem Isaak- und Franziskus-Meister zugeschrieben. Quellenmäßig belegt ist dann ein Romaufenthalt Giottos 1300. Für die Benediktionsloggia der Kirche San Giovanni in Laterano führt er das Fresko *Bonifaz VIII. verkündet das heilige Jubeljahr 1300* aus. Kurz nach 1300 arbeitet Giotto, unterstützt von Gehilfen, in Padua an nicht mehr erhaltenen Fresken in der Kirche San Antonio. Hier wird Enrico Scrovegni auf Giotto aufmerksam und beauftragt ihn mit der Ausmalung der Arena-Kapelle. Eine Urkunde von 1305 belegt, dass Giotto in Florenz ein Haus besessen hat und somit über einen gewissen Wohlstand verfügte. Wenige Jahre nach der Ausführung des Auftrags für Scrovegni, 1309, ist Giotto erneut in Assissi nachgewiesen. Die Fresken in der Unterkirche entstehen. Um 1310 ist Giotto dann wieder in Rom, wo er sein berühmtestes Werk, die *Navicella* (ital. Schiffchen) oder *Der Schiffbruch Petri* für die alte Peterskirche schafft. Der *Schiffbruch* ist ein immens politisches Thema der Zeit, hatte doch der Papst seinen Hof 1309 nach Avignon verlegt: Das Schiff steht für die Kirche in Gefahr und Petrus als erster Papst für das Papsttum, das nur durch Christus gerettet werden kann. Erneut in Florenz, schafft Giotto die *Ognissanti-Madonna* und malt in den 1320er Jahren vier Kapellen in Santa Croce aus. Von 1329 bis 1333 ist eine Tätigkeit für König Robert von Anjou in Neapel bezeugt. Sämtliche in dieser Zeit entstandenen Arbeiten sind wie auch die aus Mailand von 1335/36 verloren. 1334 wird Giotto zum Dombaumeister in Florenz ernannt. Noch im gleichen Jahr legt er den Grundstein zum Campanile. Drei Jahre später stirbt Giotto in Florenz.

DATEN

Wo zu sehen:
Padua, Arena- oder Scrovegni-Kapelle

Provenienz:
Um 1305 entstanden.
Der Kapellenraum ist 20,8 m lang, 8,4 m breit, 12,8 m hoch.
Die Bilder an den Längswänden sind jeweils etwa 2 x 1,85 m groß.
In 38 Bildern schildert Giotto hier das Leben der Maria und Christi. Die Ausmalung des Altarraumes ist nicht von Giotto.
Die Westwand wird vom *Jüngsten Gericht* eingenommen.

AUF DEN PUNKT GEBRACHT

Giottos Figuren erreichen ein bis dahin in der Malerei ungekanntes Volumen und Gewicht – physisch und psychisch. Seine wegweisende Figurenbehandlung wird erst zu Beginn des 15. Jahrhunderts wieder aufgenommen und besonders von Masaccio weiterentwickelt.

Wilton House Diptychon

UNBEKANNTER MEISTER

■ *Unbekannter Meister, Richard II., um 1395, London, Westminster Abbey.* Zehnjährig wird Richard II. 1367 König von England. Günstlingswirtschaft und Willkürherrschaft zwingen ihn 1399 zur Abdankung. Wahrscheinlich wird er 1400 als Gefangener ermordet.

Das *Wilton House Diptychon* gehört zu den rätselhaftesten Bildern der europäischen Kunstgeschichte überhaupt. Stilistisch ist es keiner Region oder Schule eindeutig zuzuordnen. Es ist mustergültig für den Stil der »Internationalen Gotik« und könnte von einem englischen, ebensogut jedoch von einem französischen, italienischen oder böhmischen Künstler gemalt worden sein. Die neuere Forschung versucht hier keine Festlegung mehr, die gleichzeitig den Blick auf das Bild einengen würde. Unstrittig ist die Benennung der auf dem Diptychon dargestellten Personen. Im Vordergrund des linken Flügels kniet König Richard II. von England inmitten einer kargen Landschaft. Hinter ihm stehen Johannes der Täufer und die heiligen englischen Könige Edmund und Eduard der Bekenner. Auf dem rechten Flügel steht Maria mit dem Jesusknaben umgeben von elf Engeln auf einer Blumenwiese. Auf ihren Schultern tragen die Engel das Emblem Richards, den weißen Hirsch. Christus wendet sich Richard zu. Die Dornenkrone und die drei Nägel in seinem Heiligenschein weisen auf seine zukünftigen Leiden. Ein Engel hält eine weiße Fahne mit einem roten Kreuz, die Siegesfahne, Zeichen der Auferstehung. Auf der Rückseite des Diptychons ist das Wappen Richards zu sehen, im Schild das englische Banner vereint mit dem französischen, darüber Helm, Kappe und Löwe. Auf der Vorderseite ruht der weiße Hirsch Richards im Gras.

Das *Wilton House Diptychon* hatte Richard für seinen persönlichen Gebrauch bestimmt. Als Stifter ist er kniend dargestellt und seinem Schutzheiligen Johannes dem Täufer zugeordnet, der ihn zusammen mit den Königen Maria und Jesus präsentiert. Richard ist auf jeder Tafel vertreten, als Person oder in Form seines Emblems und Wappens. Diese bereits auf den ersten Blick auszumachenden Bezüge auf ihn selbst lassen es als sicher erscheinen, dass Richard dem Künstler bis in alle Einzelheiten hinein genau vorschrieb, was dieser zu malen hatte. Alles dürfte somit auf Richard zu beziehen sein: die Dreizahl der Könige als Anspielung auf Richards Geburtstag, den 6. Janu-

ar, das Fest der Heiligen Drei Könige; die ungewöhnliche Anzahl von elf Engeln als Hinweis auf die Krönung Richards in seinem elften Lebensjahr und schließlich die Anwesenheit Eduards des Bekenners als Andeutung auf das Jahr 1381, in dem Richard vor einer Schlacht am Schrein Eduards betete und sich der Maria weihte. Obwohl Richard eindeutig im Typus des Stifters in Begleitung seines Schutzheiligen gemalt ist und als lebende Person auf keinen Fall als heilig angesprochen werden kann, spielt das *Wilton House Diptychon* dezidiert auf das biblische Geschehen der *Anbetung der Heiligen Drei Könige* an. Unübersehbar ist die Analogie zwischen den drei Weisen oder Königen aus dem Morgenland Kaspar, Melchior und Balthasar und den drei englischen Königen Eduard, Edmund und Richard. Mit der Anwesenheit der drei englischen Könige statt der drei biblischen bezweckt Richard weniger eine Aktualisierung des Geschehens, dies hätte auch durch entsprechende Kostüme geschehen können, als vielmehr dessen grundsätzliche Vereinnahmung für England. Dadurch, dass er sich selbst unter den Königen dar-

■ *Wilton House Diptychon, Tempera auf Holz, jeder Flügel 53 x 27 cm, London, National Gallery, Ausschnitt.*

■ *Simone Martini, Verkündigung, 1333, Tempera auf Holz, 265 x 305 cm, Florenz, Galleria degli Uffizi.*
Simone Martini beeinflusste wie kein zweiter die europäische Malerei des 14. Jahrhunderts.

stellen lässt, wird das Bild zusätzlich zu einem persönlichen Propagandabild.
Das Verfahren, das eigene Antlitz einer biblischen Gestalt zu leihen, ist keine Erfindung Richards. Bereits der Vater der ersten Frau Richards, Kaiser Karl IV., ließ in eine *Anbetung* sein Porträt einfügen.
Die Stange der Siegesfahne auf dem rechten Flügel des *Wilton House Diptychon* endet knapp unterhalb der Rahmung des Bildes in einem Knauf von etwa einem Zentimeter Durchmesser. In der Vergrößerung ist auf ihm deutlich eine grüne Insel mit einer weißen zweitürmigen Burg und Bäumen am Horizont auszumachen. Die Zone unterhalb der Insel ist durch ein Schiff als Meer charakterisiert. Gemalt ist der Knauf über ein im Goldgrund punktiertes Kreuz. Mit der Insel muss England gemeint sein: England als Geschenk Richards an die Jungfrau Maria. Wie um anzudeuten, woher das Geschenk kommt, zeigt der die Fahnenstange haltende und auf Maria und Jesus blickende Engel mit dem Finger auf Richard. Oder: Um Richard dem segnenden Jesus präsentieren zu können, hat Maria die Fahne dem Engel überreicht. Nach dem Christussegen wird Richard die Fahne erhalten – seine Hände sind bereits geöffnet – und England mit göttlichem Beistand regieren. In diesem Fall ist die Fahne die des Heiligen Georg, des Schutzpatrons von England, und der Engel blickt Maria an, um zu erfahren, wann er die Fahne an Richard weiterreichen soll. Über das Ziel, das Richard mit der Schenkung Englands an Maria beziehungsweise mit der Betonung des göttlichen Beistandes verfolgte, lassen sich nur Vermutungen anstellen. Ein Schlüssel könnte in den Heiligen Drei Königen liegen. Richard hoffte sicher auf eine »Belohnung« für sein Tun. Diese könnte in der gleichberechtigten Aufnahme in die Reihe seiner Vorfahren Edmund und Eduard und damit in der Heiligsprechung nach seinem Tod bestanden haben.

UNBEKANNTER MEISTER: WILTON HOUSE DIPTYCHON

HISTORISCHER HINTERGRUND

Mit dem erzwungenen »Exil« der Päpste im südfranzösischen Avignon ab 1309 kommt es zu einer verstärkten überregionalen Wirkung einzelner Künstler und ihrer persönlichen Stile. In Siena um 1280/85 geboren und ausgebildet, zieht es Simone Martini nach Stationen in Neapel am Hof Robert von Anjous und Assissi 1339 an den päpstlichen Hof nach Avignon, wo er noch fünf Jahre bis zu seinem Tod tätig ist. Anders als Florenz, wo die Nachfolger Giottos trotz gotischer Einflüsse einer eher klassischen Richtung treu bleiben, entwickelt sich Siena zu einem Zentrum der Gotik. Hauptmeister der sienesischen Gotik ist Simone Martini. Mit seinen zarten Farben, seiner elegante Linienführung und seinen prachtvollen Gewändern beeinflusst er die sich herausbildende verfeinerte höfische Kultur des 14. und frühen 15. Jahrhunderts. Am bereitwilligsten nimmt man den Stil Martinis am herzöglichen Hof von Burgund auf, von dem aus er weitere Verbreitung findet. Nicht am burgundischen, sondern am französischen Hof wächst der spätere Kaiser Karl IV. auf. Kriegszüge führen ihn in die Lombardei, in die Toskana und die Emilia-Romagna. Seine Jugend prägen französische und italienische Vorbilder, die auch auf die Prager Hofkunst wirken. Richard II. von England heiratet eine Tochter des Kaisers, die sicher mit großem Tross, in dem sich auch Künstler befunden haben mögen, von Prag nach London zieht. Französische, italienische und böhmische Elemente treffen am englischen Hof zusammen. Dieses Klima bildet den künstlerischen Hintergrund des *Wilton House Diptychon* und macht es zu einem Werk der »Internationalen Gotik«. Der Begriff »Internationale Gotik« wird von der französischen Forschung um 1900 zur Beschreibung von Abhängigkeiten zwischen der französischen und italienischen Skulptur eingeführt und umfasst den Zeitraum von etwa 1380 – 1440. So ist eine europaweite »höfische Kunst«, die als »Internationale Gotik« bezeichnet wird, Produkt höfischer Kunstförderung und gleichlautender überregionaler stilistischer und thematischer Vorlieben. Um in den nicht primär sakralen Bildern das Höfische, den Adel zu betonen, kommt es in dieser Kunst erstmals zu einer kontrastierenden Darstellung der Stände, so etwa in den *Stundenbüchern des Duc de Berry*.

Wie viele Stilbegriffe ist auch der Begriff der »Internationalen Gotik« umstritten und Wandlungen unterworfen. Er ist typisch für das 19. Jahrhundert. Das Bild des Nationalstaats wird auf das Mittelalter übertragen, dem Staats- und Kulturgrenzen im Sinne des 19. Jahrhunderts jedoch unbekannt sind. Richtiger wäre die Bezeichnung »Über-« statt »Internationale Gotik«.

DATEN

Wo zu sehen:
London, National Gallery
Tempera auf Holz, jeder Flügel
53 x 37 cm

Provenienz:
Zwischen 1395 und 1399 für König Richard II. von England gemalt. 1693 in der Sammlung Karls I. nachgewiesen, 1705 vom Earl of Pembroke aus Privatbesitz erworben. Die Pembrokes bewahrten das Bild auf ihrem Landsitz Wilton House auf.
Mit Hilfe privater Geldgeber kaufte die National Gallery das Diptychon 1929 an, wo es Anfang der 1990er Jahre restauriert wird.

Lesenswert:
Dillian Gordon u. a.: *The Regal Image of Richard II and the Wilton Diptych*, London 1997.

AUF DEN PUNKT GEBRACHT

Das *Wilton House Diptychon* gehört zu den am besten erforschten Bildern der europäischen Kunst. Trotzdem ist wegen der vielen in ihm angesprochenen Ebenen eine schlüssige, alle Details berücksichtigende Deutung bis heute nicht möglich.

Trinità

MASACCIO

■ *Masaccio (1401–1428), Selbstbildnis.*

Um 1400 erlebte Florenz einen wirtschaftlichen und künstlerischen Aufbruch, der den der Giotto-Zeit hundert Jahre zuvor noch übertraf. Die Folgen der über Europa hinweggegangenen Pestepidemie von 1348 bis 1352 waren überwunden, der Adel war entmachtet, und aus den innerstädtischen Kämpfen zwischen den mittellosen Wollarbeitern und den wohlhabenden Bürgern war eine Hand voll Familien hervorgegangen, die nun die Stadt beherrschten. Der Auftraggeber des *Trinità*-Freskos von Santa Maria Novella war wahrscheinlich ein Mitglied der Familie Lenzi. Über diese Familie wissen wir nicht viel. Sie dürften Bankiers oder Händler gewesen sein. Belegt ist, dass eines ihrer Mitglieder von 1426 bis 1428, also zur Entstehungszeit des Freskos, Vorsteher von Santa Maria Novella war und dass ein weiteres Mitglied, Lorenzo di Piero, 1425 »Gonfaloniere di Giustizia« war und somit das angesehenste Amt der Stadt innehatte. In der Tracht eines »Gonfalonieres« malt Masaccio den Stifter. Lorenzo könnte also der Auftraggeber gewesen sein.
Das *Trinità*-Fresko Masaccios befindet sich im linken Seitenschiff von Santa Maria Novella. Der Stifter und seine Frau knien betend eine Stufe oberhalb eines Altartisches, unter dem sich ein Sarkophag mit einem Skelett befindet. Die *Trinità* stellt Masac-

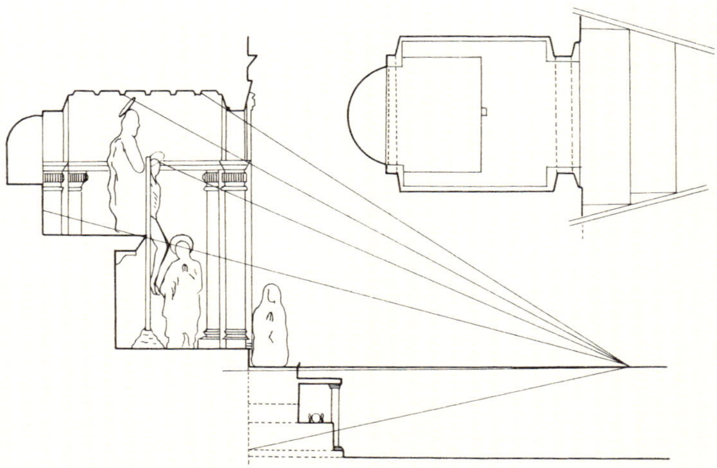

■ Die räumliche Konstruktion des *Trinità*-Freskos. Masaccio setzt den Realraum im Bild fort, zieht so Gott, Christus und die Heiligen in die menschliche Sphäre. Gleichzeitig verschränkt er Bildraum und Realraum miteinander. Der Altartisch und die Stifter befinden sich *vor* dem Raum der *Trinità*, *scheinbar* im Realraum.

cio im Typus des seit dem 12. Jahrhundert bekannten »Gnadenstuhls« dar: Gottvater hält das Kreuz mit dem Leichnam Christi, zwischen ihnen schwebt die Taube des Heiligen Geistes. Mit dem Thema des »Gnadenstuhls« verbunden ist das der »Fürbitte«: Maria und Johannes unter dem Kreuz, die der Überlieferung

■ *Masaccio, Trinità, um 1427, Fresko, Florenz, Santa Maria Novella.*

■ *Florentiner Schule, Porträt des Filippo Brunelleschi, um 1500–1565, Tempera auf Holz, Musée du Louvre, Detail.*

FILIPPO BRUNELLESCHI

Brunelleschi (1377–1446) war ausschließlich in Florenz tätig. Er betrieb humanistische Studien und versuchte sich anfangs als Bildhauer. 1420 beginnt er mit dem Bau von San Lorenzo, 1429 mit der Pazzi-Kapelle an Santa Croce. 1434 folgt Santo Spirito am linken Arnoufer. Erst Brunelleschi gelingt mit Hilfe freitragender Gerüste und antiker Mauertechnik die Wölbung der Florentiner Domkuppel.

DONATELLO

Donatello (um 1386–1466) war der bahnbrechende Neuerer der Skulptur. Er schuf die erste freistehende Figur nach der Antike, das erste weltliche Porträt und das erste monumentale Reiterdenkmal der Neuzeit, den *Gattamelata* in Padua. Donatello war vor allem in und für Florenz tätig. Mit seinem *David* und der Gruppe *Judith tötet Holofernes* – der vermeintlich Schwächere besiegt den Stärkeren – schafft Donatello Allegorien der unabhängigen und selbstbewussten Stadtrepublik Florenz.

gemäß zwischen Gott und Gläubigen vermitteln. Die ungewöhnliche Kombination beider Themen, mit der die Doppelnatur Christi – Mensch und Gott – betont wird, verweist auf das Corpus Domini-Fest, ein besonderes Fest von Santa Maria Novella, das 1425 per Gesetz erneuert worden war. Zu diesen beiden Themen kommt vielleicht ein drittes, das der Kreuzigung auf dem Berg Golgatha. Das Skelett unter dem Altar weist in diesem Fall auf das Grab Adams hin, das sich der Legende nach unter dem Kreuz Christi befunden haben soll. Ein »Memento Mori« – Gedenke des Todes! – bilden die über dem Skelett geschriebenen Worte: »Ich war, was ihr seid, und was ich jetzt bin, werdet ihr auch noch sein.«

Den Rahmen der *Trinità*-Darstellung bildet eine gemalte Pilasterarchitektur. Von besonderer Bedeutung ist das davor kniende Stifterpaar. Selbstbewusst treten sie ihrem Gott gegenüber. Nicht wie gewohnt der Bedeutung nach perspektivisch verkleinert, sondern in einheitlichem Maßstab mit den Heiligen, Christus und Gottvater, markieren sie den Übergang von dem begehbaren Realraum der Kirche in den gemalten Illusionsraum der Heiligenkapelle. In diesem unbetretbaren, aber nachvollziehbaren Raum befinden sich die *Trinità*, Maria und Johannes. Die Architektur des *Trinità*-Freskos konstruiert Masaccio nach dem von dem Architekten Filippo Brunelleschi entdeckten Prinzip der Zentralperspektive: Sämtliche in die Tiefe führenden Linien des Bildes fluchten in einem Punkt. Die zentralperspektivische Konstruktion des Bildraumes betont Masaccio durch die Felderung der Kapellenwölbung. Die Felder verkleinern sich nach hinten; sie »verkürzen« sich. Von besonderer Bedeutung für die räumliche Wirkung des Freskos ist, dass der Fluchtpunkt auf der ersten Stufenkante in Augenhöhe des Be-

trachters liegt. Die Zentralperspektive nutzt Masaccio jedoch nicht nur zur Raumerweiterung, sondern auch zur Verschränkung von Illusions- und Realraum. Der Kapellenraum öffnet sich hinter der Pilasterarchitektur. Davor, also vermeintlich in unserem Raum, knien jedoch die Stifter und heben sich Altartisch und Sarkophag ab.
Masaccio will, dass der Betrachter den Kapellenraum als Erweiterung des Realraums versteht. Dies erreicht er durch dessen perspektivische Konstruktion und architektonische Gestaltung. Masaccios gemalte Kapellenarchitektur ist eines der aufsehenerregendsten Bauwerke seiner Zeit, nämlich Brunelleschis in den Jahren 1419 bis 1424 errichtetes Findelhaus in Florenz: Die rahmende Pilasterarchitektur, die Medaillons in den Bogenzwickeln, die eingestellten Säulen und die Wölbung finden sich hier wieder. Die Ähnlichkeit ist so frappant, dass man annahm, der Architekt Brunelleschi habe den Bildraum für den Maler Masaccio konstruiert. Masaccio stellt Gott und die Heiligen

■ Eine reale Architektur lieferte das Vorbild für den Raum der *Trinità*, Filippo Brunelleschis 1419 begonnenes Findelhaus oder Ospedale degli Innocenti in Florenz.

■ *Masaccio, Schattenheilung, um 1427/28, Fresko, 230 x 162 cm, Florenz, Santa Maria del Carmine, Brancacci-Kapelle.* Das biblische Wunder der Schattenheilung verlangt geradezu nach dem Einsatz einer neuen Errungenschaft in der Malerei. Im Vorübergehen, nur durch Berührung mit dem Schatten Petri werden Kranke geheilt. Masaccio ist einer der ersten, der den Schlagschatten konsequent einsetzt. Die Stadien der Heilung stellt er in den drei Männern links simultan dar. Für den Bau hinter den Kranken könnte der Palazzo Spini von 1289 die Anregung geliefert haben.

nicht mehr vor unwirklichem Goldgrund dar, sondern in einem Raum, der der Erfahrungswirklichkeit entspricht. Gott wird »humanisiert«.

So wie Brunelleschi im Rückgriff auf die Antike die Architektur revolutionierte, so gilt dies im Falle von Donatello für die Skulptur. Nicht mehr die überlängte ätherische gotische Madonna, sondern der wirkliche Mensch ist sein Thema. Die Anatomie stellt Donatello realistisch dar; seine Propheten tragen schwere, antiken Vorbildern nachgeahmte Gewänder. Hier setzt Masaccio bei seiner Figurenbildung an. Der Körper Christi und das Skelett sind anatomisch richtig gezeichnet. Die anderen Figuren, stellen sie nun Menschen, Heilige oder Gott dar, sind mit der gleichen »statuarischen Würde« ausgetattet, wie sie Donatellos Werken eigen ist. Sie stehen fest und unverrückbar auf der Erde, auch Gottvater.

MASACCIO: TRINITÀ (DREIEINIGKEIT)

LEBEN UND WERK

Tommaso di Ser Giovanni di Mone Cassai, genannt Masaccio, wird 1401 in San Giovanni Val d'Arno unweit von Florenz geboren. Außer einigen dokumentarischen Eckdaten ist über sein Leben und seine künstlerische Herkunft kaum etwas bekannt. 1418 wird er als Maler in Florenz erwähnt, 1422 tritt er in die Malergilde der Stadt, die »Arte de'Medici e Speziali« ein, und 1424 erscheint sein Name im Verzeichnis der »Compagnia di San Luca«, der Standesvertretung der florentinischen Maler. 1425 wird Masaccio für Vergoldungsarbeiten bezahlt und als Schuldner eines Wurstmachers genannt. Anfang 1427 ist er in Pisa belegt, ein halbes Jahr später wieder in Florenz und 1428 in Rom. Auf Vasaris Angaben in der zweiten Auflage seiner *Lebensbeschreibungen der berühmtesten Maler …* vertrauend, ging man bis ins 20. Jahrhundert davon aus, dass Masaccio ein Schüler Masolinos (1383–1440/47) war. Aus biographischen und stilistischen Gründen ist diese Annahme jedoch kaum mehr haltbar. Es lässt sich keine Verbindung zwischen dem von der »Internationalen Gotik« geprägten Frühwerk Masolinos und dem Werk Masaccios herstellen. Weiter war Masolino bis 1423 nicht in der Florentiner Malergilde eingeschrieben, durfte also keine Lehrlinge annehmen. Das Gegenteil dürfte der Fall gewesen sein. In den Jahren, in denen eine Zusammenarbeit angenommen wird, von 1424 bis 1428, wird im Stil Masolinos der Einfluss des jüngeren Masaccios deutlich. Als das früheste erhaltene Werk Masaccios wird allgemein das 1422 datierte *Tryptichon von San Giovenale* angesehen. Vielleicht ebenfalls im Entstehungsjahr des Tryptichons, malt Masaccio das Fresko *Die Einweihung von Santa Maria del Carmine*. Vasari beschreibt das Bild: Der kirchlichen Prozession folgte die Florentiner Gesellschaft, die reichen Bankiers und Händler, aber auch Brunelleschi, Donatello und Masolino. Wohl erst Anfang 1427, nicht wie gelegentlich angenommen in den beiden vorangegangegenen Jahren, malt Masaccio das *Trinità*-Fresko in Santa Maria Novella. Im Sommer dieses Jahres kehrt Masolino von einer zweijährigen Ungarnreise, die er im Gefolge eines Feldherrn unternahm, nach Florenz zurück. Die Ausmalung der Brancacci-Kapelle in der Karmeliterkirche, für die Masaccio fünf Jahre zuvor bereits das Einweihungfresko gemalt hatte, geschieht wahrscheinlich in zwei Arbeitsabschnitten: Die heute zerstörten Gewölbefresken schuf Masolino bis 1425; die *Wandfresken mit dem Leben Petri* entstanden nach seiner Reise in Zusammenarbeit mit Masaccio. Vollendet wurden sie 1480–85 von Filippino Lippi. Im Frühling 1428 geht Masolino nach Rom. Masaccio folgt ihm kurze Zeit später. Wenige Wochen nach seiner Ankunft stirbt Masaccio. Das von ihm noch begonnene, in Neapel, London und Philadelphia aufbewahrte *Tryptichon für Santa Maria Maggiore* vollendet Masolino.

DATEN

Wo zu sehen:
Florenz, Santa Maria Novella, linkes Seitenschiff, drittes Joch
Fresko, 4,89 x 3,17 m

Provenienz:
In der zweiten Ausgabe seiner *Lebensbeschreibungen …* von 1568 lobt Vasari das Fresko Masaccios über alles, trotzdem wird knapp zwei Jahre später ein Altar davor errichtet. Bis zu seiner Wiederfreilegung 1861 war es dann weitgehend vergessen. Das Hauptbild wurde von der Wand gelöst und versetzt. Nach der Entdeckung des unteren Teils des Freskos kehrte es 1952 an seinen angestammten Platz zurück, was für die Wirkung des Bildes wesentlich ist, da Masaccio in der Licht- und Schattenführung von den realen Lichtquellen ausging (eine heute vermauert).

Lesenswert:
Peter Burke: *Die Renaissance in Italien. Sozialgeschichte einer Kultur zwischen Tradition und Erfindung*, Berlin 1984.
Michael Baxandall, *Die Wirklichkeit der Bilder. Malerei und Erfahrung im Italien des 15. Jahrhunderts*, Frankfurt am Main 1984.

AUF DEN PUNKT GEBRACHT

Das *Trinità*-Fresko Masaccios entstand in den ersten Jahrzehnten der Frührenaissance, einer Zeit des Experimentierens und des Auslotens von Grenzen. Was die Trias Brunelleschi, Donatello und Masaccio in diesen Jahren in Florenz entwickelte, sollte bis zum Ende des 19. Jahrhunderts nicht grundsätzlich infrage gestellt werden.

Die Hochzeit der Arnolfini

JAN VAN EYCK

Das Bild van Eycks mit dem Doppelporträt eines jungen Paares wird traditionell als *Hochzeit der Arnolfini* bezeichnet; neueste Forschungen belegen jedoch, dass darauf keine Hochzeit, sondern eine Verlobung dargestellt ist. Als Namen des Mannes geben alte Inventare »Hernoul le Fin« oder »Arnoult Fin« an, aller Wahrscheinlichkeit nach handelt es sich um den aus dem italienischen Lucca stammenden, in Brügge ansässigen Händler Giovanni Arnolfini. In Mode und Kultur war in Frankreich und im nordwestlichen Europa damals der Hof Philipps des Guten von Burgund (1396–1467) tonangebend, und das Handelshaus der Arnolfini befriedigte dessen enormen Bedarf an Luxusgütern, kostbaren Stoffen, Brokat, Samt und Seide. Handelt es sich bei dem Dargestellten um Giovanni und nicht um ein anderes Mitglied der Familie Arnolfini, so ist in der Frau die ebenfalls aus einer angesehenen Luccesischen Händlerfamilie stammende Giovanna Cenami zu erkennen. Das Jahr ihrer Verlobung, 1434, überliefert die über dem Spiegel angebrachte Datierung van Eycks. Höfische Kultur und der nüchterne Geist des frühkapitalistischen Bürgertums, nordeuropäische Tradition sowie die jüngsten Errungenschaften aus Italien verbinden sich im Lebensstil der Arnolfinis ebenso wie in der Kunst van Eycks. Herausragend ist die *Hochzeit der Arnolfini* nicht nur wegen ihrer malerischen Qualität, wegen der Behandlung und des Zusammenspiels von Figur, Raum und Licht, sondern auch dadurch, dass es sich um das älteste ganzfigurige Doppelporträt in der Geschichte der Malerei handelt. Mit der zum Treueid erhobenen rechten Schwurhand steht Giovanni an der Außenwand des Zimmers. Unterschiedliche Qualitäten von Licht fallen durch die geöffneten und geschlossenen Flügel des Fensters. Als Mann ist Giovanni traditionell der Außenwelt zugeordnet. Hut und Mantel trägt er noch; nur die einfachen hölzernen Pantinen, die vor dem Straßendreck schützen sollen, hat er ausgezogen. In die linke Hand ihres Mannes hat Giovanna ihre rechte gelegt; unter

■ *Jan van Eyck, Kupferstich, Zeichnung: Joachim von Sandrart (1606–1688), Stich: Philipp Kilian.*

■ *Jan van Eyck, Die Hochzeit der Arnolfini, 1434, Öl auf Holz, 81,8 x 59,7 cm, London, National Gallery.*

beider Hände befindet sich ein kleiner Hund, ein weiterer Hinweis auf die Treue und wohl gleichzeitig ein Statussymbol. Giovanna steht vor dem Bett, auf das ihr Schatten fällt. Ihr ist der häusliche Bereich zugeordnet. Den Pfosten eines hinter dem Bett stehenden Stuhles krönt eine Statuette der Heiligen Margarete. In dieser – Margarete gehört zu den »Vierzehn Nothelfern« und wird bei Geburten angerufen – kommt der Kinderwunsch des Paares zum Ausdruck. Zusätzlich hängt am Pfosten ein Handbesen. Er ist in Zusammenhang mit der Gebetsschnur, der Vorform des Rosenkranzes, links des Spiegels zu sehen. Obwohl die Gebetsschnur ein beliebtes Brautgeschenk war, lässt sie sich jedoch nicht explizit auf die Sphäre der Frau beziehen; Schnur und Besen weisen also auf das gleichfalls für den Mann geltende Ideal des »ora et labora«, des »bete und arbeite« hin.

NIEDERLÄNDISCH ODER FLÄMISCH?

Obwohl in Flandern tätig, werden van Eyck und seine Nachfolger meist als Niederländer oder Altniederländer bezeichnet. Erst ab der Mitte des 16. Jahrhunderts, mit der Teilung in einen südlichen, katholischen, und einen nördlichen, protestantischen Landesteil, entwickelt sich die zuvor einheitliche Kultur des Gebietes auseinander und wird die Kunst der südlichen Niederlande zur Abgrenzung von der des Nordens als flämisch bezeichnet.

■ *Jan van Eyck, Hochzeit der Arnolfini, 1434, Öl auf Holz, 81,8 x 59,7 cm, London, National Gallery, Ausschnitt: Spiegel, Deckenleuchter, Gebetsschnur, Stuhlpfosten.*
Die Versammlung der Trauzeugen der *Hochzeit der Arnolfini*: Gott in Form einer Kerze, im Spiegel ein Unbekannter und van Eyck, der seine Anwesenheit nochmals durch die Signatur bestätigt. Der Spiegel, umgeben von Szenen aus der Passion Christi, ist bedingt durch seine Herstellung aus geblasenem Glas konvex, wodurch es van Eyck möglich wird, nicht nur die »vierte Wand«, durch die wir in das Zimmer blicken, zu schließen, sondern auch das ganze Zimmer nochmals zu reflektieren.

Das Interieur des Zimmers mit dem Teppich und den reichlich verwandten roten Stoffen weist neben einer Reihe weiterer, häufig unauffälliger Details und der Kleidung des Ehepaares auf die Zugehörigkeit der Arnolfinis zur reichen Oberschicht der Handels- und Tuchmacherstadt Brügge hin. Die Perlen der Gebetsschnur sind nicht wie üblich aus Glas, sondern aus Bernstein, für das Brügge neben Lübeck vom Deutschen Ritterorden das Handelsmonopol erhalten hatte. Auf dem Fensterbrett liegt eine einzelne Orange; darunter sind weitere dieser kostbaren, noch nicht in Europa beheimateten exotischen Früchte zu sehen – ein Hinweis auf das irdische Paradies. Trotz der auf genauer Beobachtung beruhenden Darstellung handelt es sich bei dem Innenraum der *Hochzeit der Arnolfini* kaum um ein reales Schlafzimmer, vielmehr um ein ideales: Der Raum ist symbolisch aufgeladen; das Bild selbst ist ein »gemalter Verlobungsvertrag«. Die Vertragspartner sind Giovanni Arnolfini und Giovanna Cenami. Als Zeugen sind zwei Personen anwesend, die van Eyck über den an der Wand zwischen dem Paar aufgehängten Spiegel buchstäblich ins Bild holt. Einer der Zeugen ist der Maler selbst, der das Bild nicht wie üblich mit »fecit«, »hat gemacht«, über dem Spiegel signiert, sondern mit »Johannes de Eyck fuit hic« – »Jan van Eyck war hier«. Dritter Zeuge des am Verlobungstag gegebenen Eheversprechens ist Gott. Auf ihn weist eine brennende Kerze in dem siebenarmigen Deckenleuchter hin. Sie steht für das allgegenwärtige Licht Gottes und ist gleichzeitig die vom Bräutigam während der Trauzeremonie an die Braut zu überreichende Kerze. Die Tatsache, dass der Mann der Frau die linke und nicht die rechte Hand reicht, führte zu der Vermutung, dass in der *Hochzeit der Arnolfini* die

BOCCACCIOS *DECAMERONE*

Seine Sammlung von hundert Novellen, das *Decamerone*, »beigenannt der Erzkuppler«, fasst der Florentiner Dichter Boccaccio (1313–1375) um 1350 ab. Eine Gesellschaft von sieben Frauen und drei jungen Männern ist vor der Pest aus der Stadt geflohen und hat sich auf ein Landgut zurückgezogen. Um sich die Zeit zu vertreiben, erzählen sich die Anwesenden reihum amouröse und erotische Geschichten. Das *Decamerone* wird 1470 erstmals gedruckt und 1472/73 ins Deutsche übersetzt.

Schließung einer morganatischen Ehe, einer »Ehe linker Hand« zwischen Personen unterschiedlichen Standes dargestellt sein müsse; Zweifel an der Identifizierung der Personen wurden laut, da Giovanni Arnolfini und Giovanna Cenami der gleichen Schicht angehörten. Erst in jüngster Zeit, mit dem Hinweis, bei dem Doppelporträt van Eycks handele es sich nicht um ein Hochzeits-, sondern um ein Verlobungsbild, konnten die Zweifel wieder ausgeräumt werden. Hatte die Forschung zuvor vor allem in der religiösen Malerei nach Vorbildern gesucht, wurde nun auch die Profanmalerei in Betracht gezogen, in der sich dann auch entsprechende Verlobungsbildnisse fanden. An erster Stelle sind hier Illustrationen zu der Geschichte von *Lisa und Perdicone* aus Boccaccios *Decamerone* zu nennen. Zwei bedeutende illuminierte Handschriften der Novellensammlung entstanden in der ersten Hälfte des 15. Jahrhunderts in Paris, also unweit der burgundischen Einflusssphäre, auf deren Abbildungen sich, wie in der *Hochzeit der Arnolfini*, nordeuropäische und italienische Verlobungsriten mischen: Die zum Schwur erhobene Rechte ist nordeuropäischen Ursprungs; italienisch ist das Legen der rechten Hand der Braut in die Hand des Mannes. Da die Rechte Giovannis »besetzt« ist, muss Giovanna mit der Linken vorlieb nehmen.

■ *Jan van Eyck, Die Madonna des Kanzlers Rolin, um 1435, Öl auf Holz, 66 x 62 cm, Paris, Musée du Louvre.*
Selbstbewusst, alles andere als demütig, sitzt der mächtige Kanzler Philipps des Guten vor der Madonna. Es ist eine »empirische Weltsicht«, die van Eyck hier gibt. Er nutzt »Mikroskop und Fernrohr«, um jedes Detail zu erfassen.

■ *Die Verlobung von Lisa und Perdicone, frühes 15. Jahrhundert, Illustration zu Boccaccio: Decamerone, 10. Tag, 7. Geschichte, Rom, Biblioteca Apostolica Vaticana, Pal. lat. 1989, fol. 304r..*
Gut zehn Jahre vor dem Arnolfinischen entsteht das »Verlobungsbild« von *Lisa und Perdicone*. Lisa hat ihre rechte Hand in die linke Perdicones gelegt. Wie sein Landsmann Giovanni Arnolfini erhebt Perdicone seine Rechte zum Schwur.

■ *Brüder von Limburg, Les très riches heures du Duc de Berry, 1413–1416, Monatsbild September, 13,5 x 15,5 cm, Chantilly, Musée Condé.*
Die Brüder von Limburg verbanden die traditionelle niederländisch-burgundische Buchmalerei mit italienischen Vorbildern, vor allem Giotto und Simone Martini. Hinzu kam eine unmittelbare, in Italien unbekannte, realistische Sicht auf die Dinge, Grundlage der niederländischen Malerei des 15. Jahrhunderts.

In die Zeit der *Hochzeit der Arnolfini* fällt auch die für den Kanzler Philipps des Guten, Nicolas Rolin (1376–1462), gemalte *Madonna mit Kind*, besser vielleicht als »Porträt des Kanzlers mit Madonna« zu bezeichnen. Wie in Masaccios zehn Jahre zuvor entstandener Florentiner *Trinità* kündigt sich auch hier die Emanzipation des neuzeitlichen Menschen an. Kanzler und Madonna halten sich in einem Raum auf; irdische und himmlische Personen befinden sich auf gleicher Ebene. Der Ort, dem nichts Sakrales anhaftet, wird als himmlischer Palast der Muttergottes gedeutet. Durch eine dreifache Arkade fällt der Blick über eine Terrasse hinweg auf eine weite Landschaft, die Welt. Im Vordergrund eine von einem Fluss durchzogene prächtige Stadt, dahinter wohlbestellte Felder und am Horizont Gebirge: Alles Sichtbare, vom Größten bis zum Kleinsten, vom Heiligsten bis zum Banalsten ist van Eyck der Darstellung würdig. Die Ursprünge der niederländischen Tafelmalerei des 15. Jahrhunderts liegen in der Buchmalerei. Wahrscheinlich begann auch van Eyck seine Karriere als Buchmaler. Ihm und seinem älteren Bruder Hubert werden einige, wohl um 1415 bis 1417 entstandene Bilder des *Turin-Mailänder Stundenbuches* zugeschrieben. Doch auch in den Tafelbildern van Eycks werden Einflüsse aus der Buchmalerei deutlich: die detailgenaue Schilderung von Gegenständen, etwa die Krone der *Madonna des Kanzlers Rolin*, die Charakterisierung der verschiedenen Materialien vom Pelzbesatz am Brokatgewand Rolins über die Fältelung am Übergewand Giovannas bis hin zur Holzmaserung der Dielenbretter und der Pantinen auf der *Hochzeit der Arnolfini*. Dieser in der Interieur- wie in der Landschaftsdarstellung verfolgte »Detailrealismus« der frühen Niederländer, namentlich Jan van Eycks, Rogier van der Weydens und Hugo van der Goes', fand in Italien – bis hin zu Botticelli – ungemein hohe Wertschätzung.

DIE »ERFINDUNG« DER ÖLMALEREI

Aufgrund der Angaben Vasaris wurde van Eyck lange für den Erfinder der Ölmalerei gehalten. Dies ist falsch. Bereits Giotto experimentierte mit Ölüberzügen auf seinen Bildern, um ihnen Glanz zu verleihen. Richtig ist hingegen, dass van Eyck der erste war, der die Technik virtuos einzusetzen verstand. Lein-, Mohn- oder Nussöl als Bindemittel machte die Farben transparent und erlaubte die Lasur, den schichtenweisen Farbauftrag, bei dem die unteren Schichten nicht vollständig abgedeckt wurden, sondern weiterhin durchschimmerten.

JAN VAN EYCK: DIE HOCHZEIT DER ARNOLFINI

LEBEN UND WERK

Geboren vielleicht um 1395 oder früher in Maaseyck bei Maastricht, gestorben 1441 in Brügge; niederländischer Maler und Illuminator (Buchmaler). Über das Leben van Eycks ist kaum etwas bekannt. Einer Quelle des 16. Jahrhunderts zufolge war Jan van Eyck wie sein älterer Bruder Hubert (um 1370–1426), der ihn möglicherweise ausgebildet hat, anfangs als Illuminator tätig. Eine Bestätigung findet diese Annahme in der extrem verfeinerten Technik der meist kleinformatigen Werke van Eycks. Um 1422 wird Jan van Eyck als etablierter Künstler in Den Haag genannt, wo er als Hofmaler des Grafen Johann III. von Holland tätig ist. Nach dem Tod Johanns geht van Eyck nach Brügge, wo er im Mai 1425 Hofmaler Herzogs Philipps des Guten von Burgund wird. Für Philipp unternimmt er mehrere Reisen, darunter mindestens zwei Geheimreisen, von denen ihn die erste noch 1425 nach Italien geführt haben könnte. Hierauf weisen alpine Gebirgsansichten und italienische Einflüsse in einigen Bildern hin. Im Oktober 1428 bricht van Eyck mit einer burgundischen Gesandtschaft nach Lissabon auf, deren Aufgabe es ist, die Heirat Philipps mit Isabella von Portugal in die Wege zu leiten. Er malt zwei Porträts der Prinzessin, die an Philipp geschickt werden. Während die Gesandtschaft auf Antwort wartet, unternimmt sie Reisen in Spanien, unter anderem ins islamische Granada. Die Hochzeit Philipps und Isabellas findet im Januar 1430 in Brügge statt, wo van Eyck sich niederlässt und 1432 ein Haus kauft. Höchstwahrscheinlich macht er 1436 noch eine Reise ins Heilige Land. Die wichtigsten Bilder – vom Frühwerk ist vieles verloren gegangen – entstehen im letzten Lebensjahrzehnt van Eycks. Anfang der 1430er Jahre vollendet er den von seinem Bruder begonnen *Genter Altar*. Stilistisch sind die Anteile der Brüder kaum zu scheiden. Für private Auftraggeber entstehen in dichter Folge Porträts und Madonnenbilder. 1433 malt er das Porträt *Mann mit rotem Turban*, möglicherweise ein Selbstbildnis, und um 1435 die *Madonna des Kanzlers Rolin*. 1434 beauftragen ihn Giovanni Arnolfini aus Lucca mit der *Hochzeit der Arnolfini* und Battista Lomellini aus Genua mit einer *Verkündigung*: Dass ein Teil der Klientel van Eycks sich aus der italienischen Kolonie und Händlerschaft in Brügge rekrutiert, trägt wesentlich zur Verbreitung seiner Malerei und der seiner niederländischen Zeitgenossen in Italien bei. Weiter porträtiert van Eyck Angehörige des burgundischen Hofes und 1439 seine Frau. Als letzte vollendete Arbeit van Eycks, der 1441 stirbt, gilt die kaum 30 Zentimeter hohe erhaltene linke Tafel eines Diptychons, auf der *Maria mit dem Kind* in einer hochgotischen Kathedralarchitektur zu sehen ist. Im Format nähert er sich hier wieder der Buchmalerei an, doch ist die Figur der Maria von einer Monumentalität, die nichts mehr mit seinen vermuteten Anfängen zu tun hat.

DATEN

Wo zu sehen:
London, National Gallery
Öl auf Holz, 81,8 x 59,7 cm

Provenienz:
Das 1434 entstandene Gemälde ist ein Geschenk des Don Diego de Guevara (gest. 1520), in dessen Besitz sich das Bild wahrscheinlich längere Zeit befand, an die Tochter Kaiser Maximilians I., Margarete von Österreich (1480–1530), der Erzieherin des späteren Karls V. (von 1507 war sie außerdem Statthalterin der Niederlande). In ihren Inventaren wird es 1516 und 1523/24 aufgeführt, 1556 ist es im Besitz der Statthalterin Maria von Ungarn (1505–1558). Nach dem Tod Marias geht das Bild an Philipp II. von Spanien (1527–1598); in königlich-spanischem Besitz verbleibt es bis mindestens 1789. Während der Napoleonischen Kriege verliert sich der Weg des Bildes. 1815 taucht es in Brüssel auf und wird von einem Engländer gekauft, von dem es wiederum die National Gallery 1842 erwirbt.

Lesenswert:
Edwin Hall: *The Arnolfini Betrothal. Medieval Marriage and the Enigma of van Eyck's Double Portrait*, Berkeley, Los Angeles London 1994.

AUF DEN PUNKT GEBRACHT

Mit seiner wirklichkeitsgetreuen Erfassung des Sichtbaren nimmt Jan van Eyck einen kaum zu überschätzenden Einfluss auf die europäische Kunst. Er lässt die mittelalterliche nordeuropäische Malerei hinter sich und bereitet den Boden für die Renaissance.

Montefeltro-Altar

PIERO DELLA FRANCESCA

■ *Piero della Francesca, Doppelbildnis von Federigo da Montefeltro und seiner Frau Battista Sforza, 1472/73, Öl auf Holz, jeder Flügel 47 x 33 cm, Florenz, Galleria degli Uffizi.*

Für das Doppelbildnis des Herzogenpaars wählt Piero die sonst dem Sakralen vorbehaltene Form des Diptychons. Im für die Frührenaissance typischen strengen Profil stehen sich die Eheleute gegenüber. Auf der Rückseite ihrer Tafel sitzt Battista, begleitet von den drei christlichen Tugenden Glaube, Nächstenliebe und Hoffnung, im Triumphwagen. Er wird von Einhörnern, Symbolen der Keuschheit, gezogen.

Im 15. Jahrhundert verloren die meisten der im Mittelalter entstandenen italienischen Stadtrepubliken ihre Selbstständigkeit. Es bildeten sich die »Großen Fünf« heraus. Dies waren die weiterhin von einer Oligarchie geführten Republiken Florenz und Venedig, das junge Herzogtum Mailand, wo die Sforza regierten, das Königreich Neapel, das ganz Süditalien umfasste, und der Kirchenstaat mit dem Papst an der Spitze. Eine relative Unabhängigkeit konnten sich einige kleinere Fürstentümer in Oberitalien sichern, unter ihnen Ferrara, Mantua und Urbino. Die hier herrschenden Familien, die Gonzagas, Estes und Montefeltros, verstanden es, an ihre Höfe – zumeist nur für kurze Zeit – bedeutende Künstler zu binden und sie so zu Zentren der Kunst zu machen. Am Hof von Urbino, vom Herzog Federigo da Montefeltro mit zwei Aufträgen bedacht, ist Anfang der 1470er Jahre Piero della Francesca zu finden.

Federigo da Montefeltro (1422–1482) war einer der »Gewaltmenschen der Renaissance«, wie ihn Niccolò Machiavelli in seinem *Il Principe*, einer Anleitung über den Erwerb und Erhalt unumschränkter Herrschaft, 1513 schilderte. Als Condottieri, Führer von Söldnerheeren, verdingten er und seine Standesgenossen sich den häufig kriegführenden großen Mächten Oberitaliens. Federigo galt als der erfolgreichste Condottiere seiner Zeit. Stolz lässt er sich auf der Rückseite seines Porträts von Piero della Francesca auf einem Triumphwagen darstellen. Nach antikem Vorbild hält eine Viktoria den Lorbeerkranz über ihn. Sie steht auf einer Kugel – Zeichen der Wandelbarkeit des Glücks oder Weltkugel? Mit dem Feldherrnstab weist Federigo nach vorn. Vor ihm sitzen die Personifikationen der vier weltlichen Tugenden: die Gerechtigkeit mit Schwert und Waage, die Klugheit oder Umsicht mit Januskopf und Spiegel, die Stärke mit der Säule, die sie zerbricht, und die Mäßigkeit. Ein Putto, vielleicht Amor, lenkt den Wagen auf den seiner Frau zu. Zum Zeitpunkt der Entstehung des Bildes war Battista Sforza bereits tot. Sie starb im Alter von 26 Jahren im Juli 1472, ein halbes Jahr nach der Geburt eines Erben. Die Hintergründe der vier zu einem Diptychon zusammengefassten Bilder bilden in Vogelschau gesehene tiefliegende, mit Elementen aus der Umgebung Urbinos versehene Phantasielandschaften. Die Landschaftsauffassung, wie auch die Ausführung der Bilder, Öl statt der in Italien üblichen Tempera, gehen auf Einflüsse der Niederländer Jan van Eyck und vielleicht auch schon Hans Memling zurück.

■ Piero della Francesca, Montefeltro-Altar, Mailand, Pinacoteca di Brera

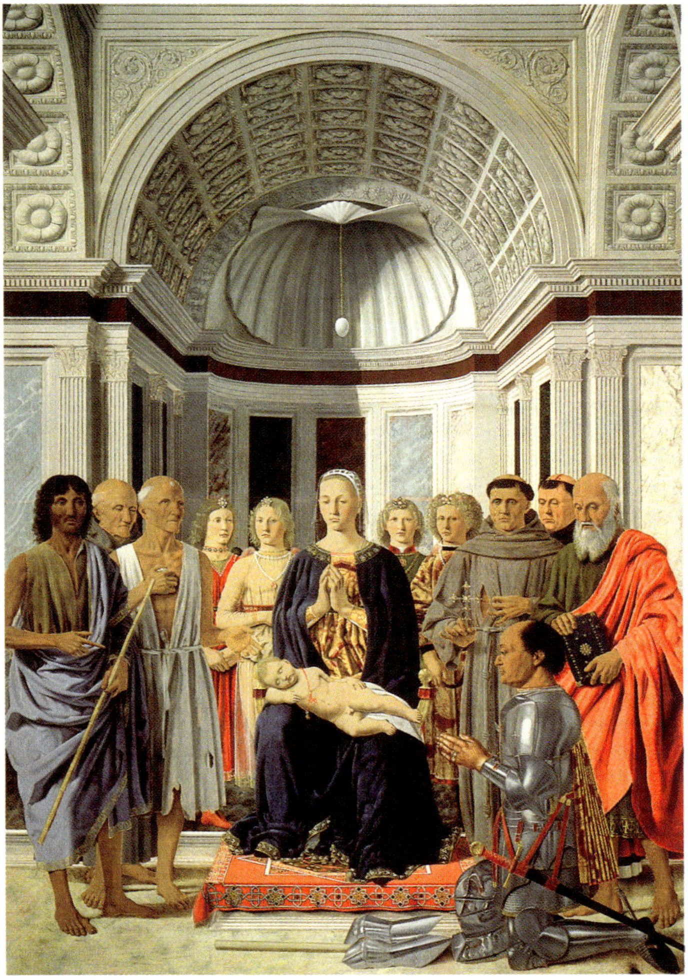

Zeitgenossen schilderten Federigo nicht nur als erfolgreichen Feldherrn und klugen Staatsmann, sondern auch als den Künsten und Wissenschaften aufgeschlossen Mann. Seine Bibliothek war über die Grenzen Urbinos hinaus bekannt, und sein Interesse an der Mathematik könnte Piero della Francesca zu seinem *Traktat über die Perspektive in der Malerei – das* Thema der Zeit – angeregt haben.

Um den von Piero della Francesca für Federigo da Montefeltro geschaffenen Altar *Maria mit Kind, Heiligen und Stifter*, kurz *Montefeltro-Altar* genannt, ranken sich zahlreiche, besonders das Ei betreffende Legenden. Das Bild zeigt Maria mit dem Kind in Begleitung von vier Engeln und sechs Heiligen. Die Heiligen sind an ihren Attributen zu erkennen. Links stehen Jo-

■ *Piero della Francesca, Montefeltro-Altar, Mailand, Pinacoteca di Brera, Ausschnitt: Apsis mit Ei*
An seidenem Faden hängt die Interpretation des *Montefeltro-Altars*: Zentral steht das Ei, Symbol der Jungfräulichkeit der Maria und Symbol der Auferstehung Christi in einem. Gleichzeitig verdeutlicht es die Finessen der Perspektive. Scheinbar hängt es über Maria, doch zeigt ein genauer Blick auf die Architektur, dass es weit hinter der Madonna, im Scheitel der extrem tiefen Apsis hängt.

hannes der Täufer, Hieronymus und Bernardin von Siena, rechts ein Apostel, Franz von Assissi und Petrus von Verona. Vor den Heiligen rechts kniet der Stifter Federigo. Die Szene spielt in einer Vierung, dem Schnittpunkt von Mittelschiff und Querschiff in einer kreuzförmigen Kirche. Hinter der Gruppe öffnet sich ein tiefer Raum, die Apsis, in dem als auffälligstes Moment ein Ei von einer Muschelwölbung herabhängt. In Maria und dem Kind hat man Battista Sforza und ihren Sohn gesehen und in den Engeln vier ihrer Töchter – eine Auffassung, die nicht mehr haltbar ist.

Auf dem *Montefeltro-Altar* ist eine »Sacra Conversazione«, ein »Heiliges Gespräch« zwischen Maria und Heiligen dargestellt. Besser wäre es allerdings, hier von einem »repräsentativen Stehen« zu sprechen – zur Darstellung wirklicher Gesprächssituationen kommt es erst im 16. Jahrhundert. Die Sacra Conversazione ist aus der Thronenden Muttergottes mit Heiligen des 14. Jahrhunderts entstanden. Beliebt war sie vor allem als Stiftung. So konnte sich der Stifter der Fürsprache einer ganzen Schar von Heiligen, meist seiner persönlichen oder denen seiner Familie, versichern. Entscheidend für die Sacra-Conversazione-Bilder der Frührenaissance ist der Umstand, dass Madonna, Heilige und Stifter in ein und demselben Bildraum versammelt sind. Die Grenzen zwischen Diesseits und Jenseits, auch die zwischen historischem Geschehen und Gegenwart, zwischen der Antike, in der Maria lebte, und der Jetztzeit der Renaissance,

KULTURAUSTAUSCH

Im 15. Jahrhundert bestanden rege Handelsbeziehungen zwischen den reichen oberitalienischen und niederländischen Städten. Die Italiener waren fasziniert von der neuen Technik der Ölmalerei und den Landschaften der Niederländer: Um 1450 malt Rogier van der Weyden in Ferrara und wohl auch in Florenz, und 1483 lässt der ehemalige Handelsagent der Medici in Brügge, Tommaso Portinari, einen heute nach ihm benannten Altar von Hugo van der Goes in der Florentiner Kirche Santa Maria Nuova aufstellen (heute Uffizien).

VESPERBILD UND *PIETÀ*

Maria mit dem schlafenden Jesus auf dem Schoß ist keine italienische Erfindung. Das Motiv ist eine Sonderform des im 14. Jahrhundert in Deutschland entstehenden plastischen *Vesperbildes*. Zur individuellen Andacht und Versenkung in die Leiden Christi ist das Motiv der *Maria mit dem Leichnam Christi auf dem Schoß* aus dem Geschehen nach der Kreuzigung herausgelöst. Im 15. Jahrhundert gelangte dieser Bildtyp nach Italien, wo er als *Pietà* – »Mitleid, Andacht« – bezeichnet wird.

sind zugunsten einer einheitlichen, räumlich berechenbaren Welt aufgehoben.

Federigo ließ seine *Sacra Conversatione* für San Bernardino in Urbino malen, die Kirche, in der er beerdigt werden wollte. Wie der Palast von Urbino gehörte auch San Bernardino zu dem Neubauprogramm, das Federigo nach 1444 startete, als Urbino zum Herzogtum erhoben wurde. Mit dem Ei in der Apsis verleiht Federigo seiner Hoffnung auf Auferstehung Ausdruck. Das Ei ist hier nicht Symbol der unbefleckten Empfängnis Mariä, zu dem es im 15. Jahrhundert auch wurde, sondern Symbol der Auferstehung, wie es sich bereits in Fresken der ersten Hälfte des 14. Jahrhunderts findet und bis heute im Brauch des Ostereies fortlebt.

Aus dem Gedanken der Auferstehung ist auch der auf dem Schoß Marias schlafende Jesusknabe zu erklären. Die rote Korallenkette um den Hals des Kindes und dessen im höchsten Grad unnatürlichen Haltung – der Körper müsste zwischen den Beinen der Mutter wegknicken – weist auf die bevorstehenden Leiden, den Tod und die Auferstehung hin. Es ist die theologisch begründete »Zusammenschau« von Geburt und Passion, die Piero della Francesca im schlafenden Christus zum Ausdruck bringt.

Fünfzigjährig, betend, in altertümlicher Rüstung, am Ende seiner aktiven Laufbahn als Condottiere, kniet Federigo da Montefeltro vor Maria, dem schlafenden Kind und einer Versammlung von Engeln und Heiligen. Helm, Handschutz und Feldherrnstab liegen

■ *Michelangelo, Pietà, 1498/99, Marmor, Höhe 1,74 m, Rom, Sankt Peter.*
Das *Vesperbild* oder die *Pietà* wurde in Italien nie richtig heimisch, doch entsteht hier die berühmteste Darstellung des Themas. Im Auftrag eines französischen Kardinals, dem der Bildtyp aus seiner Heimat bekannt war, schafft Michelangelo 1498/99 seine *Pietà*.

vor ihm auf dem Boden. Seine Ritterrüstung behält er als Zeichen seines Standes an. Auf den ersten Blick scheinen Maria und ihr Himmlischer Hof sich in einer Kirche versammelt zu haben, wie sie in der zweiten Hälfte des 15. Jahrhunderts gebaut worden sein könnte. Doch kann keine Kirche gemeint sein. Als irdische Institution ist sie nicht der Ort, in dem die Seele und ihre Fürsprecher, die Heiligen und Maria, Christus um Barmherzigkeit bitten. Für die »Curia Coeli«, den »Himmelssaal«, stand Piero ein anderes, zwar ebenfalls irdisches, doch weniger festgelegtes Vorbild vor Augen: die antike römischen Basilika, in der seinerzeit Recht gesprochen wurde. Deutlich wird die Doppelnatur der Curia Coeli, sie ist Sitz des »Himmelskönigs« Christus und Ort des Gerichts über die Seele in einem.

■ *Fra Angelico, Madonna mit Kind und Heiligen, 1424–30, Tempera auf Holz, 212 x 237 cm, Fiesole, San Domenico.*
Fra Angelicos *Madonna mit Kind und Heiligen* bildet ein wichtiges Brückenglied zwischen der Maestà des 14. Jahrhunderts und der Sacra Conversazione des späteren 15. Jahrhunderts. Maria und die Heiligen befinden sich zwar in einem einheitlichen Raum, doch ist die Madonna durch den Kranz von Engeln und die rückwärtige Architektur weiterhin isoliert. Altertümlich ist der kleinere Maßstab für die Engel, in die Zukunft weisend der Landschaftsausblick.

Wie ein weltlicher Hofstaat tritt Maria mit ihrem Gefolge auf. Maria hat auf einem leicht erhöhten Thron in der Mitte Platz genommen. Ein kostbarer Teppich bedeckt das Podest. Wie Hofdamen stehen die Engel hinter ihr. Dass sie in der himmlischen Hierarchie höher stehen als die Heiligen, die »Berater« der Maria, verdeutlicht ihr leicht erhöhter Stand. An die an einem himmlischen wie an einem irdischen Hof gleichermaßen herrschende Hierarchie hält sich der Ritter Federigo. Er kniet zur Linken Marias, ihrer untergeordneten Seite. Sie ist im Gebet versunken – bereits in der Fürsprache für Federigo? Unter Einhaltung der Rangfolge wendet Federigo sich nicht Maria, sondern Johannes dem Täufer zu, der wiederum auf den schlafenden Christus weist. Johannes ist der Angelpunkt der Komposition: Auf seinen rechten Arm zeigt das Schwert Federigos, vom Arm führt ein Bogen über Christus zurück zu dem betenden Federigo, und mit seinem Stab weist er in die Wölbung der Apsis hinter der Versammlung, in der das Ei, Symbol der Auferstehung, schwebt: Selbstbewusst, ganz Mensch der Renaissance, lässt Federigo da Montefeltro sich von Piero den Weg aufzeigen, an dessen Ende seine persönliche Auferstehung stehen wird.

PIERO DELLA FRANCESCA: MONTEFELTRO-ALTAR

LEBEN UND WERK

Piero della Francesca wird 1415 in Borgo Sansepolcro in der Nähe von Arezzo geboren. Über seine Ausbildung ist wenig bekannt. In den dreißiger Jahren ist er in seiner Heimatstadt beschäftigt, von der aus er 1438/39 nach Florenz geht. Dokumentarisch belegt ist dort eine Zusammenarbeit mit dem nur wenige Jahre älteren Domenico Veneziano. Von Domenico übernimmt Piero den klaren Bildaufbau und den Gesichtstyp der Madonnen. 1445 erhält Piero seinen ersten größeren Auftrag. Für eine wohltätige Bruderschaft seiner Heimatstadt malt er einen *Misericordien-* oder *Barmherzigkeits-Altar*. Im Zentrum des Altars steht Maria im Typ der Schutzmantelmadonna, die den Gläubigen unter ihrem Umhang Zuflucht gewährt. Seitlich der Madonna stehen Heilige. Umgeben ist das Mittelbild auf überlieferte Weise von kleineren Tafeln. Von einem für die Kathedrale von Sansepolcro gemalten Altar ist nur die *Taufe Christi im Jordan* erhalten. Deutlich wird in diesem Bild das Interesse Pieros am Licht – die Szene spielt am Morgen, Lichtreflexe sind auf dem Wasser zu sehen – und an der perspektivischen Konstruktion. Es folgen Aufträge für die Este in Ferrara, wo Piero Werke Rogier van der Weydens und anderer früher Niederländer sieht, und für Sigismondo Malatesta in Rimini. Um 1448/49 malt Piero eines seiner rätselhaftesten Bilder, die *Geißelung Christi*. Das Bild ist zweigeteilt. Im Hintergrund der linken Bildhälfte steht Christus an der Geißelsäule, im Vordergrund der rechten drei Männer, eindeutig Porträts der Zeit Pieros, die von dem Geschehen hinter ihnen nicht die geringste Notiz nehmen. In den 1450er Jahren ist Piero überwiegend in Arezzo anzutreffen, wo er die Chorkapelle der Franziskanerkirche mit der *Legende vom Wahren Kreuz* ausmalt. Wiederum für Sansepolcro schafft Piero um 1458 sein populärstes Werk: das Fresko der *Auferstehung* im Sitz des Stadtoberen. Voll majestätischer Würde entsteigt Christus dem Sarkophag, den Blick fest nach vorn gerichtet, die Siegesfahne in der Hand. In den 1460er Jahren malt Piero noch einen Altar für San Agostino, einen weiteren für Perugia und die *Madonna del Parto*, die schwangere Maria, für eine Grabkapelle. 1469 ist Piero erstmals in Urbino nachgewiesen, wo er in Kontakt mit dem Humanisten- und Künstlerkreis am Hof Federigos da Montefeltro tritt. Mit Federigo teilt Piero das Interesse an der Mathematik und der Perspektive. Von Federigo dürfte Piero zu seinem *Traktat über die Perspektive in der Malerei* angeregt worden sein. Anfang der 1470er Jahre wird er mit dem *Doppelbildnis von Federigo da Montefeltro und Battista Sforza* und dem *Montefeltro-Altar* beauftragt. Unter den Spätwerken Pieros ist noch eine Darstellung der *Geburt Christi* zu nennen, in der niederländische Einflüsse besonders deutlich hervortreten. In hohem Alter stirbt Piero 1492.

DATEN

Wo zu sehen:
Mailand, Pinacoteca di Brera
Tempera und Öl auf Holz, um 1473/74; 248 x 170 cm

Provenienz:
Im Auftrag Federigo da Montefeltros für die von ihm gestiftete Kirche San Bernardino in Urbino gemalt. Da die Kirche erst nach dem Tod Federigos fertiggestellt wurde, anfangs in San Donato in Urbino aufgestellt. Später dann wie das Grab Federigos in die 1490 fertiggestellte Kirche übertragen. In San Bernardino 1703 erwähnt, am Beginn des 19. Jahrhunderts aus der Kirche entfernt. 1982 konnte festgestellt werden, dass das Bild beschnitten ist. Es fehlt das unterste Brett der ursprünglich neun Bretter, auf die das Bild gemalt wurde.

Lesenswert:
Carlo Ginzburg, *Erkundungen über Piero. Piero della Francesca, ein Maler der frühen Renaissance*, Berlin 1981.

AUF DEN PUNKT GEBRACHT

Ein mathematisch genau konstruierter Tiefenraum zeichnet den *Montefeltro-Altar* aus. Im eigentlichen Sinne vor den Raum plaziert Piero die Figuren: Architektur und Figur existieren weitgehend unabhängig voneinander.

La Primavera

SANDRO BOTTICELLI

■ *Sandro Botticelli, Die Anbetung der Könige, um 1475, Ausschnitt, Selbstbildnis des Künstlers.*

Eine missglückte Bündnispolitik und das Auftreten des Bußpredigers Savonarola zwingen Piero de'Medici 1494 zur Flucht aus Florenz. Dies ist die Stunde der jüngeren Linie der Familie. Wenige Tage nach der Flucht Pieros kehrt der von ihm verbannte Lorenzo di Pierfrancesco in seine Heimatstadt zurück. Da der Name seiner Familie diskreditiert ist und um zu zeigen, dass er sich zur republikanischen Opposition zählt, nennt er sich »Popolano«, Volksfreund. Der Humanist Bartolomeo Scala widmet etwa zu dieser Zeit Lorenzo di Pierfrancesco de'Medici ein Gedicht, in dem es scheinbar nur um den Nutzen, die Pflege und die Veredelung von Bäumen geht. Das Gedicht ist jedoch metaphorisch zu verstehen: Aufgrund der Lautnähe von Firenze/Florentia zu Fiori (Blumen) und zu Flora, der Frühlingsgöttin, gehörte die Verbindung von Pflanzenwelt und Politik zu den in Florenz geläufigen Redefiguren. Hinzu kommt, dass Scala Botticellis *La Primavera* – »Frühling« – und die in dem Bild mit Hilfe von Pflanzen knapp zehn Jahre zuvor formulierten Ansprüche und Hoffnungen Lorenzo di Pierfrancescos kannte. Auf einer von Bäumen begrenzten Wiese haben sich neun Personen zusammengefunden. Etwa in der Bildmitte steht Venus, begleitet von ihrem Sohn Amor. Am rechten Bildrand ist der fruchtbare Westwind Zephyr zu sehen. Er verfolgt die Nymphe Chloris. Die nächste Figur verkörpert nicht, wie früher angenommen, den Frühling – als Gottheit war er der Antike unbekannt –, sondern Chloris, in ihrer neuen Identität als Flora Gattin des Westwindes. Am linken Bildrand steht der Götterbote Merkur. Er hat die drei Grazien zur Venus geführt. Den Hintergrund der Versammlung bilden Bäume. Sie sind den Personen gleichgesetzt: Über den aufrechten Gestalten der linken Bildhälfte sind die Stämme gerade, Venus steht in einer Laube, und auf der Seite Zephyrs und der fliehenden Chloris sind sie gebeugt. Vorbilder und Inspirationsquelle für die Frauengestalten der *Primavera* sind antike Statuen, die Botticelli 1481/82 in einer römischen Sammlung sah. Anregungen zu den äußerst detailliert gemalten Wiesenpflanzen holt sich Botticelli bei dem Niederländer Hugo van der Goes. Von ihm ist seit 1483 ein Altar, der *Portinari-Altar*

Die motivische Hauptquelle von *La Primavera: »Frühling und Venus kommen, und vor ihnen schreitet der flügeltragende Herold der Venus, und nahe den Spuren Zephyrs streut vor ihnen Flora, die Mutter, den Weg vollständig aus und erfüllt ihn mit auserlesenen Farben und Düften.«* Lukrez (99/94–55 v. Chr.): *Die Natur der Dinge*, Buch 5, 737–740.

der Uffizien, in Florenz zu sehen. Aufgrund dieser Eckdaten – der Inspiration durch die 1481/82 in Rom gesehene Antiken und den 1483 aufgestellten niederländischen Altar – sowie aus historischen Gründen muss *La Primavera* um 1485–87 entstanden sein. 1485 gelangte Lorenzo di Pierfrancesco endlich in den Genuss seines Erbes, das ihm Lorenzo il Magnifico aus der älteren Linie der Medici bis dahin vorenthalten hatte. Spannungen zwischen den Linien bleiben bestehen und werden in der *Primavera* thematisiert: Merkur, auch Gott des Handels, ist den Medici besonders verbunden. Botticelli stellt ihn wehrhaft mit Schwert dar, vielleicht ein Hinweis auf die Auseinandersetzungen mit Lorenzo il Magnifico. Botticellis *Primavera* strotzt nur so von auf Lorenzo di Pierfrancesco zu beziehenden politischen Sinnbildern. Am rechten Bildrand beugen sich zwei immergrüne Lorbeerbäume, hier Ausdruck der Hoffnung auf ein neues Zeitalter, zur Flor(enti)a herab. Den Lorbeer (lateinisch »laurus«) nutzten alle Medici, die den Namen Lorenzo (lateinisch »Laurentius«) führten, zur persönlichen Propaganda, doch ist er hier

■ *Sandro Botticelli, La Primavera, Tempera auf Holz, 203 x 314 cm, Florenz, Uffizien.*

■ *Fra Bartolomeo, Fra Giovanni Savonarola, um 1498, Öl auf Holz, 53 x 47 cm, Florenz, Museo di San Marco.*
Seit 1482 predigte der Mönch Savonarola gegen die laxen Sitten in Florenz. 1484 verkündete er das Kommen des Jüngsten Gerichts. Zehn Jahre später, nach der Flucht Piero de' Medicis, sah man in ihm einen Propheten. Er errichtete eine »Gottesherrschaft« mit Christus an der Spitze. Aus machtpolitischen Gründen wurde Savonarola vom Papst exkommuniziert und 1498 hingerichtet. Mit dem Auftreten Savonarolas war der erste »Florentiner Frühling« zu Ende.

nur auf Lorenzo di Pierfrancesco zu beziehen. Flora ist offensichtlich schwanger, was grundsätzlich auf ein neues, vor Überfluss berstendes Florenz zu beziehen ist, hier aber auch einen konkreten Hintergrund hat: 1485 und 1488 war die Frau Lorenzo di Pierfrancescos schwanger. Beide Male gebar sie einen Sohn und sicherte so den Fortbestand der Familie. Das Gewand der Venus und der Umhang Merkurs weisen als Besonderheit nach unten gerichtete Flammen auf. Nach unten, zur Erde, zielt auch der brennende Pfeil Amors – Hinweise auf die sich stets erneuernde Natur. Diese stete »Naturblüte« ist auf Florenz zu beziehen. Bewirken kann sie nur die Herrschaft Lorenzo di Pierfrancescos. Um seinen Anspruch zu verdeutlichen, trägt Lorenzo di Pierfrancesco nach 1494, als der regierende Medici der älteren Linie aus der Stadt geflohen war, einen mit fallenden Flammen versehenen Umhang. Von besonderer Bedeutung für Florenz und die Medici waren auch die ewige Jugend und Fruchtbarkeit verheißenden Orangen (lateinisch »mala medica«), auch »Bälle der Medici« genannt. Orangenbäume füllen den Hintergrund von *La Primavera*. Als »heraldisches Dach« beschirmen sie die Versammlung. Ein Orangenbaum scheint aus dem Kopf der mit der Frau Lorenzo di Pierfrancescos in eins gesetzten Flor(enti)a zu wachsen: wiederum die Inbesitznahme eines Symbols der Stadt Florenz und der ganzen Medici-Familie durch Lorenzo di Pierfrancesco. Selbst hoch gebildet, macht sich Lorenzo in *La Primavera* antike und zeitgenössische Gelehrsamkeit und Philosophie dienstbar, um seinen genealogisch nicht zu rechtfertigenden Anspruch auf die Herrschaft in Florenz zur Geltung zu bringen. Nach 1494 scheint die Verwirklichung zum Greifen nahe. Lorenzo di Pierfrancesco wendet sich von seiner Familie ab und gibt sich republikanisch. Doch stirbt er 1503, ohne sein hochgestecktes Ziel erreicht zu haben. 1512 kann die ältere Medici-Linie die Macht erneut an sich bringen. Sicher nicht im Sinne Lorenzo di Pierfrancescos, »erfüllte« sich sein Vermächtnis 1537. Unter den Augen der *Primavera*, im Palast des Großvaters, ermordete der Enkel den letzten Spross der älteren Linie.

SANDRO BOTTICELLI: LA PRIMAVERA

LEBEN UND WERK

Sandro Botticelli wird 1444/45 in Florenz geboren, wo er eine Lehre als Goldschmied beginnt. Aufgrund seines Zeichentalents wechselt er in die Werkstatt Fra Filippo Lippis, des bedeutendsten Malers seiner Zeit. 1470 wird Botticelli bereits als unabhängiger Meister genannt. Aus dem gleichen Jahr stammt sein frühestes sicher datierbares Werk, eine *Allegorie der Stärke*, mit der er die Serie der *Sieben Tugenden* Pollaiuolos im Palazzo Vecchio vollendet. 1472 tritt Botticelli in die Florentiner Malergilde ein. Für kurze Zeit ist er in Pisa. Sowohl das dort unvollendet zurückgelassene Fresko wie auch die meisten andern Fresken der 1470er Jahre sind verloren. 1481 lässt Papst Sixtus IV. die berühmtesten Florentiner Maler, unter ihnen Ghirlandaio, Perugino und Botticelli, für die Ausschmückung seiner Kapelle nach Rom kommen. In der Sixtinischen Kapelle malt Botticelli auf der vom Altar aus gesehenen rechten, dem Leben Christi geweihten Wand die *Versuchung* und auf der gegenüberliegenden zwei Begebenheiten aus dem *Leben Mose*. Weiter zeichnet er eine Reihe von Papstporträts. 1482 kehrt Botticelli nach Florenz zurück und bindet sich enger an den Hof der Medici. Für einen unbekannten Auftraggeber entsteht 1482/83 die *Die Geburt der Venus*, für Lorenzo di Pierfrancesco wahrscheinlich *Minerva und der Kentaur*. 1484 freskiert Botticelli für Lorenzo il Magnifico zwei Räume seiner Villa bei Volterra. Im Auftrag Lorenzo di Pierfrancescos entsteht dann 1485–87 *La Primavera*. Ebenfalls für Lorenzo di Pierfrancesco schafft Botticelli seine berühmten Illustrationen zu Dantes *Göttlicher Komödie*. 1485 wird Botticelli für ein Altarbild bezahlt, das er für die Bardi-Kapelle in Santo Spirito geschaffen hat. Es ist die Berliner *Madonna mit den Heiligen Johannes der Täufer und Johannes der Evangelist*. Es folgt eine *Marienkrönung* für die Kapelle der Goldschmiede in San Marco. In die Zeit bis 1490 fallen weiter die beiden *Tondi* (Rundbilder) der Uffizien, die *Madonna del Magnificat* und die *Madonna mit dem Granatapfel*. 1492 stirbt Lorenzo il Magnifico, zwei Jahre später flieht sein Nachfolger aus Florenz. Der Bußprediger Savonarola errichtet seine »Gottesherrschaft« und ernennt Christus zum König von Florenz. Die Bürgerschaft spaltet sich. Kurz vor der Hinrichtung Savonarolas 1498 wendet sich Botticelli von der Partei seiner Förderer ab und tritt der Savonarolas bei. Auf die politischen Ereignisse der 1490er Jahre reagiert Botticelli mit einer Schaffenskrise, die durch die rapide Entwicklung verstärkt wird, die die Malerei in den beiden Jahrzehnten vor seinem Tod 1510 macht. Leonardo da Vinci, Michelangelo und Raffael treten auf den Plan. Halt sucht Botticelli in der Malerei der vorhergehenden Generation. Das Höfisch-verfeinerte und Ornamentale schwindet aus seiner Malerei zugunsten einer größeren Einfachheit.

DATEN

Wo zu sehen:
Florenz, Galleria degli Uffizi
Tempera auf Holz, 203 x 314 cm

Provenienz:
Das Bild entsteht um 1485/87 im Auftrag des einer Seitenlinie der Medici angehörenden Lorenzo di Pierfrancesco de'Medici (1463–1503). 1499 ist es zusammen mit Botticellis *Minverva und der Kentaur* in einem Zimmer des Florentiner Stadtpalastes von Lorenzo di Pierfrancesco an der heutigen Via Cavour nachgewiesen. Später gelangt La Primavera in die von Lorenzo 1477 erworbene Villa Castello bei Florenz. Dort wird es wahrscheinlich zusammen mit der 1482/83 für eine n unbekannten Auftraggeber gemalten *Geburt der Venus* aufgehängt. 1982 wurde La Primavera grundlegend restauriert.

Lesenswert:
Horst Bredekamp: *Sandro Botticelli, La Primavera, Florenz als Garten der Venus*, Frankfurt am Main 1988.

AUF DEN PUNKT GEBRACHT

Seit ihrer Wiederentdeckung im 19. Jahrhundert gilt *La Primavera* als ein Markstein der Kunstgeschichte und Sinnbild des Aufbruchs in die Renaissance. Ein Quellenfund lässt das Bild seit einigen Jahren in neuem Licht erscheinen.

Selbstbildnis im Pelzrock

ALBRECHT DÜRER

■ *Albrecht Dürer, Selbstbildnis als kranker Mann, 1506 oder 1520er Jahre, Feder, koloriert, 127 x 117 mm, Bremen, Kunsthalle.* Das Blatt entstand wahrscheinlich nicht vor dem Spiegel und war vielleicht für einen auswärtigen Arzt bestimmt. Dürer weist auf seine Milzgegend und schreibt: »Do der gelb fleck ist und mit dem finger drawff dewt do ist mir weh.« Die Datierungsvorschläge für die Zeichnung beruhen auf Erwähnungen von Krankheiten in Briefen Dürers.

Wie kein Künstler vor ihm und nur wenige nach ihm hat der junge Albrecht Dürer in Form von Selbstporträts Rechenschaft über sich, seine soziale Stellung und seinen Körper abgelegt. Eine der frühesten erhaltenen Zeichnungen ist das Selbstbildnis von 1484, mit dem Dürer, zu diesem Zeitpunkt vielleicht noch nicht einmal dreizehn Jahre alt, eines der ersten autonomen Selbstporträts der Kunstgeschichte geschaffen hat. 1492/93 zeichnet er sich mürrisch blickend mit aufgestütztem Kopf. Die gleiche Haltung nimmt sein *Ecce Homo* von 1493/94 ein. Auf Wanderschaft, wohl zum Zwecke der Brautwerbung nach Hause geschickt, entsteht das *Selbstbildnis mit Männertreu*. Dürer beschriftet und datiert es: 1493. Fünf Jahre später malt er sich erneut, wie zuvor schon vor dem Spiegel, also seitenverkehrt. In Bildausschnitt und Haltung – als halbe Figur schräg in den Raum gestellt, den linken Arm auf eine Brüstung gelehnt – entspricht das Bild dem Porträt von 1493. Doch ist es nicht mehr der schüchterne und unsichere gut Zwanzigjährige, der uns in dem Selbstporträt von 1498 anblickt, sondern ein selbstbewusster und erfolgreicher, aber auch eitler junger Mann mit behandschuhten Händen, Spitzbart und gebrannten Locken. Dürer war zwischenzeitlich in Venedig gewesen, hatte die neue Kunst der Renaissance und vor allem das neue Selbstverständnis der Künstler kennengelernt: Sie waren nicht mehr Handwerker, sondern den Dichtern und Philosophen gleichgestellt. So schreibt Dürer dann auch 1506, zum zweiten Mal in Venedig, nach Nürnberg: »Hier bin ich ein Herr, daheim ein Schmarotzer.« Vielleicht ebenfalls 1506, oder auch erst in den 1520er Jahren, zeichnet Dürer sich als kranken Mann, 1522 als Schmerzensmann (»Ecce Homo«) und schließlich in einer undatierten Zeichnung als Akt, ohne jegliche Pose, nur leicht gebückt wegen des zu kleinen Spiegels. Das betont Weltzugewandte des Selbstporträts von 1498 legt Dürer in seinem zwei Jahre später entstandenen *Selbstbildnis im Pelzrock* ab – um die »Gottesebenbildlichkeit« des Menschen und vor allem des Künstlers Albrecht Dürer darzustellen: Ist Gott der *erste* Schöpfer, der den Menschen nach seinem Ebenbild (1. Mos. 1, 27) schuf, so ist der

Künstler der *zweite*, der Nachschöpfer im Sinne Gottes. Dieses neue, humanistische Selbstbewusstsein lernte Dürer in Italien kennen und setzte es, zurück in Nürnberg und wohl von seinem Freund, dem Humanisten Willibald Pirckheimer (1470–1530) zu dem Porträt ermuntert, um. Kein italienischer Künstler, geschweige denn ein deutscher hat sich bis dahin in vergleichbarer Art und Weise gemalt. Dürer zeichnet sich im Sinne des Humanismus, der die Schöpfung als mathematische Ordnung zu fassen suchte; auf seinem stilisierten Selbstporträt wird der Mensch an sich durch Geometrie und Schönheit überhöht, denn beides ist göttlichen Ursprungs. Die Entstehungszeit des *Selbstbildnisses im Pelzrock* ist fest zu umreißen. Dürer malte

■ *Albrecht Dürer, Selbstbildnis im Pelzrock, geometrisches Schema nach: Fritz Winzinger, Albrecht Dürer, Reinbek bei Hamburg, 1971.*

■ *Albrecht Dürer, Selbstbildnis im Pelzrock, 1500, Öl auf Holz, 67 x 48,7 cm, München, Alte Pinakothek.*

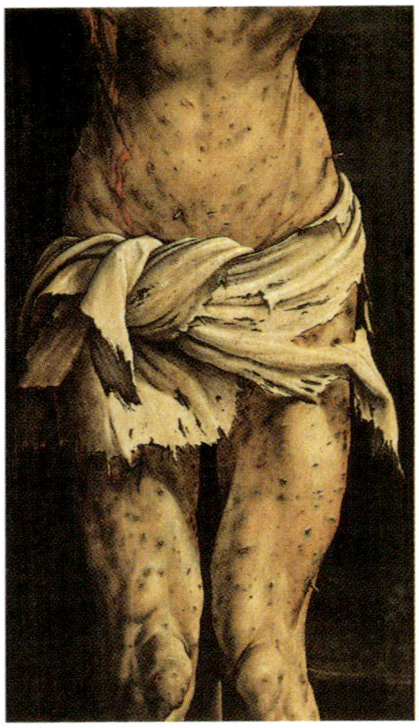

■ *Matthias Grünewald, Kreuzigung Christi, Isenheimer Altar, 1512–16, Öl auf Holz, erste Schauseite, Mitteltafel, Ausschnitt, Colmar, Musée d'Unterlinden.* Sadistisch mutet die Darstellung des gemarterten Christus am Kreuz an. Ziel des ins Extrem getriebenen Realismus ist die Versenkung des Gläubigen in das Leiden Christi. Jahrhundertelang vergessen, wird Grünewald im Expressionismus wiederentdeckt und neu verstanden.

■ *Meister der Heiligen Veronika, Veronika mit dem Schweißtuch Christi, um 1420, Öl auf Leinwand über Holz, 78 x 48 cm, München, Alte Pinakothek.* Dürers Selbstbildnis erinnert an die »Vera Icon«, das Bild des Antlitzes Christi auf dem Schweißtuch der Heiligen Veronika.

es zwischen dem 25. Dezember 1499 und dem 20. Mai 1500 – zu einer Zeit, als er nach eigener Aussage noch keine Kenntnis von italienischen Proportionslehren, etwa eines Leon Battista Alberti oder Leonardo da Vinci, hatte. Obwohl in Dürers Selbstbildnis von 1500 auch das mittelalterliche Teilungsschema nachvollziehbar ist, nach dem die Höhe des Gesichts viermal, die Höhe des Kopfes sechsmal und die Breite von Gesicht und Hals zweimal dem Pupillenabstand entspricht, kann es nicht ohne Wissen um »italienische« Proportionierung entstanden sein. Bereits bei flüchtiger Betrachtung fällt auf, dass der Kopf Dürers mit den symmetrisch auf die Schultern herabfallenden Haaren ein gleichseitiges Dreieck bildet, dessen Grundlinie die Höhe des Bildes nach dem »Goldenen Schnitt« teilt und dessen Spitze mit der Mitte des oberen Bildrandes zusammenfällt. Weiter schreibt Dürer seinen Kopf bis zum Ansatz des Halsausschnittes einem Kreis ein, dessen Mittelpunkt auf dem Grat zwischen Nase und Oberlippe liegt. In zwei mal vier Quadrate spannt er seinen Kopf. Kinn, der Grat zwischen Oberlippe und Nase, Nasenwurzel und Augen, Stirn und Scheitel sind die markanten Punkte. Vier weitere Quadrate fallen dann auf die Halspartie.

»Geometrische Proportionierung« ist der eine Weg, der zur »Gottesebenbildlichkeit« führt, der andere ist der des Zitierens *des* Gottesbildes schlechthin, der »Vera Icon«, des nicht von Menschenhand geschaffenen »wahren Bildnisses« Christi, wie es das Schweißtuch der Heiligen Veronika bewahrt. Der Legende nach reichte Veronika Christus auf seinem Weg zur Kreuzigung ein Tuch zum Abwischen des Gesichts; haften blieben die Gesichtszüge. Mit der »Vera Icon« des 15. Jahrhunderts weist das *Selbstbildnis im Pelzrock* grundsätzliche Gemeinsamkeiten auf: strenge Frontalität, langes auf die Schultern fallendes, in der Mitte gescheiteltes Haar und gestutzter Kinnbart. Der Kult des Schweißtuches war im Spätmittelalter populär, besonders in Heiligen Jahren, die seit 1475 von der katholischen Kirche alle fünfundzwanzig Jahre begangen werden – 1500 war ein solches Heiliges Jahr. Dürers Selbstbildnis entstand an einer Epochengrenze. Ihm gelang es, die spätmittelalterliche, in Italien längst abgelegte Geistigkeit in die Schaffung des neuen Renaissance-Menschen einzubeziehen. Möglich war dies wohl nur in Nürnberg, im Kreis um Willibald Pirckheimer. Pirckheimer hatte in Italien studiert, war gleichzeitig mit Leonardo da Vinci in Mailand, kannte Bramante und hatte Kontakte zum Hof der Medici in Florenz; er war vom italienischen Humanismus geprägt. Vertreter des »Deutschen« war Konrad Celtis (1459–1508), Hofdichter Maximilians I. in Wien, »ein unermüdlicher Propagandist nationaler Selbstbestimmung«. 1500 verfasste er Lobge-

■ *Albrecht Dürer, Die vier Apostel, 1526, Öl auf Holz, je 215 x 76 cm, München, Alte Pinakothek.*
Fest gefügt, die vorderen in schweren Mänteln, füllen die *Vier Apostel* die schmalen, hohen Bildformate. Durch ihre Attribute sind sie zu identfizieren: der Apostel und Evangelist Johannes, die Apostel Petrus und Paulus, der Evangelist Markus. Gleichzeitig verkörpern sie die vier Temperamente, die wiederum mit den vier Lebensaltern und Jahreszeiten verbunden sind.

ISENHEIMER ALTAR

Mit dem Isenheimer Altar schuf Grünewald einen der letzten großen Flügelaltäre mittelalterlicher Tradition. Geschlossen zeigt er die Kreuzigung. Bei geöffnetem ersten Flügelpaar sind Verkündigung, Geburt und Himmelfahrt Christi, bei geöffnetem zweiten Flügelpaar der Schrein mit plastischen Heiligenfiguren und auf den gemalten Flügeln Antonius als Eremit und die Versuchung des Heiligen zu sehen. Das erste Flügelpaar wurde an Feiertagen geöffnet; das zweite nur zum Fest des Heiligen.

dichte auf Dürer, rühmte dessen »gelehrte Hand« und stellte ihn als »deutschen Apelles« in die Nachfolge des legendären griechischen Malers der Antike.

Als bedeutendster deutscher Künstler neben Albrecht Dürer gilt der etwa gleichaltrige Matthias Grünewald (um 1475–1528). Wahrscheinlich begegneten sich beide um 1503 in Nürnberg. Ihre künstlerische Herkunft ist völlig verschieden; Dürer ist »italienisch«, Grünewald »spätgotisch« geprägt. Trotzdem erhielt Grünewald den Auftrag, dem um 1510 entstandenen *Heller-Altar* Dürers zwei Flügel mit Heiligenbildern hinzuzufügen. Im Gegensatz zu Dürer war Grünewald bald nach seinem Tod vergessen, sodass sein bekanntestes Werk, der *Isenheimer Altar*, im 17. Jahrhundert auf der Suche nach einem Urheber Dürer zugeschrieben wurde – eine Zuschreibung, die auch nicht der oberflächlichsten Betrachtung standhält. In den Bildern des *Isenheimer Altar* zeigt Grünewald sich stark von der mittelalterlichen Mystik, besonders den *Visionen* der Heiligen Birgitta von Schweden (um 1303–73) beeinflusst.

Dürer und Grünewald sympathisierten beide mit der Reformation. Grünewald beteiligte sich 1525/26 am Bauernkrieg, verlor seine Stellung als Hofmaler und flüchtete ins lutherische Frankfurt. Dürer gab sich vorsichtiger und diplomatischer, setzte den Hebel oben an. 1525 trat der Rat der Stadt Nürnberg zur Reformation über. Im folgenden Jahr sticht Dürer die Porträts des Luther nahe stehenden Reformators Philipp Melanchthon, aber auch des innerkirchlichen Reformers Erasmus von Rotterdam und malt als Geschenk für die Stadt die *Vier Apostel*. Auf das untere Ende der beiden Tafeln setzt Dürer Inschriften aus dem Neuen Testament – in Deutsch, nach der Übersetzung Luthers. Sie sind Mahnungen an die Regierenden aus dem Mund Berufener.

■ *Matthias Grünewald, Kreuzigung Christi, Isenheimer Altar, 1512–16, Öl auf Holz, erste Schauseite, Mitteltafel, 269 x 307 cm, Colmar, Museé d'Unterlinden.*

ALBRECHT DÜRER: SELBSTBILDNIS IM PELZROCK

LEBEN UND WERK

Der Maler, Zeichner, Grafiker und Kunstschriftsteller Albrecht Dürer (geboren 1471 in Nürnberg) stammt aus einer wohlhabenden und angesehenen Künstlerfamilie. Anfangs beim Vater, einem Goldschmied, in der Lehre, tritt Dürer 1486 in die Werkstatt des Nürnberger Malers Michael Wolgemut ein, wo er vier Jahre bleibt. Fassbar ist Dürer in dieser Zeit in Zeichnungen, die unter dem Eindruck von Kupferstichen Martin Schongauers und Buchillustrationen Wolgemuts entstehen. Das früheste erhaltene Gemälde Dürers ist das *Porträt des Vaters* von 1490. Der Lehrzeit folgen Dürers Wanderjahre. Er geht in die nördlichen Niederlande und in das Zentrum des Buchdrucks und des Humanismus, Basel. 1494 kehrt er nach Nürnberg zurück, heiratet und macht sich auf den Weg nach Venedig. Reisestationen hält Dürer in Aquarellen fest. Er lernt die neue Kunst der Renaissance kennen, mit ihrem diesseitigen, an der Antike geschulten Bild vom Menschen und mit ihrer völlig neuen Raumauffassung. 1495 lässt Dürer sich in Nürnberg nieder, 1498 entsteht die erste Grafikserie, die Holzschnitte zur *Apokalypse*, der bis 1512 das *Marienleben*, die *Große* und *Kleine Holzschnittpassion* und die *Kupferstichpassion* folgen. Anfangs des neuen Jahrhunderts etabliert, malt Dürer sich im Pelzrock. Gleichzeitig beginnt seine Beschäftigung mit der Kunsttheorie, besonders der Proportionslehre. In gleicher Anzahl verlassen Altarbilder und Porträts seine Werkstatt; seine bekanntesten Aquarelle – *Der Hase* und *Das große Rasenstück* – entstehen. 1505 reist Dürer erneut nach Venedig. Für die Kirche der deutschen Kaufleute malt er das *Rosenkranzfest*, Porträtaufträge folgen. Neben der Kunst Andrea Mantegnas, Gentile und Giovanni Bellinis lernt er jetzt auch die Giorgiones und Leonardo da Vincis kennen. Wahrscheinlich von einem Mathematiker eingeladen, reist er nach Bologna, »um der Kunst willen in heimlicher Perspektive«, wie er schreibt. Nach Nürnberg zurückgekehrt, malt Dürer 1507 die lebensgroßen Akte von *Adam* und *Eva*, seine letzten beiden Altäre und wird in den Rat aufgenommen. 1513/14 entstehen die drei »Meisterstiche« *Ritter, Tod und Teufel*, *Hieronymus im Gehäuse* und *Melancolia I.* Es folgen um 1515 die *Randzeichnungen im Gebetbuch Kaiser Maximilians I.* Mit eigener und fremder Druckgraphik zum Verkauf und Tausch versehen, reist Dürer mit seiner Frau 1520/21 in die südlichen Niederlande. Ziel der Reise ist Aachen, wo er anlässlich der Krönung Karls V. die ihm von Maximilian I. gewährte Rente erneuern lassen will. In den letzten acht Jahren seines Lebens schafft Dürer vor allem Porträts, jetzt auch im Holzschnitt und Kupferstich. 1526 schenkt er der Stadt Nürnberg die beiden Tafeln der *Vier Apostel*. Wie in der Porträtgraphik, kommt in den aufgemalten Devisen die Nähe Dürers zur Reformation zum Ausdruck. Er stirbt 1528 in Nürnberg.

DATEN

Wo zu sehen:
München, Alte Pinakothek;
Öl auf Holz, 67 x 48,7 cm

Provenienz:
Das Bild wurde 1500 gemalt und ist oben links mit der Jahreszahl 1500 und dem Monogramm AD bezeichnet. Oben rechts befindet sich eine möglicherweise von Willibald Pirckheimer verfasste lateinische Inschrift. In der Übersetzung lautet sie: »So malte ich, Albrecht Dürer aus Nürnberg, mich selbst in unvergänglichen Farben im Alter von 28 Jahren.« 1792 erfolgt in Nürnberg die Gründung der Albrecht-Dürer-Gesellschaft, des ältesten deutschen Kunstvereins. 1805 erwirbt der Münchner Galeriedirektor das Bild vom Nürnberger Stadtrat. Nicht zu bestätigen sind die Angaben des Nürnberger Malers A. W. Küfner (1760–1817), nach denen er, als er das Bild zur Anfertigung einer Kopie ausgehändigt bekam, die Holztafel spaltete, darauf die Kopie anfertigte, diese dem Rat unterschob und das Original verkaufte.

AUF DEN PUNKT GEBRACHT

Das *Selbstbildnis im Pelzrock* ist Ausdruck des neuen Selbstbewusstseins Dürers und des Menschen der Renaissance. Es beruht hier nicht auf äußerem Erfolg, sondern darauf, dass Gott den Menschen nach seinem Ebenbild schuf. Zweiter Schöpfer nach Gott ist der Künstler.

Das Jüngste Gericht

HIERONYMUS BOSCH

■ *Hieronymus Bosch, Selbstbildnis.*

Wahrscheinlich malte Bosch das Wiener *Jüngste Gericht* – ein weiteres hat sich in Brügge, ein Fragment in München erhalten – für den Herzog von Burgund, Philipp den Schönen (1478–1506). Ein auf September 1504 datierter Auftrag Philipps zu einem *Jüngsten Gericht* aus der Hand Boschs ist erhalten, in der genaue Angaben zur Größe – die nicht mit dem Wiener Bild übereinstimmt –, zum Inhalt und zum Verwendungszweck gemacht werden: »ein großes Gemälde, von neun Fuß Höhe und elf Fuß Breite, auf dem das Gericht des Herrn, das heißt Paradies und Hölle, dargestellt sein soll, das eben der Herr (Philipp) bei ihm anzufertigen bestellt hat für seine noble Unterhaltung«. Philipp wünschte also ein *Jüngstes Gericht*, nicht für eine Kirche und wohl auch nicht für die private Andacht, sondern zu seinem persönlichen Vergnügen. Obwohl es nicht mit den angegebenen Maßen übereinstimmt, ist doch davon auszugehen, dass es sich bei dem Wiener *Jüngsten Gericht* um das von Philipp bestellte handelt, zumal die Heiligen Bavo von Gent und Jakobus von Compostela auf den Außenseiten der Flügel auf Philipp und seine Frau Johanna von Kastilien verweisen.

Eine überbordende Fülle von Details, Kennzeichen vieler Bilder Boschs, bestimmt die mittlere und rechte Tafel des Wiener *Jüngsten Gerichts*. Geordnet stellt Bosch hingegen auf der linken Tafel das von Philipp explizit gewünschte *Paradies* dar; Chaos scheint Bosch ein Synonym für Hölle zu sein. In der Art mittelalterlicher Simultandarstellungen sind die Erschaffung Evas, der Sündenfall und die Vertreibung aus dem Paradies in ein landschaftliches Kontinuum gesetzt. In Wolken thront Gottvater. Unter ihm streitet das Gute gegen das Böse. Engel kämpfen gegen insektenähnliche Dämonen, die »gefallenen Engel«, die, wie Eva von der Schlange, vom Teufel verführt wurden. Thematisch leitet der Engelkampf zum Mittelbild, dem eigentlichen *Jüngsten Gericht* über, zu dem trompetenblasende Engel rufen. In einem befriedeten, vom Geschehen unter ihm abgeschlossenen Himmel sitzt Christus, über ihm Maria und Johannes der Täufer, deren »Fürbitte« allerdings nur wenige retten konnte. Mit den Armen deutet Christus einen Waagebalken an.

■ *Hieronymus Bosch, Das Jüngste Gericht, um 1504, Öl auf Holz, Mitteltafel, 163,7 x 127 cm, Wien, Galerie der Akademie der Künste.*

Kaum jemand steigt unter der erhobenen Hand aus seinem Grab und fährt in den Himmel. Die gesenkte linke Hand hat die Welt bereits in eine Hölle verwandelt, die sich von der »wirklichen« der rechten Tafel in nichts unterscheidet. Eine dunkle, vom Feuer schemenhaft beleuchtete Brandlandschaft bildet den gemeinsamen Hintergrund der mittleren und rechten Tafel. Vor den »Weltenbrand« setzt Bosch ein Gewimmel von unverbundenen Einzelszenen und -motiven; die Regeln der Komposition und Perspektive, die ihm sehr wohl bekannt waren, lässt er zugunsten einer Darstellung des Chaos bewusst außer Acht. Simultandarstellung und der Blick von oben auf eine Landschaft, die »Vogelschau«, verwendet Bosch hier nicht mehr wie seine Vorgänger und er selbst noch in der *Paradies*-Tafel zur Darstel-

■ links: *Hiernoymus Bosch, Der Aufstieg ins Jenseits, Tafel aus einem größeren Altarzusammenhang, um 1500, Öl auf Holz, 86,5 x 39,5 cm, Venedig, Palazzo Ducale.*

Mystik und Geheimwissen müssen nicht zwangsläufig zur Deutung der Bilder Boschs herangezogen werden. Auch aus herkömmlichen christlichen Vorstellungen heraus, etwa als umgedeutete Himmels- oder Jakobsleiter (1. Mose 28, 12) ist der Lichttunnel zu erklären. Von den Bilderfindungen Boschs scheinen Fantasy- und Science-Fiction-Filme nicht unerheblich profitiert zu haben.

■ *Hieronymus Bosch, Der Garten der Lüste, um 1510, Öl auf Holz, Mitteltafel, 220 x 195 cm, Madrid, Museo del Prado, Ausschnitt.*
Phantasiegebilde, zusammengesetzt aus pflanzlichen Natur- und geometrischen Kunstformen, fügt Bosch mehrfach in den *Garten der Lüste* ein. Die unverblümte Darstellung von Sexualität führte zu der These, Bosch habe einer ketzerischen Sekte mit ausschweifendem Sexualleben nahegestanden oder angehört.

lung einer geordneten Welt, sondern zu ihrer Negierung. Auf grausamste Art werden Menschen gefoltert und massakriert. Ein Entrinnen gibt es nicht. Sie werden aufgespießt, gebraten, zermahlen, von spitzschnäbligen Vögel verfolgt oder sind zu absurdem Tun verdammt. Der Unterschied zwischen *Paradies* und *Hölle* könnte kaum stärker sein. Seine überbordende Phantasie entfaltet Bosch nur auf der Höllenseite; die Paradiesseite wirkt schematisch und langweilig: »Das Grauen lässt sich genießen, das Negative bildet stets interessantere Figuren«, schreibt Hans Holländer dazu. Mit dem Wiener *Jüngsten Gericht* durchbricht Bosch eine seit Jahrhunderten bestehende Bildtradition. Welt und Hölle unterscheiden sich nicht, und, wesentlicher: Dem Ort der Verdammten fehlt seine positive Aufhebung, der Ort der Seligen. Das Grundsätzliche des Wiener *Jüngsten Gericht* findet sich in dem früher, vielleicht um 1500 entstandenen *Heuwagen* und dem um 1510 datierten *Garten der Lüste* wieder, ebenfalls ein Triptychon und damit sakral belegt. Auf den Flügeln malt Bosch wieder *Paradies* und *Hölle* auf der Mitteltafel die Zwischenstation *Welt*. Der *Garten der Lüste* gilt als eines der rätselhaftesten Bilder Boschs. Geht es darauf um »fleischliche Sündhaftigkeit« oder eine Menschheitsutopie? In der *Paradies*-Tafel ist die Heirat Adams und Evas, nicht jedoch Sündenfall und Vertreibung dargestellt. Daraus ergibt sich die Deutung der Mitteltafel als »tausendfacher Sündenfall« – oder als irdisches Paradies. Dutzende nackter Paare sind hier versammelt. Unschuldig scheint ihr Liebesspiel, doch essen sie Kirschen und andere Früchte, die in der damaligen Zeit Symbole der zu verdammenden geschlechtlichen Lust waren. Anders als etwa sein Zeitgenosse Leonardo da Vinci hat Bosch nichts Kommentierendes hinterlassen. Zur Erklärung seiner Bilder wurde und wird, ohne Korrektiv, weit ausgeholt. Aufsehen erregte die These, Bosch sei Anhänger einer ketzerischen Sekte gewesen, habe besonders den *Garten der Lüste* für den Kult einer solchen Sekte geschaffen. So reizvoll die These ist – Bosch lebte in einer Umbruchszeit; Endzeitstimmung herrschte in den Jahren vor der Jahrhundertwende, fromme Bruderschaften, Mystiker und außerkirchliche Vereinigungen hatten regen Zulauf, die Reformation kündigte sich an –, so stark entbehrt sie der dokumentarischen Grundlage.

HIERONYMUS BOSCH: DAS JÜNGSTE GERICHT

LEBEN UND WERK

Der niederländische Maler und Graphiker Hieronymus Bosch wurde um 1450 in 's-Herzogenbusch, Brabant, geboren und starb ebenda im Jahre 1516. Die Familie Boschs stammte aus Aachen, lebte aber schon seit mehreren Generationen in den Niederlanden. Als Maler wird Hieronymus Bosch erstmals 1480/81 genannt; wahrscheinlich wurde er von seinem Vater ausgebildet. Verkäufe von Vermögenswerten weisen darauf hin, dass Bosch bis etwa 1500 von seiner Kunst nicht leben konnte. Bosch gehört jedoch zu den angesehenen Bürgern 's-Herzogenbusch, wovon seine Mitgliedschaft in der Liebfrauenbruderschaft, einer wohltätigen Vereinigung von angesehenen Klerikern, Gelehrten und reichen Bürgern, seit 1486/87 zeugt. Der Bruderschaft gehörte die Sint-Jans-Kerk, für die Bosch mehrere Altäre malt. Sie fielen sämtlich dem Bildersturm zum Opfer, der 1566 in den Niederlanden besonders heftig wütete. Den Steuerlisten seiner Heimatstadt zufolge muss sich der Erfolg Boschs kurz nach der Jahrhundertwende eingestellt haben. Er gehört nach 1500 zu den wohlhabendsten Bürgern der Stadt. Der Liebfrauenbruderschaft verdankt Bosch auch zahlreiche Kontakte und damit Aufträge. Er malt für das ortsansässige Patriziat, für norditalienische Auftraggeber – mehrere Werke haben sich in Venedig erhalten –, vor allem aber für in Brabant ansässige Spanier. Allein Diego de Guevara, dem auch Jan van Eycks *Hochzeit der Arnolfini* gehörte, besaß sechs Werke von Bosch, darunter die *Sieben Todsünden* und das *Heuwagen*-Triptychon. Wohl für Heinrich III. von Nassau entsteht der *Garten der Lüste*, nachweisbar bestellt Philipp der Schöne 1504 ein *Jüngstes Gericht*, vielleicht auch eine *Versuchung des Heiligen Antonius*, die Bosch in mehreren Versionen malt. Werke Boschs besaß auch Isabella von Kastilien (1451–1504); wichtigster Sammler sollte jedoch erst Philipp II. von Spanien (1527–98) werden. Zahlreiche in Kopien, Nachstichen und Inventaren nachweisbare Bilder Boschs sind verloren. In seinem chronologisch kaum zu ordnenden, da stilistisch widersprüchlichen Werk befasst Bosch sich vor allem mit religiösen Themen; der Schwerpunkt liegt hier auf dem Motiv des *Jüngsten Gerichts* und Eremitendarstellungen sowie auf moralisierenden Stoffen, in denen humanistisches Gedankengut und bürgerliche Wertvorstellungen zum Tragen kommen. Keine Rolle spielt das Porträt. Widersprüchlich ist die Deutung der Bilder Boschs. Offensichtlich ist eine pessimistische, endzeitliche Weltsicht. Zahlreiche, jedoch längst nicht alle Motive sind in der Andachtsliteratur seiner Zeit vorgebildet, weitere finden sich im Volks- und Aberglauben. Urbürgerliche Ängste werden deutlich, die Angst vor Kontrollverlust und Armut. Synonyme hierfür sind Narren und Bettler. Die These, Boschs Bildwelt erkläre sich aus der Zugehörigkeit zu einer ketzerischen Sekte, wird heute allgemein abgelehnt, brachte die Bosch-Forschung jedoch ein gutes Stück voran.

DATEN

Wo zu sehen:
Wien, Galerie der Akademie der Künste
Öl auf Holz, Mitteltafel 163,7 x 127 cm, Flügel je 167,7 x 60 cm

Provenienz:
Das Bild wurde wahrscheinlich um 1504 gemalt. Später wird es in der Sammlung des österreichischen Erzherzogs Leopold Wilhelm als Original von »Hieronimo Bosz« geführt, Ende des 18. Jahrhunderts von einem Grafen Wartenberg gekauft. Die Mitteltafel ist oben um etwa 4 cm beschnitten, Übermalungen, zum Teil wieder entfernt, betreffen die Flügel. Aufgrund von Maßdifferenzen ist die Zugehörigkeit des Bildes zu der Bestellung Philipps des Schönen von 1504 umstritten; möglicherweise ist in dem Bild eine verkleinerte Kopie von der Hand Boschs zu sehen.

Lesenswert:
Hans Holländer, *Hieronymus Bosch. Weltbilder und Traumwerk*, Köln 1988.

AUF DEN PUNKT GEBRACHT

Bosch ist eine Ausnahmeerscheinung in der europäischen Malerei. Seine Symbolik ist einzigartig; zu fassen ist sie bis heute nicht: Im mittelalterlichen Denken verwurzelt, löst Bosch sich von jeglicher ikonographischen Bindung und gehört damit durchaus der Neuzeit an.

Mona Lisa oder La Gioconda

LEONARDO DA VINCI

■ *Leonardo da Vinci, Selbstbildnis, um 1500.*

Wohl kein Bild der europäischen Malerei gilt als so geheimnisvoll wie die *Mona Lisa*. Von seiner Entstehung berichtet Giorgio Vasari, der es nie gesehen hat. Danach sei das Lächeln der Mona Lisa durch Musik hervorgerufen worden, die während der Porträtsitzungen gespielt wurde, um »sie in einer leichten Stimmung zu halten und um jene Melancholie zu entfernen, die so häufig in der Malerei beim Anfertigen von Porträts auftritt«. Und tatsächlich scheint das Lächeln zwischen verhaltener Freude und Melancholie zu schweben, doch zu einem Geheimnis wird es erst dreihundert Jahre später. Bis zum Ende des 18. Jahrhunderts galt das Bild »nur« als vollkommener Ausdruck malerischen Könnens und herausragendes Beispiel der Naturnachahmung. In der zweiten Hälfte des 19. Jahrhunderts interpretierte man die *Mona Lisa* dann als »Verkörperung einer dämonisch gedeuteten Weiblichkeit«, als »Femme fatale«. Zeitgenössisch liest sich das so: »Die Gestalt, die hier so seltsam neben den Wassern auftaucht, drückt die Erfüllung eines tausendjährigen Begehrens des Mannes aus. Es ist eine Schönheit ..., in welche die Seele mit all ihrem kranken Sinnenleide hineingeflossen ist! ... Gleich dem Vampyr hat sie schon viele Male sterben müssen und kennt die Geheimnisse des Grabes; sie taucht hinunter in den See und trägt der Tiefe verfallenen Tag in ihrem Gemüt.« Deutlich wird in den Worten des englischen Verfechters der »L'art-pour-l'art«-Bewegung Walter Pater (1839–1894) die Priorität, die das Vorgestellte gegenüber dem Sichtbaren – im Fall der *Mona Lisa* – bis heute besitzt. Dies führte dazu, dass die *Mona Lisa* als Prostituierte, schwerkranke Frau und als

> *»Besonders den Betrachtern unseres (des 20.) Jahrhunderts scheint es immer schwerer zu fallen, in dem Gemälde das Abbild einer Person zu sehen. Die Mona Lisa ist inzwischen zu einem identitätslosen Ideal geworden, das entweder wie eine Ikone verehrt oder wie ein Idol einer nicht mehr gültigen Religion verschmäht wird.«*
>
> Frank Zöllner

■ *Leonardo da Vinci, Mona Lisa, 1503/06, Öl auf Holz, 77 x 53 cm, Paris, Musée du Louvre.*

■ *Hans Memling, Benedetto Portinari, 1487, Öl auf Holz, 45 x 34 cm, Florenz, Galleria degli Uffizi.*
Dieses »niederländische« Porträt eines Florentiners war Leonardo mit Sicherheit bekannt. Als rechten Seitenflügel eines Altars konnte er es in der Familienkapelle der Portinari im Ospedale di Santa Maria Nuova in Florenz sehen, wo Leonardo sein Bankkonto unterhielt.

Selbstporträt Leonardos gedeutet wurde: Fakten, Entstehungszeit und -zusammenhang spielen hier keine Rolle mehr. Die *Mona Lisa* ist das Porträt einer jungen, ursprünglich in einer offenen Halle sitzenden Frau. An den Seiten sind noch die Ansätze von Säulen zu erkennen, die bei einer Verkleinerung des Bildes verloren gingen. Ihren linken Arm und die Hände hat sie auf eine Lehne gelegt. In leichter Drehung wendet sie dem Betrachter Oberkörper und Gesicht zu. Sie trägt ein dunkles Kleid, ein dünner Schleier bedeckt ihr Haar. Den Hintergrund bildet eine wild zerklüftete karge »Weltlandschaft«. Bereits Vasari identifizierte *Mona Lisa* als Lisa del Giocondo. Ihre Heirat mit Francesco del Giocondo 1495 dürfte eine Liebesheirat gewesen

■ *Leonardo da Vinci, Anna Selbdritt, um 1506/10), Ausschnitt.*

sein. Lisas Mitgift war bescheiden, und ihre Familie verfügte über keine Beziehungen. Finanzielle oder politische Vorteile waren für Francesco aus der Ehe also nicht zu ziehen. Anzunehmen ist weiter, dass Francescos Zuneigung zu seiner Frau eine Rolle bei der Bestellung des Porträts gespielt hat. Francesco stirbt 1539. Lisa lebte wahrscheinlich bis mindestens 1551, so dass Vasari seine Informationen von der Porträtierten selbst erhalten haben könnte. Vasari zufolge entstand das Porträt der Gioconda nach Leonardos erstem Mailandaufenthalt, also nach 1500. Eine genauere Datierung ist über den privaten Kontext, in dem meist der Anlass zu einem Porträtauftrag zu finden ist, mög-

■ *Leonardo da Vinci, Anna Selbdritt, um 1506/10, Öl auf Holz, 168 x 130 cm, Paris, Musée du Louvre.*
Die Hintergrundslandschaft und das Lächeln der beiden Frauen sind der *Mona Lisa* gut vergleichbar. Dargestellt ist hier die Heilige Anna mit ihrer Tochter Maria und dem Jesuskind, das mit dem Lamm Johannes des Täufers spielt. Zwanglos schreibt Leonardo die Figuren dem Kompositionsdreieck ein. Umrisslinien und Binnenformen sind wie bei der *Mona Lisa* aus der Farbe heraus modelliert.

lich. Im Dezember 1502 wurde Lisa komplikationslos von ihrem zweiten Sohn entbunden, was damals nicht selbstverständlich war. Im April 1503, Gefahr für Mutter und Kind bestand nicht mehr, erwarb Francesco dann ein Haus für seine Familie und beauftragte Leonardo wahrscheinlich mit dem Porträt; Leonardo lieferte das Bild nie ab, aus welchen Gründen, ist ungeklärt.

Leonardos *Mona Lisa* entsteht im Spannungsfeld von Tradition und Innovation. Fast anachronistisch, aus traditionellen, bereits vor Jahrzehnten aus der niederländischen Malerei übernommenen Motiven – einer Halbfigur zwischen Säulen, einer tiefliegenden Landschaft im Hintergrund, einer prominenten Darstellung der Hände – baut Leonardo sein Porträt auf. Die Verwendung der niederländischen »Versatzstücke« ist mit einiger Sicherheit auf die geistige Situation in Florenz kurz nach 1500 zurückzuführen. Die Kritik des Bußpredigers Savonarola an einer verweltlichten, dem Luxus verpflichteten Kunst wirkte bis in die Zeit der *Mona Lisa* nach; umgangen und entschärft werden konnte sie durch die Aufnahme von Darstellungsformeln der als fromm geltenden

■ *Raffael, Porträt der Maddalena Doni, 1507/08, Öl auf Holz, 65 x 45,8 cm, Florenz, Galleria Pitti.*

Raffaels Porträt bestätigt die Datierung der *Mona Lisa* um 1503/06. Hand- und Körperhaltung beider Frauen sind zu ähnlich, als dass sie unabhängig voneinander entwickelt worden sein könnten. Raffael muss hier Leonardo beim Malen über die Schulter geschaut oder eine Vorzeichnung zur *Mona Lisa* zu Gesicht bekommen haben.

»SFUMATO«-HERLEITUNGEN

Neben der »romantischen« Erklärung für das »Sfumato«, nämlich dass die dunstige Atmosphäre der Lombardei und Venedigs den im klaren Licht der Toskana aufgewachsenen Leonardo zu der Neuerung angeregt habe, gibt es auch eine rationale: Voraussetzungen schuf die niederländische Malerei des 15. Jahrhunderts mit ihren »atmosphärischen« Hintergrundslandschaften, zu denen sich als weiteres Element Leonardos Interesse an theoretischen Fragen der Malerei wie etwa Licht und Schatten gesellte.

■ *Marcel Duchamp, L. H. O. O. Q., 1919, Readymade, überarbeitet, Crayon über Reproduktion, 197 x 124 mm, London, National Gallery.*
Im 19. Jahrhundert dämonisiert und in eine Überzeitlichkeit erhoben, holt Duchamp die *Mona Lisa* erst einmal vom Sockel und eignet sie sich – ironisch gebrochen – an. Schnell gelesen ergeben die Buchstaben des Titels den Satz »Elle a chaud au cul«, frei zu übersetzen mit »Sie ist scharf«.

»Ein guter Maler hat zwei Hauptsachen zu malen, nämlich den Menschen und die Absicht seiner Seele.«

Leonardo da Vinci, *Buch von der Malerei*, § 180

niederländischen Malerei. Wirft man vor diesem Hintergrund einen Blick auf ein anderes Bild Leonardos, *Anna Selbdritt*, so scheint sich auch das Lächeln der *Mona Lisa* aufzuklären. Es ist das gleiche fromme und verzückte wie das der Heiligen Anna und der ihrer Tochter auf dem erstgenannten Werk. Völlig neu und revolutionär ist dann der Einsatz der künstlerischen Mittel, besonders der Farbe. Um 1500 nimmt die Entwicklung der italienischen Malerei einen rasanten Verlauf. Es ist die Zeit des Übergangs und des Umbruchs von der Früh- zur Hochrenaissance, die Vasari in Leonardo personalisiert: Sein nur kurzer Aufenthalt in Venedig im März 1500 führt in der Lagunenstadt zur Einführung der »Maniera moderna«; von Leonardo lernen Giorgione und Tizian. Die »Maniera moderna«, die neue Art, ist das »Sfumato«, wörtlich »das Verrauchte, Verdunstete«, das das Motiv wie durch einen Dunstschleier erscheinen lässt. Verbindet die Linearperspektive lediglich die Bildelemente und setzt sie in ein rational nachvollziehbares »Und-Verhältnis«, so führt das »Sfumato«, das Leonardo in der *Mona Lisa* fast zur Monochromie steigert, zu einer über die Perspektivkonstruktion hinausgehenden »malerisch-atmosphärischen« Vereinheitlichung aller Bildelemente; das trennende »Und« verschwindet: Konturen werden in Licht und Farbe aufgelöst, Gegenstände nicht mehr scharf abgegrenzt, Farbtöne verschwimmen ineinander; die Figur wird integraler Bestandteil des Bildraumes.

LEONARDO DA VINCI: MONA LISA ODER LA GIOCONDA

LEBEN UND WERK

Leonardo da Vinci, italienischer Maler, Zeichner, Kunsttheoretiker, Erfinder und Architekt, wurde 1452 in Anchiano in der Nähe von Vinci geboren. Er verstarb 1519 in Amboise bei Tours. Wohl Ende der 1460er Jahre tritt Leonardo in die Werkstatt des Florentiner Malers und Bildhauers Andrea del Verocchio ein, wo die Grundlagen für seine Fertigkeiten, auch auf technischem Gebiet, gelegt werden. Von 1473 datiert seine früheste erhaltene künstlerische Arbeit, eine Landschaftszeichnung. Weiter werden ihm eine in die frühen 1470er Jahre datierte, stark an Botticelli erinnernde *Verkündigung* aus den Uffizien und die zwei Engel in einer von seinem Lehrherrn um 1475 gemalten *Taufe Christi* zugeschrieben. Aufgrund seines Weggangs nach Mailand 1482 kommt eine *Anbetung der Heiligen Drei Könige* nicht über die Unterzeichnung heraus. Brieflich hatte Leonardo dem Herrscher von Mailand, Ludovico Sforza, seine Dienste als Militäringenieur und, ganz zum Schluss, auch als Bildhauer und Maler angeboten. In Mailand entsteht um 1483 die *Felsgrottenmadonna* des Louvre. Für eine Kirche der Stadt beginnt Leonardo wenig später eine Zweitfassung des Motivs. Es ist die Londoner *Felsgrottenmadonna*, die aufgrund von Streitigkeiten erst 1506/08, möglicherweise nicht von Leonardo selbst, vollendet wird. Um 1490/91 malt er die *Dame mit dem Hermelin*, ein Porträt von Cecilia Gallerani, der Mätresse Ludovico Sforzas. 1495–97 entsteht dann das nach der *Mona Lisa* bekannteste Werk Leonardos, das *Abendmahl* im Refektorium von Santa Maria delle Grazie. Nach der Vertreibung Ludovico Sforzas durch Ludwig XII. von Frankreich verlässt auch Leonardo Mailand. Über Mantua und Venedig kehrt er 1500 nach Florenz zurück. In Florenz findet 1503/04 ein von der Stadt initiierter Wettstreit zwischen Leonardo und Michelangelo statt. Beide erhalten den Auftrag zu einem Schlachtengemälde für einen Saal des Palazzo Vecchio – zur Ausführung gelangt keines. Mit Ausnahme der *Mona Lisa*, und auch das ist inzwischen umstritten, entsteht wahrscheinlich kein weiteres Bild während Leonardos zweitem Florentiner Aufenthalt bis 1508. Nochmals geht Leonardo für einige Jahre, bis 1513, nach Mailand, wo er für die französischen Besatzer arbeitet und wohl die Londoner *Felsgrottenmadonna* vollendet. Für wenige Jahre geht er anschließend nach Rom, wo wahrscheinlich die *Anna Selbdritt* entsteht. 1515 dürfte Franz I. auf Leonardo aufmerksam geworden sein und ihn nach Frankreich eingeladen haben. Als »premier peintre, architecte et méchanicien du roi« verbringt Leonardo seine letzten Lebensjahre am französischen Hof. Mindestens ebenso bedeutend wie als Maler ist Leonardo da Vinci als Techniker und Naturforscher. Berühmt sind die Zeichnungen zu *Flugapparaten* und die *anatomischen Studien*.

DATEN

Wo zu sehen:
Paris, Musée du Louvre
Öl auf Holz, 76,8 x 53 cm

Provenienz:
Um 1503/06 im Auftrag von Francesco del Giocondo gemalt, ist das Bild 1517 im Atelier Leonardos in Frankreich zusammen mit den Gemälden *Johannes der Täufer* und *Anna Selbdritt* belegt. Die *Mona Lisa* wird hier als eine »gewisse Florentiner Dame« bezeichnet. Leonardo vermacht das Bild einem Schüler, aus dessen Nachlass es in die Kunstsammlungen des französischen Königs gelangt. 1550 benennt Vasari die Porträtierte und gibt als ersten Besitzer des Bildes Franz I. (1494–1547) an. 1625 wird es in Schloss Fontainebleau bei Paris nachgewiesen und ist im Inventar der Sammlung Ludwigs XIV. (1638–1715) aufgeführt. Aus den königlichen Sammlungen gelangt das Bild 1805 in den Louvre. 1911 wird die *Mona Lisa* gestohlen, taucht aber 1913 in Florenz wieder auf.

Lesenswert:
Frank Zöllner: *Leonardo da Vinci, Mona Lisa. Das Porträt der Lisa del Giocondo. Legende und Geschichte*, Frankfurt am Main 1994.

AUF DEN PUNKT GEBRACHT

Leonardo da Vinci gilt als Begründer der Malerei der Hochrenaissance. Er übte einen immensen Einfluss auf zeitgenössische und nachfolgende Künstler aus. Gleichzeitig ist er *die* Verkörperung des Universalgenies und schafft mit der *Mona Lisa* das wohl berühmteste Bild der Welt.

Die Decke der Sixtinischen Kapelle

MICHELANGELO

■ Wohl das berühmteste Bild der Sixtinischen Decke, wenn nicht der Kunstgeschichte überhaupt, ist die *Erschaffung Adams*.

Als Papst Julius II. Michelangelo 1508 erneut nach Rom beruft, hofft dieser, an dem Grabdenkmal für Julius weiterarbeiten zu können, für das 1505 ein Vertrag geschlossen worden war. Doch hat der Papst anderes mit ihm vor: Er soll das Deckengewölbe der Kapelle Sixtus' IV. ausmalen. Michelangelo wehrt sich gegen den Auftrag, schlägt Raffael vor und behauptet, er verstehe nichts von der Freskomalerei. Der Vertrag wird dennoch am 10. Mai 1508 geschlossen. Über die festgelegten Leistungen, vorgesehen waren Apostelgestalten über den Fenstern und eine ornamentale Gliederung der Decke, geraten Papst und Maler bald in Streit. Michelangelo wünscht eine Ausdehnung des Programms, womit er sich durchsetzen kann. Mit den Worten »Mach, was du willst!« soll Julius II. den Zwist beendet haben.

Fast vier Jahre dauern die strapaziösen Arbeiten an dem 540 Quadratmeter großen Deckenfresko. Michelangelo arbeitet entgegen der Chronologie der Szenen in den Hauptbildern von Osten nach Westen. Bis August 1510 sind die ersten fünf Abschnitte der Decke von der *Trunkenheit Noahs* bis zur *Erschaffung Evas* fertig. Die letzten vier, von der *Erschaffung Adams* bis zur *Trennung von Licht und Finsternis*, und die Lünettenbilder oberhalb der Fenster entstehen bis Oktober 1512. In einem Sonett klagt Michelangelo über die Folgen der Arbeit: Ihm wächst ein Kropf, Genick und Brust schmerzen, Nieren und Becken verschieben sich, und Gleichgewichtsstörungen treten auf.

■ *Michelangelo, Porträt von Jacopino del Conte. Ende 16. Jahrhundert.*

In der *Sixtinischen Decke* wird ein ausgeklügeltes, die älteren Wandmalereien einbeziehendes theologisches Programm verfolgt, an dem Michelangelo vielleicht beteiligt, das jedoch keinesfalls von ihm alleine ersonnen worden ist. Die neun Hauptbilder illustrieren nach dem ersten Buch Mose die Schöpfung bis auf Noah. Begleitet sind sie von sieben *Propheten* des alten Testaments und, ihnen gleichgestellt, fünf heidnischen *Sibyllen*. Propheten wie Sibyllen sagten die Ankunft Christi voraus. Auf den Stichkappen in der Deckenzone und in den

■ *Michelangelo, Decke der Sixtinischen Kapelle, 1508–12, Fresko, 40 x 13,5 m, Rom, Vatikanischer Palast, Ausschnitt.*

Lünetten sind die *Vorfahren Christi* dargestellt, wie Matthäus sie zu Beginn seines Evangeliums aufzählt, in den Eckzwickeln vier Szenen aus dem Alten Testament, die typologisch auf Geschehnisse des Neuen Testaments bezogen sind.
Die Wände der Kapelle wurden bereits unter Papst Sixtus IV. von Botticelli, Perugino, dem Lehrer Raffaels, und anderen bemalt. Die Sockelzone schmücken gemalte Vorhänge, darüber, an der Südwand, ist das *Leben Mose*, entlang der Nordwand, wiederum mit typologischen Bezügen, das *Leben Christi* dargestellt. Vier Jahre nach der Vollendung der Decke, 1516, schafft Raffael Kartons mit Szenen aus der *Apostelgeschichte* für Wandteppiche, die zu besonderen Anlässen vor die gemalten Vorhänge gehängt werden. Den Abschluss in der Ausstattung der Sixtinischen Kapelle bildet Michelangelos 1541 vollendetes *Jüngstes*

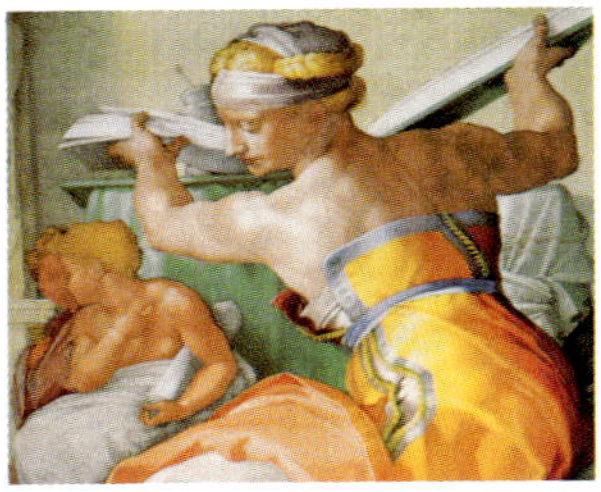

■ Die etwa 2,8 m hohe *Libysche Sibylle*. Staunen und Erschrecken rief die nach der Reinigung der Fresken hervortretende kontrastreiche Farbgebung Michelangelos hervor. Die *Figura Serpentinata* schraubt sich zu dem Buch mit den Prophezeihungen hoch.

■ Zwanzig *Ignudi* bevölkern die Decke. Mit ihnen schafft Michelangelo ein Repertoire an Posen, das noch Jahrhunderte später Verwendung finden sollte. Die Pose dieses Jünglings findet sich im Heiligen Bartholomäus des *Jüngsten Gerichts* und in Caravaggios *Irdischen Amor als Sieger* (s. S. 94) wieder. Die Eichelbündel verweisen auf den Auftraggeber Julius II. aus der Familie der Rovere (Eichel, ital. »rovere«).

Gericht an der Altarwand, womit sich der Kreis des christlichen Weltbildes von der Schöpfung bis zum Endgericht schließt. Betont ist das Primat der Päpste: Auf Christus führt das Alte Testament hin, von ihm eingesetzt ist das Papsttum.

Die Hauptbilder und -figuren verspannt Michelangelo in ein gemaltes architektonisches System, das zahlreiche Nebenfiguren bevölkern. Zwischen den Propheten und Sibyllen setzt er niedrige Sockel mit Puttenreliefs. Von ihnen gehen Gurte aus, die den Deckenspiegel gliedern und die Bildfelder abgrenzen. Auf den Sockeln sitzen die *Ignudi*, nackte Jünglinge. Vier sind jeweils einem der fünf kleineren Hauptbilder zugeordnet. Ihre Deutung ist, wie die der *Marmornen Putten* auf den Sockeln und der *Bronzenen Jünglinge* über den Stichkappen, umstritten. Vasari sah in den *Ignudi* Boten des Goldenen Zeitalters. Entsprechend wären in den *Putten* und *Jünglingen* ebenfalls Verkörperungen von Zeitaltern zu sehen und dadurch mit der *Schöpfung*, den *Propheten* und *Sibyllen* und den *Vorfahren Christi* in Verbindung zu bringen.

Von Bedeutung sind die *Ignudi* auch in formaler Hinsicht, sie schaffen Übergänge von der architektonischen Gliederung zu den Bildern und Figuren der Decke. Darüber hinaus stellen sie einen regelrechten Musterkatalog an Haltungen dar – entsprechend genutzt von nachfolgenden Künstlergenerationen. Das gleiche gilt für die *Figura Serpentinata*, die schlangenartig gewundene Figur, etwa der *Libyschen Sibylle*, hinter der der Wunsch steckt, einen Körper von mehreren Seiten zu zeigen. Gleichlaufende Bestrebungen – sie werden typisch für den Manierismus werden – führen zur Rundumansicht in der Skulptur.

Die Figuren der *Propheten* und *Sibyllen* sind von bis dahin ungekannter Monumentalität und Würde. Trotz der Geschlossenheit der Decke ist eine Entwicklung mit dem Fortgang der Arbeiten von Ost nach West, von der *Trunkenheit Noahs* zur *Trennung von Licht und Finsternis*, festzustellen. In den Bildern ist es die Entwicklung vom Kleinteiligen und Vielfigurigen zur herausgestellten Einzelfigur, etwa des *Adam*. In den *Propheten* und *Sibyllen* ist es die Steigerung der Monumentalität, die die Figuren zu Riesen werden lässt und die Bedeutung ihres Tuns – lesen, schreiben, sinnen – unterstreicht.

MICHELANGELO: DIE DECKE DER SIXTINISCHEN KAPELLE

LEBEN UND WERK

Michelangelo, eigentlich Michelangelo Buonarroti, italienischer Bildhauer, Maler, Zeichner, Architekt und Dichter, wird 1475 in Caprese bei Arezzo geboren. Nur widerwillig gibt der Vater ihn 1487 beim immerhin führenden Florentiner Freskenmaler Domenico Ghirlandaio in die Lehre. Kunst ist ein Handwerk, und die Buonarroti sind eine angesehene, entfernt mit den Medici verwandte Familie. Um 1490 nimmt Lorenzo il Magnifico de'Medici Michelangelo in seine »familia« auf, wo er eine humanistische Ausbildung erhält. Er lernt bei dem Bildhauer Bertoldo di Giovanni. Seine frühesten erhaltenen Werke entstehen, das nur wenige Millimeter hohe Relief *Madonna an der Treppe* nach dem Vorbild Donatellos und der *Kentaurenkampf* nach dem Vorbild Nicola Pisanos. 1492 stirbt Lorenzo il Magnifico. Nach der Vertreibung der Medici zwei Jahre später verlässt auch Michelangelo die Stadt. 1496 betritt er Rom. Zum ersten Mal sieht er in größerem Umfang antike Statuen. In dem Wunsch, sie zu übertreffen, schafft er seinen *Bacchus*. Wenig später entsteht sein berühmtestes Werk, die *Pietà* (s. S. 41) in Sankt Peter. 1501 geht Michelangelo nach Florenz zurück, wo er den *David* und sein frühestes unumstrittenes Gemälde, die *Madonna Doni*, schafft. 1505 beruft Papst Julius II. Michelangelo wieder nach Rom. Er wird mit dem Papstgrab und 1508 mit der Ausmalung der *Sixtinischen Decke* beauftragt. Die Decke ist 1512 vollendet, Arbeiten für das *Juliusgrab* ziehen sich bis in die 1540er Jahre hin. Es entsteht, wie auch die *Medici-Gräber* an San Lorenzo in Florenz mit den berühmten Liegefiguren der *Tageszeiten*, nur in reduzierter Form. Zu den ausgeführten Planungen für die Familienkirche der Medici gehört die *Biblioteca Laurenziana*. Unausgeführt bleibt das *Fassadenprojekt* für San Lorenzo. 1527 flieht der Medici-Papst Klemens VII. vor plündernden Truppen Kaiser Karls V. aus Rom. Die Florentiner ergreifen die Chance und vertreiben ebenfalls die Medici. Klemens setzt alles daran, seine Familie wieder an die Macht zu bringen. Um dies zu verhindern, baut Michelangelo die *Befestigungsanlagen* von Florenz aus. Zehn Monate hält die Stadt der Belagerung durch die nun mit den kaiserlichen verbündeten päpstlichen Truppen stand. Im August 1530 ist das »republikanische Intermezzo« – das der Karriere Michelangelos keinen Abbruch tut – beendet. Zu Beginn der 1530er Jahre lässt Michelangelo sich endgültig in Rom nieder. Er betätigt sich nun auch verstärkt als Dichter und Zeichner. 1535 erhält er von Papst Paul III. den Auftrag zum *Jüngsten Gericht*. Gleichzeitig beschäftigt ihn der *Kapitolsplatz*, dessen heutige Gestalt auf seine Planungen zurückgeht. 1546 wird Michelangelo zum Bauleiter von *Sankt Peter* ernannt. Er entwirft die Kuppel und macht Vorgaben für den Baufortgang über seinen Tod hinaus. Michelangelo stirbt 1564 in Rom.

DATEN

Wo zu sehen:
Rom, Vatikanischer Palast, Kapelle Sixtus' IV.
Fresko, 40 x 13,5 m

Provenienz:
1475–80 wird die Kapelle errichtet, 1481–83 erfolgt die Freskierung der Wände – *Leben Mose, Leben Christi, Himmelfahrt Mariae, Papstbildnisse* – durch Botticelli, Perugino, Ghirlandaio und Cosimo Rosselli. Die Decke wird mit Sternen auf blauem Grund bemalt.
1508 erhält Michelangelo den Auftrag zum Deckenfresko, das bis 1512 in vier Abschnitten entsteht. Planungen zu einem *Jüngsten Gericht* für die Altarwand und einer *Auferstehung Christi* für die Eingangswand von der Hand Michelangelos bestehen bereits 1533. Das *Jüngste Gericht* führt Michelangelo von 1535–41 aus, 1558 versieht Daniele da Volterra die Nackten mit Lendentüchern. In den 1990ern werden die Fresken Michelangelos durchgreifend gereinigt und restauriert.

Lesenswert:
William E. Wallace: *Michelangelo. Skulptur – Malerei – Architektur*. Köln 1999.

AUF DEN PUNKT GEBRACHT

Michelangelo verstand sich immer in erster Linie als Bildhauer, doch schafft er auch auf dem Gebiet der Malerei und Architektur Bleibendes. Die *Sixtinische Decke* gehört zu den wichtigsten Werken der europäischen Kunstgeschichte.

Die Schule von Athen

RAFFAEL

Nach seinem Amtsantritt kommt es für Papst Julius II. nicht in Frage, die Wohnung seines verhassten Vorgängers zu beziehen. Er lässt sich eigene Zimmer, die »Stanzen«, im Vatikanischen Palast einrichten. Als er Raffael im Spätsommer 1508 nach Rom beruft, sind die Arbeiten schon weitgehend abgeschlossen. Raffael soll nur noch die Wände der »Stanza della Segnatura« bemalen. Unter dem Eindruck der »Segnatura«-Bilder beschließt Julius dann, die Fresken in bereits fertiggestellten Räumen abschlagen zu lassen, damit Raffael auch diese neu gestalten kann. Unter der Regie Raffaels entstehen so vier Raumdekorationen. Weitgehend eigenhändig sind jedoch nur die Fresken in den ersten Räumen.

In ihrer Gesamtheit gesehen, stellen die »Stanzen« eine Ver-

Raffael, Schule von Athen, 1510/11, Fresko, an der Basis 8,38 m breit, Rom, Vatikanischer Palast.

herrlichung des Papsttums dar. Das Programm der »Stanza della Segnatura« ist als philosophisch-theologisch zu charakterisieren, das der angrenzenden Räumen als von realpolitischen Erwägungen bestimmt. Anhand von Beispielen aus der Geschichte werden die göttliche Autorisierung des Papsttums, der Primat des Papstes über Kaiser und Könige und das Recht des Papstes auf weltliche Herrschaft »bewiesen«. Den Überbau schafft die »Stanza della Segnatura«. In ihr sind christliche Religion, antike Philosophie und Dichtung und das in christliche Zeit herübergerettete römische Recht zu einem umfassenden humanistisch geprägten christlichen Weltbild »zusammengeführt«.

Der Blick des Betrachters fällt in die von einem Rundbogen gerahmte gewaltige Hochrenaissance-Architektur der *Schule von Athen*. Diese Idealarchitektur bildet den Rahmen für eine ebenso ideale, weitgehend ahistorische Versammlung griechischer Philosophen. Als die am höchsten geschätzten – 1459 wurde die »Platonische Akademie« in Florenz gegründet; die aristotelische Philosophie ist wesentliche Grundlage spät- und nachmittelalterlicher Theologie – stehen Platon und Aristoteles, Lehrer und Schüler, diskutierend in der Mitte des Raumes. Wie um seine Ideenwelt anzudeuten, die als »Neuplatonismus« einen kaum zu überschätzenden Einfluss etwa auf die Kunst Botticellis und Michelangelos hat, weist Platon mit seiner rechten Hand nach oben. Aristoteles hingegen streckt seine Rechte nach vorne in die Welt der sichtbaren Dinge aus: Zwingender und schlüssiger lassen sich philosophische Grundpositionen kaum darstellen.

Vier Stufen führen von Platon und Aristoteles zu den zwei Gruppen von Philosophen im Vordergrund hinab. Eine überdeutliche Verbindung zwischen Aristoteles und der rechten Gruppe stellt die traditionell als Diogenes bezeichnete Liegefigur auf der Treppe her. Die Verbindung zwischen Platon und der linken Gruppe scheint schwächer, ja fast gestört durch den an einem Quader sitzenden Heraklit mit dem Porträt Michelangelos. In den Figuren stellt Raffael nicht nur weitere Philosophen, links etwa Pythagoras und Epikur, rechts Euklid mit dem Porträt Bramantes, des Architekten des Petersdomes, Ptolemäus und den Perser Zarathustra dar, sondern auch die Sieben Freien Künste, nach denen er die Gruppen »ordnet«. Die linke Gruppe sitzt über Buch-

■ *Raffael, Porträt Papst Julius' II., 1511, Öl auf Holz, 107 x 80 cm, London, National Gallery.*
1503 zum Papst gewählt, nimmt Giuliano della Rovere den Namen Julius II. an. Der Name ist Programm, der neue Papst – entsprechend apostrophiert – sieht sich als moderner Julius Cäsar. Durch Kriege baut er die weltliche Macht des Papsttums aus. Wesentlicher Bestandteil der Propaganda Julius' II. ist die Kunstförderung: 1505 ergeht der Grabmalsauftrag an Michelangelo, 1506 erfolgt die Grundsteinlegung zum Neubau von Sankt Peter, 1508 wird mit der Ausmalung der Sixtinischen Decke, 1509 der »Stanzen« begonnen. Julius II stirbt 1513.

■ Ähnliche Gesten weisen auf ähnliche Inhalte. Wie auf den Vorbildern der antiken Götter- und Cäsarenbildnissen weisen Platon in der *Schule von Athen* und der Bärtige rechts des Altars in der *Disputa* mit dem Zeigefinger der rechten Hand nach oben zum Himmel. Platon deutet auf den Ort des von ihm »vorausgesehenen«, kommenden christlichen Gottes, der sich in der *Disputa* in seiner Dreiheit von Gottvater, Sohn und Heiligem Geist offenbart.

und Geheimwissen, letzteres verdeutlicht durch den hinter dem Pfeiler hervorschauenden Kopf der Sphinx. Dieses »spekulative Wissen«, das seine höchste Stufe in der Philosophie Platons findet, erläutert Sokrates, die Figur über dem in sein Buch weisenden Epikur, dargestellt beim Aufzählen seiner Argumente. In der rechten, weitaus bewegteren Gruppe ist die aus der Anschauung gewonnene »naturwissenschaftliche Erkenntnis« dargestellt, die der Jüngling mit dem weißen Umhang zu Aristoteles emporträgt. Im Vorbeigehen weist er auf Diogenes, der durch seine »anarchistische« Lebensweise – hier flegelt er sich auf der Treppe – Konventionen und gesellschaftliche Zwänge bloßlegt: Um zu einer Erweiterung des Wissens zu gelangen, sind als erstes gewohnte Vorstellungen und Denkschemata zu hinterfragen. Am Rand der rechten Gruppe fügt Raffael dann auch sein Porträt, aus dem Bild schauend, ein.

In der *Schule von Athen* schafft Raffael ein christlich geläutertes Bild der antiken Philosophie. Ihre Heroen, Platon und Aristoteles, sind auf eine Stufe mit den christlichen Heiligen gestellt, wie Raffael sie in der gegenüberliegenden *Disputa* zeigt: über die Menschen erhoben, aber nicht in der göttlichen Sphäre. In Erwartung des christlichen Gottes ist der Himmel über Platon und Aristoteles noch leer.

Die Bezeichnung des *Disputa*-Freskos ist irreführend; dargestellt ist kein Streitgespräch über das Sakrament des Abendmahls, sondern vielmehr das Suchen nach dessen Bestätigung – in Büchern und im Glauben. Raffael teilt das Bildfeld in drei Sphären. Im Zentrum der unteren, irdischen steht ein Altar mit der in einer Monstranz gefassten Hostie. Den Gestalten seitlich des Altars, Kirchenväter, Päpste, für den Glauben tätige Männer, verleiht Raffael wie in der *Schule von Athen* zum Teil porträthafte Züge. Zum Realraum hin gerichtet, leiten die auf Brüstungen gelehnten Figuren, links wieder Bramante, durch einfaches Wenden des Kopfes in den Bildraum über. Von ihnen geht die von den Gruppen weitergeführte, durch Blicke und Gesten akzentuierte Bewegung auf Altar und Hostie aus.

Über der irdischen Sphäre baut Raffael zwei weitere auf, die als göttlich und himmlisch zu charakterisieren sind und folglich keine Verbindung zum Realraum aufweisen. Auf der Mittelachse thront Gottvater vor einem Goldgrund, in dem schemenhaft Engel angegeben sind. Unter ihm, leicht erhoben, Christus, seitlich Maria und Johannes der Täufer und etwas tiefer biblische

■ *Raffael, La Disputa, 1509/10, Fresko, an der Basis 8,38 m breit, Rom, Vatikanischer Palast.* Vorbilder für die *Disputa* lieferten die mittelalterlichen Apsismosaiken römischer Kirchen, von denen Raffael auch den altertümlichen Goldgrund der oberen Zone übernimmt.

Gestalten und Heilige. Eingefasst von Engeln, die die Evangelien halten, schwebt die Taube des Heiligen Geistes. Von ihr führen Strahlen zur Hostie. Als sichtbares Zeichen der göttlichen Gnade bildet sie den Fokus der *Disputa*-Komposition.
Wie bei den »Stanzen« handelt es sich auch bei der *Sixtinischen Madonna* um einen Auftrag Julius' II. und wie in den Fresken sind Kunst und Politik auch in dem Altarbild untrennbar miteinander verwoben: 1512 hatte Julius das mailändische Piacenza dem Kirchenstaat einverleibt; als »Siegeszeichen« gab er die *Sixtinische Madonna* in Auftrag und schenkte sie der Benediktinerkirche der Stadt. Mit der Schenkung wollte Julius auch seine Familie, die della Rovere, ins Spiel bringen. Die Kirche ist den Heiligen Papst Sixtus II. und Barbara geweiht. Beide knien seitlich der Madonna. Zum Papstheiligen hatte Julius eine besondere Beziehung, und zwar aufgrund der Namensgleichheit mit seinem Onkel, Papst Sixtus IV., der den Neffen noch im Jahr seiner Papstwahl 1471 zum Kardinal erhoben hatte. So trägt der Papst der *Sixtinischen Madonna* die Züge Julius' II. und krönt die Rovere-Eichel die Tiara zu seinen Füßen (»rovere«, ital. Eichel).
Am unteren Bildrand lehnen zwei Engel an einer Brüstung und schielen gelangweilt zum Geschehen auf den Wolken hinter ihnen hoch. Maria mit dem Kind ist gerade von oben herabgeschritten, wie ihre Fußstellung und das bewegte Gewand verdeutlichen. Ehrfurchtsvoll kniet Papst Sixtus II. vor der Madonna und weist ihr den Weg aus dem Bild heraus in die Kirche,

PLATONS AKADEMIE

Um 387 v. Chr. gründet Platon in Athen seine Philosophenschule. Ihren Namen erhält sie nach dem nahegelegenen Heiligtum des Heros Akademos. Unter dem Eindruck des vordringenden Christentums entwickelt die Akademie das System des Neuplatonismus. 529 n. Chr. wird sie geschlossen. Als Nachfolgerin der Athener Schule versteht sich die 1459 gegründete Platonische Akademie in Florenz. Sie hat bis 1522 Bestand und übt starken Einfluss auf die Renaissancephilosophie aus.

■ *Raffael, Sixtinische Madonna, 1511/12, Öl auf Leinwand, 269,5 x 201 cm, Dresden, Staatliche Kunstsammlungen.*
Noch in der Sixtinischen Madonna ist das »Urbild« der Thronenden Muttergottes des späten 13. Jahrhunderts auszumachen. Cimabues Majestà aus der Florentiner Kirche Santa Trinità war Raffael mit Sicherheit bekannt.

in die auch ihr Blick gerichtet ist, wohingegen Christus in unbestimmte Ferne – auf sein zukünftiges Leiden – schaut. Dem Papst gegenüber kniet die Heilige Barbara. Ihr Blick ist auf die Engel gerichtet. Um anzudeuten, dass es sich bei dem Raum der Madonna theologisch gesehen um einen anderen als den der Heiligen handelt, ordnet Raffael zwischen ihnen einen Vorhang an: In der *Disputa* schichtet Raffael horizontal, hier vertikal.

War das Thema der *Disputa* die göttliche Abkunft des Abendmahls, so ist es in der *Sixtinischen Madonna* die »Realpräsenz Christi« in diesem. Nach katholischem Verständnis werden durch die Konsekration (wörtl. Heiligung) Brot und Wein in Leib und Blut Christi »verwandelt«: So wie Christus durch den Vorhang hindurch in den »himmlischen Tempel« gegangen ist (Hebr. 6, 19–20), so kehrt er auf umgekehrtem Weg zum Abendmahlsopfer zurück. Die Heiligen haben den Vorhang zur Seite gerafft, um Maria mit dem Christusknaben das Herabschreiten zu ermöglichen, der Papst weist ihnen den Weg. Maria reicht Christus dar: Sie hält ihn vor sich, umfängt ihn nicht wie eine Mutter ihr Kind. Durch die Konsekration werden Brot und Wein heilig. Was übrig bleibt, werden die Engel wieder in den Himmel tragen und der Heiligen Barbara überreichen, zu deren Attributen auch Kelch und Hostie gehören. Diese sind hier allerdings nicht dargestellt, vermutlich, weil sie ihren Platz auf dem Altar hatten.

Eine konsequente Weiterentwicklung erfährt die auf Wolken stehende *Sixtinische Madonna* in der *Transfiguration*, Raffaels letztem Gemälde. Als Zeichen einer vollkommenen Vergeistigung und Verklärung schwebt Christus vor einer Wolkengloriole. Unter dem dünnen Gewand zeichnet sich sein Körper ab, sein Blick ist »himmelnd« wie der des epileptischen Knaben unter ihm, den er heilen wird (Luk. 9, 28–42). Himmlische und irdische Sphäre sind geschieden, wirken jedoch aufeinander ein. Oben das jenseitige, heilversprechende Geschehen, unten die Gruppe aus dem Volk, die kaum zu bändigen ist, mit dem Knaben und den Jüngern, die ihn nicht heilen können.

RAFFAEL: DIE SCHULE VON ATHEN

LEBEN UND WERK

Raffael, eigenlich Raffaello Santi, wird 1483 in Urbino geboren. Seine erste Ausbildung erhält Raffael bei seinem Vater, einem Maler. Früh kommt er am Hof von Urbino mit Humanisten und Künstlern in Kontakt und erfährt fürstliche Förderung. Gegen 1500 geht Raffael nach Perugia und tritt in die Werkstatt Pietro Peruginos ein. Erste selbstständige Arbeiten entstehen, darunter einige große Altarbilder. Unübersehbar, wie etwa in der Londoner *Kreuzigung* von 1502/03 zu sehen, ist der Einfluss Peruginos; Landschaftshintergründe gehen hingegen auf Niederländer, etwa Hans Memling, zurück. Mit einem Empfehlungsschreiben aus Urbino in der Hand kommt Raffael im Herbst 1504 nach Florenz. Für Florenz schafft Raffael nur ein großes Altarbild, gefragt ist er vor allem als Maler von kleineren Andachtsbildern für den häuslichen Bereich und als Porträtist. Zahlreiche Madonnenbilder entstehen, von denen die Gruppe, die *Maria mit dem Jesuskind und dem kleinen Johannes dem Täufer* in freier Landschaft zeigt, und die *Heilige Familie aus dem Hause Canigiani* die bedeutendsten sind. Um 1507 malt Raffael seine berühmte *Grablegung Christi*. Die wichtigsten Porträts der Florentiner Zeit sind die um 1507/08 entstandenen von *Agnolo Doni* und seiner Frau *Maddalena* (s. S. 61) Mit seiner Ankunft in Florenz ist für kurze Zeit das Dreigestirn der italienischen Hochrenaissance, Leonardo – Michelangelo – Raffael, in der Stadt vereint. Besonders Leonardo beeinflusst den jüngsten, Raffael. Beim Porträt der *Maddalena Doni* folgt er den Vorgaben der *Mona Lisa*. Weiter legt er seinen Madonnenbildern grundsätzlich die Pyramidal- oder Dreieckskomposition Leonardos zugrunde. 1508 beruft Papst Julius II. Raffael nach Rom, wo er quasi über Nacht zu einem der gefeiertsten Künstler Europas wird. Julius II. und dessen Nachfolger ab 1513, Leo X., sowie private Mäzene überhäufen ihn mit Aufträgen. Im Vatikanischen Palast zeichnet Raffael für die Dekoration der vier »Stanzen« Julius' II. und der »Loggien« verantwortlich. Parallel zu seinen Arbeiten im Vatikan führt Raffael zahlreiche Altarbilder und Porträts, auch der beiden Päpste, aus. Um 1512 malt er in der Villa Farnesina das bedeutende Fresko *Triumph der Galathea*; die 1516/17 erfolgte Ausmalung der Erdgeschossloggien, von Zeitgenossen heftig kritisiert, ist weitgehend Gehilfenarbeit. Als letzter Auftrag Julius' II. entsteht 1512/13 die *Sixtinische Madonna*. 1514 ernennt Leo X. Raffael zum Architekten von Sankt Peter; seine bedeutendste Arbeit wird die nur zum Teil ausgeführte *Villa Madama* werden. Um 1515 schafft er das *Portrait Baldassare Castigliones*, in dessen Schilderung des Hofes von Urbino (*Der Hofmann*, 1516 vollendet, 1528 veröffentlicht) Raffael mehrfach erwähnt wird. Rubens und Rembrandt kopieren das Bildnis. 1520 stirbt Raffael in Rom.

DATEN

Wo zu sehen:
Schule von Athen
Rom, Vatikanischer Palast, Sala della Segnatura
Fresko, an der Basis 8,38 m breit

Sixtinische Madonna
Dresden, Gemäldegalerie Alte Meister
Öl auf Leinwand, 269,5 x 201 cm

Provenienz:
Schule von Athen
1510/11 im Auftrag Papst Julius' II. entstanden, Teil eines raumumfassenden Freskenprogramms.

Sixtinische Madonna
Das Bild wurde 1512/13 im Auftrag Papst Julius' II. für die Benediktinerkirche San Sisto (Sixtus) in Piacenza gemalt; 1754 Verkauf des Bildes an Kurfürst Friedrich August II. von Sachsen. Der Preis soll der höchste bis dahin für ein Bild gezahlte gewesen sein. 1855 gelangt das Bild in den Semperbau des Dresdner Zwingers. Im zweiten Weltkrieg ausgelagert, wird die *Sixinische Madonna* 1945 in die Sowjetunion gebracht. Seit 1956 ist sie wieder in Dresden zu besichtigen.

AUF DEN PUNKT GEBRACHT

Raffael galt schon zu seinen Lebzeiten als einer der größten europäischen Künstler. Diesen Ruf hat er nie verloren. Wie kein anderer verstand er es, die Idealvorstellung der Hochrenaissance vom Menschen umzusetzen.

Das Gewitter

GIORGIONE

An dem *Gewitter*, dem berühmtesten Bild der Galleria dell'Accademia in Venedig, ist nur ein Punkt nicht zu bestreiten, nämlich dass es von Giorgione gemalt wurde, wahrscheinlich für den reichen venezianischen Adeligen Gabriele Vendramin (1484–1552), in dessen Haus es 1530 als »die kleine Landschaft mit dem Sturm, mit der Zigeunerin und dem Soldaten ... von der Hand des Zorzi (Giorgio) da Castelfranco« erwähnt wird. 1567/69 lassen die Erben Gabrieles von einer Künstlerkommission, der unter anderem Tintoretto, Sansovino und Tizians Sohn Orazio Veccellio angehörten, ein minutiöses Inventar der Sammlung ihres Onkels aufstellen. Vom Sturm ist nun nicht mehr die Rede, und aus dem Soldaten wurde ein Hirte. Anschließend sollte das Bild für fast dreihundert Jahre in der Versenkung verschwinden. 1855 machte der Schweizer Kultur- und Kunsthistoriker Jacob Burckhardt wieder auf das Bild aufmerksam. Erstmals erhält es einen Titel – *Die Familie Giorgiones* – und wird gedeutet: Giorgione, seine Frau und das gemeinsame Kind, von einem Gewitter bedroht. Sehr schnell wird jedoch darauf hingewiesen, dass »in der Szene eine tiefere Bedeutung enthalten« sein muss.

Drei Figuren, hinzu kommt ein Kind, das von der »Zigeunerin« gestillt wird, setzt Giorgione in den Vordergrund einer Landschaft. Der Blick in den Hintergrund ist freigegeben. Er fällt auf eine Brücke, eine Stadt und auf den bleischweren Himmel, aus dem ein Blitz niedergeht. Von dem Gewitter scheinen die Figuren unberührt. Der Mann blickt, entspannt an seinen Stab gelehnt, auf die Frau, die von ihm ebenso wenig Notiz zu nehmen scheint wie von dem Kind. Vor jeder Beschäftigung mit dem *Gewitter* steht heute die Grundsatzentscheidung, ob in dem Bild ein »subject«, ein Symbol, eine Allegorie, ein ausgearbeiteter Inhalt oder ein »non-subject«, eine »freie Phantasie« zu sehen ist. Letzteres, dass das Bild »weder der darstellerischen noch der literarischen Tradition irgend verpflichtet ist«, scheint nur schwer möglich. Ebenso wenig möglich ist es aber auch – sollten keine neuen Quellen erschlossen werden können – zu einer abschließenden, allgemein

■ Marcantonio Corsi, Kupferstich nach Selbstbildnis von Giorgione, 1752.

akzeptierten Interpretation des Bildes zu kommen. Wie immer man aber das Bild deutet, so bleibt das für seine Zeit revolutionär Neue an ihm, dass die Landschaft, die es bis dahin nur als Bildhintergrund gegeben hatte, hier zum eigentlichen Thema, ja, gewissermaßen zum handelnden Subjekt wird. Warum dies so ist, bleibt allerdings wiederum Gegenstand der Deutung. Auf

■ *Giorgione, Das Gewitter, um 1506, Venedig, Galleria dell'Accademia.*

den ersten Blick scheinen die Personenbezeichnungen des 16. Jahrhunderts Anhaltspunkte für eine Deutung des Bildes zu liefern, doch wurden durch sie allein die allgemeine Haltung der Figuren charakterisiert: »Zigeunerin« gleich halbnackt und unordentlich, »Soldat/Hirte« gleich bewegungslos aufrecht stehend, Wächter.

Zu Giorgiones *Gewitter* liegen mehr als zwei Dutzend Interpretationen vor, zu den *Drei Philosophen* mindestens fünfzehn. Abgesehen von den frühen profanen »Deutungen« als *Soldat/Hirte und Zigeunerin* beziehungsweise als *Giorgiones Familie* wird das *Gewitter* bis auf wenige Ausnahmen überwiegend mythologisch gedeutet – der Blitz als Zeichen des Zeus –, aber auch allegorisch als *Die vier Elemente* etwa, alttestamentarisch als *Auffindung Mosis* und neutestamentarisch als verweltlichte Version der *Ruhe auf der Flucht nach Ägypten*. Hinzu kommen historische Deutungen und Inbezugsetzungen zu Werken der Dichter Petrarca und Boccaccio.

Eine aufsehenerregende, weil einfache Interpretation legte 1978 Salvatore Settis in seiner Monographie über Giorgiones *Gewitter* vor. Er deutet die Personen als *Adam und Eva mit ihrem Sohn Kain*. Nach Settis befinden sich die drei in einer »ethischen Landschaft«, einer Landschaft, die in wenigen Zügen die Vertreibung aus dem Paradies und das zukünftige Schicksal der Menschheit zusammenfasst. Von der im Vordergrund versteckten Schlange verführt, wurden Adam und Eva aus der im Licht liegenden, also positiv gesehenen Stadt, dem »paradisus voluptatis« – Wohnsitz der Freuden – vertrieben. Eine Brücke führt über den Paradiesfluss in die nun unbelebte Stadt. Adam und Eva ruhen, sie denken über die Folgen des Sündenfalles nach, an die sie durch den Blitz Gottes erinnert werden. Wie ein Fingerzeig deutet der Blitz aus der Stadt und damit aus dem Paradies heraus. Zwischen Adam und Eva stehen zwei abgebro-

Eine Röntgenaufnahme brachte 1939 unter dem »Soldaten/Hirten« eine »Badende« zum Vorschein. Sie wurde zu einem gewichtigen Argument der Fraktion des »non-subject«. Auf die berechtigte Frage hin, welches Thema verträgt die Verwandlung einer nackten Frau in einen bekleideten Mann, stürzten zahlreiche Interpretationen. Der Deutung des *Gewitters* als *Paris, der von der Frau des Hirten gestillt wird,* konnte die Entdeckung jedoch kaum etwas anhaben: »Hirte« und/oder »Amme« ist hier sekundär.

chene Säulen, als Symbole des Todes noch heute auf Friedhöfen zu finden. Nur unvollkommen verdeckt ein Strauch die Blöße Evas. Sie säugt den noch unschuldigen Kain, der seinen Bruder Abel töten und damit die Schuld bis auf den heutigen Tag fortsetzen wird.

Giorgione malt Adam – den »Menschen« – im Zeitkostüm, wodurch dem zeitgenössischen Betrachter die Möglichkeit zum »Einstieg« in das Bild und zur emotionalen Identifikation mit dem Geschehen gegeben wurde. Im konkreten Fall heißt das, dass der Blitz beziehungsweise der Fingerzeig Gottes über den biblischen Adam zu dem Menschen Gabriele Vendramin führte. Bestätigung findet diese These im Testament Vendramins. Vor seinen Bildern fand er »Ruhe und Seelenfrieden«. Giorgiones *Gewitter* diente ihm zur Andacht, einer Form der Fröm-

■ *Giorgione, Die Drei Philosophen, um 1509, Öl auf Leinwand, 123,5 x 144,5 cm, Wien, Kunsthistorisches Museum.*
Bei diesem Bild bestätigte die Röntgenaufnahme die These, dass in den *Drei Philosophen* die *Heiligen Drei Könige* zu sehen sind: Es kam eine erste Fassung zutage, in der einer der Männer eindeutig ein Schwarzer ist. Gleichzeitig gestaltet Giorgione in den drei Männern das Thema der *Drei Lebensalter*.

■ *Giovanni Bellini, Der Doge Leonardo Loredan, um 1503, Tempera auf Holz, 62 x 45,1 cm, London, National Gallery.* Loredan regierte die Republik Venedig von 1501–1521. Die Eroberung Konstantinopels durch die Türken 1453, die Entdeckung Amerikas 1492 und des Seeweges nach Indien 1498 führten zu einer Verlagerung des Handels nach Westen und damit zum wirtschaftlichen Niedergang der Stadt. Gleichzeitig erlebte Venedig eine ungekannte kulturelle Blüte. Die Stadt wird zu einem Zentrum des Buchdrucks und der Malerei.

migkeit, deren Grundlage das gedankliche Nachleben eines biblischen Geschehens durch den Einzelnen oder eine kleine homogene Gruppe ist. Zu dieser neuen, verinnerlichten Frömmigkeit, die, wie wir an Giorgiones Bild sehen, auch zu einer neuen Sicht auf Natur und Landschaft führen konnte, fühlten sich Vendramin und andere Mitglieder seiner Altersgruppe und Schicht hingezogen. Im *Gewitter*, wie in Giorgiones *Drei Philosophen* – ehemals im Besitz eines Freundes Vendramins und als die *Heiligen Drei Könige* zu deuten –, fallen der »Kult der Antike«, Hinweis sind die mythologischen Deutungen, und die neue Religiosität zusammen. Dies war modern, aristokratisch und elitär zugleich.

GIORGIONE: DAS GEWITTER

LEBEN UND WERK

Giorgione, eigentlich Zorzi da Castelfranco, wird um 1477/78 in Castelfranco in Venezien geboren. Nur zwei Dokumente aus den Jahren 1507/08 nennen ihn zu Lebzeiten. Das erste belegt, dass er ein Bild für den Dogenpalast in Venedig gemalt hat, es ist 1574/77 verbrannt, das zweite, dass er die Fassade der Fondaco dei Tedeschi – die Handelsniederlassung der deutschen Kaufleute in Venedig – mit Freskenbildern versah. Auch diese sind bis auf geringe Reste verloren. An der Freskierung arbeitete Giorgione zusammen mit dem etwa gleichaltrigen Tizian. Beide wurden wahrscheinlich in der Werkstatt Giovanni Bellinis ausgebildet. Im März 1500 hält Leonardo da Vinci sich in Venedig auf, wo seine Malerei einen tiefen Eindruck hinterlassen haben muss. Nach Vasari lernen Giorgione und damit die venezianischen Künstler die *Maniera moderna*, das heißt das *Sfumato*, später Markenzeichen Tizians, von Leonardo kennen. Das Werk Giorgiones ist schmal und beruht weitgehend auf Zuschreibungen. Der Patrizier und Kunstkenner Marcantonio Michiel zählt in seinen um 1530 entstandenen Aufzeichnungen 7 Bilder Giorgiones in venezianischen Privatsammlungen. 4 sind heute noch nachweisbar, unter ihnen die Hauptwerke *Das Gewitter*, die *Drei Philosophen* und die Dresdner *Venus*. Nach Michiel sollen die *Philosophen* von Sebastiano del Piombo und die *Venus* von Tizian vollendet worden sein. Beide Bilder dürfte Giorgione also erst kurz vor seinem Tod begonnen haben. Kurz vor 1510 dürfte auch das berühmte *Ländliche Konzert* im Louvre entstanden sein. In der Frage der Autorenschaft herrscht hier heute mehr Unklarheit den je: Giorgione oder Tizian, oder beide. Giorgione wurde besonders wegen seiner Schilderung von Wetterphänomenen, Sturm/Gewitter, Nachtstimmung oder Sonnenaufgang geschätzt. 1510 versuchte Isabella d'Este, eine der großen Sammlerinnen der Renaissance, ein »Nachtstück« von Giorgione zu erwerben. Dies misslang, keines der bekannten »Nachtstücke« des kurz zuvor gestorbenen Malers war verkäuflich. Ende des 16. Jahrhunderts waren kaum noch authentische Nachrichten über Giorgione im Umlauf. Weiterhin hoch geschätzt, beginnt sein Œuvre durch Zuschreibungen zu wachsen, von denen kaum eine Bestand hat. Das Werk Giorgiones gehört zu den problematischsten der Kunstgeschichte. Es entsteht in der Zeit des großen Umbruchs in der venezianischen Malerei von 1500 bis 1510. Begierig nehmen Giorgione und seine Altersgenossen Sebastiano del Piombo und Tizian die Neuerungen auf. Die Grenzen zwischen dem Werk Giorgiones und dem Frühwerk Sebastianos und Tizians sind fließend. Im konkreten Fall wird die Zuweisung immer zu hinterfragen sein.

DATEN

Wo zu sehen:
Venedig, Galleria dell'Accademia; Öl auf Leinwand, 83 x 73 cm

Provenienz:
Um 1506/08 wohl im Auftrag des venezianischen Adeligen Gabriele Vendramin (1484–1552) entstanden, 1530 in dessem Besitz nachgewiesen. Nach dem Tod Gabrieles versucht Herzog Albert V. von Bayern die Sammlung zu kaufen. Er übt Druck auf die Erben aus, die daraufhin die Sammlung unter Verschluss halten. 1567/69 und 1601 in Inventaren der Sammlung Vendramin aufgeführt. 1855 weist Jacob Burckhardt das (vergessene) Gemälde im Palazzo Manfrin, Venedig, nach. 1932 kauft der italienische Staat das Bild aus der Sammlung des Prinzen Giovenelli und überweist es in die Galleria dell'Accademia.

Lesenswert:
Salvatore Settis: *Giorgiones ›Gewitter‹. Auftraggeber und verborgenes Sujet eines Bildes in der Renaissance*, Berlin 1982.

AUF DEN PUNKT GEBRACHT

Giorgione gilt als der Begründer der venezianischen Malerei des 16. Jahrhunderts. Von ihm geht Tizian aus. Selbst philosophisch interessiert, schuf Giorgione für einen kleinen elitären Kreis von Auftraggebern hoch intellektualisierte Bearbeitungen gängiger Themen der Malerei.

Reiterbildnis Kaiser Karls V. bei Mühlberg

TIZIAN

- *Tizian, Kaiser Karl V., 1548, Öl auf Leinwand, 205 x 114 cm, München, Alte Pinakothek.*
- *Pier Antonio Pazzi, Tiziano Vecelli, Kupferstich nach Selbstbildnis von Tizian.*

Gerade einmal siebzehn Jahre alt, erbt Karl 1516 die spanische Königskrone und wird damit Herrscher eines Weltreiches, in dem mit seinen amerikanischen Kolonien buchstäblich »die Sonne nie untergeht«. Drei Jahre später gelingt es ihm mit Hilfe des Geldes der Fugger und Welser, zum deutschen König gewählt zu werden. Feldzüge gegen den Verlierer der Wahl, Franz I. von Frankreich, führen ihn in den 1520er Jahren und danach mehrfach nach Italien. Aufgewachsen am Brüsseler Hof seiner kunstsinnigen Tante Margarethe von Österreich, kommt er nun erstmals direkt mit der italienischen Renaissance in Berührung. Aufgrund seines Fürstenporträts – Karl V. sieht einige davon an den kleinen italienischen Höfen – und vor allem seiner Altarbilder für die venezianische »Frari«-Kirche, die *Assunta* und die *Madonna des Hauses Pesaro*, ist Tizian zu diesem Zeitpunkt bereits eine Größe in Italien.

1530 lässt Karl sich vom Papst in Bologna zum Kaiser krönen. Mit dem »Krönungsbild« – es ist nur in Kopien überliefert – wird Tizian beauftragt. Es zeigt Karl V. in Zeremonialrüstung mit dem Orden vom Goldenen Vlies und begründet damit den Porträttyp des »siegreichen Feldherrn«. Drei Jahre später, wiederum in Bologna, entsteht das zweite Kaiserporträt, *Karl V. mit Hund*, das Tizian nach einer Vorlage malt. Auf dieses Bild hin ernennt Karl V. Tizian im Mai 1533 zu seinem »Leibmaler«, das heißt, allein Tizian hat das Recht, den Kaiser zu porträtieren. Die Stellung verpflichtet Tizian nicht zu einer Anwesenheit am Hof Karls V. Nach den Treffen in Bologna sehen sie sich erst 1543 wieder. Tizian erhält den Auftrag zu einem Porträt der Kaiserin, das er ebenfalls nach einer Vorlage malt.

Auf dem Reichstag in Augsburg 1548 lässt Karl V. sich zum dritten Mal von Tizian malen. Es entstehen zwei Porträts, die unterschiedlicher kaum sein könnten: das Reiterbildnis *Kaiser Karls V. bei Mühlberg* und das Münchner Sitzbildnis Karls V. Streng unterscheidet Tizian hier zwischen dem offiziellen Herrscherbildnis

▪ *Tizian, Karl V. bei Mühlberg 1548, Öl auf Leinwand, 332 x 279 cm, Madrid, Museo del Prado.*

und dem nicht für die Öffentlichkeit bestimmten intimen Porträt. Im Münchner Bildnis gibt Tizian Karl V., wie zuvor bereits Papst Paul III. in dem Porträt mit seinen Enkeln, in ganzer Figur wieder. Hier wie dort gelingt Tizian die individuelle Erfassung des Charakters: Paul III., machtgierig, intrigant und verschlagen, Karl V., obwohl mächtigster Mann seiner Zeit, müde und resigniert, letztlich im Bewusstsein, dass seine »Politik des Ausgleichs« zwischen den Konfessionen zum Scheitern verurteilt sein wird.

Ganz anders das Reiterbildnis, in dem nichts von Psychologisierung zu spüren ist. Es dient einzig der Verherrlichung des Kaisers und seines entscheidenden Sieges über die Protestanten im Schmalkaldischen Krieg. Karl V. schrieb Tizian wahrscheinlich vor, ihn zu Pferde zu malen, war damit doch eine Verbindung zum antiken römischen Kaisertum, als dessen Erbe Karl sich als Kaiser des Heiligen Römischen Reiches verstand, zu schaffen. Gleichzeitig konnte so auf das um 1540 entstandene Reiterbildnis Franz' I. von François Clouet geantwortet werden,

APELLES DES 16. JAHRHUNDERTS

Am 10. Mai 1533 erhebt Karl V. Tizian in den Adelsstand. In dem Schreiben stilisiert Karl V. sich zu Alexander dem Großen und prophezeit Tizian, dass er der »Apelles diesen Jahrhunderts« genannt werden wird. Apelles lebte in der zweiten Hälfte des 4. Jahrhunderts v. Chr. am Hof Alexanders und gilt bis heute als der bedeutendste Meister der antiken Monumentalmalerei. Seine Werke sind nur aus der Literatur bekannt.

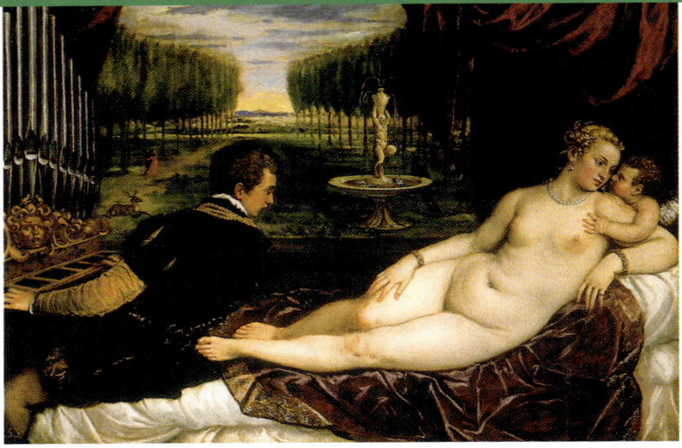

■ *Tizian, Venus mit Orgelspieler und Cupido, Öl auf Leinwand, 148 x 217 cm, Madrid, Museo del Prado.*
Auch als »durch Sehen und Hören erlebte Schönheit« gedeutet und damit entschärft, dürfte hier selbst im Verständnis der Zeit Tizians in erster Linie eine erotische Situation dargestellt sein. Venus scheint der Musik wie den Einflüsterungen des Cupidos erlegen zu sein. Unverwandt schaut der Orgelspieler auf ihre Scham.

in dem dieser vielleicht seinen Anspruch auf die Krone artikuliert hatte.

Starr, wie in angehaltener Pose, sitzt Karl V. auf dem Pferd. Das auf einer Attrappe sitzende Modell ist kaum zu leugnen. Obwohl eine Bewegung vom Dunkel des Waldes auf die Lichtung intendiert scheint, verharrt auch das Pferd am Fleck. Es bäumt sich nur leicht auf, und trotz des vom Geschützrauch dunkel verhangenen Himmels versucht Tizian gar nicht erst, eine reale Begebenheit aus der Schlacht zu malen. Es geht in dem *Reiterbildnis Karls V.* einzig um deren Überhöhung zum Symbol des kaiserlichen Sieges über die Protestanten. Zu diesem Zweck stellt Tizian Karl V. in einer bedrohlich wirkenden Landschaft allein dar, ohne Gefolge, ohne Schlachtengetümmel im Hintergrund. Aus dem gleichen Grund gibt Tizian Karl V. nicht das nachweislich von ihm getragene kurze Schwert, sondern eine Lanze in die Hand – ein Fingerzeig auf die Waffe des Heiligen Georg oder des Erzengels Michael, mit der sie den Drachen, Sinnbild des Bösen, hier des Protestantismus, töten. Die Einladung zum Augsburger Reichstag erreicht Tizian im September 1547 in Venedig. Die Nachricht von der Verpflichtung schlägt wie eine Bombe ein. Sammler versuchen sich noch Bilder von der Hand Tizians zu sichern, auch in Anbetracht zu erwartender Preissteigerungen. Rücksicht hat Tizian auch auf Papst Paul III. zu nehmen, dem er ebenfalls verpflichtet ist. Trotz allem kündigt Tizian am 8. Dezember 1547 sein Kommen an und teilt Karl V. weiter mit, dass er ihm ein Bild – »eine Figur der Venus von mir für Dich gemacht« – zu überreichen wünscht. Die politische Wirksamkeit einer Beschäftigung Tizians als Porträtisten hat Karl V. früh erkannt, und die religiösen Bilder des Malers – zur persönlichen Andacht besitzt Karl V. ein *Ecce Homo*, den gegeißelten und geschlagenen Christus mit der Dornenkrone, und eine *Mater dolorosa*, Maria in der Trauer um ihren Sohn – schätzt der Kaiser hoch. Das ihm von Tizian in Augsburg angebotene Bild, *Venus mit Orgelspieler und Cupido*, kann jedoch nur auf Ablehnung stoßen: Mythologische Stoffe und Erotik haben keinen Platz im Weltbild des Kaisers.

TIZIAN: REITERBILDNIS KAISER KARLS V.

LEBEN UND WERK

Tizian, eigentlich Tiziano Vecellio, wird um 1485/90 oder früher in Pieve di Cadore, Venezien, geboren. Er kommt bereits als Kind nach Venedig, wo er anfangs bei einem unbedeutenden Künstler, dann bei Gentile und Giovanni Bellini lernt, eventuell zusammen mit Giorgione, als dessen Schüler Tizian wiederum auch bezeichnet wird. Zusammen arbeiten sie an der Freskierung der Fassaden der Fondaco dei Tedeschi in Venedig. Stilistisch ist das Frühwerk Tizians kaum von dem Giorgiones zu scheiden; die Autorenschaft für das *Ländliche Konzert* im Louvre teilen sich beide. Nach dem Tod Giorgiones 1510 und dem Weggang Sebastiano del Piombos nach Rom hat Tizian ab 1511 keine nennenswerte Konkurenz in Venedig mehr. Tizians erstes, noch sehr an Giorgione erinnerndes Meisterwerk ist die *Himmlische und irdische Liebe*. Das Bild entstand wahrscheinlich 1514 anlässlich einer Hochzeit. In den zwei großen Altarbildern für die »Frari«-Kirche in Venedig, der *Assunta* (Himmelfahrt Mariä) von 1516–18 und der *Madonna des Hauses Pesaro* von 1519–26, löst Tizian sich dann von Giorgione. Beide sind ohne Vorbild, die im leichten Bogen aufwärtsstrebende Komposition der *Assunta* mit einer diesseitig-körperlichen Maria ebenso wie die über Diagonalen geführte der *Madonna des Hauses Pesaro*. Obwohl ein Rombesuch Tizians zu diesem Zeitpunkt nicht zu belegen ist, scheinen doch Raffael und Michelangelo im Hintergrund zu stehen. Vom Manierismus bleibt Tizian hingegen weitgehend unberührt. In den 1520er und 1530er Jahren ist Tizian ein gefragter Porträtist. In größerem Umfang ist er für Auftraggeber außerhalb Venedigs tätig. Neben Porträts malt er für Alfonso I. d'Este von Ferrara mehrere *Mythologien*, für Federico II. Gonzaga von Mantua eine Serie von *Cäsarenbildnissen* und für den Herzog von Urbino 1538 die berühmte *Venus von Urbino*. Mit den beiden Porträts Karls V. von 1530 und 1533 beginnt der Aufstieg Tizians zu einem in ganz Westeuropa gefragten Maler. Er erhält das alleinige Recht, den Kaiser zu malen, den Adelstitel und ab 1541 eine Rente. 1543 porträtiert Tizian *Papst Paul III. mit seinen Enkeln* – eine psychologische Studie über Machtgier und Intrige. Die »Größe und Würde einer tragischen Gestalt« weiß Tizian dann in dem *Sitzbildnis Karls V.* von 1548 zu gestalten. Im Spätwerk Tizians, das zu großen Teilen im Auftrag Philipps II. von Spanien entsteht oder von ihm erworben wird, ist das Porträt weitgehend von mythologischen und religiösen Motiven verdrängt. Eine dunkle tonige Farbigkeit herrscht vor. In der Technik, zum Teil modelliert Tizian die Farbe mit den Fingern, was zur Charakterisierung von Bildern als »proto-impressionistisch« führte, und in der Themenbehandlung erlangt Tizian eine Freiheit, wie sie erst im 19. Jahrhundert wieder erreicht werden sollte.

DATEN

Wo zu sehen:
Madrid, Museo del Prado
Öl auf Leinwand, 332 x 279 cm

Provenienz:
Nach der Schlacht auf dem Mühlberg am 14. April 1547 auf dem von Karl V. 1548 in Augsburg zusammengerufenen Reichstag entstanden.

AUF DEN PUNKT GEBRACHT

Tizian beherrschte die venezianische Malerei des 16. Jahrhunderts unumschränkt. An seiner psychologisierenden Porträtauffassung mussten sich die nachfolgenden Malergenerationen messen lassen.

Die Gesandten

HANS HOLBEIN DER JÜNGERE

■ Um den Schädel unverzerrt zu sehen, muss sich der Betrachter 12 cm von der Wand entfernt und 79 cm rechts des Bildes aufstellen und aus einer Höhe von 104 cm über dem unteren Rand auf das Bild schauen. Weitgehend unverzerrt erscheint der Schädel auch bei dem Blick durch einen Glaszylinder oder ein in der Holbeinzeit übliches Trinkglas aus einigen Metern Entfernung.

In mehrfacher Hinsicht ist Holbeins Doppelporträt *Die Gesandten* ungewöhnlich. Vereint sind in ihm die lebensgroßen Bildnisse des französischen Botschafters in England, Jean de Dinteville (1503–55), und des wahrscheinlich mit einem Geheimauftrag Franz' I. von Frankreich versehenen Bischofs Georges de Selve (1508/09–41). Dinteville weilte in den 1530er Jahren mehrfach im königlichen Auftrag in England; von einem Englandaufenthalt Selves im Frühjahr 1533 zeugen hingegen nur zwei Privatbriefe Dintevilles und das wie zum Beweis des Aufenthaltes gemalte Bild Holbeins. Über den Zweck von Selves Besuch berichtet Dinteville nichts, Hinweise finden sich nur im Bild.

Die beiden Männer lehnen an den Schmalseiten eines Tisches, links, als Mann von Welt prächtig gekleidet und mehr Raum einnehmend, der Auftraggeber Dinteville, rechts, als hoher kirchlicher Würdenträger ebenfalls luxuriös, aber zurückhaltender in der Kleidung, Selve. Den Hintergrund bildet ein schwerer Vorhang. Oben links ist er gerade so weit zur Seite geschoben, dass er den Blick auf ein kleines silbernes Kruzifix freigibt. Regeln der Porträtmalerei durchbricht Holbein mit der Platzierung des Tisches in der üblicherweise der Figur vorbehaltenen Bildmitte, woraus zu schließen ist, dass Dinteville der Darstellung der auf dem Tisch und der Ablage ausgebreiteten Gegenstände einen höheren Stellenwert als den Porträts beigemessen hat. Gründe hierfür liegen im Inhaltlichen – die Gegenstände dienen dem Transport von Aussagen –, nicht im Künstlerischen. Rätselhaft, als »Anamorphose« in extremer Schrägsicht »verstreckt« aufgenommen, ragt von unten links ein Totenschädel in das Bild. Er ist ein »Memento mori«, Hinweis auf Tod und Vergänglichkeit.

Den Tisch zwischen Dinteville und Selve bedeckt ein geometrisch gemusterter Teppich, eine Importware aus Westanatolien, für die sich der Begriff »Holbein-Teppich« eingebürgert hat. Auf dem Tisch liegen ein Himmelsglobus sowie Instrumente zur Himmelsbeobachtung und ein Buch, auf das sich Selve stützt und auf dem sein Alter angegeben ist. Auf der unteren Ablage

■ *Hans Holbein der Jüngere, Die Gesandten, 1533, Öl auf Holz, 207 x 209,5 cm, London, National Gallery.*

finden sich ein Erdglobus, ein Rechenbuch, ein Zirkel, eine Laute, Flöten und ein Gesangbuch. Zusammen gesehen, wurden die Gegenstände als Verweis auf das »Quadrivium«, die mathematischen Disziplinen der »Sieben Freien Künste«, zu der auch die Musik gezählt wurde, gedeutet. Die grammatisch-literarischen Fächer, das »Trivium«, sollen die Porträtierten selbst verkörpern. Doch ist an dieser Interpretation problematisch, dass sich dafür kein Hinweis im Bild findet. Außerdem sind die Disziplinen des »Quadriviums« nicht gleichwertig dargestellt. Weiter sind die Dinge entsprechend ihrer Verwendung strikt in himmlische und irdische geschieden.

Besonderheiten weisen Gegenstände der unteren Ablage auf. Auf dem Erdglobus ist Polisy, der Stammsitz Dintevilles, eingetragen; eine Saite der Laute ist zerrissen und kräuselt sich über die straffgespannten intakten, und bei den Büchern handelt es sich um deutsche. Auf der Tischplatte ist der harmonische, mathematisch mess- und voraussagbare Verlauf der Gestirne, die »göttliche Ordnung« dargestellt, darunter, auf der Ablage, die diese Ordnung zerstörenden Kräfte, die sich von Deutschland ausbreitenden reformatorischen Bestrebungen und das durch

■ *Holbein-Werkstatt, Heinrich VIII., 1540, Öl auf Leinwand, 89,5 x 75 cm, Rom, Galleria Nazionale d'Arte Antica, Palazzo Barberini.* Wie kein Zweiter prägt Holbein das Bild, das die Nachwelt von Heinrich VIII. hat.

■ *Hans Holbein der Jüngere, Selbstbildnis, um 1542/43.*

■ *Hans Holbein der Jüngere, Die Gesandten, Ausschnitt »Stillleben«.*
Wesentlich für die Bildaussage ist das Arrangement auf dem Tisch und der Ablage. Herausgelöst aus den äußeren Zusammenhängen, wird die Zusammenstellung von Dingen verschiedenster Art, das Stillleben, im 17. Jahrhundert zu einer autonomen, besonders in den Niederlanden weit verbreiteten Bildgattung.
Wesentlich für die Interpretation sind die aufgeschlagenen Bücher, Peter Apians 1527 erstmals in Leipzig erschienenes kaufmännisches Rechenbuch und Johannes Walthers zwei Jahre zuvor in Wittenberg gedrucktes lutherisches *Geistlich Gesangbüchli*. Die aufgeschlagenen Lieder stehen nicht auf gegenüberliegenden Seiten. Dinteville hat sie ausgesucht, ein Hinweis, dass er in seinem Bild nichts dem Zufall überlassen hat, jedem Detail eine Aussage anhaftet.

die Politik Heinrichs VIII. schon an seinem Beginn disharmonisch verlaufene Jahr 1533, Grund der englischen Mission Dintevilles und Selves. Die Laute ist nicht bespielbar, die zerrissene Saite zieht auch die intakten in Mitleidenschaft, und die aufgeschlagene Seite des deutschen Rechenbuches beginnt mit dem Wort »Dividirt«. Bereits 1529 hatte Selve in einem von ihm komponierten Lied das durch die Reformation bis in seine Spitzen »dividierte« Deutschland zur Einheit aufgerufen. Das deutsche lutherische Gesangbuch liegt auf der Seite Selves. Die aufgeschlagenen, im Buch vorhandenen, einander aber nicht gegenüberstehenden Lieder sind katholischen Ursprungs – behandelt werden in ihnen gemeinsame Glaubensgrundlagen, die von katholischer Kirche wie Reformatoren gleichermaßen anerkannten »Institutionen« Heiliger Geist und Zehn Gebote.
1533 verschlechtern sich die französisch-englischen Beziehungen zusehends. Zur Beobachtung wird Dinteville nach England geschickt. Die europäische Politik ist ein Teufelskreis: Seit der Eroberung Roms durch kaiserliche Truppen 1527 ist der Papst praktisch Gefangener Karls V. und verweigert Heinrich VIII., seine Ehe mit Katharina von Aragonien, einer Tante Karls, zu scheiden, was wiederum zur Folge hat, dass Heinrich die Abspaltung der Kirche Englands von Rom betreibt. Im Januar 1533 hat Heinrich nun heimlich Anne Boleyn geheiratet, im Mai annulliert der Erzbischof von Canterbury die Ehe mit Katharina, und die Krönung der schwangeren Anne wird für Anfang Juni anberaumt. Das ist die Situation, auf die Selve, der vier Jahre zuvor noch zur Einheit im Glauben aufgerufen hat, in England trifft.
Selbstbewusst lassen sich Dinteville und Selve von Holbein porträtieren. Die himmlische Sphäre ist geordnet, ihr katholischer Glaube fest. Schützend hängt das Kruzifix über ihnen. Die irdische Sphäre ist »dividirt«, disharmonisch, verzerrt, was nicht hätte sein müssen. Die Grundlagen der Konfessionen sind die gleichen, Heinrichs Abkehr vom Katholizismus ist rein politisch motiviert. »Vanitas vanitatum« besagt der Totenschädel, »Alles ist eitel!«, alles Irdische nichtig und vergänglich.

HANS HOLBEIN DER JÜNGERE: DIE GESANDTEN

LEBEN UND WERK

Hans Holbein wird 1497/98 in Augsburg geboren. Von seinem Vater, Hans Holbein dem Älteren, ausgebildet, geht Hans der Jüngere 1516 in die Schweiz, zuerst nach Basel und von 1517–19 nach Luzern, anschließend wieder nach Basel, wo er 1519 als Meister in die Malerzunft aufgenommen wird. Vertraut mit dem architektonischen Vokabular der italienischen Renaissance, entwirft er illusionistisch gemalte *Gliederungssysteme für Hausfassaden*. Weiter ist er als Porträtist des Baseler Bürgertums tätig. 1516 entstehen die *Porträts des Bürgermeisters Jakob Meyer und seiner Frau* und um 1523/24 drei von dem überwiegend in Basel ansässigen bedeutenden Humanisten und Theologen Erasmus von Rotterdam (1469–1536). Weiter schafft Holbein Entwürfe für Holzschnitte. Als ersten großen öffentlichen Auftrag erhält Holbein 1521 den zur Ausmalung des Ratssaales. Thema sind die Tugenden, dargestellt anhand von antiken Szenen und solchen aus dem Alten Testament. Mehrere Altaraufträge folgen. Als Gegner der Reformation bestellt Jakob Meyer um 1526, wenige Jahre nach dem Bildersturm in Zürich, den bedeutenden Altar *Madonna mit Kind und Stifterfamilie*. 1526 geht Holbein erstmals nach England. Porträts von Erasmus und dem Hof nahestehenden Personen, unter anderem Sir Thomas Mores, entstehen. 1528 kehrt Holbein nach Basel zurück, wo 1529 ein Bildersturm losbricht und die Stadtregierung von Protestanten übernommen wird. Wohl aufgrund schlechter Auftragslage verlässt er Basel 1532 und geht endgültig nach England. Obwohl die meisten Förderer des ersten Englandaufenthaltes tot oder gestürzt sind, fasst Holbein sehr schnell wieder Fuß. Anfang der 1530er Jahre porträtiert er in London ansässige Hansekaufleute, unter ihnen Georg Gisze, aber auch die französischen Gesandten und Thomas Cromwell. 1536 wird Holbein erstmals als »King's Painter« genannt. Heinrich VIII. bedenkt ihn zwar nur mit wenigen, aber dafür umso bedeutenderen Aufträgen. Auf eine Wand des Whitehall Palace malt er den Begründer der Tudor-Dynastie Heinrich VII. und dessen Frau Elisabeth, Heinrich VIII. und Jane Seymour. Weitere Porträts Heinrichs VIII., Jane Seymours und des Prince of Wales entstehen. 1538/39 schickt Heinrich VIII. Holbein auf Reisen, um potentielle Heiratskandidatinnen zu malen. Erhalten sind die Porträts Christinas von Schweden und Annas von Kleve. Holbein ist nicht nur für den Hof, sondern auch für den Hochadel und wichtige Politiker tätig. In erster Linie ist er Porträtist; Altarbilder malt er nur in seinen Baseler Jahren. In der Frühzeit phasenweise extrem bilderfeindlich, misst der Protestantismus der Altarmalerei kaum eine Bedeutung bei. Das Gleiche gilt im bürgerlichen Basel, wenn man den Ratssaal einmal ausnimmt, auch für Mythologisches und Allegorisches. Er stirbt 1543 in London.

DATEN

Wo zu sehen:
London, National Gallery
Öl auf Holz, 207 x 209,5 cm

Provenienz:
Das Bild ist unten links signiert und datiert: »Ioannes Holbein Pingebat 1533«. Das Alter der Dargestellten ist auf dem Dolch beziehungsweise dem Buch angegeben. Wahrscheinlich wird das Bild im Herbst 1533 von Jean de Dinteville mit nach Frankreich genommen. 1653 bringt es ein Nachkomme Dintevilles nach Paris. Im 18. Jahrhundert mehrfach in Inventaren erwähnt, wird es 1787 auf einer Auktion in Paris von einem Kunsthändler erworben, der es 1792 nach England verkauft. 1808 gelangt es in den Besitz der Earls of Radnor, von denen es die National Gallery mit Hilfe von Schenkungen 1890 erwirbt.

Lesenswert:
Susan Foister u.a.: *Making and Meaning: Holbein's Ambassadors*, London 1997.

AUF DEN PUNKT GEBRACHT

Hans Holbein der Jüngere war einer der bedeutendsten Porträtisten seiner Zeit. In England stand er konkurrenzlos da. Weit über seinen Tod hinaus prägte er die englische Porträtmalerei.

Venus und Amor

AGNOLO BRONZINO

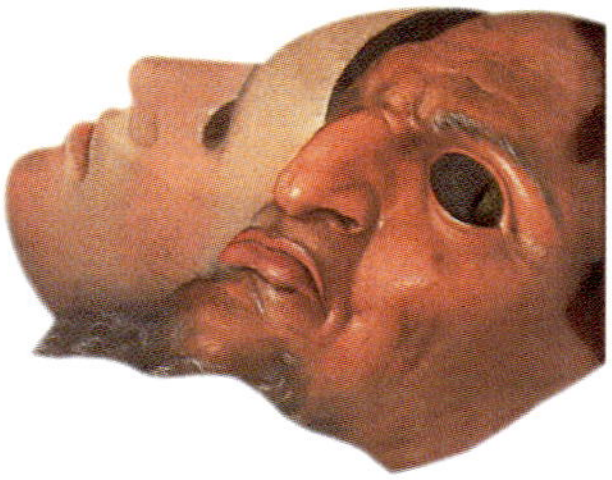

■ *Agnolo Bronzino, Venus und Amor, Ausschnitt.* Bedrohliche Maske zu Füßen des Puttos.

Auf inzestuöse Weise küsst auf diesem Bild Amor-Cupido – lateinisch: »das Begehren« – seine Mutter Venus und spielt mit ihrer Brust. Dabei tritt er fast auf die in der Bildecke schnäbelnden Tauben. In der linken Hand hält Venus einen Apfel, in der rechten, vor ihrem Sohn verborgen, einen Pfeil. Sicher ist, dass Bronzino hier keine der üblichen Venus-Amor-Gruppen

■ *Agnolo Bronzino, Venus und Amor, London, National Gallery.*

gemalt hat, sondern eine Allegorie, wahrscheinlich auf die Üppigkeit. Deutlicher Hinweis hierfür ist das Kissen, auf dem Amor kniet, ein gebräuchliches Symbol für Müßiggang und Wollust. Beide Laster gehen mit der Üppigkeit einher.

Durch Symbole und Personifikationen veranschaulicht Bronzino die die Üppigkeit begleitenden Laster. Links hinter Amor hockt die Eifersucht, eine sich die Haare raufende alte Frau. Im Kontrast zu ihr steht der Rosen streuende Putto, Verkörperung des Vergnügens und des Spiels. Ihn bedrohen die Masken zu seinen Füßen – Unaufrichtigkeit und Falschheit – und das Mädchen im Hintergrund, die Personifikation der Tücke. Die Tücke ist wie das Mädchen anziehend und abstoßend zugleich: ein schönes Gesicht, darunter Fischleib, Klauenfüße und Schlangenschwanz. Mit der einen Hand bietet sie eine Honigwabe an, mit der anderen ein kleines Tier. Ihre Hände sind vertauscht, sodass sie mit der vermeintlich rechten, »guten«, in Wirklichkeit aber linken, »bösen« Hand, den Honig anbietet und auf umgekehrte Weise das Tier. Trügerische Freuden und offenkundiges Übel umgeben die Üppigkeit. Ihr wahres Gesicht kann jedoch nicht im Verborgenen bleiben. Die Zeit, der geflügelte Chronos mit der Sanduhr, und die Wahrheit, »Tochter« von Chronos, ziehen die Üppigkeit und ihr Gefolge ans Tageslicht. Voller Zorn hat Chronos die verhüllende Decke zurückgeschlagen und wendet seinen Blick von dem sich ihm und seiner Tochter darbietenden lasterhaften Treiben von Mutter und Sohn.

Der Zeitgenosse Bronzinos, Giorgio Vasari, beschreibt das Bild von *Venus und Amor*, dessen vollständiger Titel *Venus, Cupido, Torheit und Zeit oder Die Enthüllung der Üppigkeit* lauten müsste, als »von einzigartiger Schönheit«, woraus zu schließen ist, dass das Bild einen großen Eindruck am Florentiner Hof gemacht haben muss. Heute stoßen die unterkühlte Farbigkeit, die makellosen, in artifiziellen Posen verharrenden Körper und die inszenierte Erotik eher ab, und doch ist die Malerei Bronzinos Spiegel der ge-

MANIERISMUS

Die Kunst der Spätrenaissance, der Manierismus, wurde lange negativ als »Verfallskunst« beurteilt. In der Vorstellung des 19. Jahrhunderts konnte es nach den von Raffael und seinen Zeitgenossen geschaffenen »zeitlos gültigen Kunstwerken« nur noch einen Niedergang geben. Zum Ende des Jahrhunderts hin wurde der Manierismus jedoch rehabilitiert. Es setzte sich die Ansicht durch, dass auch dem Manierismus ein »Kunstwollen« innewohnt, das sich unter anderem in der bewussten Abkehr von den Errungenschaften der Hochrenaissance, der Zeit Raffaels, äußert.

■ Unschuldiges Spiel oder Mittäterschaft?

sellschaftlichen Situation in Florenz und Europa um die Mitte des 16. Jahrhunderts. Schlagwortartig wäre die Zeit mit Hofkultur, Manierismus und Gegenreformation zu umreißen.

Mit Hilfe des Medici-Papstes Klemens VII. war 1530 das letzte »republikanische Zwischenspiel« in Florenz beendet worden. 1531 in den erblichen Herzogsstand erhoben, kehrten die Medici nach Florenz zurück und begannen im europäischen Spiel der Mächte mitzumischen. 1533 wird Katharina de'Medici mit dem französischen Thronfolger Heinrich II. verheiratet. Durch Mord an ihrem Bruder gelangt 1537 Cosimo I. und mit ihm die jüngere Linie der Medici an die Macht. Mit der Eroberung Sienas 1557 beendet er die jahrhundertelange Rivalität zwischen den Städten. Den Höhepunkt der Karriere Cosimos bildet 1569 seine Erhebung zum Großherzog von Toskana.

Unrechtmäßig an die Herrschaft gekommen, war Cosimo besonders daran interessiert, seiner Macht sichtbaren Ausdruck zu verleihen. 1540 verließ er den Stadtpalast der Familie und bezog demonstrativ den in Palazzo Ducale umbenannten Palazzo Vecchio, ehemals Sitz der Stadtregierung. In großem Maßstab sammelte und förderte er Kunst. Umfangreiche, von Agnolo Bronzino und Giorgio Vasari geschaffene Bildprogramme dienten der Verherrlichung und Legitimierung seiner Herrschaft. In einem bis dahin unbekannten Umfang machte er die Künste zu einem Instrumentarium politischer Propaganda. Es ist nun nicht mehr die locker gefügte, fließende »famiglia« aus Verwandten, Freunden, Gelehrten, Dichtern und Künstlern, mit der sich etwa noch Lorenzo il Magnifico de'Medici umgab und in der Michelangelo seine erste Ausbildung erhielt, sondern ein starr gefügter, reglementierter Hof, den Cosimo um sich bildet und an dessen Spitze er steht. Diese Erstarrung und Unnahbarkeit findet ihren Ausdruck in der Malerei Bronzinos, später auch in der von Vasari.

Die »kühle Repräsentationskunst« Bronzinos ist typisch für den Manierismus, die Kunst der Zeit von etwa 1530 bis 1600. Bewusst wendet man sich von den harmonischen Proportionen und Kompositionen der

■ *Agnolo Bronzino, Porträt der Eleonora von Toledo mit ihrem Sohn Giovanni de'Medici, um 1545, Öl auf Holz, 115 x 96 cm, Florenz, Galleria degli Uffizi.* Wie von einem Eispanzer umgeben erscheint die Frau Cosimos I. vor dem blau aufgehellten Hintergrund. Emotionslos hat sie den rechten Arm um ihren Sohn gelegt. Maskenhaft starr ist der Blick von beiden. Unterstützt durch Bronzinos glasurartige Malweise besteht eine unüberbrückbare Distanz zwischen dem Betrachter und der Porträtierten.

Hochrenaissance eines Perugino, Leonardo oder Raffael ab. Zu einem Zentrum des Manierismus wird mit der Ankunft des bedeutenden Raffaelschülers Guilio Romano der Hof der Gonzaga in Mantua. Ab 1525 errichtet Giulio dort den Palazzo del Tè und stattet ihn unter Mitarbeit von Francesco Primaticcio mit Fresken aus. 1531 wird Primaticcio an den Hof Franz' I. von Frankreich abberufen.

Franz I. hatte 1527 beschlossen, die mittelalterliche Burg Fontainebleau südöstlich von Paris zu einem Schloss auszubauen. Für die Ausstattungsarbeiten berief er 1530 Rosso Fiorentino und im darauffolgenden Jahr Primaticcio. Unter Heinrich II., der mit Katharina de'Medici verheiratet ist, kommt dann 1552 noch Nicolo dell'Abbate hinzu. Diese Berufungen führten zu einer Verpflanzung des italienischen Manierismus nach Frankreich, der dort für Jahrzehnte zum herrschenden höfischen Stil wurde. Durch ihre Arbeiten begründeten und prägten die Italiener die Malerei der Schule von Fontainebleau.

Viele der in Fontainebleau tätigen Künstler, Flamen, Franzosen und Italiener, sind namentlich nicht bekannt. Dies gilt auch für

■ *Parmigianino, Madonna mit dem langen Hals, um 1535, Öl auf Holz, 216 x 132 cm, Florenz, Galleria degli Uffizi.*

Das Bild ist eines der Hauptwerke des italienischen Manierismus. In der Haltung der Madonna steckt Michelangelos Sixtinische »Figura serpentinata«, die schlangenartig gewundene Figur. Mit einer höfisch-gezierten Geste reicht die Madonna dem knochenlosen und wie tot auf ihrem Schoß schlafenden Jesusknaben die Brust. Im gewollten Kontrast zu den von links hereindrängenden Assistenz-Engeln steht der »Prophet« im Hintergrund. In Beinhaltung und Blick korrespondiert er jedoch mit dem vorderen Engel.

GEGENREFORMATION

Um die Mitte des 16. Jahrhunderts begann die katholische Kirche Maßnahmen zu ergreifen, um die Gläubigen wieder stärker an sich zu binden und weitere Abwanderungen zu den Reformatoren in Deutschland und anderswo zu unterbinden. Neben innerkirchlichen Reformen, 1563 auf dem Konzil von Trient beschlossen, wurden auch dirigistische Maßnahmen ergriffen, die zu einem Wiederaufleben der Inquisition führten. Wesentlicher Träger der Gegenreformation war der von Ignatius von Loyola, einem Spanier, gegründete und 1540 vom Papst bestätigte Jesuitenorden.

■ *El Greco, Anbetung der Hirten, um 1613, Öl auf Leinwand, 319 x 180 cm, Madrid, Museo del Prado.*
El Greco, der in Venedig ausgebildet wurde, prägte den spanischen Manierismus. Er überlängt seine Körper nicht nur, sondern deformiert sie zusätzlich. Sein Thema ist nicht mehr der schöne diesseitige Mensch, wie ihn die Renaissance entdeckte und etwa auch ein Parmigianino feierte, sondern die von religiöser Askese und Visionen zerquälte Kreatur.

den Maler, der um 1594 das Bild *Gabrielle d'Estrées und eine ihrer Schwestern im Bad* schuf. Auf der vorderen Bildebene sitzen die Schwestern in einer mit einem Tuch ausgehängten Wanne. Ein Vorhang ist zur Seite gerafft, um den Blick auf die im Halbakt gezeigten Schwestern freizugeben. Die eine präsentiert dem Betrachter einen Ring, die andere auf die gleiche manierierte Art die Brustwarze der Schwester – eine Geste, die heute kaum mehr zu entschlüsseln sein dürfte, ihre Parallele aber in dem Spiel Amors mit der Brustwarze seiner Mutter auf dem Bild Bronzinos findet. Ein zweiter zur Seite geschobener Vorhang hinter der Wanne gibt den Blick auf den Hintergrund frei. Dort ist eine häusliche Szene dargestellt, wie sie sich vielfach in der niederländischen Malerei des 17. Jahrhunderts findet: eine am Kamin sitzende, mit einer Handarbeit beschäftigte Frau, über dem Kamin ein Bild, von dem nur der untere Teil zu sehen ist. Heute erscheint das Bild gewollt verrätselt. Dem zeitgenössischen höfischen Betrachter waren das Bild und die auf ihm verwendeten Motive sicher ebenso verständlich wie Bronzinos *Venus und Amor*.

■ *Unbekannter Meister der Schule von Fontainebleau, Gabrielle d'Estrées und eine ihrer Schwestern im Bad, um 1594, Öl auf Holz, 96 x 125 cm, Paris, Musée du Louvre.* Die Mätresse Heinrichs IV. und eine ihrer Schwestern: Doppelporträt und »Allegorie auf ein uns unbekanntes Thema«.

AGNOLO BRONZINO: VENUS UND AMOR

LEBEN UND WERK

Agnolo Bronzino wird 1503 in Monticelli, einer Vorstadt von Florenz, geboren. Seine Eltern leben in ärmlichen Verhältnissen. Sie geben ihn bei einem handwerklich arbeitenden Maler in die Lehre. Nach einer weiteren Station bei einem unbedeutenden Maler tritt Bronzino in die Werkstatt Pontormos ein. Erste Arbeiten Bronzinos entstehen unter der Aufsicht seines Lehrers 1523–26 in der Certosa del Galluzzo, einem Kartäuserkloster in der Nähe von Florenz. In den folgenden Jahren sind beide in der Florentiner Kirche Santa Felicità tätig, wo Pontormo seine berühmte *Grabtragung* malt. Weiter entsteht eine Reihe von »pontormesken« religiösen Bildern, deren Zuschreibung an Bronzino jedoch umstritten ist. Nach dreijähriger Belagerung erobern 1530 die Truppen Kaiser Karls V. Florenz. Wohl aus Mangel an Aufträgen verlässt Bronzino seine Heimatstadt und geht für kurze Zeit an den Hof Guidobaldos von Urbino nach Pesaro. Bronzino beginnt sich vom Stil seines Lehrers zu emanzipieren. 1532 kehrt er nach Florenz zurück und arbeitet ab 1535 wieder mit Pontormo, jetzt an Fresken in den Villen Castello und Careggi – Bronzinos erste Arbeiten für die Medici-Familie. In den 1530er Jahren beginnt er sich in Florenz auch als Porträtmaler durchzusetzten. 1538 veröffentlicht er seine Gedichtsammlung *Del pennello*, »Vom Pinsel«. Die Heirat Cosimos I. de' Medici, seit 1537 Herzog von Florenz, mit Eleonora von Toledo 1539 bedeutet für Bronzino den künstlerischen Durchbruch. Mit seinen prunkvollen Dekorationen für die Hochzeitsfeierlichkeiten lenkt er die Aufmerksamkeit Cosimos auf sich. Bronzino wird zum Hofkünstler. Sein erster großer Auftrag besteht in der Ausmalung der Kapelle Eleonoras im Palazzo Vecchio. Darüber hinaus schafft er bis in die 1550er Jahre Entwürfe zu Tapisserien (Wandteppichen), die sich zum Teil bis heute im Palazzo Vecchio erhalten haben. Mit Ausnahme von *Venus und Amor* hat Bronzino kein bedeutendes Bild mythologischen Inhalts geschaffen – auch Ausdruck der Zeit der beginnenden Gegenreformation: Nicht die heidnische Herkulessage, sondern die biblische Josephsgeschichte dient Bronzino in seiner bedeutendsten Tapisserie-Serien als Gleichnis auf Leben und Herrschaft Cosimos I. Religiöse Bilder finden sich in allen Schaffensphasen Bronzinos, doch wurde er vor allem als Porträtmaler geschätzt. Dutzende Bildnisse von Cosimo I. und Mitgliedern seiner Familie haben sich erhalten. Sämtlich sind sie von einer kühlen, abweisenden Glätte. Nicht das Erfassen der Persönlichkeit, sondern die Darstellung der gesellschaftlichen Stellung war gefordert. Bronzinos brillante Technik tat ihr Übriges. Mitte der 1550er Jahre beginnt Giorgio Vasari Bronzino zu verdrängen. Mit Porträtaufträgen wird Bronzino nach 1560 kaum mehr bedacht. Hoch geachtet stirbt er 1572.

DATEN

Wo zu sehen:
London, National Gallery
Öl auf Holz, 146,1 x 116,2 cm

Provenienz:
Das Gemälde entsteht um 1544/45 im Auftrag Cosimos I. de'Medici. Cosimo schenkt es seinem Verbündeten Franz I. (gest. 1547). In Frankreich dürfte es nicht ohne Eindruck auf die Maler der Schule von Fontainebleau geblieben sein. In seinen *Lebensbeschreibungen der berühmtesten Maler...* erwähnt Vasari das Bild. 1742 ist es in der Privatsammlung Lord Spencers in Althorp nachgewiesen. 1860 kauft es die National Gallery zusammen mit der Sammlung Edmond Beaucousin, Paris.

Lesenswert:
Eine der fundiertesten Interpretationen des Bildes liefert bis heute Erwin Panofsky in seinem Aufsatz *Vater Chronos*, zu finden in seinen 1997 neu herausgegeben *Studien zur Ikonologie der Renaissance*.

AUF DEN PUNKT GEBRACHT

Zeitgenossen schätzten Bronzino vor allem wegen seiner brillanten Technik. Wie kein Zweiter verstand er es, die Atmosphäre am Hof der Medici einzufangen. Die Komplexität in seiner Bearbeitung eines mythologischen Themas ist typischer Ausdruck für die intellektualisierte Hofkultur des Manierismus.

Amor als Sieger

CARAVAGGIO

Jungenhaft frech, verschmitzt, herausfordernd und ohne Scham ist der *Amor* Caravaggios. Er weiß, dass er jeden besiegen kann. Caravaggio malt nicht den babyhaften Putto, der seine Opfer durch Pfeil und Bogen mit Liebe infiziert, sondern einen leibhaftigen Jungen mit provozierend zur Schau gestellter Nacktheit. Ihm, der fleischlichen Lust, sind alle verfallen. Krone, Zepter und Rüstung hat er an sich genommen. Die Künste – Architektur, Musik, Dichtung – liegen ihm zu Füßen; ihre Attribute: Winkel und Zirkel, Noten und Instrumente, Buch, Schreibfeder und Lorbeerkranz sind am Boden verstreut. Nicht durch Attribute vertreten sind Skulptur und Malerei. Die Skulptur ist Amor selbst. Vorbilder für seine Figur, besonders für seine Beinstellung, sind Siegerdarstellungen, Michelangelos *Sieger* für das *Grabmal Papst Julius' II.* oder Pierino da Vincis *Samson überwindet einen Philister*. Die Malerei nimmt Caravaggio nicht mit in das Bild hinein: Sie ist die Verführung selbst.
Mit *Amor als Sieger* (oder *Der irdische Amor*) stellt Caravaggio die Liebe als allgegenwärtige weltumspannende Macht dar. »Omnia vincit amor« – Die Liebe besiegt alles – schrieb Vergil in seinen *Eklogen*. Zugleich steckt in der Darstellung des Amors eine unverblümte sexuelle Aufforderung. Bilder eines derartig zur Schau gestellten Halbwüchsigen hat es in der Monumentalmalerei zuvor nicht gegeben. Heute würde ein solches Bild kaum den Jugendschutz passieren. Zwei Jahrzehnte nach der Entstehung des *Irdischen Amors* erteilt ein italienischer Kunstliebhaber dann auch Ratschläge für die Aufbewahrung »lasziver Malereien« und »wirklich lasziver Dinge«. Letztere, zu denen der Kunstliebhaber sicher auch Caravaggios Bild zählte, sollten nur an abgelegenen Orten aufbewahrt und nur Vertrauenspersonen gezeigt werden, die »keine Skrupel« hätten. Fraglich ist jedoch, ob dem Besitzer des *Amor* in den Jahren nach 1600 solche »Vorsichtsmaßregeln«

■ *Caravaggio, Das Martyrium des Heiligen Matthäus, 1599/1600, Ausschnitt mit Selbstbildnis des Künstlers.*

■ *Caravaggio, Amor als Sieger, 1601/02, Öl auf Leinwand, 156 x 113 cm. Berlin, Gemäldegalerie, Staatliche Museen, Preußischer Kulturbesitz.*

überhaupt in den Sinn kamen. Mit einem Vorhang versehen wurde das Bild erst in den 1630er Jahren, jedoch nicht, weil es als anzüglich angesehen wurde. Es sollte vielmehr bei einem Galerierundgang als Letztes gezeigt werden, weil »es sonsten alle anderen Raritäten unansehnlich gemacht« hätte, schreibt der Kunstschriftsteller Joachim von Sandrart 1675 in seiner *Teutschen Academie der Bau-, Bild- und Mahlerey-Künste*.

Unverkennbar ist an Caravaggios *Amor* der homoerotische Aspekt. Caravaggio und der Auftraggeber des Bildes, Marchese Vincenzo Guistiniani, waren homosexuell. Modell für den Amor saß wahrscheinlich ein Liebhaber oder Lustknabe Caravaggios. Dies notiert, ohne etwas Besonders daran zu finden, ein engli-

»Die Wirklichkeit des Films wäre zu konkret gewesen – man hätte einen nackten zwölfjährigen Knaben photographieren müssen –, zu konkret gegenüber der künstlerischen Distanz des Bildes, für das freilich auch ein Knabe Modell gestanden hat.«

Der britische Filmemacher Derek Jarman über die Probleme mit dem *Amor als Sieger* bei den Arbeiten zu seinem Caravaggio-Film im Jahre 1986

scher Reisender um 1650 in seinem Tagebuch. Die weit verbreitete Päderastie oder Knabenliebe galt ihm offensichtlich nicht als verwerflich. Ihre Rechtfertigung als pädogogisch-erotisches Konzept fand sie in den seit der Frührenaissance wieder gelesenen Schriften antiker, besonders griechischer Autoren.

Zusammen mit seinem Bruder besaß Vincenzo Guistiniani seinerzeit eine der größten Kunstsammlungen Roms. Etwa zweitausend antike Skulpturen und sechshundert Gemälde, darunter allein dreizehn Werke Caravaggios – überwiegend christlicher Thematik – nannten sie ihr Eigen. Zur gleichen Zeit wie Caravaggio seinen *irdischen Amor* malte Giovanni Baglione seinen *Himmlischen Amor*. Es existiert ein fast identischer zweiter *Himmlischen Amor* von der Hand Bagliones, auch aus der Sammlung Giustiniani. Er entstand aufgrund der Kritik der Künstlerschaft Roms an Ersterem. Baglione beschreibt seine Bilder selbst als »*zwei Malereien zweier Himmlischer Amoren, die die Welt, den Teufel und das Fleisch unterwerfen*« und vergisst nicht zu erwähnen, dass sie im Palast der Guistiniani einander gegenüber hängen. Die Bilder wirken wie ein Anschlag auf den *Amor* Caravaggios, die Verkörperung von Welt und Fleischeslust. Er liegt wehrlos am Boden, seine Pfeile sind zerbrochen. Über ihm steht ein gepanzerter erwachsener Mann, der zum letzten Schlag ausholt und mehr dem drachentötenden, das Böse besiegenden Erzengel Michael als einem Amor gleicht. Dieses Missverhältnis der Figuren führt Orazio Gentileschi, dessen Tochter Artemisia eine der bedeutendsten Nachfolgerinnen Caravaggios werden sollte, als Verteidigung in einem von Baglione gegen ihn, Caravaggio und andere Maler geführten Beleidigungsprozess an. Es ist die Konkurrenz zwischen zwei Malern und zwei Richtungen, die hier vor Gericht ausgefochten wurde, Caravaggios krassem »irdischen« Realismus und Bagliones akademischer »himmlischer« Glätte.

Caravaggio kam 1592 arm und abgerissen nach Rom. Um 1596 findet er Aufnahme im Haushalt von Kardinal Francesco del Monte. Caravaggio malt feminin wirkende römische Jünglinge, vielleicht Kastraten, auch sich selbst, in bacchantischen Szenen, musizierend, mit Weintrauben oder

■ *Giovanni Baglione, Himmlischer Amor, 1602/03, Öl auf Leinwand, 183,4 x 121,4 cm, Berlin, Gemäldegalerie, Staatliche Museen Berlin, Preußischer Kulturbesitz.*
Bagliones kriegerischer *Himmlischer Amor* entstand als »Gegenbild« zu Caravaggios lasterhaftem *Amor als Sieger*. Im Jahr nach der Entstehung seines Bildes strengte Baglione eine Beleidigungsklage gegen Caravaggio und andere Maler Roms an. Im Prozess wird der *Amor* Caravaggios gegen den Bagliones ins Feld geführt und gewinnt.

Fruchtkorb. Gleichzeitig entstehen seine ersten religiösen Bilder, deren Gestalten wie der *Amor als Sieger* und die Jünglinge eine »indiskrete Familiarität« mit dem Betrachter eingehen. Sie sind »provozierend nah«. Durch diese Bilder, die in den römischen Kirchen jedermann zugänglich waren, wird Caravaggio berühmt.

Den Durchbruch erreichte er um 1600 mit der Darstellung von *Berufung* und *Martyrium des Matthäus* für die Contarelli-Kapelle in San Luigi dei Francesi. Schlaglicht, wie von einem Scheinwerfer, fällt von links oben, da, wo in der Kapelle das Fenster sitzt, auf die Szene und unterstreicht die Dramatik des Geschehens. Matthäus liegt am Boden. Nur mit Lendentüchern bekleidete Männer haben ihn gefangen. Einer von ihnen wird ihn töten, andere wenden sich ab oder schauen in einer Mischung aus Neugier und Abscheu zu. Ein Kind rennt weg; Männer, gekleidet nach der Mode der Zeit, betrachten unbeteiligt das Geschehen; auf Wolken schwebt ein Engel herein. Er

■ rechts: *Artemisia Gentileschi, Judith enthauptet Holofernes, 1612/13, Öl auf Leinwand, Neapel, Museo di Capodimonte.* Im »Licht Caravaggios« malt Artemisia Gentileschi die Enthauptung Holofernes. Gleichzeitig nimmt sie mit diesem Bild »Rache am Mann« für die ihr kurz zuvor im Vergewaltigungsprozess zugefügten Erniedrigungen.

ARTEMISIA GENTILESCHI

Artemisia Gentileschi wird 1593 in Rom geboren. Ihr Vater Orazio, ein Freund Caravaggios, und Agostino Tassi bilden sie aus. 1610 vergewaltigt Tassi seine Schülerin. Zum Prozess kommt es 1612, weil Tassi sein Eheversprechen nicht einlöst. Das Trauma der Vergewaltigung und des an ihr begangenen Betruges verarbeitet Artemisia in einigen ihrer Bilder. Artemisia war eine der berühmtesten und gefragtesten Künstlerinnen ihrer Zeit. Stationen ihrer Karriere sind Rom, Florenz, Neapel und London. Um 1652/1653 stirbt sie in Neapel.

■ links: *Caravaggio, Emmausmahl, 1601/02, Öl auf Leinwand, 141 x 196,2 cm, London, National Gallery.* Wirtshausszene oder heilige Handlung? Das *Emmausmahl*, gemalt für einen römischen Sammler.

reicht Matthäus den Palmwedel, Zeichen des Sieges über den Tod.

Caravaggio ist aber auch ein Meister der leisen, verinnerlichten Töne, wie im *Ungläubigen Thomas* oder im *Emmausmahl*. Nach der Auferstehung erscheint Christus dem Apostel Thomas, der nicht glauben will, den Heiland vor sich zu haben. Als Beweis führt Christus Thomas' Finger in seine Seitenwunde. Ist beim *Ungläubigen Thomas* deutlich, dass es sich um ein religiöses Geschehen handelt, so könnte das *Emmausmahl* ebensogut eine profane Wirtshausszene vorstellen. Drei Männer sitzen an einem gedeckten Tisch, der Wirt steht im Hintergrund. Christus hat sich unerkannt mit zwei Jüngern zu Tisch gesetzt. Im Moment des Brotbrechens erkennen sie ihn. In Gestik und Mimik drückt Caravaggio ihr Erstaunen aus. Wie schon beim *Martyrium des Matthäus* besticht auch hier der virtuose Einsatz des Lichts und der Verkürzung. Nicht ohne Pikanterie ist, dass Caravaggio für den Christus des *Emmausmahls* und den *Amor als Sieger* wahrscheinlich das gleiche Modell verwendete.

■ *Gerard von Honthorst, Gastmahl mit Lautenspielern, um 1617, Öl auf Leinwand, 144 x 212 cm, Florenz, Galleria degli Uffizi.* Das Bild entstand wahrscheinlich für Cosimo II. de'Medici. Eine verdeckte Lichtquelle modelliert die Figuren. Honthorst, der zu den »Utrechter Caravaggisten« zählt, lebte von 1610–1622 überwiegend in Rom.

Caravaggio provozierte Rom und vor allem die Kirche, nicht durch seinen Lebensstil – hochgestellte Mitglieder der Familie Colonna verhalfen ihm 1606 nach einem Mord zur Flucht, sondern durch seine religiösen Bilder. Es war das Zeitalter der Gegenreformation, die triumphierende Kirche wollte ihre Heiligen ebenso sehen: Der *Marientod* durfte nicht in einem Armenhaus stattfinden, obwohl das sicher am ehesten der Realität entsprach; und Heilige hatten grundsätzlich nicht zerrissene Gewänder, schmutzige Füße oder abgearbeitete Hände zu haben. Caravaggios Realismus stieß die Kirche ab – seiner epochalen Wirkung tat dies keinen Abbruch.

CARAVAGGIO: AMOR ALS SIEGER

LEBEN UND WERK

Über das Leben Michelangelo Merisis, der sich nach seinem Heimatort in der Nähe Bergamos Caravaggio nennt, sind wir durch verschiedene frühe Biographien, vor allem aber durch Prozessakten, Schmähschriften und Verleumdungen gut unterrichtet. Caravaggio wird 1571 geboren. Seine Familie lebt abwechselnd in Caravaggio und Mailand, wo der Junge 1584 für vier Jahre bei einem Schüler Tizians in die Lehre gegeben wird. Nach Beendigung seiner Lehrzeit kehrt Caravaggio für einige Jahre in sein Elternhaus zurück. 1592 verkauft er sein Erbe und verlässt den Ort, vielleicht wegen Streitereien, vielleicht auch nur, weil er Arbeit suchte. Werke aus Caravaggios Frühzeit sind nicht erhalten. Wahrscheinlich im Sommer 1592 erreicht Caravaggio Rom. Die ersten Jahre verdingt er sich bei verschiedenen Malern und soll Stillleben gemalt haben, ein zu der Zeit neues Thema. 1595 macht Caravaggio sich selbstständig. Kunstkenner beginnen auf ihn aufmerksam zu werden, unter ihnen Kardinal Francesco del Monte, der Caravaggio in seinem Haushalt aufnimmt. Del Monte wird zum erste Mäzen Caravaggios; angeblich hat er zehn Bilder von ihm besessen. Caravaggio profitiert von der intellektuellen Atmosphäre um ihn herum und knüpft Kontakte zu anderen Förderern, so zu Vincenzo Giustiniani. Der künstlerische Durchbruch gelingt Caravaggio 1599/1600 mit der *Berufung* und dem *Martyrium des Matthäus*. Kurze Zeit später verlässt er das Haus del Montes. Er wird mit kirchlichen und privaten Aufträgen überhäuft. Doch stößt sein Realismus bei den Kirchenoberen auf Widerstand. Drei der fünf zwischen 1602 und 1606 abgelieferten Altargemälde werden abgelehnt oder nach kurzer Zeit wieder entfernt. Eines dieser Gemälde kauft Kardinal Scipione Borghese, der letzte wichtige Sammler Caravaggios. Dem Druck der Auftraggeber und Kritiker hat Caravaggio um die Mitte des Jahrzehnts immer weniger entgegenzusetzen. Er verschafft sich Luft in Streitereien und Gewalttaten. 1606 begeht er einen Mord. Vor Verfolgung können ihn seine hochgestellten Gönner nun nicht mehr schützen. Caravaggio flieht nach Neapel, wo er gleich wieder mit Aufträgen überhäuft wird. 1607/08 ist er auf Malta anzutreffen. Aufgrund seiner künstlerischen Verdienste wird er zum Ritter des Malteserordens gewählt. Inhaftiert wegen eines Streites, gelingt Caravaggio im Oktober 1608 die Flucht von Malta nach Sizilien. Er arbeitet für Kirchen in Syrakus, Messina und Palermo. 1609 kehrt Caravaggio nach Neapel zurück. Bei einem wahrscheinlich von den Maltesern angezettelten Überfall wird er schwer im Gesicht verletzt. Dies hindert ihn jedoch nicht am Arbeiten. Während der Flucht Caravaggios blieben seine römischen Mäzene nicht untätig. 1610 gelingt es ihnen, ein Generalpardon zu erwirken. Auf der Rückkehr nach Rom stirbt Caravaggio.

DATEN

Wo zu sehen:
Berlin, Gemäldegalerie, Staatliche Museen, Preußischer Kulturbesitz,
Öl auf Leinwand, 156 x 113 cm

Provenienz:
Der *Amor* wird um 1601/02 für den römischen Sammler Vincenzo Giustiniani gemalt. 1812 gehört er zu den im Louvre ausgestellten Bildern des Napoleonischen Kunstraubs. Die Werke werden den Besitzern 1815 zurückgegeben. Doch häufig können sie den Rücktransport nicht bezahlen. Der preußische König kauft aus der Sammlung Giustiniani 157 Bilder, unter ihnen der *Amor als Sieger*. Zuerst in der Berliner Kunstakademie ausgestellt, war er ab 1904 im Kaiser-Friedrich-Museum (Bode-Museum). Seit 1998 einer der Glanzpunkte der am Kulturforum wiedervereinigten Berliner Gemäldesammlung.

Lesenswert:
Herwarth Röttgen: *Caravaggio. Der irdische Amor oder der Sieg der fleischlichen Liebe*, Frankfurt am Main 1993.

Sehenswert:
Caravaggio. Regie: Derek Jarman, England 1986.

AUF DEN PUNKT GEBRACHT

Caravaggio gehört zu den Überwindern des Manierismus und führt die europäische Malerei in den Barock. Alle bedeutenden Maler des 17. Jahrhunderts, Velázques, Rubens, Rembrandt verdanken ihm direkt oder indirekt wesentliche Impulse.

Raub der Töchter des Leukippos

PETER PAUL RUBENS

■ *Peter Paul Rubens, Selbstbildnis, um 1638/40.*

Leukippos, König von Argos in Griechenland, hatte zwei Töchter, Hilaeira, die »Fröhliche«, und Phoibe, die »Glänzende«. Sie waren mit den Zwillingen Lynkeus und Idas verlobt. Die Töchter des Leukippos wurden aber auch von den Zwillingssöhnen der Leda geliebt, vom sterblichen Castor, dessen Vater Tyndareus war, und vom unsterblichen Pollux, den Zeus in Gestalt eines Schwanes gezeugt hatte. Der Mythologie zufolge entführten Castor und Pollux, bekannter als die Dioskuren (»Zeussöhne«), Hilaeira und Phoibe von ihrer Hochzeit. Auf der Flucht wurde Castor von Idas erschlagen, Lynkeus von Pollux und Idas vom Blitz des Zeus getötet. Um bei seinem Bruder bleiben zu können, bat Pollux seinen Vater um Sterblichkeit. Zeus entschied, die Brüder Tod und ewiges Leben teilen und sie abwechselnd einen Tag in der Unterwelt, einen Tag im Olymp verbringen zu lassen.

Der Raub der Töchter des Leukippos wurde in der Neuzeit kaum dargestellt; dass er das Thema von Rubens' um 1618 entstandenem Bild war, wurde erst 1777 wieder entdeckt. Das Thema »Frauenraub« im Allgemeinen erfreute sich in der Barockzeit allerdings großer Beliebtheit: In ihm wird die willkürliche Herrschaft barocker Fürsten, ihr herausgenommenes Recht auch auf erotische Übergriffe nachgerade gefeiert. Und so stellt Rubens auch keine bestimmbare Szene aus dem Mythos von Castor und Pollux dar, sondern verkürzt die ganze Geschichte zu einem Bild, zieht die Essenz aus dem verworrenen und dazu noch in mehreren Varianten überlieferten Stoff. Er entscheidet sich gegen eine vielfigurige Komposition mit Hochzeitsgesellschaft, prächtig gedeckten Tischen, verteidigenden Männern und so weiter, die er problemlos auch bewältigt hätte. Das ganze Geschehen ist in den vier Hauptpersonen konzentriert. Auf dem dunklen Pferd sitzt Castor, der »Rossebändiger«

■ *Kompositionsschema.*

unter den beiden Dioskuren. Pollux ist von seinem weißen Pferd gesprungen. Rubens hat ihn, den Faustkämpfer, ohne Rüstung dargestellt. Er hält die nackten Töchter des Leukippos: am Boden die mit einer goldglänzenden Draperie versehene, sich noch wehrende Phoibe, bereits in den Armen Pollux' die mit »himmelndem« Blick um Hilfe flehende Hilaeira. Die Farbe ihres Tuches, im Umhang Castors wieder aufgenommen, verdeutlicht, dass Castor es ist, der sie begehrt. Ihr Flehen wird erhört werden. Ein Putto mit schwarzen Flügeln klammert sich an Castors Pferd und wird die Zügel herumreißen: Castor wird für den Raub mit dem Tod büßen.

■ *Peter Paul Rubens, Raub der Töchter des Leukippos, um 1618, Öl auf Leinwand, 224 x 210,5 cm, München, Alte Pinakothek.*

■ *Peter Paul Rubens, Kreuzaufrichtung, 1610–11, Öl auf Holz, 462 x 341 cm, Mitteltafel des gleichnamigen Triptychons, Antwerpen, Kathedrale.*
Die Kreuzaufrichtung war ein neues Thema. Nicht wie üblich mit rechtwinklig abgespreizten, sondern mit hochgestreckten Armen hängt Christus am Kreuz.

Obwohl Rubens im *Raub der Töchter des Leukippos* widerstreitendste Bewegungen und Gefühle zum Ausdruck bringt, droht das Bild keinen Moment lang zu kippen oder den Rahmen zu sprengen. Den Hintergrund bildet eine leicht gewellte braun-grün tonige Landschaft mit hohem, an der Seite Pollux' aufgehelltem Himmel. Farblich – dem Schönheitsideal der Zeit entsprechend, ist das »Inkarnat« der Frauen grundsätzlich heller als das der Männer – sind die Körper der Töchter des Leukippos deutlich von denen ihrer Räuber geschieden. Trotz zahlreicher Überschneidungen bleibt die Ordnung der Gruppe in drei Ebenen wirksam, vor den Männern die Frauen, abschließend die Pferde, über deren Umriss nur Hilaeiras linke, ihren Blick betonende Hand hinausragt. Doch auch diese reicht nicht über den Kreis hinaus, mit dem Rubens' Gruppe zu umschreiben ist. Harmonisch fügt sich der Kreis in das annähernd quadratische Bildformat. Fest sind die vier Figuren über ein rechtwinkliges »Blickdreieck« miteinander verzahnt. Die Ecken bilden die Blicke der Männer und der Phoibes. Folgerichtig ist Hilaeira hier ausgeschlossen. Sie hat sich bereits aus dem Geschehen herausgezogen; nur ihr erdhaft schwer wirkender Körper widerstrebt noch. Über Zirkelschläge ist die enge Verbindung und gewaltsame Trennung der Schwestern darzustellen; jede Überschneidung ihrer Körper wird vermieden. Als ob das Geschehen nicht schon dramatisch genug wäre, betont Rubens die Leidenschaften noch durch glänzende Pferdeaugen, das Aufbäumen eines Pferdes, den wehenden Umhang Castors, die gelösten Haare Phoibes. Doch ist alles in die Kreisform gebunden, ist »Zucht und Ekstase« in einem.

Erstaunlich ist die Nähe mythologisch-erotischer Gemälde des Barock zur religiösen Kunst der Zeit. So ist das einige Jahre vor dem *Raub der Töchter des Leukippos* entstandene Mittelbild des *Kreuzaufrichtungs*-Triptychons von einer vergleichbaren Dramatik und ähnlich komponiert wie diese Frauenraub-Darstellung. Gewalttäter und Gewaltopfer sind einander auf den Flügeln gegenübergesetzt. Auf dem rechten Flügel reitet der Hauptmann ungestüm in das Bild herein und zeigt mit energischer Geste auf den bereits gefangenen, gebeugten Christus. Gefasst stehen Maria und Johannes auf dem linken Flügel, vor

TRIDENTINUM UND GEGENREFORMATION

1563 hatte das Konzil von Trient, kurz Tridentinum, das am Beginn der Erneuerung der katholischen Kirche stand und die Gegenreformation einleitete, einige die Malerei betreffende Bestimmungen mitverabschiedet, die auch Rubens befolgte. Auf Mitteltafeln von Altären waren nur Christus und neutestamentarische Heilige erlaubt. Die Darstellung sollte eindringlich und für jeden verständlich sein. »Hoher Stil« war gefordert, auf theologisch problematische Inhalte und Darstellungsformen sollte verzichtet werden.

ihnen eine Gruppe klagender Frauen. Auf dem Mittelflügel mühen sich muskelbepackte Schergen, das Kreuz aufzurichten. Muskulös, aber von »duldsamer Gelassenheit«, ist auch der hell beleuchtete Körper Christi. Deutlich wird in den Figuren Rubens' Studium der römische Antiken *Torso di Belvedere*, *Laokoon* und *Herkules Farnese*. In der Lichtbehandlung wirkt Caravaggio nach. Pathetisch richtet Christus seinen Blick nach oben und überführt so die durch das Kreuz bestimmte Bilddiagonale in einen Bogen.

Die *Kreuzaufrichtung* entstand möglicherweise im Auftrag Erzherzogs Albrechts und der Infantin Isabella: Rubens war deren Hofmaler, und das Bild wurde für die Walpurgis-Kirche, die »Hofkirche« der spanischen Statthalter in Antwerpen, gemalt. Gegen Widerstände aus Madrid hatte das Statthalterpaar 1609 Frieden mit den unabhängigen nordniederländischen Provinzen geschlossen. Ihr Ziel war es, das wirtschaftlich und kulturell daniederliegende Antwerpen zu einem Zentrum der katholischen Erneuerung, der Gegenreformation auszubauen. In ihre Propaganda spannten sie Rubens ein. Zur Aufrichtung des Kreuzes hat Rubens den Schergen kaum Platz gelassen. Ungewollt werden sie »zu Geburtshelfern eines neuen christlichen Weltverständnisses«. Der Kreuzstamm ragt über das Bild hinaus; er wird im Raum des Betrachters aufgerichtet werden. Der Gläubige ist unmittelbar betroffen und findet sich in den zeitgenössisch gekleideten Klagenden des linken Flügels wieder. Das barocke Pathos des *Kreuzaufrichtungs*-Triptychons ist

■ *Hagesandros, Polydoros und Athanadoros von Rhodos, Laokoon, um 50 v. Chr., Marmor, 2,42 m hoch, Rom, Vatikanische Museen, Cortile di Belvedere.* Die Gruppe des Apollopriesters Laokoon, der mit seinen Söhnen von einer Seeschlange erwürgt wird, galt als eine der berühmtesten Antiken. Sie wurde 1506 in Rom gefunden und von Papst Julius II. gekauft. In der Statue des Priesters wurde *das* »Exemplum doloris« (Musterbild des Schmerzes) schlechthin gesehen. Gesicht und Oberkörper des Laokoon finden sich im Christus der *Kreuzaufrichtung* wieder.

■ *Peter Paul Rubens, Hélène Fourment im Brautkleid, 1630/31, Öl auf Holz, 163,5 x 136,9 cm, München, Alte Pinakothek.* Nach dem Tod seiner ersten Frau Isabella Brant, mit der er sich 1609/10 in der *Geißblattlaube* darstellte, heiratete Rubens 1630 die 16jährige Hélène Fourment. Eine Hofheirat hatte Rubens abgelehnt, doch malt er seine Frau hier wie eine Fürstin, in glanzvoller Robe, vor bauschendem Vorhang und Säule im Hintergrund.

in dem wenig später (1611/12) ebenfalls für eine Antwerpener Kirche gemalten Triptychon der *Kreuzabnahme* beruhigt und ins Klassizistische gewendet. In ihm beruft sich Rubens auf niederländische Traditionen, etwa auf die in Madrid bewahrte, oft kopierte *Kreuzabnahme* Rogier van der Weydens von 1435. Sanft, von einem Tuch gehalten, gleitet der Christus Rubens' vom Kreuz. Deutlich ist auf die Eucharistie angespielt. Wie die Gläubigen das Abendmahl empfangen, so empfangen die am Fuß des Kreuzes stehenden Angehörigen Christi den »Leib des Herrn«. Wenn auch vielleicht nicht in Konkurrenz, so doch in Kenntnis der beiden Bilder seines flämischen Kollegen, malt Rembrandt Anfang der 1630er Jahre ebenfalls *Kreuzaufrichtung* und *-abnahme*. Trotz grundsätzlicher Übereinstimmungen ist Rembrandts Auffassung des Themas Rubens' diametral entgegengesetzt. Rembrandt malt keine über vier Meter hohen, »triumphierenden« Altäre, sondern kleine, fast intime, nicht einmal einen Meter hohe und bis auf den Körper Christi weitgehend ins Dunkel gehüllte Bilder, die von der katholischen Kirche mit Sicherheit abgelehnt worden wären. Die menschliche, nicht die göttliche Natur Christi ist das Thema Rembrandts. Erhabenheit hat hier keinen Platz.

RUBENS UND DIE NÖRDLICHEN NIEDERLANDE

Vorgeblich, um die Malerei der »Generalstaaten« kennen zu lernen, tatsächlich jedoch, um in Verhandlungen mit den Engländern zu treten, reiste Rubens 1628 in die nördlichen Niederlande. Trotz gemeinsamer Wurzeln sind Schnittstellen zwischen seiner Kunst – katholisch und höfisch – und der protestantisch-bürgerlichen des nördlichen Landesteiles kaum mehr vorhanden.

PETER PAUL RUBENS: RAUB DER TÖCHTER DES LEUKIPPOS

LEBEN UND WERK

Peter Paul Rubens wird 1577 in Siegen/Westfalen geboren. Nach dem Tod des Vaters, der die Stadt als Glaubensflüchtling verlassen hatte, kehrt die Familie 1589 nach Antwerpen zurück. Rubens konvertiert zum Katholizismus und lernt bei verschiedenen Meistern. Er besucht die Lateinschule, wo ihm klassische Bildung und Sprachen vermittelt werden, was wesentlich ist für seine spätere Tätigkeit als Diplomat. 1598 wird Rubens in die Malergilde der Stadt aufgenommen. Wahrscheinlich durch in Antwerpen geknüpfte Verbindungen befördert, geht Rubens 1600 an den Hof Vincenzos I. Gonzaga nach Mantua. Vincenzo beschäftigt Rubens kaum, der dafür um so mehr reist und die Malerei der Städte Genua, Venedig, Florenz und Rom kennenlernt. Tizian und Tintoretto prägen ihn; in Rom studiert er Antiken, Michelangelo und Raffael. Im Auftrag Vincenzos geht Rubens 1603 nach Spanien; 1605/06 arbeitet er in Genua, anschließend für zwei Jahre zeitweise in Rom. 1608 kehrt Rubens nach Antwerpen zurück, wird Hofmaler der Statthalter der spanischen Niederlande, also von Erzherzog Albrecht und der Infantin Isabella, und gründet eine außerordentlich erfolgreiche Werkstatt. Gehilfen sind Jan Bruegel der Ältere (»Blumen«-Breugel) und von 1617–21 Anthonis van Dyck. Rubens malt für Kirchen in Antwerpen *Kreuzaufrichtung* und *Kreuzabnahme*. Die *Vier Philosophen*, der *Trunkene Herkules* und der *Raub der Töchter des Leukippos* entstehen. In den Figuren, den religiösen wie den mythologischen, kommt das Studium antiker Skulptur zum Tragen. Weiter entstehen Porträts, und auswärtige Potentaten beginnen, mit Aufträgen an Rubens heranzutreten. Am Beginn der 1620er Jahre erweitert Rubens seinen Aktionsradius. 1623 beginnen seine diplomatischen Aktivitäten. Drei große Zyklen entstehen, die *Verherrlichung der Maria de'Medici*, für Marias Sohn und politischen Gegner Ludwigs XIII. die Teppichserie *Geschichte Konstantins*, für die Statthalterin Isabella die Serie *Triumph der Eucharistie*. 1628 ist Rubens als »Maler-Diplomat« am Hof Philipps IV. von Spanien. Er trifft auf Velázquez, porträtiert Mitglieder der Königsfamilie und kopiert Tizian. Im folgenden Jahr ist Rubens in England, wiederum als »Maler-Diplomat«. Karl I. beauftragt ihn mit *Deckenbilder für Whitehall Palace*, die in der Antwerpener Werkstatt bis 1635 ausgeführt werden. Anschließend entstehen die mehr als einhundert Bilder nach Ovids *Metamorphosen* für das Jagdschloss Philipps IV. Torre de la Parada bei Madrid. 1636 wird Rubens Hofmaler des Kardinal-Infanten Ferdinand. Weiterhin verlassen Bilder in großer Anzahl die Werkstatt. Bedeutende Werke der letzten Lebensjahre Rubens' der 1640 in Antwerpen stirbt, sind das *Pelzchen* genannte Porträt seiner zweiten Frau, *Die Heilige Cäcilie*, *Madonna mit Heiligen*, das Madrider *Parisurteil* und *Die Drei Grazien*.

DATEN

Wo zu sehen:
München, Alte Pinakothek
Öl auf Leinwand, 224 x 210,5 cm

Provenienz:
Das Gemälde ist um 1618 für einen nicht mehr bekannten Auftraggeber entstanden. Vor 1716 wird es vom Kurfürsten Johann Wilhelm von der Pfalz, einem Wittelsbacher, wahrscheinlich durch seinen Agenten in Antwerpen erworben. Johann Wilhelm war ein fanatischer Sammler. Für seine Sammlung, darunter sechsundvierzig Bilder von Rubens, lässt er 1711 an seinem Sitz in Düsseldorf ein Galeriegebäude errichten und einen Katalog erstellen. 1731 werden Teile der Sammlung nach Mannheim überführt, wo der Nachfolger Johann Wilhelms residiert. 1754 erfolgt eine Neuordnung der Düsseldorfer Bestände. Infolge der napoleonischen Kriege werden die Mannheimer Bilder im Winter 1805/06 nach München verlagert und in die kurbayerische Sammlung eingegliedert.

Lesenswert:
Martin Warnke: *Peter Paul Rubens. Leben und Werk*, Köln 1977

AUF DEN PUNKT GEBRACHT

Rubens war die prägende Gestalt der nordeuropäischen Barockmalerei, Gegenpol zu Rembrandt.
Der *Raub der Töchter des Leukippos* ist herausragendes Beispiel seiner malerischen und kompositorischen Fähigkeiten.

Et in Arcadia ego II

NICOLAS POUSSIN

Die erste Darstellung zu dem Satzfragment *Et in Arcadia ego* – »auch ich bin in Arkadien« – schuf um 1620 der Bologneser Maler Guercino. Zwei Hirten schauen auf ein Vanitas-Stillleben aus Totenschädel, Maus und Fliege. Die auf dem Sockel angebrachte Inschrift können sie von ihrem Standpunkt aus nicht lesen. Sie ist ein allein an den Betrachter gerichtetes »Memento mori«. Etwa zehn Jahre nach Guercino nahm Poussin sich erstmals der Sentenz an, deren Herkunft bis heute ungeklärt ist. Sie ist nicht antik, entstand wahrscheinlich im Barberini-Kreis, in dem auch Poussin verkehrte. Poussins erste Fassung des Themas ist als kritische Antwort auf Guercinos Bild zu verstehen. Eine Frau und zwei Hirten entziffern die Inschrift, die sich jetzt auf einem Sarkophag findet; vor der Szene lagert ein Flussgott. Aus der von Guercino seinem Bild »hinzugefügten« Inschrift

■ *Nicolas Poussin, Et in Arcadia ego II, 1640er Jahre oder 1650/55, Öl auf Leinwand, 85 x 121 cm, Paris, Musée du Louvre.*

macht Poussin den Inhalt des Bildes. Gleichzeitig idealisiert er das Geschehen. Poussins Hirten sind antikisch, nicht im Zeitkostüm gekleidet.

Die Komposition von Poussins *Et in Arcadia ego I* ist noch verhältnismäßig dramatisch, letzte Spuren des Italienisch-Barocken im Werk des Malers sind spürbar. Den Sarkophag, auf dem jetzt der Schädel liegt, gibt Poussin in Schrägsicht, diagonal ordnet er drei Personen und einen Flussgott an. In Körperhaltung, Blick und »gespannter« Geste zeigen sie sich noch stark von Affekten – Leidenschaften – bewegt. Wesentlich ist das Entziffern der Schrift durch die Hirten. Der Tod oder der Tote spricht nicht mehr den Betrachter an, sondern weist die Hirten auf seine Anwesenheit »auch in Arkadien« hin.

In »zeitlose« Klassizität hebt und entrückt Poussin das Thema dann in *Et in Arcadia ego II*. Nicht mehr auf einem barock geschwungenen Sarkophag, sondern auf einem schmucklosen stereometrischen Monument findet sich die Inschrift. Wieder sind es vier Figuren, diesmal jedoch drei Hirten und eine Frau. Poussin sieht sie einzeln, bildet keine Gruppe mehr. Zwei der Figuren stehen und sinnen, zwei sind gebeugt und weisen. Die Affekte sind in der Figur gebunden, deuten nicht mehr über sie hinaus. Obwohl auf Dramatik verzichtet wird, geht doch eine schier unglaubliche Spannung und Stringenz von der Darstellung aus, Ergebnis der Geometrie, die Poussin seiner Komposition zugrunde legte. Über Kreuz treten die Figuren in Verbindung miteinander, im Schnittpunkt der Kreuzarme liegen die Zeigegesten der gebeugt Stehenden. Entgegen aller Wahrscheinlichkeit wirft der Arm des knienden Hirten einen sensenförmigen Schatten auf die Inschrift. Die Spitze der Sense weist auf »Arkadia«, das Blatt verdeckt das Wort »ego«. Nicht auf die Inschrift, sondern auf den Schatten, genauer: auf dessen Rand, weist der gebeugt stehende Hirte die Frau. Sie scheint wissend. Die Sense steht für den Tod, der Schatten für den legendären Ursprung der Zeichnung im Umreißen eines Schattenbildes.

Etwa zur gleichen Zeit wie *Et in Arcadia ego II* dürfte Poussin sein *Selbstbildnis von 1650* gemalt haben. In ihm fällt der Schatten Poussins auf einen Teil der Inschrift: Er verdeckt den Namen des Malers. »Schwindelerregende Perspektiven« eröffnen sich Oskar Bätschmann für die Interpretation von Poussins Arkadienbild; »Licht und Schatten, Lesen und Zeichnen, Tod und Ma-

■ *Nicolas Poussin, Selbstbildnis, 1650, Öl auf Leinwand, 98 x 74 cm, Paris, Musée du Louvre.* Ohne barockes Pathos, das Poussin fremd war, präsentiert sich der Maler dem Betrachter.

ARKADIEN

Die schwer zugängliche griechische Landschaft auf der Peloponnes galt schon der antiken Bukolik als paradiesisches Hirtenland. Ohne dass sie eine konkrete Vorstellung von dem Land hatten, verwendeten die Hirtendichter der Renaissance und des Barocks es als Folie für die Schilderung idyllischen und unschuldigen Landlebens.

■ *Claude Lorrain, Einschiffung der Heiligen Ursula, 1642, Öl auf Leinwand, 112 x 149 cm, London, National Gallery.*
In den stimmungsvollen Hafenbildern verfolgt Lorrain fast immer das gleiche Kompositionsprinzip: In der Mitte das Becken, gefasst von antikisierenden Architekturen, Schiffsmasten und Bäumen, der Blick in die tief stehende Sonne. Lorrains beeindruckend »poetische« Lichtbehandlung nimmt William Turner am Beginn des 19. Jahrhunderts wieder auf.

lerei« fallen zusammen. Der lesende Hirte entdeckt den Namen »Arkadien«. Gleichzeitig wird er zur Figur des Todes, zu Chronos, dem Gott der Zeit, dessen Opfer er in dem Augenblick wird, »da er mit der Schrift die Gegenwärtigkeit Arkadiens entdeckt«. Es ist die mit der Benennung der Dinge und mit der Reflexion einsetzende Bewusstwerdung des Menschen, die Poussin in *Et in Arcadio ego II* malt; der Verlust der Unschuld, auch die Vertreibung aus dem Paradies. Einmal ihrer selbst bewusst, vom Tod wissend, werden die Hirten nie mehr nach Arkadien zurückkehren können, es nicht mehr finden.

Im Vergleich geradezu leicht wirken die Bilder des Zeitgenossen und römischen Freundes Poussins, Claude Lorrain. Beide sind »Klassizisten« in einer barocken, von der Malerei Rubens' und Pietro da Cortonas bestimmten Welt. Im Modus unterscheiden sich aber auch sie. Poussins Stil ist »heroisch«, Lorrains »lyrisch-romantisch«; Thema des einen ist die »Historie«, des anderen die Landschaft. Doch schafft Poussin es, seinen Malerkollegen für die Antike zu begeistern. Lorrain nimmt antikisierende Bauten in seinen Bildern auf. »Historie« bleibt bei ihm aber meist nur Vorwand, wie etwa in der *Einschiffung der Heiligen Ursula*. Der Legende nach ging Ursula, um der Heirat mit einem heidnischen Fürsten zu entgehen, im 4. oder 5. Jahrhundert auf Pilgerfahrt nach Rom. Lorrain malt eine phantastische Hafenansicht, in der die Heilige, auf der Terrasse links mit der Siegesfahne, nur mit Mühe auszumachen ist. Sie ist Staffage in Lorrains »Architekturcapriccio«. Worum es Lorrain geht, ist die Heraufbeschwörung der Antike. Dazu dienen ihm römische Villen des 16. Jahrhunderts und Bramantes *Tempietto* von 1502, die er den Architekturen in seinem Bild zugrunde legt beziehungsweise fast eins zu eins kopiert.

Lorrain ist der »Meister der Lichtpoesie«. Besonders in seinen Hafenbildern steht die Sonne meist knapp über dem niedrigen Horizont, spiegelt sich auf der Wasserfläche; dem »geblendeten« Betrachter verschwimmt die Szenerie im Licht.

NICOLAS POUSSIN: ET IN ARCADIA EGO II

LEBEN UND WERK

Nicolas Poussin wird 1594 in Les Andelys (Normandie) geboren. Anfänglich wohl von einem lokalen Künstler ausgebildet, geht Poussin 1612 nach Paris, wo er bis 1623 überwiegend lebt und bei verschiedenen Malern lernt. In den königlichen Sammlungen studiert er Stiche nach Werken Raffaels und Giulio Romanos. Fast zwangsläufig gerät er unter den Einfluss der spätmanieristischen Schule von Fontainebleau. Sein erster Förderer scheint der in der Gunst der Königin Maria de'Medici stehende italienische Dichter Giambattista Marino gewesen zu sein. Marino macht Poussin mit der antiken Mythologie und Ovids *Metamorphosen* bekannt. Frühen Biographen zufolge besucht Poussin um 1617 Venedig und Florenz, noch nicht Rom. In die Stadt, die seine Hauptwirkungsstätte werden sollte, kommt Poussin erst 1624. Wie fast alle Neuankömmlinge hat auch Poussin Schwierigkeiten, sich im vom päpstlichen Hof und von den großen Familien bestimmten römischen Kunstbetrieb zu etablieren. Hilfreich ist Marino, der ihn protegiert. Außerdem verkehrt Poussin in dem Kreis um den Gelehrten Cassiano dal Pozzo, der ihn wesentlich beeinflusst. Wahrscheinlich im Auftrag Kardinal Francesco Barberinis, einem Neffen des Papstes, schafft Poussin 1628 sein erstes Meisterwerk, den *Tod des Germanicus*. Ebenfalls für einen Kardinal entsteht der *Triumph der Flora*. Aufträge für Altarbilder schließen sich an. 1630 heiratet Poussin. Zusammen mit seinem Schwager Gaspar Dughet und Claude Lorrain zeichnet er in der römischen Campagna. Mitte der 1630er Jahre entstehen die *Anbetung des Goldenen Kalbes* und der *Raub der Sabinerinnen*, beides Werke, in denen die Gefühle und die Bewegungen der Figuren bereits absoluter rationaler Kontrolle unterliegen. Das Gleiche gilt für die vielfigurigen Schlachtenbilder der 1630er Jahre. Für Cassiano dal Pozzo entsteht um 1640 die erste Serie der *Sieben Sakramente*. Für Ruhm in seiner Heimat sorgen drei von Kardinal Richelieu bestellte Bilder, *Triumph des Pan, des Bacchus* und *des Neptun*. Nur unter Drohungen kommt Poussin 1640 der Aufforderung Ludwigs XIII. nach, an der Ausstattung des Louvre mitzuarbeiten. 1642 kehrt Poussin nach Rom zurück. Frankreich sollte er nicht wieder betreten, doch erhält er fortan von dort seine bedeutendsten Aufträge. Einer der ersten ist die zweite Serie der *Sakramente*. In den späten 1640er Jahren entstehen die »mythologischen« Landschaften *Pyramus und Thisbe* und *Orpheus und Eurydike*. Entweder in den 1640er Jahren oder am Beginn der 1650er Jahre entsteht *Et in Arcadia ego II*. Schwer krank, malt Poussin in den 1650er Jahren vor allem Altargemälde. In seinen letzten Lebensjahren wendet er sich nochmals der Mythologie und der Antike zu, eine Folge der *Vier Jahreszeiten* entsteht. 1665 stirbt er in Rom.

DATEN

Wo zu sehen:
Paris, Musée du Louvre
Öl auf Leinwand, 85 x 121 cm

Provenienz:
Das Gemälde wurde in den 1640er Jahren oder um 1650/55 in Rom gemalt. 1685 ist es in der Sammlung Ludwigs XIV. nachgewiesen.

Lesenswert:
Oskar Bätschmann: *Dialektik in der Malerei von Nicolas Poussin*, Zürich, München 1982.

AUF DEN PUNKT GEBRACHT

Auf Grundlage einer gründlichen Kenntnis der antiken Literatur und Kunst, Raffaels und anderer, gelangt Poussin zu einer in Frankreich als vorbildlich angesehenen »klassizistischen« Ausdrucksweise. Seine meist der Mythologie oder der Bibel entnommenen Themen siedelt er oft in arkadischen Landschaften an.

Die Nachtwache

REMBRANDT

■ *Rembrandt, Selbstporträt, 1629, Öl auf Holz, 15,5 x 12,7 cm, München, Alte Pinakothek.* Während seiner ganzen Schaffenszeit setzt Rembrandt sich mit dem Selbstporträt auseinander. Dieses frühe ist unrepräsentativ, ohne Idealisierung. Die Augen sind verschattet, die Haarstruktur ist in die frische Farbe gekratzt. Jung, spontan und neugierig erscheint Rembrandt dem Betrachter.

Die Bezeichnung von Rembrandts berühmtestem Bild als *Nachtwache* ist irreführend. Rembrandt hat keine nächtliche Szene gemalt, keine *Nachtwache* oder *Nachtpatrouille*, wie 1808 behauptet wurde. Dargestellt ist die *Kompanie des Hauptmanns Frans Banning Cocq und seines Leutnants Willem van Ruytenburch*, entstanden im Auftrag dieser Einheit, die sich, möglicherweise von dem festlichen Einzug der französischen Königin Maria de'Medici 1638 in Amsterdam, dazu inspirieren ließ. Cocqs Kompanie war, wie andere Kompanien auch, der Königin entgegengeritten und hatte bei ihrem Einzug Spalier gestanden.

Sich von Rembrandt malen zu lassen, war um 1640, auf dem Höhepunkt seiner Karriere, ein teures Unternehmen. Sechzehn Mitglieder der Kompanie zahlten je etwa 100 Gulden für das Bild, das sie im Festsaal ihres Schützenhauses aufhängten, »der eine etwas mehr, der andere etwas weniger«, wie damals üblich, »je nach dem Platz, den sie auf dem Gemälde einnehmen«, so eine zeitgenössische Notariatsurkunde. Wesentlich mehr dürften Cocq und Ruytenburch bezahlt haben, nichts hingegen die kleinwüchsige weibliche Gestalt im Mittelgrund.

Rembrandts *Nachtwache* steht in der Tradition des »Schützenstückes«, einer in den freien niederländischen Städten beliebten Form des halboffiziellen Gruppenporträts. Cocqs Kompanie gehörte zu der Amsterdamer Gilde der Büchsenschützen, den »Kloveniers«. Neben dieser gab es die der Armbrust- und Bogenschützen. Ursprünglich Bürgerwehren, waren die Schützengilden im 17. Jahrhundert zu geselligen Vereinigungen geworden. Die »Schützenstücke« waren im 16. Jahrhundert meist hölzern wirkende Aufreihungen von Porträts, bei Frans Hals dynamische Gruppenkompositionen. Die Porträts der Schützen sind stets »nach dem Leben« gemalt, doch ist in keinem Schützenstück eine realistische oder gar alltägliche Szene dargestellt. Wenn überhaupt, sind Waffen nur symbolisch vorhanden. So ist auch in der *Nachtwache*, die Cocq in seinem Familienalbum als das Ausrücken seiner Kompanie beschreibt, kaum ein wirkliches Ausrücken gemeint.

Etwa dreißig Personen, also weit mehr als die achtzehn Miglieder der Kompanie, die für das Bild bezahlt haben, umfasst die Gruppe, die von dem in Schwarz gekleideten Hauptmann Cocq und Leutnant Ruytenburch in Gelb angeführt wird. Zu Leutnant und Hauptmann gehören traditionell der Fähnrich, der die Fahne mit dem Stadtwappen hoch hält, und der Trommler, hier am rechten Bildrand. Zusätzlich sind drei der fünf Exerzierübungen am Gewehr dargestellt, in dem in Rot gekleideten Mann links und den beiden Männern direkt hinter Cocq und Ruytenburch. Durch Bildung von kleineren »Unterabteilungen« und durch im Vergleich zu seinen »flämischen« Bildern der 1630er Jahre nur schwach ausgebildete Diagonalen gliedert und ordnet Rembrandt die Gruppe. Einzelpersonen hebt er durch Licht hervor. Volles fällt auf die beiden Anführer und die weibliche Gestalt, schwächeres auf den roten Schützen links, den Fähnrich und den Trommler. Diese sechs Hauptpersonen des Bildes

■ *Rembrandt, Die Nachtwache, 1642, Öl auf Leinwand, 363 x 438 cm, Amsterdam, Rijksmuseum.*

■ *Frans Hals, Bankett der Offiziere der Haarlemer Georgsschützen, 1627, Öl auf Leinwand, 183 x 266,5 cm, Haarlem, Frans Hals Museum.*
Licht fällt in jeden Winkel des Raumes. Die Offiziere teilt Hals in Gruppen und bindet sie in Dreiecke. Die Bilddiagonalen, getragen von den Schärpen und Kragen, sind stark betont. Hals' Bild ist mit einem Blick zu erfassen, die Figuren sind jede für sich herausgearbeitet und klar voneinander abgesetzt.

sind durch das ihnen vergleichsweise reichlich zukommende Licht ausgezeichnet und durch die Farben ihrer Kleidung miteinander verschränkt. Das Rot des Schützen wird in der Schärpe Cocqs aufgenommen, und die Farben des Kleides und Schultermantels der weiblichen Gestalt finden sich in der Kleidung Ruytenburchs, des Fähnrichs, des Trommlers und der Fahne wieder.

Im Vergleich mit anderen Schützenstücken der Zeit wirkt die *Nachtwache* unrepräsentativ. Cocq und Ruytenburch führen eine uneinheitlich gekleidete Gruppe an, die auf den ersten Blick mehr von einem willkürlich zusammengewürfelten Haufen als von einer paramilitärischen Einheit hat. Ein Chronist des Einzugs der Maria de'Medici berichtete denn auch, dass »einige Schützen sich nach eigenem Ermessen herausgeputzt und andere sich von Kopf bis Fuß geharnischt hatten«. Gleiches, dies stand sicher nicht im Ermessensspielraum Rembrandts, geschieht in der *Nachtwache*. Neben modernen Büchsen stehen Lanzen und Hellebarden. Einige Schützen tragen »Uniformen« aus der Zeit des Aufstandes gegen die Spanier und prunkvolle Helme, andere Hüte nach der Mode. Cocq ist im traditionellen bürgerlichen Schwarz, Ruytenburch in hellem Gelb gekleidet. Anders als Frans Hals, der in seinen Schützenstücken einen eingefrorenen Moment wiedergibt, schafft Rembrandt eine dichte, fließende Reihung von aus der Vergangenheit in die Gegenwart führenden Momentaufnahmen.

Komposition und Ikonographie der *Nachtwache* sind in der Gattung des »Schützenstückes« einmalig. Der Schlüssel zu ihrer Deutung liegt in der kleinen weiblichen Gestalt. Sie tritt als Marketenderin auf. Am Gürtel trägt sie ein Huhn, die Klauen des Huhnes sind gut sichtbar. Von Klaue, niederländisch »klauw«, war fälschlich »Klovenier«, Schütze, abgeleitet worden. In der weiblichen Gestalt ist also die Allegorie der Gilde zu sehen. Diese stellt Rembrandt in ihrer Geschichte dar, betont ihre Bedeutung für die Stadt. Freiheit, Sicherheit und damit Wohlstand der niederländischen Städte beruhten nicht zuletzt auf deren Bürgerwehren. Diese adelt Rembrandt in seinem Bild. Er führt das in der Hierarchie der Malerei im unteren Bereich rangierende übliche Gruppenporträt »Schützenstück« an die Spitze, macht es zur »Historie«.

REMBRANDT: DIE NACHTWACHE

LEBEN UND WERK

Rembrandt, eigentlich Rembrandt Harmensz van Rijn, wird 1606 in Leiden geboren. Sicher gegen den Wunsch des Vaters, er dürfte eine »gelehrte« Tätigkeit für seinen Sohn vorgesehen haben, geht der 16-jährige Rembrandt nach dem Besuch von Lateinschule und Universität bei einem Leidener Maler in die Lehre, anschließend bei dem Amsterdamer Pieter Lastmann. 1626 kehrt er nach Leiden zurück, wo er mit Jan Lievens eine Werkstattgemeinschaft eingeht. 1629 entsteht das kleine Münchner *Selbstbildnis*. 1631 geht Rembrandt nach Amsterdam. Er zieht zu dem Kunsthändler Hendrick van Uylenburgh, in dessen Geschäft er bereits investiert hatte und für den er in den nächsten Jahren arbeiten wird. In den ersten Amsterdamer Jahren enstehen fast ausschließlich Porträts, unter ihnen das Gruppenbildnis *Anatomie des Dr. Tulp*. Um 1635 beginnt Rembrandt sich mit dem flämischen Barock, namentlich mit Rubens, auseinanderzusetzen. Als Teil einer Passionsserie malt er *Kreuzaufrichtung* und *-abnahme*, weiter die *Blendung Simsons*, das *Isaaksopfer*, *Danae* und das vor Lebensfreude sprühende *Selbstbildnis mit Saskia*, der Nichte Uylenburghs, die er 1634 geheiratet hatte. Mit dem Kauf eines großen Hauses 1639 übernimmt sich Rembrandt. Erste Landschaften entstehen; Rembrandt gehört zu den führenden Malern Amsterdams. Den Auftrag zur *Nachtwache* erhält Rembrandt auf dem Höhepunkt seiner Karriere, die nach dem Tod Saskias im Jahr der Vollendung des Bildes, 1642, einen Bruch erfährt. Die Produktion gerät ins Stocken. Rembrandts »raue« Art zu malen und seine dunkle, zurückgenommene Farbigkeit geraten aus der Mode. Warme Braun- und Rottöne werden vorherrschend. Das Flämische der 1630er Jahre streift er ab. Farbe und Licht produzieren keine äußere Dramatik mehr, sie dienen einzig noch der Schilderung seelischer Vorgänge, der Psychologisierung. Es entstehen die *Heilige Familie mit dem Vorhang*, *Susanna im Bade*, *Christus in Emmaus*. Am Beginn der 1650er Jahre ist Rembrandt trotz guter Graphikverkäufe nicht mehr in der Lage, seinen finanziellen Verpflichtungen nachzukommen. 1657/ 58 werden Haus und Kunstsammlung versteigert. Rembrandt zieht sich zurück. Um 1655 entstehen das *Porträt Jan Six'*, der *Geschlachtete Ochse* und der *Jakobssegen* und als eines der letzten Gemälde um 1666 *Isaak und Rebekka*, bekannter als *Die Judenbraut*. 1669 verstirbt Rembrandt in Amsterdam. Bedeutend war Rembrandt nicht nur als Maler, sondern auch als Zeichner und Graphiker. Seine Graphik findet europaweite Verbreitung, wird gesammelt, nachgestochen und liefert die Vorlage für Altargemälde, in protestantischen wie in katholischen Kirchen. Große Blätter, wie *Ecce Homo*, das *Hundertguldenblatt* und *Die Drei Kreuze* erzielen Preise, wie andere Maler sie nur für Gemälde erreichen.

DATEN

Wo zu sehen:
Amsterdam, Rijksmuseum
Öl auf Leinwand, 363 x 438 cm

Provenienz:
1640 oder 1641 erfolgt die Auftragerteilung für das Bild durch die Amsterdamer Gilde der Büchsenschützen. 1642 wird es im »Großen Saal« des Schützenhofes, der »Kloveniersdoelen« in der Nieuwe Doelenstraat, aufgehängt. 1715, mit Auflösung der Gilde, zu diesem Zeitpunkt wohl auch links, oben und unten beschnitten, überführt man es in den kleinen »Saal des Kriegsrates« im Rathaus, dem heutigen königlichen Palais. Im 17. und 18. Jahrhundert als *Kompanie des Frans Banning Cocq* bezeichnet, setzt sich um 1800, wohl wegen der stark nachgedunkelten Firnisse, die Benennung mit *Nachtwache* durch. 1885 wird das Gemälde im zentralen Saal des neu eröffneten Rijksmuseum aufgehängt. 1975/76 reinigt und restauriert man es, 1985 wird die ursprüngliche Ausstattung des »Saales der Nachtwache« teilweise wiederhergestellt.

Lesenswert:
Otto Pächt, *Rembrandt*, München 1991.

AUF DEN PUNKT GEBRACHT

Die *Nachtwache* ist Grenzüberschreitung par excellence, formal und ikonographisch. In ihr hebt Rembrandt das Porträt beziehungsweise Gruppenporträt zur »Historie«. Zeitgenossen haben dies bemerkt; die Reaktionen waren zwiespältig.

Las Meninas

DIEGO VELÁZQUEZ

■ *Diego Velázquez, Selbstbildnis, um 1640.*

Das heute meist als *Las Meninas*, die Hoffräulein, bezeichnete Gruppenbildnis der Familie Philipps IV. von Spanien ist das ungewöhnlichste Hofporträt, das je gemalt wurde. Mit einer Ausnahme sind alle Personen zu benennen. Links steht der Maler Velázquez an seiner Staffelei, in der Mitte die Infantin Margarita, seitlich zwei Hoffräulein. Zum rechten Rand hin schließen zwei Hofzwerge die Gruppe ab. Im Mittelgrund rechts sind eine Anstandsdame und ein nicht identifizierter Mann der Wache zu sehen. Zwei weitere Personen, König und Königin, holt Velázquez über einen Spiegel an der Rückwand des Raumes ins Bild. Sie stehen also vor Velázquez, im Raum des Betrachters. Eine letzte Person ist im Begriff, den Raum zu verlassen. Es ist der Hofmarschall der Königin. Er wendet sich noch einmal um und blickt auf die Szene. Alles scheint seine Ordnung zu haben.

Dezent betont Velázquez die Figur der Infantin. Sie ist in volles, von oben rechts in den Raum fallendes Licht getaucht, von dem Velázquez, die Hoffräulein und die Zwerge lediglich gestreift werden. Es hat den Anschein, dass Vorbereitungen zu einer Porträtsitzung der fünfjährigen Margarita mit ihren Begleitern getroffen werden. Doch kann Velázquez die Gruppe nicht von dem Platz aus malen, den sie eingenommen hat. Er ist von der Staffelei zurückgetreten, scheint das Ergebnis zu überprüfen. Offensichtlich assoziiert Velázquez einen zweiten Spiegel, in den er, Infantin, Hoffräulein und Zwergin blicken. Kontrollieren die Porträtierten ihr Porträt, oder zeigt Velázquez in der Gruppe das, was er, König und Königin über den Spiegel und der Hofmarschall im Umwenden auf der Leinwand sehen, oder hinterfragt er gar seine Stellung als Hofmaler? Belegt ist, dass Velázquez nur widerwillig und nach mehrmaliger Aufforderung durch den König 1651 von seiner zweiten Italienreise nach Madrid zurückkehrte, um, 1652 zum Palastkämmerer ernannt und 1659 zum Ritter des Santiago-Ordens geschlagen, weiter in höchste Hofämter aufzusteigen.

»›Sire, es (Las Meninas) ist eine Theologie der Malerei‹, womit er (der Hofmaler Karls II., 1661–1700) sagen wollte, dass, so wie die Theologie allen anderen Wissenschaften überlegen ist, dieses Gemälde das größte Werk der Malerei sei.«

Antonio Palomino, *El Parnaso Español*, 1724

Las Meninas sind Selbstbildnis, Gruppenporträt und Reflexion des künstlerischen Prozesses in einem. Eine Kategorisierung fiel bereits den Zeitgenossen schwer. Gemalt wurden *Las Meninas* in einem Velázquez in der Madrider Burg, dem Alcázar, zur Verfügung gestellten Raum, an dessen Rückwand zwei Mythologien nach Rubens, dem Mentor des jungen Velázquez, hingen. Sie sind identifiziert und werden als Sieg der Kunst über das Handwerk und als Hinweis auf den zu Unrecht bestraften Künstler ge-

■ Diego Velázquez, *Las Meninas, 1656, Öl auf Leinwand, 321 x 281 cm, Madrid, Museo del Prado.*

■ *Francisco de Zurbarán, Franz von Assisi in der Meditation, 1635/40, Öl auf Leinwand, 152 x 99 cm, London, National Gallery.*
Der Heilige kniet im inbrünstigen Gebet versunken. Nach der Art Caravaggios streift Schlaglicht die Figur, arbeitet Kontur, Mund, Nase und Hände heraus, in denen als »Memento Mori« ein Totenschädel liegt.

deutet. 1686 gelten Infantin und Velázquez als Hauptfiguren des Bildes. Im Jahre 1700 mit 10000 Dublonen bewertet, waren *Las Meninas* das bei weitem wertvollste Bild des Alcázars. Auf nur ein Fünftel, 2000 Dublonen, kamen die nächstwertvollen Bilder, eines von Tizian und eines von Van Dyck. Dass das Bild überhaupt bewertet wurde, weist auf dessen Zwitterstellung hin, Porträts königlicher Personen erfuhren sonst keine Bekritische kurzwertung.

Velázquez betreibt in den *Meninas* ein Vexierspiel mit den Porträtierten und den Betrachtern. Die Idee, das Königspaar mit Hilfe eines Spiegels ins Bild zu holen, übernimmt er von Jan van Eyck, dessen *Hochzeit der Arnolfini* sich zu seiner Zeit im Besitz der spanischen Krone befand. Zentral steht im Bild Van Eycks das Brautpaar, im Spiegel sind der Maler und eine unbekannte Person zu sehen. Velázquez malt *Las Meninas* in »umgekehrter Perspektive«, stellt die Gesellschaftspyramide – unter den Augen des Königs – auf den Kopf: Die Spitze der Gesellschaft, das Königspaar, tritt in den Hintergrund, ist nur im Spiegel anwesend, im Mittelgrund sind der Maler und Hofleute abgebildet, vor ihnen die Infantin und ihre Hoffräulein, in der vordersten Ebene Hofzwerge und Hund.

Im 16. Jahrhundert hatte Kaiser Karl V. das als verbindliches Muster geltende burgundische Hofzeremoniell auch in Spanien eingeführt. Nirgends wurde es so rigoros gehandhabt wie am Hof zu Madrid. Jede Lebensäußerung reglementierte das Zeremoniell. Selbst der König war Marionette in seinem eigenen Spiel. Ventile wurden gesucht und gefunden, in Cervantes' tragikomischen Abenteuern des in gewesener Ritterherrlichkeit schwelgenden *Don Quijotes*, in Hofzwergen und -narren. Letztere, an keinem Hof so stark vertreten und einflussreich wie am spanischen, dienten der Unterhaltung, waren Spielzeug und Prügelknaben der Infanten und Infantinnen, konnten sich als einzige in der Umgebung des Königs frei bewegen und ihm die vom Volk abgeschaute Wahrheit ins Gesicht sagen.

Mehrfach nimmt Velázquez Zwerge in Bilder der königlichen Familie auf, stellt sie aber auch in Einzelbildnissen dar, so etwa den *El Primo* genannten Zwerg. Er nahm eine führende Position am Hof ein, blieb aber ob seiner Kleinwüchsigkeit dem Spott ausgesetzt. Pendant zu seinem Porträt war das des debilen Zwerges *Francisco Lezcanco*. Beide Porträts sind in Untersicht gemalt, dürften also ursprünglich über Türen oder Fenstern, oberhalb der sich im Raum bewegenden Hofgesellschaft, angeordnet gewesen sein. Kontrastierend setzt Velázquez in den *Meninas* die verwachsene, dumpf blickende Zwergin Maribárbola neben die feingliedrige Infantin.

Das älteste bekannte Zwergenbild Velázquez' findet sich im Doppelporträt *Balthasar Carlos mit einem Zwerg*. Beide tragen die für Kleinkinder üblichen Röcke. Als Hinweis auf die ihm vorherbestimmte Rolle malt Velázquez den noch nicht einmal anderthalb Jahre alten, früh verstorbenen Infanten mit Degen, Schärpe und Feldherrnstab. Vor ihm steht der Zwerg. Er hat eine Rassel und einen Apfel – Zepter und Reichsapfel – in Händen. Herrschaft wird gespielt: Balthasar Carlos nimmt die obligatorische Herrscherpose des Vaters ein; der Zwerg hält die Reichsinsignien. Wie in den *Meninas* dürfte auch im Porträt *Balthasar Carlos'* ein »Bild im Bild« vorliegen. Eine Linie im Teppich, vielleicht auch nur durch die Herstellung bedingt, trennt den Raum des Infanten von dem des Zwerges. Obwohl die Farben die gleichen sind, scheinen zwei Teppiche gemeint zu sein. Das Muster des vorderen, »realen«, ist breiter, scheint in flacherer Aufsicht gegeben. Nur auf ihn fällt der Schatten des Zwerges, der der goldenen Quaste des Kissens mit dem Hut des Infanten hingegen nur auf den hinteren Teppich. Das Vertauschen von Unten und Oben, das Spiel mit den Realitätsebenen, hier wie in den Zwergenporträts und den *Meninas*, war beliebt, diente der Unterhaltung und der Durchbrechung der alles beherrschenden Etikette.

Bedeutendster spanischer Maler neben Velázquez war der gleichaltrige Francesco de Zurbarán. Er lernte um 1615 bei einem Kirchenmaler in Sevilla, ließ sich jedoch erst 1629 in der Stadt,

■ *Diego Velázquez, Maria Anna von Österreich, 1651/52, Öl auf Leinwand, 231 x 131 cm, Madrid, Museo del Prado.* Velázquez neue, vom zweiten Italieneindruck ausgelöste Freiheit in der Pinselführung äußert sich in der fast impressionistischen Behandlung des Taschentuches und des Bortenbesatzes vom Kleid. Im Gegensatz dazu stehen die unter der Schminke erstarrten Züge der Königin.

die ihm hervorragende Arbeitsmöglichkeiten bieten sollte, nieder. Sevilla war reich, eine der größten Städte Europas und hatte mehr als 50 Klöster, darunter 15 Neugründungen vom Beginn des Jahrhunderts, die nach Bildern verlangten. Die Themen waren vorgegeben, über die Befolgung der Bestimmungen des Trienter Konzils wachte der ehemalige Lehrer Velázquez' und Zensor der Inquisition, Pacheco. Trotz der Bestimmungen, die einmal gefundene Bildformeln zu zementieren drohten, gelang es Zurbarán in der religiösen Malerei wie Velázquez im Porträtfach, die Vorgaben überzeugender denn je zuvor zu formulieren und so maßgeblich zu ihrer Überwindung beizutragen.

Nach dem Goldsegen aus den amerikanischen Kolonien setzte im 17. Jahrhundert der politische und wirtschaftliche Niedergang Spaniens ein. Soziale Strukturen verhärteten sich, die Inquisition wurde allmächtig. Spanien sollte für die folgenden Jahrhunderte als das rückschrittlichste Land Europas gelten, dem Spott seiner Nachbarn in Literatur und Oper ausgesetzt. Gleichzeitig erlebte die bildende Kunst Spaniens ihr »Goldenes Jahrhundert«, wie, unter gänzlich anderen Voraussetzungen, auch die der prosperierenden bürgerlichen Niederlande. Die Emanzipation des Künstlers vom Handwerk, zu der es bereits zu Beginn des vorangegangenen Jahrhunderts im restlichen Westeuropa gekommen war, setzte sich nun auch endlich in Spanien durch. »Programmbild« der erst 1677 offiziell anerkannten Nobilitierung der Malerei als einer »Freien Kunst« sind Velázquez' *Meninas*.

■ *Bartolomé Estéban Murillo, Trauben- und Melonenesser, 1645/46, Öl auf Leinwand, München, Alte Pinakothek.* Murillo, etwas jünger als Velázquez, wurde von Zeitgenossen mit Tizian und Raffael in eine Reihe gestellt. Das Dasein der in gedämpften Farben gehaltenen, wie von einem Lichtschleier überdeckten Betteljungen scheint idealisiert; seine Madonnen wirken häufig süßlich. Die Höhe der Kunst Velázquez' und Zurbaráns kann und will Murillo nicht mehr halten.

DIEGO VELÁZQUEZ: LAS MENINAS

LEBEN UND WERK

Der spanische Maler Diego Rodríguez de Silva y Velázquez wird 1599 in Sevilla geboren. 1610, im Alter von 11 Jahren, gibt der Vater Diego bei dem wichtigsten Maler Sevillas und dem künstlerischen Zensor der Inquisition, Francisco Pacheco, in die Lehre. 1617 ist die Lehrzeit beendet, und Velázquez macht sich selbstständig. Auf traditionelle Weise bedient er das am höchsten angesehene religiöse Fach, malt aber auch »Bodegónes«, Mischungen aus Stillleben und Genre, die in der Hierarchie der Malerei an unterster Stelle rangieren. Ihre Motive, wie etwa den *Wasserträger*, entnehmen die »Bodegónes« dem täglichen Leben. 1621 besteigt Philipp IV. den spanischen Thron. Von Pacheco empfohlen, wird Velázquez im Sommer 1623 nach Madrid berufen, um den jungen König zu malen. Noch im selben Jahr wird Velázquez zum »Pintor del Rey« ernannt. Kontinuierlich steigt er auf, als Maler und als Höfling. Er ist für die »Public Relations« des Herrschers und seiner Familie zuständig, hat aber auch zahlreiche repräsentative Verpflichtungen zu erfüllen, die dazu führen, dass sein Oeuvre, etwa in Relation zu dem Rubens', relativ schmal ist. Velázquez lernt die königlichen Gemäldesammlungen, namentlich Werke Tizians, kennen, die eine große Wirkung auf seine Malerei ausüben. 1628/29 ist Rubens in Madrid. Er empfiehlt seinem jungen Kollegen, nach Italien zu reisen, und regt ihn wahrscheinlich zum *Triumph des Bacchus* an, Velázquez' erster großen Mythologie. Kurz nach Rubens' Abreise im Sommer 1629 bricht Velázquez nach Italien auf. Dort entstandene Gemälde, unter ihnen *Die Schmiede des Vulkan*, erwirbt Philipp. In den 1630er und 1640er Jahren entstehen zahlreiche lebensgroße ganzfigurige Porträts von Mitgliedern der königlichen Familie, besonders Philipps IV. Vorbilder für die Reiterbildnisse sind Tizians Reiterbildnis Kaiser *Karls V.* und Rubens' *Ferdinand von Österreich* zu Pferde. 1631 malt Velázquez das Doppelporträt des Infanten *Balthasar Carlos mit einem Zwerg*, 1634/35 entsteht als Teil einer von verschiedenen Malern ausgeführten Serie von Schlachtengemälden die *Übergabe von Breda*. In den 1650er Jahren, an deren Beginn die zweite Italienreise steht, erreicht Velázquez' Kunst ihren Höhepunkt. In Venedig kauft er für Philipp Werke Veroneses und Tintorettos; in Rom malt er *Innozenz X.* und wahrscheinlich seinen einzigen Akt, *Die Toilette der Venus*. Das einzig gesicherte autonome *Selbstporträt* entsteht. Nach der Rückkehr nach Spanien 1651 entstehen die »klassischen« Porträts, das der Königin *Maria Anna von Österreich*, mehrere der *Infantin Margarita* und *Las Meninas*. 1658 wird Velázquez zum Ritter geschlagen. Er steht nun in der Palasthierarchie ganz oben. Velázquez stirbt 1660 in Madrid.

DATEN

Wo zu sehen:
Madrid, Museo del Prado
Öl auf Leinwand, 321 x 281 cm

Provenienz:
Während das Gemälde nachweislich 1656 vollendet wurde, ist das Kreuz auf dem Wams Velázquez' wohl 1659, dem Jahr der Zulassung Velázquez' zum Orden von Santiago, der Legende nach von Philipp IV., nachträglich aufgemalt worden. Bis 1700 ist das Bild an seinem Entstehungsort, dem Alcázar vom Madrid, nachgewiesen. 1734, beim Brand der Burg, wird es beschädigt, anschließend restauriert. Das Bild ist seitlich um etwa einen halben Meter beschnitten. Von 1772 bis 1814 im Palacio Real Nuevo in Madrid nachgewiesen, hängt es seit 1819 im Museo del Prado, in dessen Katalog von 1843 es erstmals als *Las Meninas* bezeichnet wird. Eine Restaurierung des Bildes erfolgt 1984.

Lesenswert:
Caroline Kesser: *Las Meninas von Velázquez. Eine Wirkungs- und Rezeptionsgeschichte*, Berlin 1994.

AUF DEN PUNKT GEBRACHT

Velázquez war einer der wichtigsten europäischen Maler des 17. Jahrhunderts. Eine unmittelbare Nachfolge war ihm nicht beschieden, doch waren Goya, der *Las Meninas* 1778 sticht, und Manet Bewunderer seiner Kunst. Unter den Malern des 20. Jahrhunderts, die eine direkte Auseinandersetzung mit den *Meninas* führten, waren Picasso und Dalí.

Die Musikstunde

JAN VERMEER VAN DELFT

■ *Jan Vermeer van Delft, Die Musikstunde, um 1662/64, Öl auf Leinwand, 74 x 64,5 cm, London, Buckingham Palace, Royal Collection, H. M. Queen Elizabeth II.*

Am Ende eines weiten Raumes steht eine Frau mit dem Rücken zum Betrachter und spielt ein Virginal, ein Tasteninstrument, bei dem die (in diesem Falle allerdings quer gespannten) Saiten wie beim Spinett oder Cembalo von Federkielen angerissen werden. Gleichmäßiges, von den Scheiben gedämpftes und gestreutes Licht fällt in den Raum. Ein Mann, an das Virginal gelehnt,

schaut der Frau beim Spiel zu. Ihr Gesicht, eine Ecke vom Tisch und die Beine von Vermeers Staffelei sind im Spiegel über dem Virginal zu erkennen. Rechts auf einem hohen, von einem schweren Teppich bedeckten Tisch steht ein Krug auf einem Tablett. Hinter dem Tisch sind zwei Stühle zu sehen; auf dem Boden liegt eine Viola da Gamba oder Kniegeige. Rechts hinter dem Mann hängt ein Gemälde. Vermeer nimmt es nicht vollständig in sein Bild auf. Vor der Fensterwand verläuft ein geometrisch gemusterter schwarz-weißer Steinfußboden. Eine Platte scheint herausgebrochen und durch eine andersfarbige ersetzt.

Nichts Besonderes scheint dieses Bild auszuzeichnen. Vermeer malt hier eines der schlichten, aber doch von bürgerlichem Wohlstand zeugenden holländischen Interieurs, wie sie im 17. Jahrhundert zu Hunderten entstanden, von hohem ästhetischen Reiz und dokumentarischem Wert, aber ohne tiefere Bedeutung. Diese Bilder, ja die Genremalerei überhaupt, intensiv zu befragen begann man erst um die Mitte des 20. Jahrhunderts. Zuvor wurde in ihnen ein »Gesamtporträt des Landes und seiner Leute« gesehen, nicht mehr und nicht weniger. Der Blick zurück ins 16. Jahrhundert war nötig, auf die reiche Emblemliteratur der Zeit, aber auch auf Predigt, Literatur und Theater des 17. Jahrhunderts und auf die wesentlich schwerer als die höfische zu fassende »Volkskultur«, um das wiederzuentdecken, was Vermeers Zeitgenossen in den Bildern sahen. Ein neuer, historisch fundierter Blick ohne Scheuklappen machte aus vermeintlich harmlosen Alltagsszenen vor Anspielungen nur so strotzende, auch derbe Bloßstellungen unbürgerlicher Verhaltensweisen. Aus so mancher Hausfrau wurde eine Kupplerin, aus der *Musikstunde* wurde *Dame und Herr am Virginal*.

Wie in der Zeit üblich, weist der aufgeklappte Deckel des Virginals eine lateinische Inschrift auf, in der auf Funktionen der Musik hingewiesen wird: »Musik ist der Begleiter der Freude, Heilmittel für den Schmerz«. Der Maler des hinter dem Mann hängenden Gemäldes ist nicht zu identifizieren, doch ist zu erkennen, was dargestellt ist, die »Caritas romana«, die

■ *Dirck van Baburen, Die Kupplerin, 1622, Öl auf Leinwand, 101 x 107,3 cm, Boston, Museum of Fine Arts.*
Der Freier hat eine Lautenspielerin in den Arm genommen und zeigt ihr eine Münze. Die Kupplerin scheint aufzuzählen, was es kostet. Ob noch mitgelesen, ist fraglich, doch dürften die Wurzeln dieser Szene in der Geschichte vom Verlorenen Sohn (Luk. 15, 13) liegen. Baburen gibt sich in diesem Bild, das Vermeer in der *Sitzenden Virginalspielerin* aufnimmt, als ein früher Nachfolger Caravaggios zu erkennen.

VERMEER UND DIE CAMERA OBSCURA

Als Kompositionshilfe, jedoch kaum zum Nachzeichnen von Interieurs, könnte Vermeer eine Camera obscura benutzt haben. Gesamtraum, Möbel und Figuren sind auf das sorgfältigste perspektivisch erfasst und verkürzt. Innenräume stellte Vermeer so dar, wie er sie haben wollte, nicht wie sie ihn umgaben. Er schuf Bilder von »photographischer« Wirkung. Sie zeigen nicht die Wirklichkeit, sondern spiegeln sie uns vor, das höchste Ziel, das ein Maler des 17. Jahrhunderts erreichen konnte.

»römische Barmherzigkeit«. Das Thema, Pero rettet ihren gefangenen Vater vor dem Verhungern, in dem sie ihm heimlich die Brust gibt, gilt als Belehrung über Familienpflichten, trägt aber auch starke erotische Assoziationen in sich. Ein solches Bild befand sich im Besitz der Schwiegermutter Vermeers. Weitere offensichtliche Verweise in den Bereich der Erotik sind die Viola da Gamba und das Virginal selbst. Neben anderen Interpretationen findet sich die Deutung des Bildes als »amouröse Gefangenschaft« des Mannes. Er hört der Musik der Frau zu, ist Gefangener der Liebe, kein wünschenswerter Zustand im bürgerlichen Verständnis, und wohl auch abgewiesener Liebhaber. Stellt Vermeer in *Die Musikstunde* die Schmerzen der Liebe dar, so in dem vielfach als Pendant angesehenen, als *Das Konzert* bekannte Bild ihre Freuden. Zwei Frauen und ein Mann haben sich um ein Cembalo versammelt und musizieren *gemeinsam*, stehen im Einklang miteinander. Auch hier ist es wieder das »Bild im Bild«, in dem der Schlüssel zum Verständnis liegt. Zwei Bilder nimmt Vermeer auf. Das eine zeigt, wie der aufgeklappte Deckel des Cembalos, eine kontemplative Landschaft, das zweite eine stürmische Kuppelszene des Dirck van Baburen.

■ *Jan Steen, Die Kranke, um 1660, Öl auf Leinwand, 76 x 63,5 cm, Amsterdam, Rijksmuseum.*
Alles andere als ein seriöser Arztbesuch. Die Frau ist nicht wirklich krank und der Arzt ein Quacksalber. Er scheint direkt von der Bühne zu kommen. An seiner Kleidung ist ein halbes Jahrhundert Mode abzulesen.

Die Liebe und ihre Unwägbarkeiten sind auch das Thema in den Briefe lesenden und schreibenden Frauen, die Vermeer etwa genauso häufig malt wie musizierende. Im *Liebesbrief* fällt der Blick durch einen verschatteten Vorraum, an dessen Wand eine Landkarte hängt, auf eine Frau, die ihren Brief noch nicht geöffnet hat. Sie hat ihr Lautenspiel unterbrochen. Den Inhalt des Briefes scheint sie nicht abschätzen zu können. Abwägend hält sie ihn in der Hand, fragend, vielleicht auch unsicher, blickt sie zu der Magd hoch, die sich schräg hinter ihr aufgestellt hat. Erläuterungen zum Brief liefern die eventuell eine holländische Kolonie zeigende Landkarte und zwei Gemälde. Das obere ist eine Landschaft mit einsamem Wanderer, das zweite ein »Seestück«. Das Meer ist wankelmütig wie das Leben und die Liebe, doch ist es ruhig. Der Brief wird Gutes berichten, der Schreiber, darauf dürfte der Wanderer hinweisen, ist auf dem Weg zur lautespielenden Dame.

Meist sind es einzelne Frauen, selten mehr als zwei oder eine mit einem Mann, die Vermeer in seinen Interieurs zeigt. Sie lesen Briefe, wiegen Perlen oder legen sie an, stehen am Fenster. All diese »stillen« Tätigkeiten, wie auch die Beschäftigung mit der Musik, scheinen von einer leichten Melancholie getragen.

■ *Jan Vermeer van Delft, Der Liebesbrief, um 1669/70, Öl auf Leinwand, 44 x 38 cm, Amsterdam, Rijksmuseum.* Auf den ersten Blick eine schlichte häusliche Szene, doch mit Symbolen und Verweisen aufgeladen, beginnend mit dem zur Seite gerafften Vorhang und den zerknüllten Notenheften auf dem Stuhl rechts, über die »Stolperfallen« Pantinen und Besen im Türrahmen bis hin zu den Bildern an der Rückwand.

Die Personen ordnet er in der Raumtiefe an, Möbel versperren den Weg zu ihnen. Rückenfiguren leiten nicht wie üblich den Betrachter ins Bild, schaffen keine Brücke vom Real- in den Bildraum, sondern weisen ab. Bis ins Kleinste ist alles perspektivisch konstruiert und »berechnet«. Vermeers Räume sind nicht betretbar. Die kleinste Veränderung würde die Ausgewogenheit der Komposition zerstören. Die Darstellung direkter, auch derber Lebensfreude, die andere Genremaler in ihren Bildern zeigen, liegt ihm nicht. Er setzt auf die leisen Zwischentöne, selbst in Kuppelszenen ist er *der* Maler des »gehobenen« und »gesitteten Genres«.

Beliebtes Thema in der holländischen Genremalerei war der *Arztbesuch*. Die diagnostischen Fähigkeiten des Arztes waren beschränkt, dementsprechend oft wurde er als Quacksalber, im Kostüm des 16. Jahrhundert, dargestellt. In den Bildern kennt er nur drei Krankheiten, von der ausschließlich Frauen befallen

DER KUNSTMARKT

Die holländischen Genremaler arbeiteten für den anonymen Markt, mussten also versuchen, den Geschmack des breiten Publikums zu treffen. Ihr Verdienst war in der Regel nicht hoch. 1676 wurde der Wert eines Gemäldes von Steen auf 15 Gulden geschätzt, das entsprach dem Lohn eines gelernten Amsterdamer Arbeiters für zwei Wochen. Nur wenige Maler verdienten gut. Meist bedienten sie das »gehobene« Genre, doch selbst Vermeer hatte sein Leben lang mit finanziellen Schwierigkeiten zu kämpfen.

■ *Adrian van Ostade, Ausgelassene Bauern in einer Schänke, um 1635, Öl auf Holz, 28,8 x 36,3 cm, München, Alte Pinakothek.*
In seinem Frühwerk ist Ostade ausgesprochener Spezialist für Bauernszenen. Der Bauer steht für physische und emotionale Zügellosigkeit. Er trinkt, raucht, streitet, prügelt und lässt seinen Besitz verkommen. Ostade dürfte auf ein städtisches Publikum gezielt haben, zu dessen Belustigung seine Bilder dienten.

werden, den Liebesschmerz, erotisch bedingte Melancholie und außereheliche Schwangerschaft. Meist treten die Krankheiten gemeinsam auf. So wohl bei der Frau in Jan Steens Amsterdamer *Die Kranke*. Ihre Haltung erinnert entfernt an die der *Melancholia* in Dürers berühmten Stich von 1514. An der Wand hängt eine Laute. Sie ist verstummt. Auf dem Fußboden steht eine Kohlepfanne, in dem ein Bändchen schmort, ein Mittel des Quacksalbers, um eine Schwangerschaft festzustellen. Der Arzt fühlt den Puls seiner Patientin. Als Symptom des Liebesschmerzes dürfte er rasen. Die Frau wurde von ihrem Liebhaber verlassen, sie trauert ihm nach und ist mit einiger Sicherheit schwanger.
Ohne den moralischen Zeigefinger allzusehr zu bemühen, stellt Steen Laster und Schwächen bloß; so unterschiedlich er und Vermeer sind, sie malen beide »tot lering en vermaak«, zur Belehrung und zum Vergnügen.

■ *Willem Claesz Heda, Stillleben, 1634, Öl auf Holz, 43 x 57 cm, Rotterdam, Museum Boymans van Beuningen.*
Zeugnis vom Wohlstand der Niederlande legen die zahlreichen Stillleben ab, in denen prunkvolles Glas, silberne Gefäße und, wie hier, Austern und Zitrone dargestellt sind. Die Zurückhaltung in der Farbgebung lässt die Gegenstände besonders kostbar erscheinen.

JAN VERMEER VAN DELFT: DIE MUSIKSTUNDE

LEBEN UND WERK

Johannes Vermeer wird 1632 in Delft geboren. Über das Leben Vermeers ist kaum etwas bekannt. Seine Berufswahl dürfte stark vom Vater, einem Seidenweber, Gastwirt und Kunsthändler, beeinflusst worden sein. Vermutet wird, dass Vermeer von dem Delfter Maler Leonard Bramer ausgebildet wurde. Unwahrscheinlich ist eine Lehre bei dem zweiten wichtigen Maler Delfts, Carel Fabritius, da dieser erst ein Jahr vor Vermeer in die Malergilde aufgenommen wird und die Berechtigung zum Ausbilden erhält. Möglich ist, dass Vermeer auch einige Jahre in Amsterdam und Utrecht verbringt. 1652 stirbt der Vater, dessen Kunsthandel Vermeer fortführt. 1653 tritt er zum Katholizismus über, heiratet und wird in die Delfter Malergilde aufgenommen, deren Vorsteher er 1662/62 und 1670/71 ist. 1672 wird er nach Den Haag berufen, um die Echtheit von Gemälden zu beurteilen, die Giorgione, Tizian und Holbein zugeschrieben werden. In seinem Frühwerk, bis etwa 1657, versucht Vermeer sich als Historienmaler. In vergleichsweise großen Formaten gestaltet er Episoden aus Bibel, Mythologie, antiker und moderner Geschichte, aber auch Genreszenen, wie die 1656 datierte *Kupplerin*. Vermeer steht unter dem Einfluss italienischer Malerei, die er in Amsterdamer Sammlungen oder bei Händlern gesehen haben könnte, und der Caravaggisten, etwa Baburens. *Die Kupplerin* malt Vermeer in der Helldunkelmanier Rembrandts. Sie markiert die Wende zum Hauptwerk, das fast ausschließlich aus Interieurszenen besteht. Unter dem Einfluss Pieter de Hoochs, der seit dem Beginn der 1650er Jahre in Delft lebt, wandelt sich die Licht- und Raumbehandlung Vermeers grundlegend. Gleichmäßig fließt das Licht in klar strukturierte Räume. Die Figur rückt vom Vorder- in den Mittel- oder Hintergrund. Frühe Beispiele dieses Wandels sind die *Briefleserin am offenen Fenster*, *Das Glas Wein*, *Magd mit Milchkrug* und *Dame mit zwei Herren*. Ebenfalls bis 1650 hält Vermeer seine Heimatstadt in zwei Veduten fest, *Straße in Delft* und *Blick auf Delft*. Mitte der 1660er Jahre ist der Stil Vermeers voll ausgereift. Mit der *Malkunst* schafft er eine Allegorie auf seinen Beruf. Ihn beschäftigt die Musik in der *Musikstunde*, im *Konzert zu dritt*, vor allem aber der Brief und die in ihm liegenden Verweismöglichkeiten: *Briefleserin in Blau*, *Briefschreiberin in Gelb*, *Der Liebesbrief* und *Briefschreiberin und Dienstmagd*. Sonderfälle sind *Der Astronom* und *Der Geograph* vom Ende der 1660er Jahre, die einzigen männlichen Einzelfiguren und Gelehrtendarstellungen Vermeers. In den 1670er Jahren befasst Vermeer sich nochmals mit der Musik. *Die Gitarrespielerin*, *Sitzende* und *Stehende Virginalspielerin* entstehen. In einem seiner letzten Bilder (er stirbt 1675 in seiner Geburtsstadt), der *Allegorie des Glaubens*, wendet Vermeer sich nach langer Abstinenz erneut der Historienmalerei zu.

DATEN

Wo zu sehen:
London, Buckingham Palace, Royal Collection, H. M. Queen Elisabeth II
Öl auf Leinwand, 74 x 64,5 cm

Provenienz:
Um 1662/64 entstanden. Bis 1695 in Delfter Privatbesitz nachgewiesen. 1696 wird es in Amsterdam versteigert. 1718 und 1741 ist es im Besitz des Venezianers Gianantonio Fellegrini nachgewiesen, der das Bild in seine Heimatstadt mitnimmt. 1742 wird es vom Konsul Joseph Smith erworben, dessen Sammlung König Georg III. 1762 für 20 000 Pfund übernimmt. Seit diesem Zeitpunkt wird es in der Royal Collection, in Windsor Castle und im Buckingham Palace aufbewahrt.
Das Bild ist sehr gut erhalten, die Leinwand unterlegt. Das leuchtende Blau im Schatten des Teppichs auf dem Tisch könnte durch Verfärbung entstanden sein. Der Nageleinstich, mit dem Vermeer den Fluchtpunkt markierte, ist noch erkennbar.

Lesenswert:
Vermeer, Katalog zur Ausstellung in der National Gallery of Art, Washington, und dem Mauritshuis, Den Haag, Stuttgart, Zürich 1995.

AUF DEN PUNKT GEBRACHT

Trotz seines schmalen Œuvres – nicht mehr als 35 Bilder werden als gesichert angesehen – gilt Jan Vermeer van Delft als der bedeutendste niederländische Genremaler des 17. Jahrhunderts.

Bildnis Ludwigs XIV.

HYACINTHE RIGAUD

■ *Pierre Drevet, Kupferstich nach Selbstbildnis von Rigaud, 1669.*

1643 wurde Ludwig XIV. im Alter von vier Jahren zum König von Frankreich gekrönt. Bis zu seiner Volljährigkeit übernahm seine Mutter Anna von Österreich die Regentschaft. Die Politik bestimmte Kardinal Mazarin. Aufbauend auf dem Werk seines Vorgängers, Kardinal Richelieu, legte er die Grundlagen für das absolutistische französische Königtum, das durch Konzentration der Verwaltung, Entmachtung der Standesparlamente und des hohen Adels sowie eine Steigerung der Geldmittel des Staates gekennzeichnet war. Ab 1668 beginnt Ludwig mit der Schaffung eines Rahmens für seine Herrschaft. Er lässt das in der Nähe von Paris gelegene kleine Jagdschloss Versailles zur ständigen Residenz und zu einem der größten Schlösser Europas ausbauen. Versailles wird wesentlicher Bestandteil der Inszenierung der Person des Königs, zu der sämtliche Künste und Medien herangezogen werden. Das »System« Versailles und der Absolutismus Ludwigs XIV. werden im 18. Jahrhundert zu europaweit befolgten Vorbildern.

Wesentlicher Bestandteil der Inszenierung Ludwigs XIV. ist die von ihm und seinen Beratern betriebene Bildpropaganda. Das wichtigste Gemälde im Zuge dieser Propaganda ist Rigauds *Bildnis Ludwigs XIV.* von 1701. In lässiger Haltung steht Ludwig da und schaut den Betrachter von oben herab an. Der linke Arm ist angewinkelt und in die Seite gestellt, der rechte ausgestreckt. Das Zepter in der Hand und die Krone darunter, das Kissen, der gebauschte Hermelinmantel und der Thron mit den Königslilien und auch die roten Absätze der Schuhe sind Insignien des Königs. Allgemeine Würdeformeln bilden die Säule im Hintergrund und der geraffte Vorhang. Ludwig ist als Herrscher in seiner »Gloire«, in seinem Ruhm, dargestellt. Dass die Herrschaft Ludwigs darüber hinaus gerecht ist, zeigt die Justitia mit Waage und Schwert unterhalb der Säule, die bezeichnenderweise vom Zepter und von der Krone überschnitten wird.

Direktes Vorbild für das *Bildnis Ludwigs XIV.* ist Anthonis van Dycks *Porträt Karls I.* von 1633.

Rigaud besaß acht Werke von van Dyck und sieben von Rembrandt.

■ *Hyacinthe Rigaud, Bildnis Ludwig des XIV. Öl auf Leinwand, 277 x 194 cm, Paris, Musée du Louvre.*

Es zeigt den englischen König in der gleichen lässigen Haltung wie Ludwig, es fehlt jedoch jeglicher Hinweis auf seine Königswürde und damit gesellschaftliche Stellung. Karl könnte auch für einen einfachen Landedelmann gehalten werden. Ludwig hätte sich nie so darstellen lassen. Es hätte seinem Selbstverständnis widersprochen: »Négligence« (Nachlässigkeit) in der Haltung ohne Machtinsignien führt zur Herabsetzung; »Négligence« in Verbindung mit Zepter, Krone und anderen Insignien verdeutlicht die Stellung an der Spitze der Gesellschaftspyramide und damit die Möglichkeit des Agierens außerhalb des strengen, alle Bereiche durchdringenden höfischen Zeremoniells.

■ Anthonis van Dyck, *Karl I. von England mit Reitknecht und Pagen, um 1635. Öl auf Leinwand, 272 x 212 cm, Paris, Musée du Louvre.*

■ *Spottblatt auf Rigauds Bildnis zu einem Text von William Thackeray (1811–1863): »Man sieht sofort, dass die Majestät aus der Perücke gemacht ist, den hochhackigen Schuhen und dem Mantel ... So stellen Barbiere und Flickschuster die Götter her, die wir anbeten.«*

Eindeutig nur an der Lässigkeit der Haltung und dem auffällig gewinkelten Arm auszumachen, steht hinter den Bildnissen *Karls I.* und *Ludwigs XIV.* als gemeinsames Vorbild der *Herkules Farnese*, eine 1546 in Rom gefundene, überlebensgroße Statue des antiken Helden. Mit vorgestelltem linken Bein und mit auf den Rücken gelegter rechter Hand lehnt Herkules entspannt an einem Baumstumpf. Auf den Stumpf hat er das Fell des Nemeischen Löwen gelegt, dessen Tötung die erste seiner zwölf Taten war. Als Zeichen der Ruhe hat er das Fell, mit dem er üblicherweise bekleidet ist, abgelegt, denn er hat die letzte seiner zwölf Taten, die Erringung der *Äpfel der Hesperiden*, bereits vollbracht. Die Äpfel oder Orangen hält er in der rechten Hand.

Seit der Renaissance gibt Herkules das Modell für den »guten Fürsten«. Seine Taten werden zu Sinnbildern fürstlicher Macht. Auf Herkules verweisen auch die in keinem barocken Garten fehlenden Orangerien, in denen eben die *Äpfel der Hesperiden* wachsen. Für den Fürsten und damit für Ludwig werden Anspielungen und Gleichsetzungen mit Herkules jedoch erst durch dessen Apotheose, dessen Vergöttlichung und Entrückung in den Olymp am Ende seines Lebens, möglich und sinnvoll. So wird ein für Versailles geplanter Zyklus mit den Taten des Herkules 1678 zugunsten eines Zyklus der Taten Ludwigs verworfen. Es ist nicht nur Apoll, der mit der Sonne gleichgesetzte Gott, den

■ *Antoine Watteau, Die Einschiffung nach Cythera, 1717, Öl auf Leinwand, 129 x 194 cm, Paris, Musée du Louvre.*
Um der Etikette und dem Zeremoniell zu entgehen, hat sich die höfische Gesellschaft auf eine Waldlichtung begeben. Sie bricht auf, um ihr Ziel, die antike Liebesinsel Cythera, zu erreichen.

der »Roi Soleil« Ludwig XIV. für seine Selbstinszenierung einsetzt, sondern auch Herkules, der Held, der durch seine Taten die Aufnahme unter die Götter erreicht.
Eine strenge, von Ludwig bestimmte Etikette regelte das Leben in Versailles. Sie war eine Art »rituelle Choreographie«, ein ausgeklügeltes System von Verboten, Rangfolgen, Pflichten und Vorrechten – wirksames Mittel auch, um sich den hohen Adel, der gezwungen war, in Versailles zu wohnen, gefügig zu machen. Berühmt sind das »Lever« und »Coucher«, das öffentliche Aufstehen und Schlafengehen Ludwigs. Doch nicht einmal Ludwig konnte es ertragen, fast ununterbrochen im Rampenlicht zu stehen. Er schuf sich Rückzugsorte, das »Trianon de porcelaine« im Park von Versailles und Schloss Marly, zu denen nur ein kleiner Teil des Hofes Zugang hatte. Im »System« Versailles und damit im »System« Ludwig liegt bereits die Tendenz zur Aufweichung.
Gleiches ist in der Malerei zu beobachten. Ist Rigaud der bedeutendste Maler der Bildpropaganda Ludwigs, so ist Jean Antoine Watteau (1684–1721) der bedeutendste der Gegenbewegung. 1717, zwei Jahre nach dem Tod Ludwigs, wird er in die Pariser Kunstakademie aufgenommen, in der Rigaud ebenfalls Mitglied ist. Er erhält den Titel »Peintre de fêtes galantes«. Während Rigaud noch seine barocken Staatsporträts malt, zeigt Watteau die höfische Gesellschaft bereits im Rückzug begriffen. In der *Einschiffung nach Cythera* bricht ein Reigen von Liebespaaren zur antiken Liebesinsel auf. Vor einem dunklen Waldhintergrund steht die Statue der Venus. Amor versucht seinen Köcher mit den Liebespfeilen zu erlangen, den seine Mutter von ihm fernhält. Eroten klettern an der Statue herum, unter der Mars, der Liebhaber der Venus, seine Waffen abgelegt hat. Der Zug der Paare zum Schiff geht von der Statue der Venus aus. Das erste Liebespaar lagert vor den Waffen des Mars, das zweite sitzt leicht erhöht, das dritte scheint gerade aus dem Wald zu kommen, das vierte ist im Aufstehen begriffen, und das fünfte wendet sich im Gehen nochmals zurück. Am Schiff, dessen Mannschaft Eroten bilden, sammeln sich die Paare. Über der ganzen Szenerie liegt die für Watteaus Bilder typische »Traumverlorenheit«, eine leichte Schwermut trotz aller Heiterkeit.
Eine Sonderstellung im Werk Watteaus nimmt sein Porträt eines unbekannten Schauspielers im Kostüm des *Pierrot* oder *Gilles* ein. Für seinen *Gilles* wählt Watteau die anspruchsvollste Form

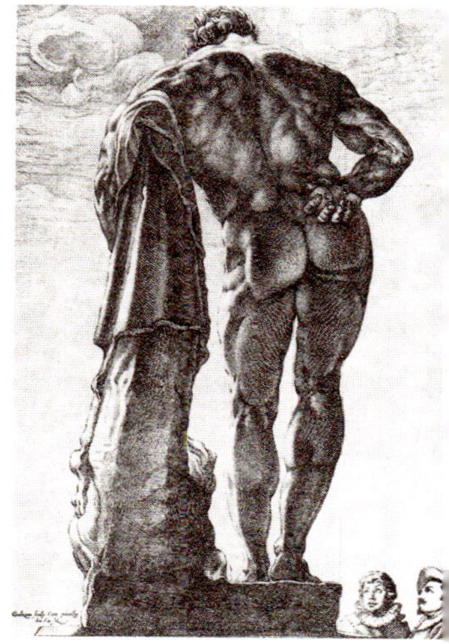

■ *Hendrick Goltzius (1558–1617), Herkules Farnese, um 1592, Kupferstich, 405 x 294 mm.*

■ *Otto Dix, Bildnis Johanna Ey, 1924, Öl auf Leinwand, 138 x 89 cm, Privatbesitz.*
Ironisch zitiert Otto Dix das Herrscherbildnis in seinem Porträt der *Johanna Ey*. Zuvor Inhaberin einer Bäckerei, eröffnet Johanna Ey nach dem Ersten Weltkrieg eine Galerie für aktuelle Kunst. Dix porträtiert sie mit Versatzstücken des Herrscherbildnisses: Säule und Vorhang, linker Arm angewinkelt, rechte Hand auf dem Tisch, Servierhaube als Krone.

des Bildnisses, die des lebensgroßen Ganzkörperporträts. Dieses Porträttyps bediente sich sonst nur die Oberschicht, der Adel und besonders der König selbst. Ein direkter Vergleich des *Gilles* mit dem *Porträt Ludwigs XIV.* ist sicher nicht möglich, obwohl auch Watteau den Schauspieler in Untersicht darstellt, melancholisch von oben auf den Betrachter herab blickend. Neben der Verwendung des gleichen Typs liegt die wesentliche Gemeinsamkeit beider Porträts im Verhältnis des »Kostüms« zur »Figur«. In beiden Fällen ist nicht die Persönlichkeit oder das Individuum dargestellt, sondern die Rolle, die die Person innerhalb der Gesellschaft einnimmt und zu erfüllen hat. Fixiert wird die Rolle durch die Kleidung und das Beiwerk. Wahrscheinlich als Firmen- oder Ladenschild gemalt, haben beide Bilder, der *Gilles* und das *Porträt Ludwigs XIV.*, die gleiche Funktion. Sie dienen der Werbung, den »Public Relations«.

Bei dem letzten von Watteau kurz vor seinem Tod geschaffenen Bild handelt es sich dann unzweifelhaft um ein Ladenschild. Watteau malte es für seinen Freund, den Pariser Kunsthändler Gersaint. Kunden bevölkern den Laden, in dem die Bilder, wie damals üblich, bis an die Decke gehängt sind. Ein Gehilfe verpackt ein Porträt Ludwigs XIV. Mehrere Personen schauen zu. Eine Frau, die die Szene beobachtet, wird von ihrem Begleiter zum Gehen aufgefordert – sinnfälliger ist das Ende der Ära Ludwigs kaum darzustellen.

»Bereits 1912 wies ein französischer Gelehrter auf Ähnlichkeiten zwischen der organisierten Verherrlichung Ludwigs XIV. und der modernen Werbung hin. Noch augenfälliger ist die Parallele im ausgehenden zwanzigsten Jahrhundert, als Staatschefs, von Richard Nixon bis hin zu Margaret Thatcher, dazu übergingen, sich ihr Image von Werbeagenturen entwickeln zu lassen.«

Peter Burke

HYACINTHE RIGAUD: BILDNIS LUDWIGS XIV.

LEBEN UND WERK

Hyacinthe Rigaud wird 1659 im südfranzösischen Perpignan geboren. Seine erste Ausbildung erhält er in Montpellier, wo ihn sein Lehrer bereits auf die Bedeutung Anthonis van Dycks hinweist. Nach weiteren Lehrjahren in Lyon geht Rigaud dann 1681 nach Paris, wo er Unterricht an der Académie Royale de Peinture et de Sculpture nimmt. Bereits nach einem Jahr gewinnt er den von der Akademie ausgeschriebenen Prix de Rome. Das mit dem Preis verbundene Stipendium lehnt Rigaud ab und entscheidet sich auf Empfehlung, vom Historien- ins Porträtfach zu wechseln. Trotz dieses Wechsels – von der in der akademischen Hierarchie an der Spitze stehenden Historienmalerei zum weit unten rangierenden Porträt – wird Rigaud 1684 als Anwärter in die Akademie aufgenommen und 1700, ein Jahr vor der Entstehung des *Porträts Ludwigs XIV.*, zu deren vollwertigem Mitglied. Mit dem Wechsel ins Porträtfach verbucht Rigaud erste Erfolge. Seine Auftraggeber finden sich im gehobenen Pariser Bürgertum, in der Beamten-, Finanz- und Künstlerwelt. Eine glänzende Karriere am Hof eröffnet sich ihm 1688 mit dem Auftrag zu einem Porträt Monsieurs, des Bruders Ludwigs XIV. Im Jahr darauf porträtiert er dessen Sohn und 1694 erstmals Ludwig XIV. selbst. Bis zu seinem Tod 1743 stehen Rigaud insgesamt fünf Könige (Ludwig XIV., Ludwig XV., Karl XII. von Schweden, Philipp V. von Spanien und August III. von Polen) und vier Generationen der französischen Königsfamilie Modell. Vom Beginn seiner Karriere an notiert Rigaud seine Aufträge und die für seine Bilder erzielten Preise. Aus den Aufzeichnungen geht hervor, dass nach seiner ersten Arbeit für den Hof die Zahl der Aufträge sprunghaft steigt. Allein für das Jahr 1694 verzeichnet er siebenunddreißig Porträts und achtzig Kopien – fast jeden dritten Tag verlässt ein fertiges Bild seine Werkstatt. Allein von den Bildnissen *Ludwigs XIV.* und *Philipps V.* existieren Dutzende von Wiederholungen. Nach 1688 verfügt Rigaud über eine gut durchorganisierte Werkstatt. Bilder werden wie am Fließband produziert. In der Regel wählen die Kunden aus einer Reihe von Mustern das ihnen für ihr Porträt passend erscheinende aus. Nur das Gesicht wird in diesen Fällen individuell gemalt. Rigaud beschäftigt Spezialisten, etwa für Landschaften, Schlachtenszenen oder Blumen. Sie malten in der Regel den Hintergrund und die Figur mit Ausnahme des Gesichts und der Hände, die von Rigaud eingefügt wurden. Andere Spezialisten sind für die Kopien zuständig. Porträts mit individuellen Haltungen und Hintergründen sind selten, da extrem teuer. Den hohen Standard der Arbeiten für den Hof und der Einzelaufträge kann Rigaud bei diesem Verfahren nicht halten. Unvermeidlich schleichen sich Konventionen und eine gewisse Gleichförmigkeit ein. Rigaud stirbt 1743 in Paris.

DATEN

Wo zu sehen:
Paris, Musée du Louvre
Öl auf Leinwand, 277 x 194 cm

Provenienz:
Das Gemälde wurde 1701 im Auftrag Ludwigs XIV. gemalt, 1704 im Pariser »Salon« ausgestellt.

Lesenswert:
Peter Burke, *Ludwig XIV. Die Inszenierung des Sonnenkönigs*, Frankfurt/Main 1995.

Norbert Elias, *Die höfische Gesellschaft. Untersuchungen zur Soziologie des Königtums und der höfischen Gesellschaft*, Frankfurt am Main 1994.

AUF DEN PUNKT GEBRACHT

Wie kein anderer trifft Rigaud mit dem *Porträt Ludwigs XIV.* den Zeitgeist. Um sein Modell breitet er den ganzen Apparat höfischer Repräsentation. Die Person tritt neben den Insignien der Macht in den Provenienz.

Robert Andrews und seine Frau Mary

THOMAS GAINSBOROUGH

■ *Thomas Gainsborough, Selbstbildnis, 1754.*

■ *Thomas Gainsborough, Robert Andrews und seine Frau Mary, um 1749, Öl auf Leinwand, 70 x 119 cm, London, National Gallery*

Nach Lehrjahren und ersten Gehversuchen in London kehrte Gainsborough 1748 in seinen Heimatort Sudbury in der ostenglischen Grafschaft Suffolk zurück. Hier hoffte er auf Absatzmöglichkeiten für seine Landschaften und auf Porträtaufträge der ortsansässigen »Gentry«. Letztere ließen nicht lange auf sich warten. Kurz nach seiner Rückkehr, spätestens 1750, bekam Gainsborough den Auftrag zu dem Bildnis von Robert Andrews of The Auberies und seiner Frau Mary. Wahrscheinlich handelt es sich um das Hochzeitsbild des Paares. Im Hintergrund links ist ein Turm zu erkennen, wohl der der Kirche von Sudbury, wo 1748 die Trauung stattfand.

Gainsborough platziert das Paar in den Vordergrund der linken Bildhälfte, rechts gibt er einen weiten Ausblick in die Landschaft von Suffolk. Porträt und Landschaft sind gleichberechtigt. Mary Andrews sitzt auf einer gusseisernen Bank und blickt wie ihr Mann auf den Betrachter. Sie trägt ein hellblaues Seidenkleid,

das sie um sich ausgebreitet hat, und zierliche, für eine Landpartie kaum geeignete Schuhe. Robert Andrews lehnt lässig, aber kaum bequem mit modisch über Kreuz gestellten Beinen an der Bank. Er trägt Jagdkleidung, hat ein Gewehr unter den rechten Arm geklemmt und einen Pointer in seiner Begleitung. Die ungewöhnliche Zweiteilung des Bildes in Porträt *und* Landschaft – üblich ist Porträt *vor* oder *in* Landschaft – ist auf den Auftraggeber zurückzuführen. Robert Andrews war ein wohlhabender Gutsbesitzer, der auf seinen Besitz und vor allem seine »wohlbestellten Felder« mit Recht stolz war. Die schweren Getreidegarben im Vordergrund, die Schafe und der Eichenwald im Hintergrund zeugen von effizienter und vorausschauender Landwirtschaft, die Grundlage des Wohlstandes der Andrews' und ihrer Schicht. Weiter zeigt Robert Andrews, dass er Neuerungen gegenüber aufgeschlossen ist. Die Reihen von Getreidestoppeln belegen, dass er nach der neuesten Methode in Furchen säen lässt. Alles in allem präsentiert Robert Andrews sich als fähiger, dem Modernen aufgeschlossener Landwirt, der das Landleben und die Jagd zu schätzen weiß und das Stadtleben in keinster Weise zu vermissen scheint.

Um den Wunsch seines Auftraggebers nach Porträt *und* Landschaft in einem Bild erfüllen zu können, griff Gainsborough auf Kompositionsprinzipien niederländischer Landschaftsmaler des 17. Jahrhunderts – besonders Jacob van Ruisdaels – zurück. Eine heute im Louvre bewahrte Waldlandschaft Ruisdaels schätzte Gainsborough besonders. Er kopierte sie in Bleistift und legte sie seinem Bild *Cornard Wood* zugrunde. Eine Straße führt durch den Wald auf ein Dorf zu, bei dem es sich um Great Cornard in der Nähe von Sudbury handeln könnte. Reisende durchqueren den Wald, ein Holzsammler ist bei der Arbeit, andere ruhen oder arbeiten ebenfalls. Gainsborough zeigt, dass die Grundlage einer funktionierenden Landwirtschaft eine intakte Natur ist. Nur in ihr ist das von der zeitgenössischen Dichtung als vorbildlich hingestellte »glückliche Landleben« möglich: Glücklich sind die Landarbeiter wie die Landbesitzer Andrews. Harte Arbeit, eine fortschrittliche Landwirtschaft, eine gute Regierung und die protestantische Religion sind den Dichtern Voraussetzungen für materiellen Wohlstand, die Grundlage zivilisatorischen Fortschritts. Für den Schiffbau unverzichtbar weisen die Eichen von *Cornard Wood* auf Großbritannien als See- und Handelsmacht hin. Unter einer besonders prächtigen

FORMATE UND PREISE

Der Preis eines Porträts richtete sich nach dessen Größe. Unterschieden wurde zwischen »Head«, »Three-quarter« (Brustbild), »Kit-Cat« (etwas kleiner als ein Kniestück mit mindestens einer Hand), »Half-length« (Kniestück) und »Full-length« (ganzfiguriges Bildnis). 1783 verlangte Gainsborough für ein »Full-length« etwa hundert Pfund, die Hälfte von dem, was sein Konkurrent Reynolds forderte. Ein Kleinbürger lebte zu der Zeit von fünfzig bis einhundert Pfund im Jahr; ein Gentleman brauchte mindestens dreihundert Pfund.

Englischen Eiche, Dreh- und Angelpunkt der Komposition, sitzt dann auch Mary Andrews.

Bei dem Bildnis von *Robert Andrews und seiner Frau Mary* handelt es sich um ein Gruppenporträt oder »Conversation Piece«. Dieser Bildnistyp, mit im Verhältnis zur Figur großen landschaftlichen Anteilen, war in den 1730er und 1740er Jahren besonders im Kreis um den Prinzen von Wales, Frederick, beliebt. Frederick, der nie den Thron bestieg, war mit seinem Vater König George II. zerstritten. Um ihn sammelte sich ein Kreis von Oppositionellen, der die »Court-Party« und ihre Symbolfigur, Robert Walpole – Premierminister bis 1742 –, bekämpfte. Die »Country-Party«, deren Mitglieder sich auch aus dem Kreis um Frederick rekrutierten, machte im Gegenzug den Kronprinzen zu ihrer Symbolfigur. Die »Country-Party« fühlte sich durch das Volk und das Allgemeininteresse autorisiert. Sie verstand sich als patriotisch, die sittlichen Kräfte des öffentlichen Lebens zusammenfassend, während die »Court-Party« als korrupt abgetan wurde. Schlagwörter der »Country-Party« waren »social love« und »benevolence«, Wohlwollen.

■ *Thomas Gainsborough, Plauderei im Park, um 1746, Öl auf Leinwand, 73 x 86 cm, Paris, Musée du Louvre.*
Ein Bild, wie es im Umkreis des Kronprinzen Frederick entstanden sein könnte. Die Szene ist rokokohaft verspielt. Anders als im Falle der Andrews ist dem Paar hier kaum ein Leben auf dem Lande zuzutrauen.

Der Kampf der Parteien blieb nicht auf das Parlament beschränkt. Er wurde auch über die Presse und auf dem Gebiet der Kunst ausgetragen. Um sich vom Hof abzusetzten, bauten die Oppositionellen ihre Landsitze »palladianisch«. Vorbild waren die Villen, die Andrea Palladio den reichen Venezianern im 16. Jahrhundert auf dem Festland errichtet hatte. »Palladianisch« zu bauen war mehr als eine ästhetische Entscheidung. Venedig wurde von einer Oligarchie regiert und war zumindest dem Namen nach Republik. Weiter wurde der barocke Garten mit seinen abgezirkelten Beeten, beschnittenen Bäumen und Hecken als höfisch und unnatürlich abgelehnt. Als Gegenentwurf entstand der Landschaftsgarten, in dem der Baum frei wachsen konnte, in dem geschlängelte Wege und auf Wiesen verteilte Baumgruppen »Natur« versprachen. Die Gärten waren Abbild ihrer Nutzer. Dem gebeugten, kriecherischen Hofmann stand der freie und natürliche Landedelmann gegenüber. Als Landedelleute ließen sich die Andrews auf ihrer Besitzung in der ostenglischen Parklandschaft malen.

»Sollte diese Nation jemals Begabungen hervorbringen, die ausreichen, uns den ehrenwerten Rang einer Englischen Schule zu verleihen, so wird der Name Gainsborough in der Kunstgeschichte als einer der ersten dieses aufstrebenden Rufes weitergegeben werden.«
Joshua Reynolds im Dezember 1788 wenige Monate nach dem Tod Gainsboroughs

THOMAS GAINSBOROUGH: ROBERT ANDREWS UND SEINE FRAU MARY

LEBEN UND WERK

Gainsborough wird 1727 in Sudbury, einem kleinen Ort in der ostenglischen Grafschaft Suffolk, geboren. Ersten Zeichenunterricht dürfte er von wandernden Künstlern erhalten haben. Um 1740 geht er nach London, wo er bei Hubert Gravelot, der ihm Watteau nahebringt, und Francis Hayman lernt. Möglicherweise nimmt er zusätzlich Unterricht an der von William Hogarth wenige Jahre zuvor gegründeten St Martin's Lane Academy, die den Londoner Künstlern gleichzeitig Diskussionsforum war. An Treffen in der Akademie dürfte Gainsborough zumindest sporadisch teilgenommen haben. Seinen Lebensunterhalt beginnt er sehr schnell selbst zu verdienen. Er fügt Porträtstichen Gravelots dekorative Rahmen hinzu und ist eventuell auch als Theatermaler tätig. 1746 heiratet er eine natürliche Tochter des Herzogs von Beaufort, deren Leibrente das Paar ökonomisch unabhängig macht. Aus dem Jahr vor der Heirat datiert Gainsboroughs frühestes erhaltenes Werk, das Porträt eines Bullterriers namens Bumper. Nach dem Tod seines Vaters kehrt Gainsborough 1748 nach Sudbury zurück, wohl auch um dem Konkurrenzdruck in London zu entgehen. Bis 1751 ist Gainsborough in seinem Heimatort ansässig, wo er vor allem Landschaften malt. Vorbilder liefern ihm die holländischen Landschaftsmaler des 17. Jahrhunderts, besonders Jacob van Ruisdael. Lukrativer war allerdings die Porträtmalerei. Das Doppelporträt *Mr. Robert Andrews und seine Frau Mary* entsteht. Um sich einen größeren Markt für seine Bilder zu erschließen, zieht Gainsborough 1752 in die nahegelegene Handelsstadt Ipswich.

1759 geht er nach Bath, einem luxuriösen Kurort südlich von Bristol. Schnell steigt er zu einem Maler der High-Society auf. Stilistisch nähert er sich Anthonis van Dyck an. Es entstehen zahlreiche Porträts und Landschaften. Um 1770 beginnen potentielle Auftraggeber dann auch in Bath seltener zu werden. Gainsborough geht nach London und bezieht ein Haus an der vornehmen Pall Mall. Die ersten Londoner Jahre als erfolgreicher Maler sind von Streitereien mit der Royal Academy geprägt, zu deren Gründungsmitgliedern Gainsborough gehörte. Grund waren Bilder, in denen er sich über akademische Konventionen hinwegsetzte. 1777 triumphiert er mit dem Bildnis *The Honourable Mrs. Thomas Graham*. Ende der 1770er Jahre beginnt Gainsborough großformatige Bilder mit ländlichen Szenen zu malen, auf die er besonders stolz gewesen sein muss. Noch auf dem Sterbebett bittet er 1788 seinen lebenslangen Konkurrenten Joshua Reynolds, sich eines dieser Bilder, *The Woodman*, anzusehen.

DATEN

Wo zu sehen:
London, National Gallery
Öl auf Leinwand, 69 x 119 cm

Provenienz:
Um 1748–50 für Robert Andrews gemalt. 1960 aus Familienbesitz von der National Gallery angekauft.

AUF DEN PUNKT GEBRACHT

Das Bild *Robert Andrews und seine Frau Mary* ist Ausdruck des Selbstverständnisses einer ganzen Klasse. Höfisches wird abgelehnt, man ist patriotisch und landverbunden. Ein Bild wie Fragonards *Schaukel* hätte bei den Andrews nur blankes Entsetzen auslösen können.

Das Deckenfresko im Treppenhaus der Würzburger Residenz

GIAMBATTISTA TIEPOLO

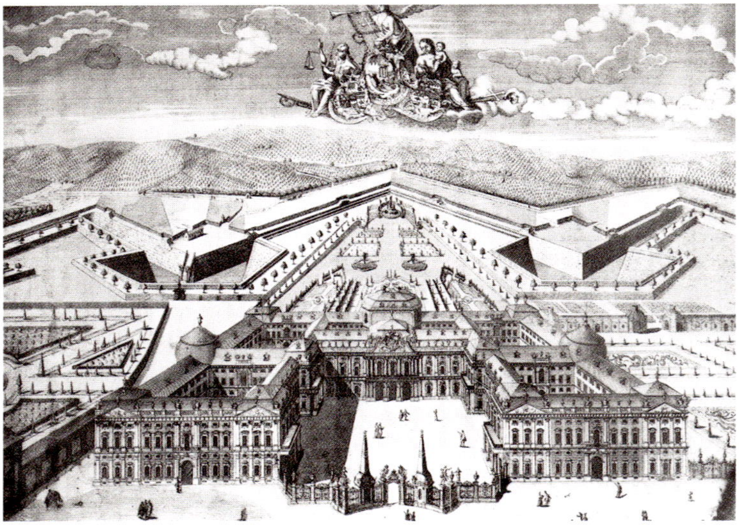

■ *Die Würzburger Residenz um 1770*, Stich von Müller und Gutwein.

Mit einem lukrativen Vertrag in der Tasche erreichte Tiepolo im Dezember 1750 Würzburg. Wie überall in Deutschland betrieben auch die Herrscher dieses kleinen, reichsunmittelbaren Territorium »Bau- und Kunst-Politik« im ursprünglichen Wortsinn. Der Nachbar war zu übertreffen, möglichst auch Versailles. Und tatsächlich nennt ein Reisender die Residenz der Würzburger Fürstbischöfe 1748 in einem Atemzug mit dem Schloss Ludwigs XIV. Tiepolo war bestellt worden, um die von den Stukkateuren freigelassenen Deckenfelder des Speisesaales mit Bildern aus der mittelalterlichen Gründungsgeschichte des Bistums zu dekorieren. Diese führte er bis 1752 aus.

Nur zwei Türen vom fortan als Kaisersaal bezeichneten Raum entfernt liegt das Treppenhaus. Tiepolo dürften die Lichtverhältnisse, die besondere »Regie« des Raumes und die Möglichkeiten, die die etwa sechshundert Quadratmeter große ungegliederte Decke einem Maler von seinem Format bieten würde, früh beschäftigt haben. Die Treppe steigt seitlich eines relativ hellen Vestibüls an. Einarmig führt sie auf ein in halber Höhe gelegenes

Wendepodest, um dann zweiarmig im Obergeschoss zu enden. Hier hatte Tiepolo das in unterschiedlichen Quantitäten und von drei Seiten in den Raum fallende Licht zu berücksichtigen. Tiepolos Fresko stellt ein einziges, von keinem Standpunkt aus vollständig zu sehendes Bild dar. Es erschließt sich dem Betrachter nur in der Bewegung. Die wesentlichen Programm-

■ *Tiepolo, Der Olymp und die Kontinente, 1752/53, Fresko, etwa 19 x 30,5 m, Würzburg, Fürstbischöfliche Residenz, Treppenhaus, Auschnitt.*

■ *Tiepolo, Deckenfresko, Würzburg, Fürstbischöfliche Residenz, Treppenhaus, Apollo und die Kontinente, 1750–53, Ausschnitt: Der Erdteil Afrika.*

punkte werden jedoch im Aufstieg vor Augen geführt. Die Treppe bestimmt Weg und Blick: Dieser fällt vom Vestibül aus auf die stark durchfensterte Nordostwand, im Aufstieg auf Apoll, dann, vom Wendepodest aus, an den Bildern der Langseiten vorbeigleitend, auf die Apotheose des Fürsten und die in den Repräsentationstrakt führenden Türen. Nachdem der Besucher auf den in den »Götterhimmel« erhobenen Fürsten hingewiesen wurde, ist dann der ungelenkte, freischweifende, über das Fresko wandernde Blick gefordert. Dazu bieten sich die um den Treppenschacht laufenden Galerien an. Es gibt keinen idealen Betrachterstandpunkt, auf den die Perspektive gerichtet ist. Der Blick auf das Fresko ist von jeder Seite, jedoch nicht von der Mitte des Raumes aus gewollt.

Thema der Decke ist der Olymp und die Kontinente. Die vier Erdteile – Australien und die Antarktis waren noch unbenannt beziehungsweise noch nicht entdeckt –, stellt Tiepolo durch die entsprechenden Menschen und Tiere dar. Sie umziehen den Raum. Beim Aufsteigen fällt als erstes Amerika in den Blick, schließlich an den Langseiten links Asien und rechts Afrika, mit der Wendung dann auch Europa. Die Figuren fasst Tiepolo zu einem fortlaufenden, durch Gruppenbildungen rhythmisierten Fries zusammen. Der Fries überspielt selbst die plastischen Jünglingsgruppen, die die »Grenzen« der einzelnen Kontinente in den Ecken markieren. Einzelfiguren, Symbole der Kontinente, sind herausgehoben, reiten auf einem Krokodil, Elefanten oder Dromedar. Deutlich wird hier die eurozentrische Sicht Tiepolos und seines Auftraggebers. Europa reitet nicht etwa auf einem Stier – Zeus' Gestalt bei der Entführung der Königstochter Europa –, sondern vielmehr ist seine kulturelle Überlegenheit symbolisiert. Einzig hier spielt Architektur eine Rolle: Der Himmel, der sich öffnet und in den das Bild des auftraggebenden Fürsten entrückt wird, ist europäisch.

Tiepolo hatte mit seinem Würzburger Deckenfresko, wie mit seinen anderen Decken auch, keinen Raumabschluss im Sinn. Er reißt den Raum auf, überführt ihn in die Unendlichkeit, zum nicht mehr Mess- und rational Nachvollziehbaren hin. Über den Köpfen der Betrachter entwickelt er in Würzburg eine eigenständige, von keinem Punkt aus als Ganzes zu erfassende Welt. Den Übergang vom Realraum zum Illusionsraum markiert zwar ein gemaltes Kranzgesims, doch Grenze ist es nicht. Die gemalten Figuren bewegen sich auch vor ihr, greifen, wie auch die Wolken, die unter dem Himmel zu schweben scheinen, in den Raum des Betrachters über.

■ *Anton Raphael Mengs, Der Parnaß, 1761, Fresko, etwa 300 x 600 cm, Rom, Villa Albani.* Ebenfalls ein Deckenfresko, wirkt *Der Parnaß* des »Malerphilosophen« Mengs doch wie ein Tafelgemälde. Dies ist bewusste, programmatisch zu verstehende Erneuerung und Rückkehr zu vorbarocker Gestaltung, aber auch zu Poussin. Die Nebenbilder des *Parnaß* sind wieder in Untersicht gegeben, nach Winckelmann, »um dem gröberen Sinne Nahrung und Weide« zu geben.

■ *Tiepolo, Fresko, Würzburg, Fürstbischöfliche Residenz, Treppenhaus, Ausschnitt: Apotheose des Fürsten.*
Vom Ruhm begleitet, entschwindet der Fürst in den Olymp, ein im Barock geläufiges Motiv. Zurück bleiben die von ihm geförderten und geschützten Künste Malerei und Architektur, die Frau mit Pinsel und Palette und der herunterblickende stehende Mann. Links lässt eine der plastischen Jünglingsfiguren die Beine in den Raum baumeln, rechts überspielen gemalte Figuren das ebenfalls gemalte Kranzgesims: Grenzüberschreitungen zwischen Plastik und Malerei, zwischen Real- und Illusionsraum.

Knapp zehn Jahre nach Vollendung der Würzburger Fresken berief der spanische König Tiepolo nach Madrid. Die Aufgaben dort waren mit denen in Würzburg zu vergleichen, Freskierung von drei Decken im Palacio Real, die des Thronsaales mit einer *Verherrlichung Spaniens*, die des Vorzimmers der Königin mit einer *Apotheose der spanischen Monarchie*. Die Situation, der Tiepolo sich ausgesetzt sah, war jedoch eine gänzlich andere. Plötzlich stand er, der alternde Meister der spätbarocken Deckenmalerei, mit einem jungen, ein gänzlich anderes Konzept verfolgenden Maler im Wettstreit. Ob Karl III. diesen Wettstreit, die Gegenüberstellung vom alten, überlebten mit dem neuen, noch in den Anfängen befindlichen Stil wollte oder überhaupt bemerkt hatte, ist fraglich. Den Künstlern dürfte das jedoch kaum entgangen sein, zumal sie buchstäblich Tür an Tür arbeiteten.

Anton Raphael Mengs, befreundet mit dem Archäologen Johann Joachim Winckelmann, der den Blick der gelehrten Welt von der römischen auf die griechische Antike zu lenken begann, war etwa zur gleichen Zeit wie Tiepolo nach Madrid gekommen. Kurz zuvor hatte er ein Deckenfresko – das Programmbild des frühen Klassizismus –, den *Parnaß*, in Rom vollendet. Das Thema, Apoll und die Musen, war alt, die Darstellungsweise, sich auf Raffael berufend, völlig neu. Keine Untersicht, keine Dramatik, kein barocker Überschwang mehr. Mengs bricht mit dem Illusionismus, mit dem Ineinandergleiten von Bildraum und Realraum, von Fiktion und Wirklichkeit, und weist damit der Kunst neue Wege.

GIAMBATTISTA TIEPOLO: DECKENFRESKO IM TREPPENHAUS DER WÜRZBURGER RESIDENZ

LEBEN UND WERK

Giambattista (Giovanni Battista) Tiepolo wird 1696 in Venedig geboren. Nach einer Lehre bei Gregorio Lazzarini wird er in seiner Heimatstadt bereits 1717 als selbstständiger Maler genannt. Im privaten Auftrag entsteht eine Reihe von religiösen Bildern, die Tiepolo früh über die Grenzen Venedigs hinaus bekannt machen. 1725/26 arbeitet er zusammen mit dem »Quadraturmaler« Mengozzi-Colonna an Fresken im heutigen Bischofspalast von Udine. Es schließt sich eine etwa zwanzig Jahre anhaltende Zusammenarbeit mit diesem Spezialisten an. In Mailand dekoriert Tiepolo 1730/31 die Ballsäle zweier Paläste mit dem *Triumph des Apoll* und dem *Leben des Scipio*. Kirchen, Paläste und Villen in und um Venedig sind die Hauptwirkungsstätten Tiepolos. 1743 schafft er in der Villa Cordellina in Montecchio Maggiore *Die Familie des Darius vor Alexander dem Großen*, *Die Großmut des Scipio* und weitere Fresken; 1744, vielleicht auch erst 1757, freskiert er zusammen mit Mengozzi-Colonna den Ballsaal des Palazzo Labia in Venedig. In der illusionistischen Raumerweiterung folgt Tiepolo hier Paolo Veronese. Gleichzeitig weist er in den Themen *Begegnung zwischen Antonius und Kleopatra* und *Bankett des Antonius und der Kleopatra* auf die Raumnutzung hin. 1750 geht Tiepolo nach Würzburg. Vertraglich festgelegt ist die Freskierung von Deckenfeldern im Kaisersaal, in denen die Gründung des Fürstbistums durch Kaiser Friedrich Barbarossa verherrlicht wird. Im Anschluss an die Arbeiten erhält Tiepolo 1752 den Auftrag für das Deckenfresko im Treppenhaus, die Apotheose des amtierenden Fürstbischofs. Über seine Würzburger Arbeiten, zu denen auch zwei Altarbilder zählen, nimmt Tiepolo Einfluss auf die spätbarocke und Rokokomalerei in Süddeutschland und Österreich. Nach Venedig zurückgekehrt, wird Tiepolo 1756 Akademiepräsident. 1757 entstehen die Fresken der Villa Valmarana bei Vicenza. Das Programm, Motive aus Homers *Ilias*, dürfte von Francesco Algarotti beeinflusst sein, der sich um eine Modernisierung und Erweiterung des Mythenrepertoires bemühte. Letzte Arbeit in der Heimat ist *Die Apotheose der Pisani* in der Villa der Familie, heute Villa Reale, in Strà. Angekündigt von der Personifikation des Ruhms, sitzen die Mitglieder einer der ältesten Familien Venedigs auf Wolken, umgeben von den Künsten und Tugenden. Auf Einladung Karls III. geht Tiepolo schließlich 1762 nach Madrid. Im Thronsaal des Palacio Real schafft er das Deckenfresko *Verherrlichung Spaniens*, in weiteren Räumen die *Verherrlichung der spanischen Monarchie* und *Die Apotheose des Aeneas*. Letzte Arbeiten sind sieben Altarbilder für die Kirche San Pascual in Aranjuez. Sie werden kurz nach dem Tod Tiepolos (1770 in Madrid) aufgehängt, jedoch bald durch andere Arbeiten, unter anderem von Anton Raphael Mengs, ersetzt: Zeichen des aufkommenden Klassizismus.

DATEN

Wo zu sehen:
Würzburg, ehemalige Fürstbischöfliche Residenz, Treppenhaus
Deckenfresko, etwa 19 x 30,5 m

Provenienz:
1751–53 Ausmalung der Decken des Kaisersaales und des Treppenhauses. 1719–44 Errichtung des Residenzschlosses nach Plänen von Balthasar Neumann, 1742/43 Einwölbung des Kaisersaals und des Treppenhauses. Anfang 1750 nimmt Fürstbischof Karl Philipp von Greiffenclau (regierte 1749–54) Kontakt mit Tiepolo auf, um von ihm den Kaisersaal ausmalen zu lassen. Tiepolo wird das Bildprogramm von 1735 mit dem Hinweis geschickt, er könne auch andere Lösungen vorschlagen. Am 12. Dezember 1750 kommt Tiepolo in Würzburg an. Im Juli 1752 Vertragsunterzeichnung für das Treppenhausfresko, im November 1753 Vollendung. 1764–76 Veränderungen im Treppenhaus, unter anderem Einfügung des Kranzgesimses unterhalb des Freskos. 1945 Zerstörung des Daches durch Bomben, 1947–50 Restaurierung der Fresken.

Lesenswert:
Svetlana Alpers, Michael Baxandall, *Tiepolo und die Intelligenz der Malerei*, Berlin 1996.

AUF DEN PUNKT GEBRACHT

Nicht zuletzt durch die Decke in der Würzburger Residenz führte Tiepolo die spätbarocke Malerei des 18. Jahrhunderts in Europa auf ihren Höhepunkt, musste in der Begegnung mit Anton Raphael Mengs aber auch ihre beginnende Ablösung und Ablehnung durch den Klassizismus erleben.

Die Schaukel

JEAN-HONORÉ FRAGONARD

Nach fünfjährigem Italienaufenthalt kehrte Fragonard 1761 nach Paris zurück und machte sich an die Arbeit zu einem großen Historiengemälde, obligatorisch für die Anwärterschaft auf Aufnahme in die Akademie. Fragonard entschied sich für ein selten dargestelltes Thema aus der *Beschreibung Griechenlands* des antiken Schriftstellers Pausanias, »Koresos und Kallirhoe«. Kallirhoe, ein Mädchen aus Kalydon, will den Dionysospriester Koresos nicht erhören, worauf der verschmähte Priester seinen Gott bittet, ihn zu rächen. Der Gott ließ alle Bürger der Stadt wahnsinnig werden; nur durch den Tod Kallirhoes sollte der Bann aufgehoben werden können. Fragonard malte die Schlussszene: Statt die Geliebte zu erdolchen, tötet Koresos sich selbst – ein großer tragischer Stoff ganz nach dem Geschmack der Kunstrichter. 1765 stellte Fragonard das Bild in der regelmäßig von der Akademie veranstalteten Ausstellung, dem »Salon«, aus. Den Anwärterstatus erreichte er problemlos. Der Großkritiker, Philosoph und Mitherausgeber der Encyclopédie, des bedeutendsten lexikalischen Unternehmens des 18. Jahrhunderts, Denis Diderot, war begeistert. Das Bild wurde für Ludwig XV. erworben, und in Fragonard sah man nun die Hoffnung der französischen Malerei. Ihm traute man zu, dass er die darniederliegende Historienmalerei zu neuer Blüte führte. Doch es sollte anders kommen.

DER AUFTRAG

»Ich möchte ..., dass Sie Madame auf einer Schaukel malen, die ein Bischof in Bewegung setzt. Mich platzieren Sie am besten so, dass ich in der Reichweite der Beine dieses schönen Kindes bleibe – oder noch näher, wenn Sie sich davon einen besseren Effekt für das Bild versprechen.«

Baron de Saint Julien 1766 an den Maler Gabriel François Doyen

1766 stellte ihm die Akademie eine Aufgabe, deren Ausführung mit Sicherheit zu einer Mitgliedschaft geführt hätte; doch Fragonard verzichtete und schlug damit eine »Staatskarriere« in den Wind, die ihn nach Meinung der Zeitgenossen bis zum Rang eines »Premier Peintre du Roi« hätte führen können. Ein Jahr später beteiligte er sich zum letzten Mal am »Salon«; er verabschiedete sich wahrscheinlich mit dem heute als *Amorettenschwarm* bezeichneten Bild und dem *Kopf eines Greises* vom offiziellen Kunstbetrieb. Beide Bilder wurden von Diderot verrissen, das eine als »ein schönes, großes Omelett aus Kindern«, das andere als »schwach, weiblich, gelb«. Fortan sollte Fragonard nur noch für private Sammler und Kunstliebhaber arbeiten, deren Geschmack er mit seinen italienisch und niederlän-

■ *Jean-Honoré Fragonard, Die Schaukel, Öl auf Leinwand, 81 x 65 cm, London, Wallace Collection.*
Es ist eine kleine frivole Geschichte, die Fragonard hier erzählt: Eine junge lebenslustige Frau am Gängelband – das Seil wird wie ein Zügel gehalten – ihres alten Ehemannes, Vaters oder Geliebten im Spiel mit ihrem jugendlichen Liebhaber.

disch beeinflussten Landschaften und häuslichen Szenen zu treffen verstand. Ein neues Gebiet eroberte er sich mit kleinformatigen erotischen Bildern. Sie machten ihn berühmt.
Als Auftraggeber für Fragonards bekanntestes Bild, *Die Schaukel,* ist Baron de Saint-Julien, Vorsteher der französischen Geistlichkeit, anzunehmen. Er trat jedoch nicht gleich an Fragonard heran, sondern versuchte als erstes den damals sehr bekannten Historienmaler und Maler religiöser Darstellungen, Gabriel François Doyen, für den Auftrag zu gewinnen. De Saint-Julien hatte konkrete Vorstellung von dem Bild, wollte, dass seine Mätresse auf einer von einem Bischof bewegten Schaukel und er unterhalb derselben mit entsprechenden Einblicken gemalt werde. Letzteres ist im Titel des wenige Jahre nach Vollendung des Gemäldes entstandenen Nachstiches betont, *Die glücklichen Zufälle der Schaukel.* Doyen lehnte ab und schlug Frago-

■ *François Boucher, Madame de Pompadour, 1759, Öl auf Leinwand, 87 x 66 cm, London, Wallace Collection.*
Die Pompadour, Mätresse Ludwigs XV., war die wichtigste Förderin Bouchers. Mehrfach hat er sie im Porträt festgehalten; in keinem erfährt der Betrachter etwas über ihre Individualität. Wie Fragonards Mädchen auf der Schaukel ist sie eine schöne Puppe in der höfischen Welt des Rokoko.

nard vor, wies aber noch darauf hin, dass das Thema reizvoller zu gestalten wäre, wenn Madame ihren – von Amoretten aufzufangenden – Pantoffel verlieren würde. Eine eigenhändige Ausführung hätte Doyen in Verruf gebracht, etwas, was der Auftraggeber für sich offensichtlich nicht in Erwägung zog.

Hinsichtlich der gegenüber Doyen geäußerten Wünsche de Saint-Juliens weist Fragonards Bild einige Abweichungen auf. Der wesentlichste betrifft die Figur rechts. Es ist kein Bischof, der die Schaukel bewegt, sondern ein älterer, nicht näher charakterisierter Mann. Auch dürfte der versteckt im Gebüsch liegende Jüngling kaum eine Porträtdarstellung de Saint-Juliens sein. Ob diese Änderungen von Fragonard oder vom Auftraggeber herrühren, ist nicht bekannt. Die Folgen sind jedoch klar: Aufgabe der ursprünglich dezidiert auf die Person de Saint-Juliens und seine gesellschaftliche Stellung bezogenen Bildaussage zugunsten einer Verallgemeinerung.

Die Schaukel hängt an den Ästen eines alten knorrigen Baumes. Mit Hilfe eines Seiles wird sie von dem älteren Mann bewegt und gelenkt. Sie befindet sich auf dem Höhepunkt des Vorwärtsschwungs. Das Mädchen hat ihr linkes Bein gehoben und den Fuß gestreckt, damit der Pantoffel abrutschen und dem jungen Mann in den Schoß fallen kann. Der Blick des Jünglings, dessen Richtung durch den linken Arm betont wird, sein leicht geöffneter Mund und seine rechte Hand drücken sein Erstaunen über den »glücklichen Zufall« aus, der sich ihm für einen Moment darbietet, der jedoch gleich wieder vorüber sein wird. Das Rosa des Kleides findet sich in den Blüten des Gebüschs wieder, von denen der junge Mann eine im Knopfloch trägt. Unten rechts ist der Schoßhund des Mädchens zu sehen. Auf ihn blickt eine der beiden steinernen Putten neben dem älteren Mann. Die andere schaut auf die Schaukelnde; eine dritte links gebietet zu schweigen.

Fragonards *Schaukel* ist übervoll von Anspielungen und knistert vor Erotik. Das Leben ist ein Spiel – alles ist Berechnung. Der ältere Mann hält das Mädchen – seine Frau, Tochter oder Mätresse? – am Gängelband, dirigiert die Schaukel über ein Seil wie ein Pferd mit dem Zügel; das Mädchen wirkt wie eine Porzellanpuppe, völlig deplatziert in dem verwilderten Park, kaum vorstellbar, wie sie mit ihrem Kleid und den Pantoffeln bis zur Schaukel gekommen ist; und der Jüngling? – er liegt in den Büschen wie auf einem Bett, in theatralisch-erwartungsfroher Haltung. Die Harken vor ihm machen ihn in diesem Spiel zum Gärtner, einer Figur, die gern mit Erotik in Verbindung gebracht wird. Das Thema der Schaukel war nicht neu. Es findet sich bereits bei Watteau, der seine »galanten Feste« ebenfalls gerne in verwilderten Parks ansiedelte. Doch anders als bei Fragonard weisen seine elegischen, »traumverlorenen« Bilder über sich hinaus. *Die Schaukel* ist hingegen ganz dem Momentanen, dem erotischen Kitzel verhaftet, etwas, was bei Watteau selbst in der *Einschiffung nach Cythera*, immerhin der Liebesinsel, nicht zu finden ist.

Ganz andere Töne schlägt Fragonard in dem zehn Jahre nach der *Schaukel* entstandem Bild *Der Riegel* an – ursprünglich als Pendant zu einer *Anbetung der Hirten* gedacht. Das Milieu des *Riegels* ist nicht mehr höfisch-aristokratisch, sondern bürgerlich; aus dem rokokohaften Spiel um Erotik und Sexualität wird aufklärerischer Ernst. Finden sich auf der Vorzeichnung noch zahlreiche Nebenmotive, so reduzierte und vereinfachte er sie in dem ausgeführten Gemälde zugunsten der dramatischen, durch die Lichtführung nochmals unterstrichenen Handlung. Wie in seinem Historiengemälde *Koresos und Kallirhoe* kommt der Höhepunkt einer, jetzt allerdings »alltäglichen«, Geschich-

■ *Jean-Honoré Fragonard, Der Riegel, um 1778, Öl auf Leinwand, 73 x 92 cm, Paris, Musée du Louvre.*
Die Interpretation des Bildes steht und fällt mit der Bedeutung, die dem Apfel zugemessen wird. Seine herausgehobene Stellung im Bildganzen wird stets betont, doch diese allein auf kompositorische Motive zurückführen zu wollen, die Sündenfallthese abzulehnen, ohne andere Interpretationsvorschläge gelten zu lassen, scheint nicht statthaft. Möglich wäre es auch, den Apfel als Liebesapfel zu deuten und im *Riegel* eine Darstellung der »irdischen Liebe« zu sehen, im Gegensatz zur »himmlischen Liebe« der *Anbetung*.

■ *Jean-Honoré Fragonard, Mädchen mit Hund, um 1775, Öl auf Leinwand, 89 x 70 cm, München, Bayerische Staatsgemäldesammlung, Alte Pinakothek.*
Erotische Szenen mit unverhohlenem Aufforderungscharakter, wie er sie von seinem Lehrer Boucher kannte, scheint Fragonard in den 1770er Jahren in großer Zahl gemalt zu haben. Das Spiel des jungen Mädchens kann hier keinesfalls mehr als unbedarft angesehen werden. In einem dieser Bilder hat Fragonard sich vielleicht selbst dargestellt; ein Maler lüpft mit einem Stab den Rock eines willenlosen *Unerfahrenen Modells*, dessen Brust eine ältere Frau darbietet.

te zur Darstellung. Verlauf und Konsequenz sind im Bild mitaufgenommen. Der Mann hat sich der Frau mit einem Blumenstrauß genähert, er liegt unten rechts. Sie müssen sich näher gekommen sein, der Mann hat die Oberkleider abgelegt. Vor weiteren Annäherungsversuchen versucht die Frau zu fliehen; er verriegelt die Tür. Was geschehen wird, deutet das Bett an.
Wesentlich ist der auf dem Tisch links liegende Apfel: Er hebt das Bild zur »Historie«, macht die sich ankündigende Vergewaltigung zum biblischen Sündenfall in bürgerlichem Gewand. Ob die Rollen von Adam und Eva vertauscht sind, hängt vom Blickwinkel ab. Aus Sicht des Mannes ist die Frau weiterhin die Verführerin; Eva war es, die Adam den Apfel überreichte. Doch der Apfel liegt unberührt auf dem Tisch; mit Gewalt nimmt der Mann sich, was er durch seine Schmeicheleien und Verführungskünste nicht erlangen konnte.
Der Riegel ist also eine moderne Darstellung des Sündenfalls – mit einer ambivalenten Schuldzuweisung, aber anders als die *Schaukel* durchaus mit moralischem Unterton. Und so entpuppt sich die scheinbar äußerst frivole Hängung des Bildes durch den Erstbesitzer, neben einer traditionellen Darstellung der *Anbetung der Hirten*, als durchaus sinnfällig: Der Sündenfall findet tagtäglich und überall statt; Erlösung verheißt das einmalige historische Ereignis der Geburt Christi.

JEAN-HONORÉ FRAGONARD: DIE SCHAUKEL

LEBEN UND WERK

Der Maler, Zeichner und Graphiker Jean-Honoré Fragonard wird 1732 im südfranzösischen Grasse geboren. 1738 zieht die Familie nach Paris, wo Fragonard zuerst in die Werkstatt Chardins, um 1749 in die Bouchers eintritt. Boucher, zu diesem Zeitpunkt auf dem Höhepunkt seiner Karriere, zieht seinen Schüler sehr bald zur Mitarbeit an Großaufträgen heran. Darüber hinaus lässt er von ihm Kopien nach eigenen Bildern anfertigen. 1752 macht Boucher seinen Einfluss geltend, um Fragonard eine Teilnahme an dem Wettbewerb um den »Prix de Rom« zu ermöglichen, den er dann auch gewinnt. Von 1753–1756 besucht Fragonard die École Royale des Elèves Protégés; anschließend tritt er sein Stipendium an. Fragonard bleibt fünf Jahre in Rom. Anfangs kopiert er vor allem Gemälde italienischer Meister. 1758 lernt er Robert kennen, mit dem er viel im Freien zeichnet. Stilistisch sind die Arbeiten der beiden kaum zu unterscheiden. Wohl 1759/60 entsteht das erste amouröse Gemälde Fragonards, *Der geraubte Kuss*. Reisen in Begleitung Roberts nach Neapel, Bologna, Venedig und Genua schließen den Italienaufenthalt Fragonards 1761 ab. Er kehrt nach Paris zurück. Grundlage der in den ersten Jahren vor allem im Privatauftrag entstehenden Gemälde sind seine italienischen Zeichnungen; Einfluss auf seine Landschaften nehmen die Niederländer des 17. Jahrhunderts, besonders Jacob van Ruisdael.

Den Status eines »Agrégés« – eines Anwärters auf die Aufnahme in die Akademie – erreicht er 1765 mit dem Historienbild *Koresos und Kallirhoe*. Der tonangebende Kritiker Denis Diderot ist begeistert. Fragonard wird als Erneuerer der Historienmalerei gefeiert, doch wendet er sich von diesem höchstes Prestige versprechenden Genre ab. Kleinere Formate mit häuslichen, amourösen und erotischen Szenen lassen sich besser verkaufen. Den Wendepunkt markiert das 1767 entstandene Bild *Die Schaukel*. Fragonard wird vorgeworfen, statt »große Kunst« zu schaffen, den frivolen Geschmack seiner Sammler zu bedienen. Um 1770 entwickelt er ein völlig neues Genre, die »figure de fantaisie«, extrem schnell, technisch brillant gemalte Porträts von Personen in »spanischem« Kostüm. Auch Diderot, der die Abkehr Fragonards von der »Historie« wenige Jahre zuvor noch verurteilte, lässt sich als »Phantasiefigur« malen. Staatsaufträge bleiben Fragonard versagt, desgleichen kirchliche; seine religiösen Darstellungen gelten als unseriös. In den 1780er Jahren wendet Fragonard sich verstärkt der Mythologie zu. Stilistisch nähert er sich dem Klassizismus an. Um den Wirren der Revolution zu entkommen, geht er 1789 nach Grasse, kehrt jedoch drei Jahre später wieder nach Paris zurück. Er malt kaum noch, arbeitet statt dessen an der Umwandlung des Louvre zum Museum mit. Er stirbt 1806.

DATEN

Wo zu sehen:
London, Wallace Collection
Öl auf Leinwand, 83 x 65 cm

Provenienz:
1767 im Auftrag des Baron de Saint-Julien entstanden (im Katalog der Wallace Collection von 1990 angezweifelt), später in der Sammlung Ménage de Pressigny, bei diesem 1794 beschlagnahmt. Das Bild geht durch verschiedene Hände und wird schließlich 1865 von Richard Seymour-Conway, dem vierten Marquess of Hertford, erworben, der es zusammen mit seiner Kunstsammlung an seinen illegitimen Sohn Sir Richard Wallace vererbt. 1897 vermacht die Witwe von Wallace die Sammlung der britischen Nation mit der Auflage, dass »sie unvermischt mit anderen Kunstwerken zusammenbleiben muss«. So hat die Wallace Collection, eine der größten je von einer englischen Familie geschaffenen Kunstsammlungen, bis heute ihren persönlichen Charakter bewahren können.

Lesenswert:
Jean-Pierre Cuzin, *Fragonard. Leben und Werk*. Œuvre-Katalog der Gemälde, München 1988.

AUF DEN PUNKT GEBRACHT

Fragonard verstand es wie kein zweiter, die hochgradig verfeinerte höfische Kultur darzustellen. Die *Schaukel* bietet sich als Synonym für das im Verfall begriffene »Ancien régime« an. Gerade in seiner Gekünsteltheit ist es vielleicht eines der ehrlichsten Bilder der Epoche.

Die nackte Maja

FRANCISCO DE GOYA

■ *Francisco Goya (1746–1828), Selbstbildnis.*

■ *Francisco de Goya, Nackte Maja, um 1797, Öl auf Leinwand, 97 x 190 cm, Madrid, Museo del Prado.*

Mehrfach war Goya um 1800 für Manuel de Godoy tätig, den Günstling, wahrscheinlich auch Liebhaber der Königin Maria Luise. Godoy wurde in den Hochadel erhoben und bestimmte bis zu seinem Sturz 1808 die Politik Spaniens im Sinne des aufgeklärten Absolutismus, nutzte seinen Einfluss aber auch zu skrupelloser persönlicher Bereicherung. Nach gewonnener Schlacht lässt er sich 1801 von Goya malen. Nicht in der zu erwartenden Feldherrnpose, sondern, vom Erfolg verwöhnt, lässig und respektlos dasitzend. Den vom König geschenkten Säbel an der Seite, den Begleitbrief in der Hand, einen Spazierstock zwischen die Beine geklemmt, blickt er abschätzig auf die ihm überreichte Standarte. Wenig später gibt er sich ganz aufklärerisch; er ist es, der Spanien voran bringt. Für das Vestibül seines Palastes in Madrid lässt er Allegorien der Landwirtschaft, der Industrie, des Handels und der Wissenschaften malen, diese zählen jedoch nicht zu den besten Arbeiten Goyas.
Frühester Nachweis der *Nackten Maja* ist der Bericht eines Besuchers der Kunstsammlung Godoys von 1800. Er erwähnt das Bild und seinen Aufbewahrungsort, ein separates, einzig dem

weiblichen Akt gewidmetes Zimmer, Godoys »erotisches Kabinett«. Neben Goyas *Maja* hingen dort noch ein heute verlorener Akt des um 1700 für den spanischen Hof tätigen Neapolitaners Luca Giordano und, bedeutendstes Werk der Sammlung, Velázquez' *Toilette der Venus* aus der Zeit um 1650, ein Werk, das die Herzogin von Alba Godoy geschenkt hatte.
Velázquez' *Venus* war der erste und bis zu Goyas *Nackter Maja* der einzige Akt, den die spanische Kunst hervorgebracht hatte. Einhundertfünfzig Jahre lang hatte es kein Künstler gewagt, eine Frau nackt darzustellen. Zu stark war die Macht der Inquisition, vor der sich auch Goya noch 1815 wegen seines Bildes verantworten musste. Goya kannte Velázquez' Bild und malte seinen Akt auch als Antithese zur Göttin Velázquez'. Die Göttin, Venus, liegt mit dem Rücken zum Betrachter. Nur im Spiegel, den ihr Amor hält, ist ihr Gesicht zu sehen. Ganz anders Goyas Maja. Ihre Nacktheit ist nicht mythologisch »entschuldigt«. Unverblümt macht Goya sie zum Thema. Sie ist direkt, auffordernd, selbstbewusst, aber auch »raffiniert sinnlich« wie die der Venus. Goya degradiert die Frau nicht zum passiven, sich hingebenden Lustobjekt. Er platziert seine *Nackte Maja* nicht in einem Boudoir wie Velázquez seine *Venus*, sondern gibt ihr einen nicht näher bestimmten neutralen Hintergrund. Wissen um ihre erotische Ausstrahlung, Verführung und Berechnung liegen im Blick der *Maja*. »Kaltfarbig« sind

■ *Francisco de Goya, Bekleidete Maja, um 1805, Öl auf Leinwand, 95 x 190 cm, Madrid, Museo del Prado.*
Kokett blickt die *Bekleidete Maja* den Betrachter an. Erst durch sie erfuhr die *Nackte Maja* eine Benennung und damit ihre ikonographische Festlegung als einfaches, dem Mann willfähriges Mädchen, Prostituierte.

»Die Trivialität der Pose steigert den Reiz der Bilder ... Ich würde sagen, die Herzogin ist eine bizzare f(outiere) mit boshafter Miene ..., und die Brust, die die Achselhöhle verdeckt, schielt gleichzeitig nach oben und seitwärts.«
Charles Baudelaire (1821–1867) über die Majas, die er nur aus Reproduktionen kannte

die Polster und Kissen, auf denen sie ruht, und heben so das warm leuchtende Inkarnat des schönen Körpers hervor.

Als Pendant zur *Nackten Maja* malt Goya um 1805 die *Bekleidete Maja*. Die Pinselführung ist lockerer, »impressionistischer« geworden. Bildformat, Modell und Haltung sind wiederholt, doch scheint die *Bekleidete Maja* dem Betrachter näher. Sie ist dem Format stärker eingepasst, scheint es sprengen zu wollen. Erst von ihr, die 1808 als Zigeunerin, 1815 als Maja bezeichnet wird, das heißt eine Frau aus der Unterschicht, die für einen Mann der Oberschicht sexuell erreichbar ist, bekommt die ältere Schwester ihren Namen. Mit der Nebeneinanderstellung von *Nackter* und *Bekleideter Maja* trieb Godoy ein pikantes, die Bigotterie seiner Zeit und seiner Schicht hintertreibendes Spiel. Konnte die *Nackte Maja* neben der *Venus* von Velázquez noch als entfernte Verwandte oder Gesellschafterin der Göttin gelten, so legt die jüngere Schwester ihre wahre Abkunft offen dar: Sich gegenseitig erläuternd, sind *Nackte* und *Bekleidete Maja* Goyas eine in die Moderne weisende Antwort auf die traditionelle Darstellung des Nackten. 1845 wurde die These aufgestellt, Modell der *Nackten Maja* sei die Herzogin von Alba gewesen. Faktenmäßig nicht zu belegen, von der Kunstgeschichte meist ins Reich der Legende verwiesen, wurde sie von Lion Feuchtwanger aufgegriffen und literarisch verarbeitet. Goya war mit der Herzogin von Alba befreundet. Rückschlüsse auf den Charakter dieser Freundschaft erlauben Bilder und Zeichnungen Goyas. Als er sich 1796/97 als Gast bei der Herzogin aufhielt, war Velázquez' *Toilette der Venus* noch in ihrem Besitz. Skizzen belegen, dass in der Umgebung der Herzogin recht lockere Sitten herrschten. Goya zeichnete auch die Herzogin, unstandesgemäß mit herabgelassenem Haar und nackt, ihm den Rücken zugewandt, sich im Spiegel betrachtend. Nicht zu entscheiden ist, ob diese Zeichnungen der Phantasie Goyas entsprangen oder ob sich ihm die Herzogin tatsächlich so präsentierte. Sicher ohne Modell schuf Goya das lebensgroße

■ *Francisco de Goya, Die Herzogin von Alba, 1797, Öl auf Leinwand, 210,2 x 149,3 cm, New York, Hispanic Society of America.*
Die nach außen zeigenden Spitzen der goldbestickten Schuhe der Herzogin können als Hinweis auf Liebhaber, hier auf Goya, dessen Name im Sand geschrieben steht, gedeutet werden. Mit gleicher Fußstellung, ebenfalls als Maja, wird Goya zwei Jahre später die Königin malen.

GOYAS GRAPHISCHE SERIEN

Goya schuf vier insgesamt mehr als zweihundert Blätter umfassende graphische Serien. Die ersten beiden sind Spiegel der gesellschaftlichen Situation, stellen Missstände bloß, klagen an. Die späteren, *Tauromachie* und *Disparate*, wachsen, wie auch die Malerei, ins Persönliche hinüber, sind mit dem überlieferten Vokabular kaum mehr zu fassen. Im Konflikt zwischen offiziellem und privatem Bereich entscheidet Goya sich für Letzteren, für den Rückzug in eine individualisierte »Ausdruckskunst«.

Porträt der Herzogin von Alba von 1797. Er malte es ohne Auftrag, für sich. Charakterisierung und Karikatur gehen darin ineinander über. Es ist Beleg ihrer Freundschaft, vielleicht auch eine Abrechnung, wie die Zeichnung mit der doppelgesichtigen Alba aus dem gleichen Jahr, die zur Aufnahme in die Reihe der *Caprichos* geplant war und der Goya den Titel *Traum von den Lügen und der Unbeständigkeit* gab. Die Herzogin galt als schön und kapriziös. Goya malte sie in Witwentracht – ihr Mann war während seines Aufenthaltes gestorben – vor wenig differenzierter Landschaft. Herrisch und überheblich blickt sie den Betrachter an. Eine Porträtähnlichkeit mit den *Majas* ist kaum auszumachen. An Zeige- und Mittelfinger ihrer rechten Hand trägt sie zwei Ringe, auf denen »Goya« und »Alba« zu lesen ist. Sie deutet auf den Boden, auf das in den Sand geschriebene »Solo Goya« – nur Goya allein.

Mit seiner beginnenden Taubheit war Anfang der 1790er Jahre eine grundlegende Wende in Stil und Thematik Goyas eingetreten. Seine Bilder verlieren die rokokohafte Unbefangenheit und Leichtigkeit, die etwa im *Picknick* von 1776 und noch im *Blindekuhspiel*, einem Teppichentwurf von 1791, zu beobachten sind. Der Verlust eines Sinnesorgans, des Gehörs, scheint zur Verschärfung eines anderen, der Augen, beigetragen zu haben. Ein entlarvender Blick wird Goya eigen. Es ist ein realistischer und leidenschaftlich Partei ergreifender Blick, der nichts beschönigt und noch in der Maske demaskiert. Missstände der Gesellschaft offenbaren die *Caprichos*. Schonungslos legt Goya den Charakter der Herzogin von Alba und sein Verhältnis zu ihr dar.

■ *Francisco de Goya, Du, der du nicht kannst, Blatt 42 der Caprichos, 1799, Radierung, 215 x 150 mm.*
Der Esel, Symbol für »arrogante Dummheit«, steht bei Goya häufig für Ärzte, Lehrer und ihre Schüler, den Adel. Hier prangert Goya die ungerechte Verteilung der Lasten und Privilegien an. Die unteren Schichten tragen die Müßiggänger, den Adel und den Klerus.

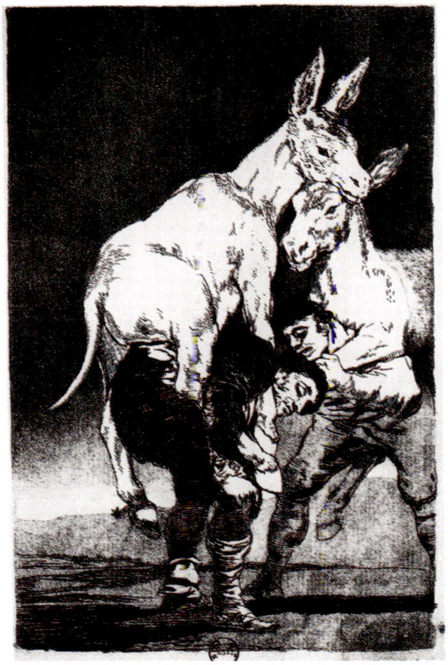

■ *Francisco de Goya, Familie Karls IV., 1800/01, Öl auf Leinwand, 280 x 336 cm, Madrid, Museo del Prado.*
Reaktionen der Zeitgenossen auf das Bild sind, wie meist bei Hofporträts, nicht überliefert. Hier ist jedoch kaum die postulierte moderne, menschliche Monarchie, womöglich auch noch intakte Familie geschildert. Goya zeigt sie vielmehr, wie sie ist, die Posen wirken gewollt, »höfisch«, sind nur noch Orden und Kleidung.

Demaskierend bis zur Majestätsbeleidigung ist Goyas Blick auf die *Familie Karls IV.* Die Komposition lehnt er an Velázquez' *Meninas* an; Goya spielt mit dem »Bildgedächtnis« der Porträtierten, fordert zum Vergleich auf. Der Maler steht links an seiner Staffelei, zwei Bilder, wohl Landschaften, bestimmen den Hintergrund. Die Königin steht in der Mitte, nimmt die Haltung von Velázquez' Infantin ein. Auf sie fällt das meiste Licht; sie bestimmte die spanische Politik durch ihr Verhältnis zu Godoy und die Feindschaft gegen ihren Sohn, des im Schatten stehenden späteren Ferdinand VII. Die Gruppe fällt seltsam auseinander. Den Blicken fehlt der gemeinsame Fokus, wodurch eine »zombie-like blankness«, eine »idiotische Ausdruckslosigkeit« in den Gesichtern entsteht. Liegt hier eine systemimmanente Kritik an der Monarchie vor? Wenn, dann wurde sie nicht verstanden. Goya wird weiter beschäftigt, malt 1814 den neuen König, Ferdinand, als eitlen, in unbeholfener Pose dastehenden jungen Mann.

Das Porträt des ungeliebten, reaktionären Königs von 1814 steht an der Schwelle zum Spätwerk Goyas, das in den *Schwarzen Bildern* gipfelt, seinem Vermächtnis an nachfolgende Künstlergenerationen. Goya malte die Bilder auf die Wände seines vor den Toren Madrids gelegenen Landhauses. Auf Leinwand übertragen, wurden sie 1878 auf der Pariser Weltausstellung gezeigt. Sie galten den meisten als Werke eines Verrückten. Einzig die Impressionisten bewunderten sie, doch auch sie hatten noch gegen das Verdikt des breiten Publikums anzukämpfen.

■ *Francisco de Goya, Der Koloss, um 1810, Öl auf Leinwand, 116 x 105 cm, Madrid, Museo del Prado.*
Als apokalyptische Vision sieht Goya den spanischen Befreiungskampf gegen Napoleon. Vor dem übermächtigen Koloss – Krieg – fliehen Mensch und Tier. Goya bezieht hier Stellung gegen den Krieg, ergreift Partei einzig für den Menschen. Obwohl Patriot, gibt es für ihn keinen »gerechten Krieg«.

FRANCISCO DE GOYA: DIE NACKTE MAJA

LEBEN UND WERK

Francisco José de Goya y Lucientes wird 1746 in Fuendetodos bei Saragossa geboren. Seine erste Ausbildung erhält er um 1760 bei José Luzán in Saragossa. Er kopiert vor allem Stiche. Erfolglos nimmt er 1764 und erneut 1766 an Wettbewerben der Kunstakademie in Madrid teil. Es sind Versuche, in den Kreis um den Neuerer Anton Raphael Mengs einzutreten. Bis etwa 1770 scheint Goya Schüler bei seinem zukünftigen Schwager, dem späteren Hofmaler Francisco Bayeu, in Madrid gewesen zu sein. Bayeu regt Goya zu seiner Italienreise 1770/71 an, die ihn hauptsächlich nach Rom führt. Goya nimmt sich Kompositionen Tiepolos, Simon Vouets und Correggios zum Vorbild. Das erste *Selbstbildnis* entsteht. 1774 wird Goya durch Mengs an den Hof berufen. Er arbeitet als Entwerfer an der königlichen Teppichmanufaktur. Die Aufnahme in die Akademie »erkauft« Goya sich 1780 durch eine bewusst in der Art von Mengs konzipierte *Kreuzigung*. Gleichzeitig rebelliert er, noch erfolglos, gegen das »Kunstdiktat« der Institution. Im religiösen Fach beginnt er Bayeu zu übertrumpfen. Goya wird zum begehrten Porträtisten. Er malt Mitglieder der königlichen Familie und des Hochadels. 1786 wird er zum »Pintor del Rey« ernannt, drei Jahre später zum »Primer Pintor de Cámara«. Durch Krankheit verliert Goya 1792/93 das Gehör. Als Folge der durch die Ertaubung ausgelösten Krise entstehen kleinformatige Bilder auf Blech und erste Vorlagen für die 1799 veröffentlichten *Caprichos* (»Launen«). Eine enge Freundschaft verbindet Goya mit der Herzogin von Alba. 1797 malt er ihr ganzfiguriges »Standesporträt«, stellt sie in kleinen, intimen Zeichnungen aber auch nackt dar. Um 1800 entstehen *Nackte* und *Bekleidete Maja* und Goyas bedeutendstes Gruppenporträt, *Die Familie Karls IV*. Eingeladen, um die erfolgreiche Verteidigung der Stadt gegen die Franzosen festzuhalten, reist Goya 1808 nach Saragossa. Verwüstungen und Greuel des Krieges sind Thema der *Desastres de la Guerra* (»Schrecken des Krieges«, 1863 erstmals veröffentlicht) und der Gemälde *Der Koloss*, um 1810, und *Die Erschießung der Aufständischen am 3. Mai 1808*, 1814, ein Bild von bis dahin unbekanntem Fatalismus. Zur gleichen Zeit entsteht das *Begräbnis der Sardine* – Karneval als dämonisch-gespenstisches Treiben. Die Inquisition erzwingt Änderungen. 1816 gibt Goya die *Tauromaquia*- und bis 1824 die *Disparates*-Serie (»Stierkampf«, »Torheiten«) heraus. 1820–23 krönt Goya sein Spätwerk mit den alptraumhaften *Schwarzen Bildern*, unter ihnen, in Erinnerung an die Bearbeitung des Themas durch Rubens, *Chronos*, der menschenfressende Gott der Zeit. 1823 kehrt Ferdinand VII. mit französischer Hilfe nach Spanien zurück. Enttäuscht über die verlorene Revolution, verlässt Goya Spanien und geht nach Bordeaux, wo er 1828 stirbt.

DATEN

Wo zu sehen:
Madrid, Museo del Prado
97 x 190 cm, Öl auf Leinwand

Provenienz:
Wohl um 1797 im Auftrag von Manuel de Godoy (1767–1851) gemalt. 1800 ist das Bild in dessen Sammlung in Madrid genannt, für die Goya um 1805 auch die *Bekleidete Maja* schafft. Beide Werke sind im Inventar der Sammlung Godoys 1808 aufgeführt, die *Bekleidete Maja* als *Zigeunerin*. Nach einem Prozess vor der Inquisition 1814/15 durften die Bilder der Akademie übergeben worden sein, von wo aus sie 1901 in den Prado gelangten.
1845 stellte Louis Viardot die These auf, die *Majas* seien Porträts der Herzogin von Alba. Sie konnte bis heute weder bestätigt noch entkräftet werden, auch nicht durch die 1945 von einem Nachfahren mit dem Ziel der »Rehabilitierung« der Ahnin veranlasste Exhumierung und Vermessung des Skeletts der Herzogin.

Lesenswert:
Lion Feuchtwanger: *Goya oder Der arge Weg der Erkenntnis*, Berlin 1997.

AUF DEN PUNKT GEBRACHT

Goya gilt als einer der Gründungsväter der Moderne. Von den Impressionisten entdeckt und bewundert, hatte kein Maler eine Goya vergleichbare Strahlkraft auf die Kunst an der Wende des 19. zum 20. Jahrhundert. Realisten wie Symbolisten, Expressionisten wie Surrealisten beriefen sich auf ihn.

Der Tod Marats

JACQUES-LOUIS DAVID

■ *J. M. Langlois zugeschriebene Kopie des Gemäldes von Jacques-Louis David, Der Tod Marats, 1793, Öl auf Leinwand, 165 x 128 cm, das in Brüssel in den Musées Royaux des Beaux-Arts hängt.*

Mit der ersten Sitzung des neu gewählten Nationalkonvents am 21. September 1792 trat die Revolution in Frankreich in ihre radikale Phase ein. David nahm unter den Jakobinern Platz, neben Marat, Danton und Robespierre. Die Monarchie wurde abgeschafft, Frankreich zur unteilbaren Republik erklärt, im Dezember schließlich der Schauprozess gegen den »Bürger Capet«,

Ludwig XVI., eröffnet. Am 19. Januar 1793 stellte Robespierre den Antrag auf Hinrichtung des Königs. Er wurde mit der knappestmöglichen Mehrheit von einer Stimme angenommen. Unter den Befürwortern war David. Auf die Hinrichtung Ludwigs zwei Tage nach dem Beschluss folgten die Kriegserklärungen der anderen wichtigen europäischen Mächte. Militärische Niederlagen, Hungersnöte und Unruhen begannen die Revolution zu gefährden.

David war so etwas wie der Fachmann der Revolution für visuelle Propaganda, für wirksame öffentliche Inszenierungen. Er wusste, dass die Revolution in dieser schwierigen Situation nichts besser gebrauchen konnte als Märtyrer, vorbildliche Männer und Blutzeugen der revolutionären Ideale. Der erste wurde ihm bereits am Tag nach dem Beschluss über die Hinrichtung des Königs geliefert. Ein ehemaliger Leibwächter des Königs erstach den Abgeordneten Le Peletier, der für die Hinrichtung votiert hatte. Auf Vorschlag Davids wurde die Leiche auf dem Sockel eines gestürzten Reiterstandbildes Ludwigs XIV. aufgebahrt und später in die zum Panthéon, zur Ruhmeshalle, umfunktionierte Kirche Sainte Geneviève überführt. Ohne Auftrag entsteht das Bild *Le Peletier auf dem Totenbett*, das David dem Konvent Ende März übergab. Keine vier Monate später, jetzt mit Auftrag, hatte er den nächsten Toten zum für die Revolution gestorbenen Märtyrer zu stilisieren, Jean Paul Marat. Die Wirkmächtigkeit von Davids Bildern war erkannt worden. Charlotte de Corday kam mit dem Ziel, Marat zu töten, am 11. Juli 1793 in Paris an und mietete sich in einem Hotel ein. Charlotte, obwohl aus altem Adel stammend, hegte keine Sympathien für die Monarchie. Sie war Republikanerin, verabscheute aber den jakobinischen Radikalismus, als deren Kopf sie Marat ansah. Am Morgen des 13. Juli kaufte sie die Tatwaffe, ein Küchenmesser. Am Abend gelang es ihr, zu Marat vorgelassen zu werden. Sie traf den Revolutionär in der Badewanne an, in der er sich wegen eines Hautleidens bevorzugt aufhielt und auch arbeitete. Mehrfach stach sie auf ihn ein. Helfer trugen

■ *Jaques-Louis David, Selbstbildnis, 1794.*

■ *Pierre Alexandre Tardieu nach David, Le Peletier auf dem Totenbett, 1794, Stich, Paris, Bibliotheque Nationale, Cabinet des Estampes.*
Für die horrende Summe von 100000 Francs – Delacroix' *Der 28. Juli: Die Freiheit führt das Volk* erzielte fünf Jahre später nur 3000 Francs – kaufte die Tochter Le Peletiers 1826 Davids Bild und ließ es verschwinden.

■ *Jacques-Louis David, Der Schwur der Horatier, 1784, Öl auf Leinwand, 330 x 425 cm, Paris, Musée du Louvre.* David stellt hier eine Geschichte aus der Frühzeit Roms dar. Die Abkehr vom Barock ist perfekt. Im Hintergrund steht Poussin. Die Einheit von Körper und Raum, von Licht und Atmosphäre ist aufgehoben. Die Bildelemente sind isoliert konzipiert und neu zusammengesetzt, die Figuren wie in einem Relief auf einer Ebene angeordnet.

Marat auf sein Bett, wo er wenig später starb. Charlotte wurde der Prozess gemacht. Am 17. Juli fand ihre Hinrichtung statt.
Bereits am Morgen nach dem Attentat begann David mit der Inszenierung Marats. Die Leiche wurde zur Schau gestellt, die Aufnahme Marats ins Panthéon gefordert und David mit einem Bildnis beauftragt. Ende Juli folgte dann die Errichtung eines provisorischen Monuments, in das wenig später, gleich Reliquien, Badewanne, Tisch und Schreibutensilien Marats überführt wurden – bewusste Bezugnahmen auf die christliche Heiligenverehrung.
David malt Marat, wie er ihn am Abend vor seinem Tod angetroffen hat, in der Badewanne, »schreibend für das Glück des Volkes«, wie er sich am 15. Juli vor dem Konvent ausdrückte. Die Badewanne steht parallel zur Bildfläche. Körper und Kopf sind zur Seite, in Richtung Betrachter, gesunken. Der rechte Arm hängt aus der Wanne. Das Gesicht mit den geschlossenen Augen ist zu sehen. Assignaten – das durch den Wert der eingezogenen Kirchen- und Adelsbesitztümer gedeckte Papiergeld der Revolution – und Zettel Marats auf dem Holzblock weisen auf seine Fürsorge für den einfachen Bürger, das Volk, hin. Subtil ist die-

ses Motiv in dem Schreiben Charlottes, das Marat in der linken Hand hält, gesteigert. Auch sie bittet um sein Wohlwollen. Im Moment der Beantwortung hat sie sich mit dem Messer auf ihn gestürzt. Es liegt am Boden, nahe der Hand, die die Schreibfeder hält: Noch ist Marat nicht tot; in seinen Schriften wird er weiter leben.

»SANS-CULOTTE JÉSUS«

Ursprünglich allgemeine Spottbezeichnung für Revolutionäre, wurde Sansculotten, wörtlich »ohne Kniehose« (wie die Adeligen sie trugen), in der Revolution zur Bezeichnung für Republikaner. Nach Marats Tod – ob durch Davids Bild gefördert oder nicht – entwickelte sich sehr schnell ein pseudo-religiöser Märtyrerkult um den Revolutionär. Er wurde zum volkstümlichen »Sans-culotte Jésus«. Unwillkürlich lässt die Stichwunde unter dem rechten Schlüsselbein Marats an die Seitenwunde Christi denken.

Jedem Zeitgenossen sofort erkennbar, zitiert David in der Haltung Marats den Christus der *Pietà*, des leblos, aber nicht endgültig tot im Schoß der Mutter liegenden Sohnes, geht aber auch einen wesentlichen Schritt weiter. Wichtig ist das Motiv des herunterhängenden rechten Armes, das sich bereits in der *Pietà* Michelangelos und den *Grabtragungen* Raffaels, Pontormos und Caravaggios findet. Es ist antik und kanonisch für die mehrfach in Sarkophagreliefs überlieferte *Heimtragung Meleagers*. Das Gleiche gilt für das Motiv *Meleager auf dem Totenbett*. Die Aufbahrung des Helden beschäftigte David 1777 in einer Zeichnung; die *Heimtragung* kopierte er 1780 von einem Relief. Beide Motive, die sich hervorragend zu Pendants eigneten, legte er den Bildern der Märtyrer des Jahres 1793 – des Jahres Zwei

■ *Jacques-Louis David, Madame Récamier, 1800. Öl auf Leinwand, 173 x 243 cm, Paris, Musée du Louvre.*
David war auch einer der bedeutendsten Porträtisten seiner Zeit. In klassischer Pose malt er die Dame der Gesellschaft auf dem nach ihr benannten Möbel. Trotz der strengen Pose und dem weitgehenden Verzicht auf Beiwerk wirkt das Bild »lebendig«. Der Hintergrund scheint aufgrund der sichtbar gelassenen Pinselspuren zu vibrieren.

■ *Jacques-Louis David, Bonaparte auf dem Großen Sankt Bernhard, 1801, Öl auf Leinwand, 272 x 232 cm, Malmaison, Musée National du Château.* Plakativer lässt sich der Anspruch auf das römische Kaisertum kaum darstellen. Den Wind im Rücken, stürmt Napoleon den Pass herauf, zu seinen Füßen in den Fels geschlagen die Namen der »Alpenüberschreiter« Hannibal und Karl der Große. Berninis Reiterstandbild Ludwigs XIV. in Versailles, 1665, und das Peters des Großen von Falconet in Sankt Petersburg, 1782, leben hier wieder auf.

der revolutionären Zeitrechung – zugrunde. Alles Nebensächliche ist aus dem Marat-Bild verbannt, vergleichbar der Herauslösung der *Pietà* aus dem Geschehen um die Kreuzigung. Nur der Staatsheilige und die von ihm herrührenden Staatsreliquien sind dargestellt.

Über die »Heiligung« hinweg gelingt David in den Bildern von Meleager-Peletier und Christus-Meleager-Marat die Umdeutung des banalen Todes politisch zweitrangiger Revolutionäre zum Heldentod. David macht deutlich, dass der tote Mensch, richtig instrumentalisiert, einer Bewegung, Idee oder Revolution wertvoller sein kann als der lebende. Vier Wochen wurden die Bilder im Herbst 1793 im »Cour carré« des Louvre den Massen gezeigt. Sie lenkten das Volk, wie die Zerstörung der Gräber der französischen Könige in Saint Denis im August und die zahlreichen Hinrichtungen, von der Krise der Revolution ab, die bereits im September in den »Terreur«, die Schreckensherrschaft, gemündet war.

JACQUES-LOUIS DAVID: DER TOD MARATS

LEBEN UND WERK

Jacques-Louis David wird 1748 in Paris geboren. Aufgrund seines Zeichentalents soll David eigentlich die Architektenlaufbahn einschlagen, doch entscheidet er sich für die Malerei. Der entfernte Verwandte Boucher führt ihn 1766 als Schüler in die Pariser Akademie ein. Für ein noch dem Rokoko verpflichtetes Gemälde erhält David 1771 den zweiten Preis in dem Akademie-Wettbewerb um ein Rom-Stipendium. Doch erst 1775, mit einem Bild, in dem sich der Wandel zu formaler und dramatischer Klärung nach dem Vorbild Poussins ankündigt, gewinnt er das Stipendium. Davids erste Begegnung mit italienischer Kunst, mit Raffael, Caravaggio und deren Nachfolgern in Rom, gleicht einem Kulturschock. Er will das »Barbarische« aus seiner Bildung, seinem Geschmack und seinem Geist verbannen. Künstlerisch und persönlich in einer tiefen Krise, reist er 1779 nach Neapel und Pompeji. Die Reise wird zum Befreiungsschlag. David findet Orientierung und kommt zur Einsicht, dass eine Erneuerung der Kunst nur in einem archäologisch gesicherten Klassizismus liegen kann. Wesentlich für seine Kunst ist die Entdeckung der antiken Skulptur und Homers, hier besonders das Motiv des toten Helden, des Verismus und der dunklen Tonalität als Mittel zur Intensivierung von Emotionen. Im Sommer 1780 kehrt David nach Paris zurück, wo er auf einen reformierten, seinem in Rom gewonnenen klassizistischen Stilideal entgegenkommenden öffentlichen Kunstbetrieb trifft. Aufgabe der Künste ist es fortan, Moral und nationalen Ruhm zu fördern. Die vorrevolutionären Hauptbilder *Der blinde Belisar bittet um Almosen*, *Andromache beweint den toten Hektor* und *Der Schwur der Horatier* entstehen. David wird in die Akademie aufgenommen und erhält eine Wohnung im Louvre. Mit Ausbruch der Revolution radikalisiert sich Davids politische Gesinnung. Er wird zum bedeutenden Propagandisten und Regisseur zahlreicher antikisierender »Fêtes révolutionaires«. 1790 erhält er den Auftrag, den Versailler *Ballhausschwur* vom 20. Juni 1789 in einem Monumentalgemälde zu verewigen. Als Mitglied des Konvents stimmt David für die Hinrichtung Ludwigs XVI. und ist Mitunterzeichner zahlreicher Todesurteile. 1793 entsteht *Der Tod Marats*, das wichtigste erhaltene Werk der Periode. 1795 wendet sich David, der selbst nur knapp der Hinrichtung entgeht, von der Revolution ab und kehrt zur »wahren« Antike zurück, so im 1799 vollendeten *Raub der Sabinerinnen*. Er wird zum glühenden Anhänger Napoleons, dem er in *Bonaparte beim Überschreiten des Sankt Bernhard*, 1801, und in dem monumentalen *Krönungsbild*, 1806/07, huldigt. Mit dem 1814/15 installierten neu-alten Regime der Bourbonen kann David sich nicht mehr arrangieren. Er geht nach Brüssel, wo er bis zu seinem Tod im Jahre 1825 vor allem als Porträtist tätig ist.

DATEN

Wo zu sehen:
Brüssel, Musées Royaux des Beaux-Arts
165 x 128 cm, Öl auf Leinwand

Provenienz:
Bezeichnet, datiert und signiert. Am 14. Juli 1793 Bildauftrag an David durch die »Section du Contract social«. Am 14. Oktober Ankündigung der Vollendung des Bildes. Am 16. Oktober, nach der Hinrichtung Marie Antoinettes, »staatsbürgerliche Ehrungen« für die im Hof des Louvres ausgestellten Bilder *Der Tod Marats* und *Le Peletier auf dem Totenbett*. Am 14. November Übergabe des Marat-Bildes an den Nationalkonvent, wo es neben dem Le-Peletier-Gemälde angebracht wird. Am 9. Februar 1795 Rückgabe beider Bilder an David, in dessen Besitz sie verbleiben. Das Marat-Bild erweist sich 1826 als unverkäuflich und wird 1893 dem Museum in Brüssel von einem Neffen Marats als Dank für die Aufnahme des Onkels in der Stadt geschenkt.

Lesenswert:
Jörg Traeger: *Der Tod des Marat. Revolution des Menschenbildes*, München 1986.

AUF DEN PUNKT GEBRACHT

David, Begründer des Klassizismus in Frankreich, ist der wichtigste Maler der Revolution und der Ära Napoleons. Ohne sich selbst zu verleugnen, ist seine Kunst im höchsten Grad propagandistisch. Er unterstützte die moralischen und politischen Forderungen des Bürgertums im späten »Ancien régime«, verherrlichte Revolution und Napoleon. *Der Tod Marats* ist Historienbild, Porträt und Heldenmonument in einem.

Das Eismeer

CASPAR DAVID FRIEDRICH

Friedrichs *Eismeer* beginnt unvermittelt, doch ist der Betrachter ausgeschlossen. Einem Riegel gleich verwehren ihm aufeinander und gegeneinander geschichtete Eisschollen mit erdig-braunen, hier und da grünlich-grauen Bruchkanten den Zugang. Bizarr türmt sich hinter einer verschneiten Zwischenzone ein Eisgebirge. Milchig ist hier der Schneehimmel aufgebrochen. Den Hintergrund bildet eine weite Fläche, hier und da mit weiteren Eisgebirgen besetzt.

Ungeheure, im Vordergrund von links, im Mittelgrund von rechts wirkende, über die gelbliche, fast senkrecht stehende Tafel umgeleitete Kräfte haben Eisschollen und Gebirge aufge-

■ *Caspar David Friedrich, Das Eismeer, 1823/24, Öl auf Leinwand, 96,7 x 126,9 cm, Hamburg, Kunsthalle.*

worfen und führen auch zu deren Versinken. Friedrich gestaltet hier eine Drehbewegung um die zentrale Bildachse. Eine weitere Kraft schiebt ein umgeworfenes Schiff, dessen Rumpf zum Teil schon von Eis bedeckt ist, an das Gebirge. Abgebrochene Mastspitze und Segel sind noch zu sehen. Links werden Baumstämme, nicht Masten, mit in die Tiefe gezogen.
Friedrich war nie in der Polarregion, sein Radius blieb weitgehend auf Dresden beschränkt. Anregungen bot ihm dennoch die Wirklichkeit. Im Winter 1820/21 hatte er den Eisgang auf der Elbe beobachtet und in Ölskizzen festgehalten. Auch naturwissenschaftlich interessiert, ging es ihm darum, »die zu verschiedenen Zeiten entstandenen Kristallisationen des Wassers in den Schollen nachzuweisen«. Dies gelang ihm so gut, dass die Skizzen als Anschauungsmaterial zu einer »Vorlesung über die Bildung des Gletschereises« Verwendung fanden. Ebenfalls auf konkrete Anregungen zurückzuführen ist Friedrichs Interesse an »Polarbildern«. Mindestens drei haben ihn Mitte der 1820er Jahre beschäftigt. 1823 wurde der Gedichtzyklus *Seasons* des schottischen Dichters James Thomson (1700–1748) übersetzt. In diesen Gedichten werden Naturschönheiten und ihre Wirkung auf den Menschen geschildert. Bereits ein Jahr zuvor war ein Reisebericht des Polarforschers William Edward Parry (1790–1855) auf Deutsch erschienen, in dem er seine (vergebliche) Suche nach der Nordwestpassage vom Atlantik zum Pazifik schildert; er war 1819/20 mit seinen Schiffen vom Eis eingeschlossen worden und musste in der Arktis überwintern.
Dass Gedichtzyklus und Reisebericht in Dresden um 1825 bekannt waren, belegen die Bemerkungen zu Friedrichs »Polarbildern« im *Artistischen Notizblatt* vom März des Jahres. Sollte Parrys Schilderung der gefahrvollen Überwinterung »zwischen starrenden und gähnenden Eisblöcken eingeklemmt« Friedrich zum *Eismeer* angeregt haben, so hat sie eine gewaltige Transformation erfahren: Aus der Gefahr machte Friedrich die Katastrophe – und ihre Aufhebung; aus Prosa wurde Dichtung. Der Betrachter steht erhöht, blickt von oben herab. Die vorderen Eisschollen sind erdig, wirken wie Grabplatten und zeugen von unter dem Eis vorhandenem, aber begrabenem Land. »Grabplatten« schieben sich über das Schiff, das so zum Sarg wird. Auch die organische Natur ist erstorben; astlose Baumstämme verschwinden in der Tiefe. Tod und Zerstörung, wohin man blickt. Doch ist auch – metaphysische – Hoffnung in dem Bild.

■ *Caspar David Friedrich, Eisschollen, 1820/21, Ölskizze, 14 x 18 cm, Hamburg, Kunsthalle.* Friedrich malte das »ewige Eis« des Polarmeeres auf Grundlage des von ihm 1820/21 beobachteten Eisgangs auf der Elbe. Fast wörtlich finden sich die Eisstücke wieder: Aus einer in der Natur vorgefundenen Form wird ein für die Bildaussage wesentliches Symbol.

■ *Carl Johann Baehr, Bildnis Caspar David Friedrichs, 1836.*

RESTAURATION

Die Epoche nach dem Wiener Kongress von 1814/15, das restaurative System Metternichs, war einzig um die Wiederherstellung vorrevolutionärer Legitimität und Bestandssicherung bemüht. Während der Besatzungszeit und der Befreiungskriege gegebene Versprechen, man würde Bürgerrechte und Pressefreiheit gewähren, wurden nicht eingelöst, demokratische und Einheitsbestrebungen unterdrückt. Satirisch schildert Heinrich Heine die Zustände 1844 in seinem Versepos *Deutschland. Ein Wintermärchen.*

Der Himmel über dem Grabmonument »Eisgebirge« ist aufgerissen, und ein aus zwei Eisblöcken im Vordergrund gebildeteter Pfeil weist über das Schiff hinaus in den Himmel.

Friedrichs *Eismeer* zeugt, und das gilt grundsätzlich für alle seine Landschaften, von unnahbarer, für den Menschen letztlich nicht fassbarer »göttlicher« Größe. Sie sind, um einen Begriff der zeitgenössischen Philosophie zu verwenden, »erhaben«. Für das »Erhabene«, das Friedrichs Werk einem Leitmotiv gleich durchzieht, scheint um die Entstehungszeit des *Eismeeres* jedoch kein Sinn mehr vorhanden gewesen zu sein. Bei seiner Ausstellung 1826 in Berlin fasste der preußische König Friedrich Wilhelm III. knapp zusammen: »Das große Eis im Norden möchte wohl anders aussehen.« Biedermeierliche Idylle, der Rückzug ins Private, das Mittelmaß prägten die dem Wiener Kongress folgende Epoche der Restauration. Höhere Ziele, Ideale oder gar Utopien lagen der Zeit nicht. Friedrichs *Eismeer* blieb unverkäuflich; Ludwig Richter und Carl Spitzweg stiegen auf.

Auf das Scheitern der Ideale aus der Zeit der französischen Revolution und der Befreiungskriege hebt der populäre Titel ab, den Friedrichs Gemälde bald erhielt: *Die gescheiterte Hoffnung.* An Utopien reich war hingegen die Zeit vor dem Kongress. Napoleon hatte weite Teile Europas unter seine Kontrolle gebracht, Ende 1809 dem preußischen König aber die Rückkehr in seine

■ *Ludwig Richter, Überfahrt über die Elbe am Schreckenstein, 1837, Öl auf Leinwand, 116,5 x 156,7 cm, Dresden, Staatliche Kunstsammlungen, Gemäldegalerie Alte Meister.*
Zu Bildern Friedrichs notierte Richter 1825 in seinem Tagebuch: »Sie erschüttern uns, reißen dann plötzlich den Faden ab und überlassen uns unserer gereizten Empfindung.« Die dem Motiv der Überfahrt innewohnende Todessymbolik biegt Richter ins Biedermeierliche. Die Zeit verlangte nicht mehr nach existenziellen Erfahrungen.

Hauptstadt erlaubt. Dieser kaufte nun 1810 auf Drängen des 15jährigen Kronprinzen die Pendants *Mönch am Meer* und *Abtei im Eichwald* – »Hoffnungsbilder« auf eine bessere Zukunft Deutschlands? Mit Goethes Aufsatz zum Straßburger Münster 1773, *Von Deutscher Baukunst*, hatte die von Vasari verachtete Gotik eine Umwertung erfahren, wurde zum deutschen Baustil schlechthin. Friedrichs *Abtei im Eichwald* ist eine gotische Ruine, besteht nur noch aus einer Wandachse, ragt von knorrigen alten Eichen umgeben aus einer vor Frost klirrenden Landschaft hervor. Mönche tragen einen verstorbenen Bruder zu Grabe. Transzendentes, symbolisches Licht hellt den Himmel des fast monochromen Bildes auf.

Zwar wird die *Abtei im Eichwald* zumeist religiös gedeutet, doch ist die Botschaft des Bildes auch politisch. In der Ruine eine Kritik an der Kirche zu sehen, der kämpferische heidnische Eichen entgegengestellt sind, deren bizarre Erscheinung wiederum auf die ihnen nicht gegebene Auferstehungshoffnung hinweist, scheint zu gegenläufig. Eher ist die Ruine »Zeichen der Institution Kirche, die, wie die heidnischen Eichen, vergeht am Auferstehungsmorgen« (Peter Rautmann), also in Höheres Eingang findet. Gotik und Eiche waren zur Zeit Friedrichs aber auch Synonyme des Deutschen. Architektur und Alter der Bäume weisen auf das Mittelalter, das als vermeintlich »gute alte

■ *Caspar David Friedrich, Abtei im Eichwald*, 1809/10, *Öl auf Leinwand*, 110,4 x 171 cm, *Berlin, Nationalgalerie, Staatliche Museen, Preußischer Kulturbesitz.*

Zwiespältig war die Beurteilung der *Abtei im Eichwald*. Der Zeitgenosse Carl Gustav Carus sah in dem Bild »vielleicht das tiefsinnigste poetische Kunstwerk aller neueren Landschaftsmalerei«. Andere bemängelten den »Nachtwächterton«. Goethe scheint anfangs ablehnend gewesen zu sein, revidierte seine Meinung dann aber im Tagebuch.

DAS »ERHABENE«

Ausgehend von Edmund Burkes *Philosophischer Untersuchung über unsere Ideen vom Erhabenen und Schönen (Ideas of the Sublime and Beautiful*, 1757) definiert Kant den Begriff des »Erhabenen« in der Kritik der Urteilskraft (1790). »Erhaben« ist ihm »das, was schlechthin groß ist« und »die Natur ... als Gegenstand der Furcht«, jedoch nur, wenn sich das Gemüt »in seiner eigenen Beurteilung gehoben« fühlt, wenn es trotz des Einsatzes seiner ganzen Einbildungskraft feststellen muss, dass es den Ideen (der Natur) nicht gerecht werden kann. In seinem Essay *Über das Erhabene* führt Schiller 1801 die Gedanken Kants weiter aus.

Zeit« nicht zuletzt vom Initiator des Ankaufs von *Mönch* und *Abtei* wenig später heraufbeschworen werden sollte.

Friedrichs »konkret-politische« Phase ist etwa mit der Zeit der napoleonischen Besetzung identisch. Sie begann um 1807 mit dem *Hünengrab im Schnee* – statt der drei Kreuze auf dem Golgathahügel drei Eichen, statt des Grabes Adams ein Megalithgrab – und führte über die *Abtei im Eichwald* und die *Gräber gefallener Freiheitskämpfer* von 1812 bis zum *Chausseur im Walde* von 1813/14. Ein französischer Soldat geht über eine Lichtung. Auf einem abgesägten Baumstumpf, Symbol des gewaltsamen Todes, sitzt ein Rabe; er singt dem Soldaten sein Sterbelied, wie es in einer zeitgenössischen Beschreibung heißt.

Auf Todes-, aber auch Auferstehungssymbolik verzichtet Friedrich nicht einmal in seinem »Hochzeitsbild«, dem *Kreidefelsen auf Rügen*. Im Januar 1818 hatte er geheiratet, im Sommer besuchte er mit seiner Frau die Insel. Im Vordergrund sind drei städtisch gekleidete Wanderer zu sehen, auf den ersten Blick Touristen, die den berühmten Aussichtspunkt Stubbenkammer besuchen. Ob seiner Farbigkeit macht das Bild einen heiteren Eindruck. Doch Friedrichs Frau sitzt am Rand des Abgrunds, in den sich der Maler hinabbeugt. Sinnend, und so gefährlich nah am tödlichen Abgrund wie die anderen, steht ein zweiter Mann mit verschränkten Armen an einen Baumstumpf gelehnt. Sein Blick geht auf das offene Meer mit den Segelbooten hinaus: »Sinnbild der Seele, die zu dem ewigen Leben aufbricht«.

Werden, Vergehen und das Aufgehobensein in Gott sind die Themen Friedrichs, Kreuz, Eichen, Gräber, Nebel, Schiffe immer wieder verwandte Symbole. Allein steht der Mensch vor dem unfassbar großen, nur in seiner Spiegelung, in der Landschaft, darstellbaren Gott.

■ *Caspar David Friedrich, Kreidefelsen auf Rügen, um 1818, Öl auf Leinwand, 90,5 x 71 cm, Winterthur, Stiftung Oskar Reinhart.*
Der *Kreidefelsen* nimmt im Œuvre Friedrichs eine Sonderstellung ein. Der Betrachter sieht sich der Unendlichkeit nicht direkt ausgesetzt. Der Blick ist durch die seitlichen in das Hochformat ragenden Felsen gefasst. In der harmlos erscheinenden Vordergrundszene gestaltet Friedrich eine Extremsituation, Menschen am Abgrund. Der Mensch ist dem Tod ausgesetzt, doch auch aufgehoben in Gott.

CASPAR DAVID FRIEDRICH: DAS EISMEER

LEBEN UND WERK

Caspar David Friedrich wird 1774 in Greifswald, Schwedisch-Vorpommern, geboren. Als erste künstlerische Arbeiten Friedrichs entstehen ab 1788 kalligraphische Blätter. Zwei Jahre später wird er Schüler des Zeichenlehrers der Greifswalder Universität. Ein Studium an der Kopenhagener Kunstakademie schließt sich 1794 an. 1798 lässt Friedrich sich in Dresden nieder, wo er gleich 1799 auf einer Ausstellung vertreten ist. 1801/02 geht er nochmals für ein Jahr nach Greifswald. Er besucht Rügen und lernt Philipp Otto Runge kennen. Zwei auf Anregung Goethes 1805 an die »Weimarer Kunstfreunde« geschickte Zeichnungen werden prämiert. 1807/08 reist er nach Nordböhmen und stellt den *Tetschener Altar* in seiner Wohnung aus: eine Landschaft als Altarbild. Gemeinsam mit Georg Friedrich Kersting unternimmt er 1810 eine Wanderung durch das Riesengebirge. Die auf der Berliner Akademieausstellung gezeigten Bilder *Mönch am Meer* und *Abtei im Eichwald* werden vom preußischen Königshaus erworben, 1812 auch der *Morgen im Riesengebirge*. Durch das *Hünengrab im Schnee*, um 1807, die *Gräber gefallener Freiheitskrieger*, 1812, den *Chausseur im Walde*, 1813/14, und weitere Bilder bezieht Friedrich, was von den Zeitgenossen auch durchaus erkannt wird, politisch Stellung. Die Einladung zu einer Rom-Reise lehnt Friedrich 1816 ab. Er lernt Carl Gustav Carus kennen. 1818 entstehen zwei der berühmtesten Bilder: *Der Wanderer über dem Nebelmeer* und *Kreidefelsen auf Rügen*. Es folgen *Zwei Männer in Betrachtung des Mondes*, *Klosterfriedhof im Schnee*, *Mondaufgang am Meer* und *Der einsame Baum*. 1823 wird der norwegische Maler Christian Clausen Dahl Hausgenosse Friedrichs. Gemeinsam bestreiten sie Ausstellungen. *Das Eismeer* entsteht. 1824 wird Friedrich zum außerplanmäßigen Professor der Dresdner Akademie ernannt. Auf die wohl aus politischen Gründen verweigerte ordentliche Professur reagiert Friedrich 1825/26 mit Krankheit. Resignative Momente scheinen in den Bildern auf. Die Farbigkeit wird verhaltener. Die *Verschneite Hütte* entsteht. In einer Mischung aus Sympathie und Skepsis berichtet Friedrich von den durch die Pariser Julirevolution 1830 auch in Dresden ausgelösten Aufständen. Negativ zeichnet er die Kunst seiner Zeit, den idealistischen Anspruch der »Nazarener« (einer künstlerischen Richtung, die eine Erneuerung der Kunst auf religiöser Grundlage anstrebte), den Rückzug ins Biedermeierliche, das Schielen nach dem Markt, die Macht der Akademien und Kritiker. Friedrich fühlt sich isoliert, malt das *Große Gehege bei Dresden* und die *Lebensstufen*. Ein 1835 erlittener Schlaganfall hindert ihn am weiteren Malen. Er zeichnet nur noch: meditative Vorbereitungen auf den Tod in der Hoffnung auf Auferstehung. Friedrich stirbt 1840 in Dresden.

DATEN

Wo zu sehen:
Hamburg, Kunsthalle
Öl auf Leinwand, 96,7 x 126,9 cm

Provenienz:
1823/24 entstanden. 1824 in Prag und Dresden, dort als *Das Eismeer* bezeichnet, und 1826 in Berlin und Hamburg ausgestellt. Im *Artistischen Notizenblatt* erwähnt C. A. Böttiger 1825 zwei »Polarbilder« Friedrichs, darunter das Hamburger Bild und ein drittes, das sich in Planung befände. *Das Eismeer* verbleibt im Besitz Friedrichs. Aus dem Nachlass erwirbt es 1843 der Malerfreund Christian Clausen Dahl (1788–1857). 1905 wird es von einer Schwiegertochter Dahls an die Hamburger Kunsthalle verkauft. Bis 1965 wird *Das Eismeer* mit dem seit 1868 verschollenen, 1822 in Dresden ausgestellten Bild *Ein gescheitertes Schiff auf Grönlands Küste* identifiziert. Von dem Namen des hier dargestellten Schiffes, *Hoffnung*, übernahm das Hamburger Bild seine alte Bezeichnung *Die gescheiterte Hoffnung*.

Lesenswert:
Peter Rautmann: C. D. Friedrich *›Das Eismeer‹. Durch Tod zu neuem Leben*, Frankfurt am Main 1991.

AUF DEN PUNKT GEBRACHT

Caspar David Friedrich ist der bahnbrechende Maler der deutschen Romantik. Seine Landschaftsauffassung ist komplett neu, er lädt sie religiös auf, subjektiviert sie und macht sie zum Spiegel einer individuellen Gefühlswelt.

Der 28. Juli: Die Freiheit führt das Volk

EUGÈNE DELACROIX

■ *Eugène Delacroix, Selbstbildnis, 1838.*

Der Wiener Kongress von 1814/15 hatte zum Ziel, die Französische Revolution und Napoleon ungeschehen zu machen. Die vorrevolutionäre Ordung wurde »restauriert«. Dies war besonders für Frankreich, das wieder in das Konzert der europäischen Mächte aufgenommen wurde, ein tiefer Eingriff, denn hier hatten Kirche und Adel ihren politischen Einfluss längst an das Großbürgertum verloren. Dies sollte sich unter dem Bourbonenkönig Karl X. ändern. Er regierte mit den alten Mächten, führte die Zensur wieder ein, löste die Nationalgarde auf und bewilligte die Entschädigung der meist adligen Emigranten. Es kam zu einer Staatskrise. Ihr versuchte man mit weiteren Einschränkungen bürgerlicher Rechte beizukommen. Doch das Gegenteil wurde erreicht. Die am 26. Juli 1830 publizierten »Juliordonnanzen« trieben die Pariser Bevölkerung auf die Barrikaden, Karl X. wurde zur Abdankung gezwungen und ging ins englische Exil.

Zeitpunkt und Ort von Delacroix' *Barrikadenkampf* – dies ist eine der gängigen Bezeichnungen des Gemäldes – sind ziemlich genau zu bestimmen. Im Ausstellungskatalog des »Salons« von

TRIKOLORE UND MARIANNE

Die französische Revolution entwickelte ihre eigene Symbolik. Die Trikolore entstand, als Ludwig XVI. 1789 die rot-blaue Kokarde der Aufständischen mit seiner weißen verband. Marianne wurde als Personifikation von »Liberté, Egalité, Fraternité« (Freiheit, Gleichheit, Brüderlichkeit) im gleichen Jahr geboren. Ihr Name ist eine bewusste Anlehnung an die mütterlichen Heiligen Maria und Anna. Sie stand für die Freiheit und die Republik, unter Napoleon für »La France«. Delacroix machte sie zur Streiterin.

1831 ist das Bild unter dem Titel *Der 28. Juli: Die Freiheit führt das Volk* aufgeführt. Es ist der Tag, an dem der mit der Niederschlagung der Unruhen beauftragte Marschall feststellte, dass es sich »nicht mehr um einen Aufruhr handelt, sondern um eine Revolution«. Seit dem Morgen wehte die Trikolore auf einem der Türme von Notre-Dame. Wie zum Beweis reißt Delacroix den sonst vom Pulverdampf verhangenen Hintergrund auf, um die Türme mit der Fahne, einer Erscheinung gleich, zeigen zu können. Notre-Dame ist von Süden zu sehen; die Barrikade muss auf einem zentralen Platz links der Seine stehen. Doch hält Delacroix keine reale Situation fest, die er am 28. Juli 1830 skizziert haben könnte, um sie im gleichen Jahr als großes Öl-

■ *Eugène Delacroix, Der 28. Juli: Die Freiheit führt das Volk, 1830, Öl auf Leinwand, 260 x 325 cm, Paris, Musée du Louvre.*

■ *Eugène Delacroix, Der Tod des Sardanapal, 1827, Öl auf Leinwand, 392 x 496 cm, Paris, Musée du Louvre.*
Der Sage nach verbrannte der Assyrerkönig Sardanapal oder Assurbanipal (regierte 669–626 v. Chr.) mit seinen Frauen und Schätzen bei der Zerstörung seiner Hauptstadt Ninive. Dankbar greift Delacroix den orientalischen Stoff auf, ermöglicht er ihm doch, vielfigurige orgiastische Szenen, Sinnlichkeit und Üppigkeit darzustellen. Alle Bildelemente leiten auf den König hin. Unbeteiligt schaut er auf die Frau, die vor seinen Augen getötet wird.

gemälde auszuführen. Ihm geht es nicht um eine Momentaufnahme, sondern um eine Überhöhung des Geschehens, dem er mit seinem Bild ein Denkmal setzt.
Anregungen grundsätzlicher Natur könnte Delacroix eine Begebenheit der Revolution geliefert haben, die in dem Flugblatt *Eine unbekannte Tat vom Juli 1830* überliefert ist. Auf der Suche nach ihrem jüngeren Bruder Antoine fiel die nur mit einem Unterrock bekleidete Wäscherin Anne-Charlotte D. über dessen nackten, von zehn Kugeln durchsiebten Leichnam. Sie schwor, für jede Kugel einen Königstreuen zu töten. Neun erschoss sie, bevor sie selbst getötet wurde. Im Vordergrund des Bildes liegen Tote beider Parteien, ein Aufständischer, Antoine, dem man die Hose gestohlen hat, und zwei Royalisten, von denen zumindest auch der linke ausgeplündert worden ist. Über dem toten Bruder kniet Anne-Charlotte – das geknechtete Frankreich –, gekleidet in den Farben der Trikolore. Sie blickt zu der vorwärts stürmenden weiblichen Gestalt hinauf, als die sie in diesem Moment wiederaufersteht. Es ist Marianne, die Personifikation der Freiheit und der Republik. Ihre Brust ist wie die einer kämpfenden Amazone entblößt. Körper und Gewand sind antik. Sie trägt Gewehr und Trikolore. Licht fällt hinter ihr und dem auferstandenen Antoine rechts von ihr, der ihre Bewegung aufnimmt und verstärkt, herab auf Notre-Dame.

Links der Hauptgruppe, vor dem aufziehenden Volk, arbeitet Delacroix drei weitere Personen heraus. Sollte die hockende Gestalt außen als Militär zu identifizieren sein, so personifizieren die Abgebildeten die drei »neuen« Stände des heraufziehenden Industriezeitalters, Soldat, Arbeiter und Bürger. Auffordernd wendet sich Marianne zu ihnen um. Zwei registrieren den Moment der Auferstehung, sind bereit zur Gefolgschaft, wenn auch der Bürger zu zögern scheint. Zwiespältig ist die Rolle des Soldaten. Gebannt starrt er auf die Toten. Ist er

Überläufer oder Kollaborateur? Er kommt aus dem Arbeiter- oder Bürgerstand, dient aber dem zu bekämpfenden System. Er hält einen Säbel – und ein Säbelhieb war es auch, der die reale Anne-Charlotte tötete.

Von der Notwendigkeit einer Revolution zur Abschaffung eines korrupten Regimes war Delacroix überzeugt. Doch erfüllten ihn entfesselte Massen, Arbeiter und Kleinbürger auch mit Sorge. In drei mal drei Personen, in Toten, Auferstandenen und den Ständen heroisiert und problematisiert er die Juli-Ereignisse, die auf ganz Europa übergreifen sollten. Allegorie und Historienbild fallen zusammen. Neun Menschen tötete Anne-Charlotte, bevor sie selbst niedergestreckt wurde, neun sind es in Delacroix' Bild. Nicht im Bild sind der Mörder Anne-Charlottes und der der Revolution. Ersterer war ein unbekannter Hauptmann, letzterer der »Bürgerkönig« Louis Philippe. Er akzeptierte die revolutionäre Trikolore anstelle des Lilienbanners der Bourbonen und wurde noch im Revolutionsjahr zum »König der Franzosen« proklamiert. Er ließ den *28. Juli: Die Freiheit führt das Volk* ankaufen und unter Verschluss halten. Anfangs liberal, später zunehmend reaktionär, wird er durch die Revolution von 1848 hin-

■ *Théodore Géricault, Das Floß der Medusa, 1818/19, Öl auf Leinwand, 491 x 716 cm, Paris, Musée du Louvre.*
1816 ging die Fregatte *Medusa* unter. 149 Passagiere konnten sich auf ein Floß retten, fünfzehn lebend geborgen werden. Das Bild wurde als Anklage gegen das Regime verstanden, dem der Kapitän sein Patent verdankte. Delacroix kannte das Bild; Motive – die Toten, die um Hilfe Winkenden – tauchen in *Die Freiheit führt das Volk* abgewandelt wieder auf. Deutlich wird die Vorliebe der französischen Romantik für blutrünstig-dramatische Szenen.

weggefegt werden. Delacroix löste die klassizistisch unterkühlte Malerei der ersten französischen Republik und der Zeit Napoleons in Wärme und Sinnlichkeit auf. Barockes Pathos, Rubens' bewegte Kompositionen und üppige Körper, Rembrandts Farb- und Lichtbehandlung feiern ein Comeback. Delacroix wird, wie Caspar David Friedrich, zur Romantik gezählt. Größere Unterschiede im Sujet und dessen Behandlung als zwischen diesen beiden sind allerdings kaum vorstellbar. Die Romantik ist kein europaweit verbreitetes Phänomen mehr wie noch der Barock, sondern zerfällt in »Nationalstile«. Und doch gibt es Gemeinsamkeiten. Beide, Delacroix wie Friedrich, kehren der eigenen Zeit – der *Barrikadenkampf* ist Delacroix' einziges Bild mit aktueller politischer Bezugnahme – den Rücken: dem beginnenden Industriezeitalter und der Verwissenschaftlichung der Welt. Delacroix flieht in eine orientalische Traumwelt, Friedrich in die Innerlichkeit.

▪ *Jean-Auguste-Dominique Ingres, Das Türkische Bad, 1863, Öl auf Leinwand, Durchmesser 108 cm, Paris, Musée du Louvre.* Deutlich gibt sich Ingres, der Gegenspieler Delacroix', als Schüler Davids und Vertreter der klassizistisch-akademischen Richtung zu erkennen. Der Romantik und der Entwicklung zum Realismus stand er feindlich gegenüber. Ohne im Orient gewesen zu sein, malte er sein *Türkisches Bad*, eine europäische Phantasie und Wunschvorstellung. Die Körper geraten ihm zu Arabesken, zu Ornamenten.

LORD BYRON

Ein Skandal zwang Byron (1788–1824) im Jahre 1816, England zu verlassen. Er schloss sich der griechischen Befreiungsbewegung an, in deren Diensten er an Malaria starb. Sein bewegtes, zerrissenes Wanderleben und seine Dichtungen, *Childe Harold's Pilgrimage* und *Manfred*, die von Melancholie geprägt und mit Ironie, Witz und Satire gewürzt sind, ließen ihn für seine Zeit zum Romantiker schlechthin werden. Nach ihm ist der »Byronismus« benannt, eine Stil- und Lebenshaltung, die von Weltschmerz, Lebens- und Kulturmüdigkeit geprägt ist und die auch Delacroix deutlich beeinflusst hat.

EUGÈNE DELACROIX: DER 28. JULI: DIE FREIHEIT FÜHRT DAS VOLK

LEBEN UND WERK

Nach dem Tod des Vaters zieht der 1798 bei Paris geborene Delacroix 1806 mit seiner Mutter in die französische Hauptstadt. Er erhält eine fundierte klassische Bildung, sieht die von Napoleon aus Sammlungen von Rom bis Berlin geraubten, im Louvre zusammengeführten Spitzenwerke europäischer Malerei. 1815 tritt er in das Atelier Pierre Guérins ein, die Geburtsstätte der französischen Romantik. Er trifft auf Théodore Gericault. 1816 wird er in die École des Beaux Arts aufgenommen, wo er jedoch nur mittelmäßige Leistungen erbringt. Er kopiert Gemälde des Louvre, Leonardo und Raffael, liest Dante, Tasso, Shakespeare, Lord Byron. 1822 ist Delacroix erstmals im »Salon«, der regelmäßig in Paris stattfindenden Ausstellung zeitgenössischer Kunst, vertreten. Die erhebliches Aufsehen erregende *Dante-Barke* wird vom Staat angekauft. 1824 beschickt er den »Salon« mit dem *Massaker von Chios*, einem Beispiel für die Orientmode der Zeit, aber auch eine Stellungnahme zum europaweit verfolgten Befreiungskampf der Griechen gegen die Türken (1821–32). Kostümstudien sowie Zeitungs- und Augenzeugenberichte bilden die Grundlage. Der Verkauf des Bildes ermöglicht Delacroix 1825 eine Englandreise. Werke von Joshua Reynolds, Thomas Lawrence und John Constable begeistern ihn. Delacroix sieht Aufführungen von Werken Shakespeares und Goethes *Faust*. Lord Byron verpflichtet ist die Allegorie auf den Sterbeort des Dichters, *Griechenland auf den Trümmern von Missolonghi* von 1826. Ein Jahr später, mit dem *Tod des Sardanapal*, wohl nach Byrons gleichnamiger Dichtung, gilt Delacroix als der bedeutendste Maler Frankreichs. Es entstehen Bilder zur französischen Geschichte, schließlich 1830, »tagesaktuell«, *Der 28. Juli: Die Freiheit führt das Volk*. 1832 reist Delacroix als Begleiter einer diplomatischen Delegation nach Marokko, Algerien und Spanien. Zahllose Skizzen entstehen, auf die er immer wieder zurückgreifen wird. Er ist fasziniert vom Leben im nördlichen Afrika, es erscheint ihm voller Würde, als »lebendige Antike«. Der Besuch eines Harems findet Niederschlag in den *Frauen von Algier* von 1834. Gleichzeitig zitiert er Rubens. In Spanien lernt er Murillo und Goya schätzen. 1837 entsteht das 1873 geteilte *Doppelporträt von George Sand und Chopin*, 1838 *Medea*. In den 1830er und 1840er Jahren sind es vor allem große staatliche und kirchliche Aufträge, die Delacroix beschäftigen. Der Revolution von 1848 kann er nichts abgewinnen. In den 1850er Jahren beginnt ihn die Photographie zu beschäftigen. Zeichnungen nach Aktphotos entstehen. 1855 werden Werke Delacroix' auf der Weltausstellung gezeigt. Baudelaire feiert ihn als wichtigsten Maler der Moderne. Krankheitsbedingt kann er kaum mehr malen. 1859 ist er zum letzten Mal auf dem »Salon« vertreten. Delacroix verstirbt 1863 in Paris.

DATEN

Wo zu sehen:
Paris, Musée du Louvre
Öl auf Leinwand, 260 x 325 cm

Provenienz:
1830 gemalt, signiert und datiert. 1831 im »Salon« gezeigt und vom Staat für 3000 Francs vergleichsweise günstig erworben. Kleinere Bilder niedrigeren Genres erzielten mehr als das Doppelte. 1832 ist es im Katalog der ausgestellten Werke des Musée du Luxembourg aufgeführt, ausgestellt wohl nur aufgrund der demokratischen Revolte vom Juni des Jahres. Wie lange Delacroix' Bild zu sehen war, ist unbekannt, wohl nur einige Monate. 1839 ergeht die Order, alle Werke revolutionären Inhalts zu entfernen, Delacroix erhält sein Bild zurück. Sofort nach der Februarrevolution von 1848 unternimmt Delacroix Schritte zur Rückgabe. 1849/50 wird es erneut im Musée du Luxembourg ausgestellt, anschließend magaziniert. Auf Bitten Delacroix' und mit Genehmigung Napoleons III. holt man es 1855 aus dem Magazin und zeigt es auf der Weltausstellung. 1861–74 wird es ununterbrochen im Musée du Luxemburg gezeigt, 1874 an den Louvre übergeben und dort ausgestellt.

AUF DEN PUNKT GEBRACHT

Delacroix war das Haupt der französischen Romantik. Als Repräsentant des »Großen Stils« war er der letzte bedeutende Historienmaler Europas. Den von offizieller Seite und der Akademie geförderten Klassizismus lehnte er ab. Von den Impressionisten, Cézanne und Picasso wurde er bewundert.

Regen, Dampf und Geschwindigkeit – Die Great Western Railway

WILLIAM TURNER

Mit Eröffnung der 39 Kilometer langen Strecke zwischen den Städten Stockton-on-Tees und Darlington begann 1825 im nordenglischen Industrierevier der Siegeszug der Eisenbahn, des ersten schnellen Massenverkehrsmittels. Nach stockenden Anfängen entwickelte sich sehr schnell eine wahre Eisenbahn-Manie. Von ihr war auch Turner befallen.

Geschwindigkeit, das, was die Menschen des 19. Jahrhunderts neben der Kraft am meisten an dem neuen Verkehrsmittel faszinierte, ist das Hauptthema von *Regen, Dampf und Geschwindigkeit – Die Great Western Railway*. Überliefert ist, dass Turner während eines Regensturms den Kopf aus dem Fenster

■ *William Turner, Regen, Dampf und Geschwindigkeit: Die Great Western Railway, 1844, Öl auf Leinwand, 91 x 122 cm, London, National Gallery.*

seines Abteils hielt, um Geschwindigkeit körperlich zu erfahren. Turner, der England, Schottland und halb Europa mit dem Postwagen bereist hatte, wusste die Vorzüge der Eisenbahn zu schätzen. Die Lokomotive in seinem Bild ist der damals modernste Typ, die »Firefly Class«. Sie fährt über die neu errichtete Themsebrücke bei Maidenhead östlich von London. Brücke wie Lokomotive galten als Meisterleistung der Ingenieurskunst. Turner zeigt den Blick in das Führerhaus der Lokomotive. Der Kessel wird gerade geschürt. Rauchwolken verdeutlichen die Fahrtrichtung, aus dem Bild heraus, und zwar mit einer Geschwindigkeit von fünfzig Meilen in der Stunde, wie die Rezensenten von *Morning Chronicle* und *Fraser's Magazine* 1844 gleichlautend feststellten. Sie fügen hinzu, dass die Leser sich mit dem Besuch der Ausstellung beeilen sollten, bevor der Zug noch Leinwand und Mauern der Galerie durchschlagen und auf der Straße landen würde.

■ *William Turner, Selbstbildnis, um 1798.*

Auch die *Times* widmet Turners Bild eine Besprechung. Sie beginnt mit der lakonischen Feststellung, dass das Thema Eisenbahn dem Maler ein neues Betätigungsfeld zur Vorführung seines »eccentric style« biete. Bemerkt wird die »sudden perspective«. Einer Entscheidung, ob die Bilder Turners als »dazzling unrealities« (Blendwerk) oder als »realities seized upon at a moment's glance« (Momentaufnahmen der Wirklichkeit) anzusehen seien, enthält sich die Zeitung. Sie sind beides.

Verantwortlich für die Assoziation von Geschwindigkeit ist die von der *Times* festgestellte »sudden«, jähe, »dynamisierte« Perspektive der Eisenbahnbrücke. Sie zieht den Blick von der rechten unteren Bildecke in die Tiefe, wo sie in Farbe aufgelöst im Nichts verschwindet. Erst auf den zweiten Blick wird der Zug wahrgenommen. Bis die Fahrtrichtung ausgemacht ist, dauert es einige Momente. Der Rauch verdeutlicht, dass die Lokomotive rückwärts fährt. Ist dies festgestellt, springt die Bewegungsrichtung der Brücke um. Sie führt nicht mehr in die Tiefe des Bildes, sondern schießt mit dem Zug aus ihm heraus.

Sieht man noch genauer hin, so scheint die Bahn, immerhin *das* Synonym der Zeit für Geschwindigkeit, trotz der »sudden perspective« und des vom Fahrtwind zerrissenen Rauchs still zu stehen. Turner gibt sie einem Standphoto gleich. Scharf hebt sich der Umriss des Schornsteins vom Hintergrund ab. Reflexe spielen auf ihm. Würde der Zug mit fünfzig Meilen, etwa 75 Stundenkilometer, vorbeirasen, müssten seine Umrisse sche-

■ *William Turner, Die »Fighting Téméraire« wird zum Abwracken an ihren letzten Ankerplatz geschleppt, um 1839, Öl auf Leinwand, 91 x 122 cm, London, National Gallery.*
Für den Schriftsteller William Makepeace Thackeray ist das Dampfschiff ein Dämon, dem »traurig und majestätisch das tapfere alte Schiff folgt«. Verteufelung der Technik und Sentimentalität lagen Turner nicht. Das von der untergehenden Sonne entfachte Farbspiel wird im Dampfschiff wiederholt. Die neue Zeit ist für Turner voller geballter Energie.

menhaft, die Landschaft konturiert sein. Dieser Widerspruch ist von kaum zu unterschätzender Bedeutung. Turner könnte in *Regen, Dampf und Geschwindigkeit* den einheitlichen Betrachterstandpunkt – *die* Errungenschaft der Renaissance – bewusst aufgehoben haben. Er malt den Zug wie aus dem Abteilfenster. Als Maler kann er ihn zur Gänze sehen; da er sich mit ihm bewegt, sieht er ihn scharf wie im Stillstand. Die Landschaft erscheint dem Betrachter, als zöge sie an einem Abteilfenster vorbei. Was nah, direkt am Bahndamm liegt, bleibt schemenhaft, Entferntes, Brücke und Boot, behalten ihre Konturen. Überspitzt formuliert: »Der Betrachter ist im Bild«, sitzt im Zug und fährt durch eine Turner-Landschaft.
Wie meist, so nutzte Turner auch im Fall von *Regen, Dampf und Geschwindigkeit* die »Varnishing Days« vor Eröffnung der jährlichen Ausstellungen der Royal Academy, um nicht unwesentliche Änderungen am Bild vorzunehmen. Ein Mitglied der Akademie überliefert, dass er »den kleinen um sein Leben laufenden Hasen vor der Lokomotive« und den Mann mit Pflug auf dem Feld rechts der Eisenbahnbrücke nachträglich einfügte. Weiter berichtet der Zeuge, dass er keinen Zweifel daran habe, dass Hase und Pflug, nach einem Volkstanz, »Speed the plough«, für die *Geschwindigkeit* im Bildtitel stehen. Das Bild bekommt einen allegorischen Sinn: das langsame Fortkommen des pflügenden Bauern und der Menschen im Boot, der schnelle Hase,

von Turner öfter als Symbol für Geschwindigkeit verwendet, und schließlich die technische Errungenschaft der Eisenbahn, die alle überholt. Eine Technikkritik in das Bild hineinzulesen, wie manche dies getan haben (der Zug drohe den Hasen zu überfahren), ist zu heutig gedacht. Das Gleiche gilt für die Konstruktion des Gegensatzes Mensch im Einklang mit der Natur contra Lokomotive als Hinweis auf Naturzerstörung. *Regen, Dampf und Geschwindigkeit* ist eine Hymne auf den Fortschritt, eine Allegorie auf die Naturkräfte im modernen Gewand. Der Blitze schleudernde Gott Zeus ist von der Lokomotive verdrängt.

Bevor Turner in *Regen, Dampf und Geschwindigkeit* die heraufziehende neue Zeit malte, trug er in *Die »Fighting Téméraire« wird zum Abwracken an ihren letzten Ankerplatz geschleppt* ein Stück britische Geschichte zu Grabe. Die *Téméraire* hatte Turner erstmals 1806 in der *Schlacht von Trafalgar* gemalt. Gut dreißig Jahre später hat das Schiff ausgedient. Seine letzte Fahrt macht es nicht mehr aus eigener Kraft. Ein kleiner Raddampfer schleppt es zu seinem letzten Ankerplatz. Beide Schiffe spiegeln sich auf der ruhigen See. In den Farben des Dampfers finden sich die des Sonnenuntergangs wieder. Möglicherweise plante Turner *Regen, Dampf und Geschwindigkeit* und *Fighting Téméraire* als Pendants. Beide, das zuerst gemalte ohne Dynamik und mit melancholischem Rückblick, künden von der neuen Zeit.

»VARNISHING DAYS«

Seit 1804 entschied eine Kommission der Royal Academy, welche Bilder vor Ausstellungseröffnung noch zu firnissen (engl. »to varnish«) seien. Die »Varnishing Days« dehnten sich schnell auf eine Woche aus, die Turner mit Vorliebe dazu nutzte, seine Bilder zu vollenden oder wesentliche Veränderungen anzubringen. Schockartige Zustände, grelle Farben ließ er gerne einige Tage auf seine Kollegen wirken, überzog sie erst in letzter Minute mit dämpfenden Lasuren.

■ *John Constable, Der Heuwagen, 1821, Öl auf Leinwand, 130 x 185 cm, London, National Gallery.*
Deutlich lehnt Constable (1776–1837) sich hier an die niederländische Landschaftsmalerei des 17. Jahrhunderts an. Er verurteilte Turners Entfernung von der Wirklichkeit, zeigt sich in späteren, auf die Schule von Barbizon vorausweisenden Bildern aber von dessen Farberfahrungen beeinflusst.

Turner reiste viel, meist im Auftrag. In zahllosen Aquarellen hielt er Landschaften, Städte und Sehenswürdigkeiten fest, zum Teil als Vorlagen für graphische Folgen und für Ausführungen in Öl. Für seine Aquarelle fanden sich leidenschaftliche Sammler, für die Ölgemälde kaum. Bedeutendste Ausnahme ist die Ansicht der am Eingang des Canale Grande gelegenen Kirche Santa Maria della Salute von 1843. Wiederholt war Turner in Venedig. Das meist dunstige, Konturen verwischende, selten harte Licht der Stadt kam seiner Malweise entgegen. Es ist das gleiche Licht, das Turner in den Hafenansichten Claude Lorrains fand. Von Lorrain geht die Malerei Turners aus. Ihn suchte er zu übertreffen.

■ *William Turner, Licht und Farbe (Goethes Theorie) – Der Morgen nach der Sintflut – Moses schreibt das Buch Genesis, um 1843, Öl auf Leinwand, 78,5 x 78,5 cm, London, Tate Gallery.* In *Licht und Farbe – Der Morgen nach der Sintflut* und dem Pendant *Schatten und Dunkelheit – Am Abend der Sintflut* setzt Turner sich mit Goethes *Farbenlehre* auseinander. Goethe verband die Farben mit Gefühlswerten und teilte sie in Plus und Minus. Ob Turner in dem Bildpaar Goethes Theorie bestätigt oder verdammt, ist bis heute umstritten. Zeitgenossen verurteilten die Bilder, in denen Turner eine theoretischen Auseinandersetzung unter dem Deckmantel der biblischen Historie führt.

Zeit seines Lebens war Turner darum bemüht, die Landschaftsmalerei aus ihrer untergeordneten Stellung innerhalb der Hierarchie der Künste zu führen. Früh, vor 1800, begann er damit, seinen Bildern umfangreiche Titel zu geben, sie wie eine Partitur mit Versen, etwa John Miltons (1608–74) und Lord Byrons (1788–1824) oder auch eigenen zu unterlegen. Musik und Landschaftsmalerei waren für ihn verwandte Disziplinen. Von der Musik und der theoretischen Auseinandersetzung mit Malerei und Farbe führen Wege zu seinen atmosphärischen und entstofflichten Landschaften. Doch ist das Phänomen Turner, eines um Generationen zu früh Geborenen, letztlich rational nicht zu fassen. Seine Malerei bleibt, hier der Programmusik vergleichbar, an den Gegenstand gebunden. Sie ist zwar »kühn abstrahierend«, doch nicht abstrakt. Er setzt sich zwar mit *Licht und Farbe (Goethes Theorie)* auseinander, doch dies gebunden an den *Morgen nach der Sintflut*.

WILLIAM TURNER: REGEN, DAMPF UND GESCHWINDIGKEIT – DIE GREAT WESTERN RAILWAY

LEBEN UND WERK

Joseph Mallord William Turner wird 1775 in London geboren. In der Absicht, Architekt zu werden, tritt Turner 1789 in das Büro eines Architekturzeichners ein. Gleichzeitig hängen Zeichnungen von ihm im Laden des Vaters aus. Ein Mitglied der Royal Academy wird auf sie aufmerksam gemacht und ermutigt Turner, Maler zu werden. Er wird in die Schule der Royal Academy aufgenommen. An den Ausstellungen der Akademie, Pendants zum Pariser »Salon«, beteiligt er sich bereits 1790. Turner arbeitet als Zeichner für den bedeutenden Architekten Sir John Soane, reist durch Wales, England und Schottland. 1799 schlägt Turner das Angebot Lord Elgins aus, ihn als Zeichner nach Griechenland zu begleiten, nimmt stattdessen aber eine Einladung des englischen Exzentrikers William Beckford an, ihn auf seinem Landsitz Fonthill Abbey zu besuchen. 1800 erwirbt Beckford das bis dahin größte Ölgemälde Turners, *Die fünfte ägyptische Plage*. Erstmals versieht Turner ein Bild mit eigenen Versen. Sein Interesse an der topographisch genauen Landschafts- und Architekturaufnahme beginnt zu schwinden. Der Frieden von Amiens ermöglicht Turner 1802 eine Reise in die Schweiz. Er fährt über Paris, ist dort im Atelier Davids und im Louvre, der bereits durch die Raubzüge Napoleons bereichert ist, anzutreffen. Nachdem Turner 1803 in den Vorstand der Royal Academy gewählt worden ist, entbrennt ein Streit um seine Malweise. Zweifel an seiner geistigen Gesundheit werden laut, die erst 1843 mit dem Erscheinen von John Ruskins *Modern Painters* verstummen. Turner unterhält eine Galerie in seinem Haus. Politisch gedeutet wird der *Schneesturm: Hannibal und seine Armee überqueren die Alpen* von 1812. Im folgenden Jahr erreicht dann die Akademie-Polemik um Turners stilistische Freiheiten ihren Höhepunkt. Vom *Morgenfrost*, 1813, zeigen sich aber auch seine Gegner und Constable beeindruckt. Turners Palette beginnt sich aufzuhellen. Mitte der 1810er Jahre beginnt Turner wieder verstärkt zu reisen, 1817 an den Rhein, 1818 im Auftrag von Sir Walter Scott nach Edinburgh und 1819 im Auftrag eines Verlegers erstmals nach Italien. Ziel ist es, Vorlagen für Buchillustrationen und graphische Serien zu gewinnen, die bis in die Mitte der 1830er Jahre erscheinen. 1834 entsteht der *Brand des Parlamentsgebäudes*. 1840 reist Turner zum dritten Mal nach Venedig. Goethes *Farbenlehre* erscheint in englischer Übersetzung. 1843 widmet ihr Turner zwei Kompositionen. Ein Jahr später zeigt er *Regen, Dampf und Geschwindigkeit* auf der Akademie-Ausstellung. 1845 beginnt Turner sich zurückzuziehen. Er setzt sich mit den Möglichkeiten der Photographie auseinander und besichtigt noch kurz vor seinem Tod mit Interesse die erste Weltausstellung in London. Turner stirbt 1851 in London.

DATEN

Wo zu sehen:
London, National Gallery
Öl auf Leinwand, 91 x 122 cm

Provenienz:
1844 in der Royal Academy ausgestellt. Aus dem Nachlass. Turner hinterlässt ein umfangreiches Testament. Er vermacht der Royal Academy Geldmittel, um eine Professur für Landschaftsmalerei einzurichten oder alle zwei Jahre eine Medaille für das beste Landschaftsbild zu stiften. Die Akademie entscheidet sich für die Medaille. Die Bestimmung, »Armenhäuser für verarmte und alleinstehende Landschaftsmaler« zu bauen, wird nicht erfüllt. Zwei Bilder vermacht Turner der National Gallery mit der Auflage, sie neben Werke von Claude Lorrain zu hängen, was 1852 geschieht. Weiter vermacht Turner der britischen Nation den größten Teil seiner Skizzen, Ölstudien und Aquarelle, mit der Auflage, sie zumindest zum Teil auszustellen. Seit 1987 wird der Turner-Nachlass in der Clore Gallery, einem Anbau der Tate Gallery, aufbewahrt und in Teilen gezeigt.

AUF DEN PUNKT GEBRACHT

Umrisse und Formen löst Turner fast völlig auf. In der Farbgebung erreicht er einen bis dahin unbekannten Grad an Künstlichkeit, überschreitet aber nie die Grenze zur Abstraktion. *Regen, Dampf und Geschwindigkeit* sollte für Jahrzehnte, bis hin zu den Impressionisten, die einzig bedeutende Darstellung des Phänomens »Eisenbahn« und damit des Industriezeitalters bleiben.

Ophelia

JOHN EVERETT MILLAIS

Mit Ausnahme der Jahre des puritanischen Theaterverbots von 1642 bis 1660 ist die Shakespeare-Rezeption in England nie unterbrochen worden. Zu Beginn des 19. Jahrhunderts erreichte der englische Dichter Kultstatus, in Deutschland war es vor

■ *John Everett Millais, Ophelia, London, 1851/52, Öl auf Leinwand, 76,2 x 111,8 cm, London, Tate Gallery.*

allem Goethe, der die Shakespeare-Begeisterung vorbereitet hatte. Shakespeares Dramen übten einen erheblichen Einfluss auf die Literatur der Romantik aus. Früh fanden Motive aus ihnen auch Eingang in die Malerei. Shakespeare, das Mittelalter, die Lieder des blinden Barden aus schottischer Vorzeit Ossian – Fälschungen James Macphersons von 1760 –, aber auch Goethes *Faust* lieferten die Stoffe, die sich zur Schilderung von »Seelenleben«, von inneren Zuständen, geradezu anboten. Irgendeine »Ophelia« war fast jährlich auf den Ausstellungen in

der Royal Academy vertreten. Von der Kenntnis des Stoffes konnte Millais also ausgehen.
Ophelia, die von Hamlet, ihrem Geliebten, gleichzeitig dem Mörder ihres Vaters, in den Wahnsinn getrieben worden ist, liegt tot in einem Bach. Sie ist bei dem Versuch, eine Weide zu bekränzen, ins Wasser gefallen. Den Baum, eine Kopfweide, gibt Millais links oberhalb Ophelias an. Der Blumenkranz ist zerfallen, Blüten hält Ophelia in der rechten Hand, Blüten treiben über ihrer von Wasser bedeckten Taille, ein Teil des Kranzes schwimmt zu ihren Füßen. Ihr Rock ist, wie Shakespeare es beschreibt, von der in ihm verfangenen Luft aufgebläht. Brust, Gesicht und Hände treiben auf der Wasseroberfläche, das Haar ist gelöst, Mund und Augen sind geöffnet. Das Ufer des Baches ist dicht bewachsen, der Wasserlauf selbst stark verkrautet.
Hinter- und Vordergrund füllt Millais mit Dutzenden verschiedener Pflanzen und Blüten. Einige nennt Shakespeare in Zusammenhang mit Ophelia und deutet sie symbolisch. Die Weide, die im Kopf der Weide wurzelnden Brennesseln und die Gänseblümchen bei der rechten Hand Ophelias sind Hinweise auf versagte Liebe, Schmerz und Unschuld. Die Rosen in Ophelias Haar und am Ufer weisen auf den Kosenamen, den ihr Bruder ihr gab: »Maienrose«. In Form eines Halsbandes fügt Millais Veilchen in sein Bild, die, nach Ophelia, »welkten alle, da mein Vater starb«. Sie stehen für Treue, Reinheit und Tod in jungen Jahren. Hinzufügungen von Millais deuten die Pflanzensymbolik Shakespeares weiter aus, bringen jedoch keinen grundsätzlich neuen Aspekt in das Bild. Der Mohn steht für Schlaf und Tod, die Bedeutung des Vergissmeinichts liegt bereits im Namen. Das Rotkehlchen links in den Zweigen der Weide erinnert an ein Lied der Ophelia.
Es ist eine Wasserleiche, die Millais in *Ophelia* malt. Eine wirkliche hat er wahrscheinlich nie gesehen. Um trotzdem einen möglichst naturgetreuen Effekt zu erzielen, entsteht *Ophelia* nach einem in einer Badewanne liegenden Modell. Die Hüfte ist eingeknickt, ungewöhnlich für eine Wasserleiche. Dies ist wohl nicht auf die Badewanne zurückzuführen, sondern ein Kunstgriff Millais'. Oberkörper und Kopf kommen so nach oben. Ophelia wirkt wie aufgebahrt. In der Haltung ihrer Hände scheint Schicksalsergebenheit oder Gebet angelegt. Der Bach, zum Ertrinken zu schmal und zu flach, ist ihr Grab.
Millais und mit ihm die Präraffaeliten nahmen sich auch The-

■ *Charles Albert Waltner (1846–1925), Radierung nach Selbstbildnis von Millais.*

Es neigt ein Weidenbaum sich übern Bach
Und zeigt im klaren Strom sein graues Laub,
Mit welchem sie phantastisch Kränze wand
Von Hahnfuss, Nesseln, Maßlieb, Kuckucksblumen ...
Ihre Kleider
Verbreiteten sich weit und trugen sie
Sirenengleich ein Weilchen noch empor, ...
Hamlet, Akt IV, Szene 7

■ *John Everett Millais, Das blinde Mädchen, 1854–56, Öl auf Leinwand, 82 x 60,8 cm, Birmingham, Museum and Art Gallery.*
Landschaft und Figuren wirken artifiziell. Die Bildelemente sind einzeln gesehen. Naturtreue hieß für die Präraffaeliten Detailtreue, nicht Übernahme einer gegebenen Situation. Die Landschaft begann Millais 1854 in Winchelsea, Sussex, das Heufeld und die Mädchen malte er im schottischen Perth, die Regenbogen änderte er 1856 nach einer Kritik an deren Farbabfolge.

men wie Armut, Arbeit und Auswanderung an, jedoch ohne wirklich sozialkritisch zu sein. Sie ziehen sich auf einen »romantischen Antikapitalismus« nach dem Vorbild von Thomas Carlyles *Past and Present* von 1843 zurück. So geht es Millais im *Blinden Mädchen* auch nicht um Anklage – die Mädchen sind arm, scheinen ihren Lebensunterhalt durch Straßenmusik und schwere körperliche Arbeit zu verdienen –, sondern um die Ausdeutung des Themas Blindheit. Mit geschlossenen Augen sitzt das *Blinde Mädchen* zum Betrachter gewandt. Ihre Begleiterin wendet sich zur Landschaft und dem Erlösungssymbol des Regenbogens um. Sie kann sehen. Tast-, Geruchs- und Gehörsinn kommen in der Harmonika, den Feldblumen und den abgearbeiteten Händen des *Blinden Mädchens* zum Ausdruck. Kopftuch und Haltung verleihen ihm eine madonnengleiche Austrahlung. Landschaft und Figur sind symbolisch aufgeladen. Die Mädchen sind ihrem Schicksal ergeben, sind passiv, setzen ihm nichts entgegen, ähneln hierin *Ophelia*.

Grundsatz der Präraffaeliten war größtmögliche Naturtreue. Raffael wurde als idealisierend abgelehnt. Ihre Vorbilder fanden sie in der Malerei der Frührenaissance, besonders in Botticelli, aber auch bei den frühen Niederländern. Ziel der Präraffaeliten war die realistische Schilderung der Wirklichkeit. Ihre Malerei sollte Spiegel der Natur sein. Jede Pflanze und jede Blüte erfasst Millais in ihrer botanischen Besonderheit. Es war ein »Realismus im Detail«, kein umfassender, den die Präraffaeliten betrieben. Mit dem zeitgleichen Realismus eines Millet oder Courbet haben sie nichts gemein. Zwar wollen die Präraffaeliten die Dinge so malen, wie sie sind, doch scheuen sie die unmittelbare Auseinandersetzung mit ihnen. Ihre Bilder scheinen unwirklich, die Landschaften imaginär. Als besonders nachhaltig sollte sich ihre Aufspaltung des Frauenbildes erweisen: auf der einen Seite jugendliche Braut oder tote Geliebte, auf der anderen Objekt selbstzerstörerischer sexueller Begierde des Mannes – entweder Madonna oder »Femme fatale«.

JOHN EVERETT MILLAIS: OPHELIA

LEBEN UND WERK

Sir John Everett Millais wird 1829 in Southampton geboren. Schon als Kind zeigt er eine ausgesprochene zeichnerische Begabung. Kurze Zeit nimmt er Unterricht an einer privaten Kunstschule und tritt 1840 in die Royal Academy Schools ein. Mit elf Jahren ist er der jüngste Schüler, der je aufgenommen wurde. Von Beginn an ist Millais äußerst erfolgreich: 1843 Gewinn einer Silbermedaille, 1846 Debüt auf der jährlich stattfindenden Akademie-Ausstellung, 1847 Gewinn einer Goldmedaille. Wesentlich für die Entwicklung Millais' ist die Freundschaft mit seinem Mitschüler William Holman Hunt. Trotz schulischer Erfolge begehrt Millais mit Hunt gegen die Doktrinen der Akademie, gegen den Absolutheitsanspruch, der für die Kunst Raffaels erhoben wird, auf. Sie wollen nicht idealisieren, sondern Realität schildern. Grundlage ihrer Malerei ist minutiöse Naturtreue, Vorbild die italienische Malerei *vor* Raffael, besonders Botticelli. 1848 schließen sich Millais, Hunt, Dante Gabriel Rossetti und einige andere zur »Bruderschaft der Präraffaeliten« zusammen. Ihr Ziel ist die Reform von Malerei, Kunsthandwerk und Dichtung. Bereits ein Jahr nach Gründung der Bruderschaft ist Millais' erstes präraffaelitisches Hauptwerk in der Royal Academy zu sehen, *Isabella*, nach John Keats' (1795–1821) gleichnamiger Dichtung. Kurz darauf entsteht *Christus in der Tischlerei*, Versuch der Korrektur des traditionellen Bildes der Heiligen Familie.

Den künstlerischen Durchbruch erringt Millais 1852, ein Jahr nach dem Erscheinen von John Ruskins Verteidigungsschrift *Pre-Raphaelitism*. *Ophelia* und *Der Hugenotte* werden vom Publikum und von der Kritik gleichermaßen gefeiert. Millais wird außerordentliches Mitglied der Royal Academy. 1853/54 porträtiert er *John Ruskin*, lernt dessen Frau kennen und verliebt sich in sie. Ihre Heirat 1855 wird zum gesellschaftlichen Skandal. Mit dem *Blinden Mädchen* und den *Herbstblättern*, entstanden um und kurz nach der Heirat, weist Millais auf den Symbolismus voraus: Blindheit als innere Schau, das Aufschichten von Blättern im Sonnenuntergang als sakrale Handlung. Millais beginnt Holzschnitte für Buchillustrationen anzufertigen. In den 1860er Jahren malt er, selbst Familienvater, zum Süßlichen tendierende Kinderbildnisse. Kinder spielen auch in den daneben entstehenden »Historien« zunehmend eine Rolle. Millais beginnt sich von den präraffaelitischen Prinzipien zu lösen. Diego Velázquez, Frans Hals und die englische Porträtmalerei des 18. Jahrhundert werden zu seiner Richtschnur. Millais entwickelt sich zum gefragten Porträtisten der Londoner Gesellschaft. 1885 wird er als erster Maler überhaupt zum Baronet ernannt (darf sich also Sir nennen) und kurz vor seinem Tod zum Präsidenten der Royal Academy gewählt. Er stirbt 1896 in London.

DATEN

Wo zu sehen:
London, Tate Gallery
Öl auf Leinwand, 76,2 x 111,8 cm

Provenienz:
Die Entstehung des Bildes ist detailliert überliefert. Vom 2. Juli 1851 bis Mitte Oktober arbeitet Millais am Hintergrund, Vorbild liefert ein Bach bei Ewell in der Grafschaft Surrey, Südostengland. Mit der Figur beginnt er im Januar 1852 in London. Um einen möglichst hohen Authentizitätsgrad zu erreichen, legt er sein Modell in eine Badewanne. Der Kopf ist am 6. März vollendet. Im gleichen Monat findet er ein altes Kleid, »übersät mit Blumen in Silberstickerei«, das er seiner Ophelia anzieht. Narzissen und eine Wasserratte entfernt Millais wieder. Anfang April ist das Bild fertig und wird auf der Ausstellung der Royal Academy gezeigt. Bereits am 10. Dezember 1851, in unvollendetem Zustand, ist es von dem Kunsthändler Henry Farrer erworben worden, der es wahrscheinlich an den führenden Sammler präraffaelitischer Malerei B. G. Windus weiterverkauft. 1866 wird es im Stich verbreitet. Wohl 1865 und Anfang der 1870er Jahre führt Millais kleinere Retuschen aus.

AUF DEN PUNKT GEBRACHT

Die Präraffaeliten strebten eine Reform der Kunst im Geiste der Maler vor Raffael an. Sie betonten in ihren meist flächig angelegten Bildern das dekorative und lineare Element. Sie übten eine bedeutende Wirkung auf das englische Kunsthandwerk aus, besonders auf die Lebensreformbewegung »Arts and Crafts Movement« um William Morris, und weisen den Weg zum Symbolismus und Jugendstil.

Die Ährenleserinnen

JEAN-FRANÇOIS MILLET

■ *Etienne Gabriel Bocourt, Porträt Millets, 1882.*

»Die Künstler fangen an, sich den Armen zuzuwenden, sich über ihre Leiden und ihr Elend zu beunruhigen. Arbeiter und Bauern konnten früher, von Arbeit erschöpft, als Opfer von Krankheiten oder als Kanonenfutter sterben, ohne dass Dichter, Maler und Schriftsteller daran dachten, sich groß aufzuregen. Das ist heute nicht mehr so.«

Kritik zum »Salon« 1850/51

Keine zwanzig Jahre nach der Julirevolte brach in Paris erneut eine Revolution aus. Weit heftiger als die 1830er brachte die 1848er Revolution die europäischen Throne ins Wanken, aber bis auf den französischen keinen zum Einsturz. Anfang der 1850er Jahre waren die alten Verhältnisse weitgehend wiederhergestellt. 1848 zum Staatspräsidenten gewählt, hatte Louis Napoléon, Neffe Napoleons I., durch einen Staatsstreich die Opposition ausgeschaltet und sich 1852 als Napoleon III. zum Kaiser ausrufen lassen. Stützen seines, des Zweiten Kaiserreiches, waren der industrielle Aufschwung, von dem das Großbürgertum profitierte, und außenpolitische Erfolge. Opposition und öffentliche Meinung suchte das Regime mit polizeistaatlichen Mitteln zu kontrollieren. Kritik wurde allerorts gewittert, nicht zuletzt in den Bildern Millets, doch wo sie am beißendsten war, in den Operetten Jacques Offenbachs, wurde sie geflissentlich übersehen. In *Orpheus in der Unterwelt* trat 1858 die »Öffentliche Meinung« in persona auf, und in der *Großherzogin von Gerolstein*, 1867 zur Weltausstellung herausgekommen, amüsierten sich die europäischen Potentaten selbstgefällig über das Operettenfürstentum, Spiegel ihrer eigenen Reiche. Offenbach lieferte »Plaisir«, Vergnügen, Triebfeder der Zeit; Millet hingegen war schwer, ernst, machte betroffen. Seinen Bildern war nicht mit Gelächter beizukommen.

Die *Ährenleserinnen* wurden 1857 im »Salon« gezeigt. Drei Frauen sind damit beschäftigt, beim Binden der Garben zur Erde gefallene Ähren aufzulesen. Durch ihre Tätigkeit sind sie eng miteinander verbunden. Die erste greift nach einem Halm, sie hat ihr Halmbündel auf dem Rücken, die zweite hat einen gepackt, sie trägt ihr Bündel an der Seite, und die dritte bindet eine magere Garbe. Die ersten beiden sind durch fast identische Haltungen enger miteinander verbunden, die dritte steht im rechten Winkel zu ihnen und leitet zum Hintergrund über. Dicke Garben liegen hier, kniend werden sie gebunden, haushoch sind sie geschichtet, ein Wagen wird beladen. Rechts ist ein Gehöft zu erkennen, vor ihm zu Pferde der Aufseher.

In der Nachfolge Poussins griffen französische Künstler das Thema »Ährenlesen« fast immer über die alttestamentarische Geschichte von Ruth und Boas auf. So auch noch Millet 1853 in der ursprünglich als *Ruth und Boas* bezeichneten *Mahlzeit der Erntearbeiter*: Boas führt Ruth zu seinen rastenden Mägden und Knechten und stellt sie ihnen gleich (Rut 2, 1–9). Gottgewollte »patriarchische Milde« und damit die ebenso gottgewollte Armut sind später nicht mehr das Thema Millets. Lobte die konservative Kritik die *Erntearbeiter* noch als Übersetzung einer »homerischen Idylle in ländlichen Dialekt«, so verdammte sie vier Jahre später die *Ährenleserinnen* als die »drei Parzen der Armut«. Wurde der in der biblischen »Historie« der *Erntearbeiter* zutage tretende »hohe Stil«, die Hommage an Michelangelo und Poussin, als durchaus angemessen empfunden, so galt er in den *Ährenleserinnen* als Beleidigung der großen Vorbilder.

■ *Jean-François Millet, Die Ährenleserinnen, 1857, Öl auf Leinwand, 83,5 x 111 cm, Paris, Musée d'Orsay.*

■ *Jean-François Millet, Das Angelusläuten, 1859, Öl auf Leinwand, 56 x 66 cm, Paris, Musée d' Orsay.*
Von fern ruft die Glocke zum Abendgebet. Bauer und Bäuerin oder Knecht und Magd halten zum Gebet inne, eine nur kurze Unterbrechung ihrer Arbeit. Ausgerufen als das berühmteste Bild der Welt, lieferten sich der Louvre und ein amerikanisches Konsortium 1889 ein aufsehenerregendes Bietergefecht. Im Triumphzug wurde es durch die USA geführt. 1909 gelangte es in den Louvre, nunmehr nur noch Zielscheibe des Spotts.

Beibehaltung des »hohen Stils« unter Wegfall der Figur des Boas und damit der »Historie« – das Vergreifen im Ton – genügten 1857, um in dem Bild einen Angriff auf die bestehende Gesellschaftsordnung zu sehen. Millet verklärt Armut nicht, wie Millais im fast gleichzeitig entstandenen *Blinden Mädchen*, romantisiert sie nicht – es gibt keine lagernden und tändelnden Hirten –, stellt sie aber ebensowenig realistisch dar. Sich selbst und damit die Gesellschaft des Zweiten Kaiserreiches entlarvt der führende konservative Kritiker Paul de Saint-Victor: »Diese armen Kreaturen rühren mich nicht; sie haben zuviel Stolz; zu deutlich erheben sie Anspruch darauf, dass sie Abkömmlinge der Sibyllen Michelangelos sind.« Es wurde als unerträglich empfunden, dass Millet die *Ährenleserinnen* monumental, in sich ruhend, als Menschen voller Würde darstellte. Man versuchte sie als »gesichtslose Vogelscheuchen« zu verunglimpfen, ihre Aura behielten sie dennoch. Zwischen den anderen im »Salon« ausgestellten Bildern – ein Blick auf Ingres schwülstiges *Türkisches Bad* von 1863 verdeutlicht die Tendenz – müssen sie wie ein Faustschlag ins Gesicht gewirkt haben. Millet hatte den Ruf eines Nestbeschmutzers und, von der Kritik des linken *Figaro* unterstützt, eines Revolutionärs weg.

DIE SCHULE VON BARBIZON

Nach 1830 begannen Pariser Maler die Sommermonate im etwa fünfzig Kilometer entfernten bei Fontainebleau gelegenen Dorf Barbizon zu verbringen. Einige ließen sich dort für längere Zeit nieder, unter ihnen Camille Corot (1796–1875) und Théodore Rousseau (1812–1867). Millet übersiedelte 1849 ganz nach Barbizon. Gemeinsam war den Malern von Barbizon die Wahl von zuvor als unkünstlerisch angesehenen ländlichen und bäuerlichen Motiven und das »Plein-air«, das Malen im Freien.

JEAN-FRANÇOIS MILLET: DIE ÄHRENLESERINNEN

LEBEN UND WERK

Jean-François Millet wird 1814 in der Nähe von Gréville (Normandie) geboren. Er entstammt einer Familie von Großbauern. Aufgrund seines Zeichentalents schicken ihn die Eltern 1833 zu Malern in Cherbourg in die Lehre. Versehen mit einem städtischen Stipendium, geht Millet 1837 an die Pariser Ecole des Beaux Arts. Eine Teilnahme am Romwettbewerb bleibt 1839 erfolglos. 1840 ist er erstmals im »Salon« vertreten. Wohl durch die auch von Courbet (1819–1877) geschätzten Bildnisse spanischer Maler angeregt, die seit 1838 im Louvre zu sehen sind, entstehen mehrere Porträts von Familienmitgliedern. Seinen Lebensunterhalt bestreitet Millet durch das Malen von Figurenbildern und galanten Szenen im Stil des Neurokoko. 1847 lernt er Théodore Rousseau kennen. Über Freunde gelingt es ihm, Bilder bei dem bedeutenden Kunsthändler Paul Durand-Ruel unterzubringen, der später auch Monet und andere Impressionisten fördern wird. Nach der Revolution von 1848 erhält Millet von der republikanischen Regierung den Auftrag zu einem Historienbild. Statt des in Auftrag gegebenen Bildes liefert er ein bäuerliches Sujet, *Die Rast der Landarbeiter*. 1849 flieht Millet vor der Cholera nach Barbizon, wo er fortan leben und seine Motive finden wird. *Der Sämann*, gezeigt im »Salon« von 1850/51, fand sowohl bei der konservativen wie auch bei der liberalen Kritik Beachtung. Zu sehen war auch Courbets *Begräbnis in Ornans*. Mit *Die Mahlzeit der Erntearbeiter*, zunächst *Ruth und Boas* genannt, erreicht Millet 1853 die erste offizielle Anerkennung. Im gleichen Jahr erwerben zwei amerikanische Maler Bilder Millets und vermitteln ihm Aufträge aus Übersee. Finanzielle Schwierigkeiten bleiben bestehen. Graphische Arbeiten sichern lediglich ein schmales Einkommen. Ab Mitte der 1850er Jahre gilt Millet als Revolutionär. Ursache sind nicht die Themen seiner Bilder, sondern deren Umsetzung. 1857 zeigt er die *Ährenleserinnen*. Das Bild wird von der konservativen Kritik verrissen. Im amerikanischen Auftrag entsteht das *Angelusläuten*, wohl eines der meistreproduzierten Bilder der folgenden fünfzig Jahre. Das Bild wurde von van Gogh hoch bewundert. Heftige Kritik von konservativer Seite ruft erneut der 1863 gezeigte *Mann mit der Hacke* hervor, doch beginnt sich langsam der Erfolg einzustellen, auch dadurch bedingt, dass Millet »unpolitischer« wird. Es entstehen vermehrt reine Landschaften. Im Werk vor 1863 kaum zu finden, weisen sie über die Schule von Barbizon hinaus in Richtung Impressionismus. In den kurz nach der Mitte des Jahrzehnts entstandenen Bildern ist darüber hinaus eine Beschäftigung mit japanischer Graphik festzustellen. Auf der Weltausstellung von 1867 wird Millet mit einer Werkschau geehrt und im folgenden Jahr in die Ehrenlegion aufgenommen. Er stirbt 1875 in Barbizon.

DATEN

Wo zu sehen:
Paris, Musée d'Orsay
Öl auf Leinwand, 83,5 x 111 cm

Provenienz:
1857 entstanden und im »Salon« ausgestellt. Millet vollendet das Bild erst kurz vor Eröffnung. »Ich arbeite wie ein Wilder, um mein Bild fertig zu bekommen«, schreibt er am 22. April 1857 an Théodore Rousseau. Selbstzweifel befallen ihn, er ist sich nicht sicher, ob das Bild etwas taugt. Die Kritik lehnt das Bild ab; es wird aber häufig reproduziert und 1867 auf der Pariser Weltausstellung gezeigt. 1865 und 1867–89 sind die *Ährenleserinnen* in französischem Privatbesitz nachgewiesen, 1890 gelangen sie als Schenkung in den Louvre, 1986 in das neu eröffnete »Impressionistenmuseum« Musée d'Orsay, eingerichtet für die Kunst von etwa 1850 bis zum Beginn des 20. Jahrhunderts.

Lesenswert:
John Berger, *Das Leben der Bilder oder die Kunst des Sehens*, Berlin 1991, darin: *Millet und der Bauer.*

AUF DEN PUNKT GEBRACHT

Millet konnte dem von Ingres vertretenen Akademismus ebensowenig etwas abgewinnen wie der heroisierenden Romantik Delacroix'. Das schlichte Motiv, die »Paysage intime«, fand er in Barbizon. Obwohl nicht frei von Verklärung und Überhöhung, ist Millet doch dem Realismus zuzuordnen. Die Schule von Barbizon und mit ihr Millet schufen wesentliche Voraussetzungen für den Impressionismus.

Das Frühstück im Grünen

EDOUARD MANET

Nach dem Staatsstreich von 1852 machte Napoleon III. sich an den großangelegten Umbau seiner Hauptstadt Paris. Ziel war die Befriedung der Bevölkerung; neun Aufstände in den letzten fünfundzwanzig Jahren waren genug. Von seinem Stadtpräfekten Baron Haussmann ließ er Schneisen durch das mittelalterliche

»Seine grelle Farbgebung dringt in die Augen wie eine Stahlsäge; seine Figuren sind wie mit einem Locheisen ausgeschnitten, mit einer Härte, die kein Kompromiss zu besänftigen vermag. Er (Manet) hat die ganze Ungenießbarkeit grüner Früchte, die niemals reifen können.«

E. Chesneau in *L'Artiste* vom 1. April 1863 über das *Frühstück im Grünen*

Gassengewirr der Stadt schlagen, die Boulevards: breite, geradlinige Straßen zum Zwecke schneller Truppenbewegungen. Armut und Elend wurden aus dem Stadtbild verdrängt, verschwanden hinter den rasch emporwachsenden prächtigen Fassaden. Mit ihren Geschäften und neuen Orten des Vergnügens, den Cafés und Variétés, lieferten die Boulevards die Folie für ein neues Lebensgefühl. Der Typ des Großstädters entstand, des Dandys und Flaneurs. Schilderer dieses neuen *Pariser Lebens* – so der Titel einer 1866 uraufgeführten Operette Jacques Offenbachs – oder, um mit Charles Baudelaire zu sprechen, des »Heroismus des modernen Lebens« waren Manet und die Impressionisten. Delacroix' *Freiheit* und Millets *Ährenleserinnen* hatten ausgedient. »Helden« und »Heldinnen« waren nun die Lebemänner, Kokotten und Tänzerinnen von Paris.

■ *Edouard Manet, Porträtaufnahme um 1870.*

1863, auf dem Höhepunkt der Glanzentfaltung des Zweiten Kaiserreiches, hatte die »Salon«-Jury eine Auswahl aus fünftausend eingereichten Werken zu treffen. Knapp zwei Drittel wurden abgelehnt. Ausgeschlossen war die gesamte jüngere, neue Wege einschlagende Künstlergeneration, darunter Manet, Pissarro und Cézanne. Offensichtlich sollte der »Salon« von 1863 nicht mehr das sein, was der zwei Jahre zurückliegende, an dem Manet sich erfolgreich beteiligt hatte, zumindest in Ansätzen noch gewesen war, nämlich unter anderem ein Forum für die Kunst abseits des offiziellen und etablierten Kunstbetriebs.

Die abgelehnten Maler ließen die Jury-Entscheidung nicht auf sich beruhen. Sie protestierten, die Presse schaltete sich ein, der Kaiser wurde zur Stellungnahme aufgefordert. Napoleon III. besichtigte einen Teil der zurückgewiesenen Werke, gab sich bürgernah und entschied, dass die abgelehnten Kunstwerke in einer gesonderten Abteilung neben dem offiziellen »Salon« gezeigt werden sollten. Annähernd siebenhundert Bilder kamen für diese *Salon des Refusés* – »Salon der Zurückgewiesenen« – genannte Gegenausstellung zusammen. Am 15. Mai 1863, zwei Wochen nach dem offiziellen »Salon« und von diesem nur durch ein Drehkreuz getrennt, wurde sie eröffnet. Bereits am ersten

■ *Marcantonio Raimondi nach Raffael, Das Urteil des Paris, um 1525/30, Kupferstich, Ausschnitt.* Die Komposition übernahm Manet von einem Stich.

■ *Edouard Manet, Das Frühstück im Grünen, 1863, Öl auf Leinwand, 208 x 264 cm, Paris, Musée d'Orsay.*

■ *Alexandre Cabanel, Geburt der Venus, 1863, Öl auf Leinwand, 130 x 225 cm, Paris, Musée d'Orsay.*
Für seine auf dem »Salon« 1863 gezeigte schwülstige *Geburt der Venus* erhielt der Akademiemaler Cabanel, Mitglied der Auswahlkommission und konsequenter Gegner Manets und der Impressionisten, offizielle Ehrenbezeugungen. Im Vergleich erscheint die Nacktheit Victorine Meurents in Manets Bild geradezu als emanzipatorisch: kein hingegossener, dem Mann williger Frauenkörper, sondern eine selbstbewusste, sich weder versteckende noch inszenierende Frau.

Tag kamen mehr als siebentausend Besucher in diese »Säle des Schreckens«, wie ein Zeitgenosse sie nannte. Das *Frühstück im Grünen* hing in einem besonders abgelegenen Saal, flankiert von zwei der »spanischen Bilder« Manets, *Junger Mann im Majo-Kostüm* und *Mademoiselle Victorine im Espada-Kostüm*, und provozierte einen der größten Kunstskandale, den Paris je erlebt hatte. Das Bild war der Publikumsmagnet, doch Napoleon III. bezeichnete es schlichtweg als »unanständig«, und selbst die progressive Kritik fiel über das Bild her. Keiner hatte es bis dahin gewagt, die Bigotterie der »guten Gesellschaft« derart bloß zu stellen. Es fing schon mit der Hängung an, die an einen Flügelaltar erinnerte: seitlich zwei Hochformate, in der Mitte das Querformat des *Frühstücks*; darüber hinaus waren die ungewohnt starken Kontraste geradezu eine Beleidigung für ein an der offiziellen Malerei des »Salons« geschultes Auge, ebenso wie die Tendenz zur Vereinfachung in Farbgebung und Form und die Missachtung der seit der Renaissance bestehenden Perspektivregeln. Zu diesen formalen Herausforderungen trat die inhaltliche, die nur in sich selbst Rechtfertigung findende Nacktheit einer stadtbekannten Frau der Halbwelt.
Im Katalog des »Salons der Zurückgewiesenen« wurde das *Frühstück im Grünen* schlicht als *Le Bain* – »Das Bad« – aufgeführt, womit die Hauptgruppe außen vor und der Weg zur gedanklichen Ergänzung mit »der Venus« oder »einer Nymphe« zu einer Mythologisierung und damit Entschärfung offen gelassen wurde. Um Entschärfung ist noch 1867 Émile Zola bemüht, wenn er – sicher im Wissen, nur die halbe Wahrheit zu sagen – darauf hinweist, dass im Louvre etwa fünfzig Bilder hingen, auf denen sich bekleidete und nackte Personen nebeneinander befänden, ohne dass darin etwas Skandalöses gesehen werde – eben weil es sich um Mythologien handelte. Eines dieser Bilder, das früher Giorgione, heute Tizian zugeschriebene *Ländliche Konzert* von 1510/11 – es befand sich in einer guten Kopie auch in Manets Atelier –, spielte ein englischer Kritiker bereits im Jahr der Ausstellung gegen Manets *Frühstück im Grünen* aus: Durch den Namen des Künstlers und die Malkultur geadelt, sei das

Louvre-Bild seines »zweifelhaften moralischen Charakters« enthoben; Manets Realismus hingegen führe dazu, »dass Nacktheit unweigerlich unanständig wirkt«. Vom *Ländlichen Konzert* übernimmt Manet jedoch nur das Grundsätzliche, zwei weibliche Akte und zwei bekleidete Männer im Freien.

Die Personen des *Frühstücks im Grünen* komponiert Manet in ein in die Raumtiefe projiziertes Dreieck. Die Grundlinie des Dreiecks bildet die Basis einer flächig angelegten Gruppe von drei lebensgroßen Personen, zu der das professionell arbeitende Modell Victorine Meurent, die, eine besondere Pikanterie, 1863 auf einem der neben dem *Frühstück* hängenden Bilder auch bekleidet zu sehen war, sowie zwei Brüder Manets Modell saßen. In spürbarer Diskrepanz zu der »Gruppe von Städtern« steht die nicht benennbare Badende im Hintergrund. Manet verkleinert sie nicht entsprechend den Perspektivregeln, sondern malt sie viel zu groß, auch im Verhältnis zu dem Boot rechts von ihr: ein bewusster Archaismus, der auch in ihrem einfachen Hemd und Tun zutage tritt. Die Städter selbst sind der Natur aufgesetzt, von ihr entfremdet. Wie das Stillleben aus den Kleidern der Meurent und die Frühstücksutensilien formen sie ein ›Bild im Bild‹ in der kulissenhaften Landschaft. Die Brüche setzt Manet in der Malweise fort. Stillleben und Akt sind noch fest und kompakt, »rea-

DANDY UND FLANEUR

Urbild des Dandys war der Engländer George Brummell (1778–1840). Schnell gelangte die in der britischen Aristokratie auftretende gesellschaftliche Erscheinung des Dandyismus nach Frankreich. Charakteristika des Dandys sind gleichgültig-überlegene Haltung in jeder Lebenslage, inszenierte Unmotiviertheit und Ziellosigkeit. Berühmteste Vertreter waren Charles Baudelaire und Oscar Wilde. In Paris gesellte sich zum Dandy der aus Zeitvertreib über die neuen Boulevards schlendernde, in eines der zahlreichen Cafés einkehrende Flaneur.

■ *Claude Monet, Das Frühstück im Freien, 1866, Öl auf Leinwand, 130 x 181 cm, Moskau, Staatliches Puschkin-Museum der Schönen Künste.*
Das *Frühstück im Grünen* muss auf Monet wie eine Herausforderung gewirkt haben. Um ein eigenes zu malen – »Plein-air«, nicht im Atelier wie sein Kollege –, zog er in den Wald von Fontainebleau. Monets Figuren wirken nicht wie eingestellt. Er gibt sie in natürlicher und ungezwungener Haltung. Licht spielt auf ihnen, den Blättern, dem Waldboden und der ausgebreiteten Decke. Es schält sie nicht heraus.

listisch«. Über die Männer bis hin zur Badenden löst er den Duktus, um ihn in den Bäumen und im Hintergrund »impressionistisch« zerfallen zu lassen.

Das *Frühstück im Grünen* entstand im Atelier, was Manet nie verhehlte. Uneinheitlichkeit und Disharmonie sind angestrebt, weisen zeichenhaft auf die beginnende Entfremdung und Vereinzelung der Großstädter. Anders als die Badende lässt die Natur sie kalt. Zur Gruppe werden die Personen im Vordergrund nur durch die wie ein Korsett um sie gelegte Komposition.

■ *Edouard Manet, Das Frühstück im Atelier, 1868/69, Öl auf Leinwand, 120 x 153 cm, München, Neue Pinakothek.* Der Zufall scheint die Menschen zusammengeführt zu haben – zu sagen haben sie sich nichts.

Zum Ende des Jahrzehnts entsteht *das Frühstück im Atelier*. Locker, nicht mehr in eine rigide gehandhabte Kompositionsfigur gezwungen, gruppiert Manet drei Personen um einen Tisch. Daran lehnt ein junger Mann, lässig, »cool« würde man heute sagen, eine Hand in der Tasche – ein Dandy, wie er im Buche steht. Sein Blick ist leer und stumpf, wie der des Mädchens hinter dem Tresen in einem der letzten Bilder Manets, der *Bar in den Folies-Bergère*. Schemenhaft taucht im Spiegel die glitzernde Scheinwelt der »Belle Epoque« auf. Zum letzten Mal gibt Manet sich hier als Chronist des modernen Lebens, zeigt die Vereinsamung des Menschen als Begleiterscheinung des Phänomens Großstadt.

■ *Edouard Manet, Die Bar in den Folies-Bergères, 1881/82, Öl auf Leinwand, 96 x 130 cm, London, Courtauld Institute Galleries.* Bei der Bar handelte es sich um eines der berühmt-berüchtigtsten Lokale von Paris, wo die Mädchen nicht nur als Serviererinnen tätig waren. Meisterleistungen sind die Flaschen-, Mandarinen- und Rosenstillleben auf dem Tresen, mit denen Manet die Einsamkeit und Verlorenheit des Mädchens in dieser Welt des schönen Scheins noch zu unterstreichen scheint.

EDOUARD MANET: DAS FRÜHSTÜCK IM GRÜNEN

LEBEN UND WERK

Edouard Manet wird 1832 in Paris geboren. Als Sohn aus wohlhabender Bürgerfamilie soll er Jura studieren. Um dem zu entgehen, versucht er, erfolglos, in die Marine einzutreten. Schließlich besucht er 1850 die École des Beaux Arts. 1853 reist er zum ersten Mal nach Italien, 1856 nach Belgien, in die Niederlande, nach Deutschland und Österreich. Trotz des Lobes von Delacroix wird die erste »Salon«-Einreichnung Manets, *Der Absinthtrinker*, 1859 abgelehnt, wohl wegen des Themas. Zwei Jahre später stellt er dann den *Spanischen Sänger* aus, ein Bild, das unter anderem die Aufmerksamkeit von Charles Baudelaire erregt. Manet beginnt seinen persönlichen Stil zu finden und lernt das Berufsmodell Victorine Meurent kennen. In Bildern wie *Musik in den Tuilerien* und der *Straßensängerin (Victorine Meurent)*, beide 1862, nimmt er die Haltung eines Dandys ein, zeigt hier, wie im *Frühstück im Grünen*, seine enge Verbundenheit mit Baudelaire. Proteste der vom »Salon« abgelehnte Künstler führen 1863 zur Parallelveranstaltung des »Salon des Refusés«, wo das *Frühstück* einen Sturm der Kritik auslöst. Das Gleiche geschieht 1865 mit der 1863 entstandenen *Olympia*, einem Akt, der an Selbstbewusstsein der *Nackten Maja* Goyas (s. S. 148) in nichts nachsteht, die Manet noch im selben Jahr auf seiner Spanienreise entdecken wird; Manet entwickelt sich zum führenden Kopf einer sich im Café Guerbois treffenden Gruppe junger Maler, den späteren Impressionisten. 1867 nicht zur Weltausstellung eingeladen, richtet Manet eine Privatausstellung mit eigenen Werken ein, zu der Émile Zolas Aufsatz *Eine neue Malweise – Edouard Manet* als Broschüre erscheint. Die Ausstellung wird von Publikum und Presse gleichermaßen ignoriert. Inspiriert von Goyas *Erschießung der Aufständischen am 3. Mai 1808* malt Manet 1868 die *Erschießung Kaiser Maximilians* (von Mexiko). Ausstellung und Verbreitung des Bildes werden verboten. Im folgenden Jahr lernt Manet Berthe Morisot kennen, die seine Schülerin wird. *Der Balkon*, wiederum nach Goya, und *Das Frühstück im Atelier* sind 1869 im »Salon« zu sehen. Unter dem Einfluss der Künstler des Café Guerbois beginnt sich Manets Palette um 1870 aufzuhellen und die Pinselführung lockerer zu werden, zu beobachten etwa in der *Eisenbahn* von 1873. Die Beteiligung an der ersten Ausstellung der Künstler des Guerbois lehnt Manet 1874 ab; Beteiligungen am »Salon« scheinen weiterhin vom Sujet abhängig gemacht zu werden; *Argenteuil* wird 1874 angenommen, *Nana* 1877 abgelehnt. Da Manet durch eine Krankheit behindert ist, entstehen in den 1880er Jahren vor allem kleine Stillleben und Blumenstücke. 1881 wird Manet zum Ritter der Ehrenlegion ernannt. Noch kurz vor seinem Tod (1883 in Paris) erringt er mit der *Bar in den Folies-Bergères* großen Erfolg.

DATEN

Wo zu sehen:
Paris, Musée d'Orsay
Öl auf Leinwand, 208 x 264 cm

Provenienz:
1863 im »Salon der Zurückgewiesenen« gezeigt, wo es einen Skandal provozierte. Das Bild verbleibt im Atelier Manets. Ob er es nochmals für Ausstellungszwecke hervorholte, ist fraglich. Wohl aus dem Nachlass des Künstlers wird es Anfang der 1880er von dem Opernsänger Faure erworben. Nach dem Weiterverkauf an die Kunsthandlung Durand-Ruel, erwirbt es der Sammler Moreau-Nélaton, der es 1906 dem Louvre vermacht; von dort kommt es 1986 ins Musée d'Orsay.

Lesenswert:
Hajo Düchting: *Manet. Pariser Leben*, München, New York 1995.

AUF DEN PUNKT GEBRACHT

Mal als Realist, mal als Impressionist bezeichnet, lässt sich Manet für keine Richtung vereinnahmen. Wechselseitig ist die Beeinflussung mit den Neuerern, doch lehnt Manet es ab, sich an Ausstellungen der Impressionisten zu beteiligen. Manet war der erste, der den Großstadtmenschen in der Malerei thematisierte. Sein Thema ist der vereinzelte, sich selbst entfremdete Mensch.

Die Brücke von Argenteuil

CLAUDE MONET

Die 1870er Jahre in Paris waren ein Strudel von Ereignissen, Strömungen und Gegenströmungen. Nach dem deutsch-französischen Krieg von 1870/71 war die Dritte Republik ausgerufen worden, für wenige Wochen existierte die »Pariser Kommune«, doch wirtschaftlich, gesellschaftlich und kulturell blieb alles beim Alten. Das Besitz- und Großbürgertum behielt die Fäden in der Hand, feierte sich weiter, ab 1874 auch im neuen Pariser Opernhaus, dem Palais Garnier. Der »Salon«, immer noch die bedeutendste jährlich stattfindende Kunstausstellung in Paris und wichtigste Station in der Karriere eines Künstlers, unterlag seinem Geschmacksdiktat. Dort suchte und fand das Bürgertum in mythischen und klassischen Stoffen Selbstbestätigung. Zahllose oberflächlich geschickte Spätklassizisten, Romantiker und Pseudorealisten versorgten den Bilderhunger eines enorm angewachsenen Kunstmarktes. Doch hinter der selbstgefälligen bürgerlichen Fassade gärte es weiter, politisch und künstlerisch.

■ *Auguste Renoir, Porträt Claude Monets, 1875.*

Viele der jungen Künstler, denen wie Claude Monet die Anerkennung einer Teilnahme am »Salon« verwehrt wurde, trafen sich im Café Guerbois, wo leidenschaftlich über die Gründung einer »Aktiengesellschaft der Kunstmaler, Bildhauer und Graphiker« und über den Plan zu einer gemeinsamen Ausstellung diskutiert wurde. Vor dem Hintergrund der Errungenschaften der Schule von Barbizon, der »Plein-air«-Malerei und der Entdeckung des einfachen, an sich unbedeutenden Motivs, müssen die auf der Weltausstellung von 1855 erstmals in Paris gezeigten Bilder Turners einen ungeheuren Eindruck auf die progressive Künstlerschaft der französischen Hauptstadt gemacht haben. Eine neue Sicht auf die Dinge eröffnete sich ihnen, umsetzbar in der Land-

■ *Claude Monet, Die Brücke von Argenteuil, 1874, Öl auf Leinwand, 60 x 80 cm, Paris, Musée d'Orsay.*

schaft, im Stillleben und in banalen Alltagsszenen, nicht in der hehren »Historie«.

Bedingt durch den Krieg von 1870/71 und die auf ihn folgenden Wirren, konnte die erste Ausstellung der noch namenlosen Künstlergruppe erst 1874 stattfinden, und zwar in einer von dem Photographen Nadar gemieteten Wohnung. Die Teilnehmerliste liest sich wie das »Who is who« der französischen Kunst des ausgehenden Jahrhunderts: Paul Cézanne, Edgar Degas, Claude Monet, Berthe Morisot, Camille Pissarro, Auguste Renoir und Alfred Sisley waren vertreten.

Monet zeigt das Bild *Impression – Aufgehende Sonne* von 1872; ein Bild, bei dem vermutlich Turners *Fighting Téméraire* (s. S. 175) im Hintergrund steht: Eine orange Morgensonne spiegelt sich auf dem Wasser, verschwommene blaue Schatten deuten in Nebel getauchte Schiffe an. Eine Kritik der Ausstellung erschien am 25. April in der Zeitschrift *Charivari*. Ihr Titel

»PLEIN-AIR«

Im Freien, in Licht und Sonne sollten die Bilder der Impressionisten entstehen. Fast zwangsläufig hellte sich die Palette der Maler auf, und das Licht und seine Wirkung selbst wurden zum Thema der Künstler. Die Erscheinung der Gegenstände unter bestimmten Lichtverhältnissen lässt die Räumlichkeit der Darstellung in den Hintergrund treten und gibt dem Atmosphärischen, der Luft und den Wasserflächen eine eigene Stofflichkeit.

■ *Claude Monet, Die japanische Brücke, Harmonie in Grün, 1899, Öl auf Leinwand, 89 x 93,5 cm, Paris, Musée d'Orsay.*
In einigen von Monets Bildern tauchen wiederholt japanische Motive auf. Die farbenfrohe Ornamentik war um 1870 in Mode gekommen und führte zu großem Interesse für fernöstliche Formen und Dessins. 1893 lässt sich Monet diese Brücke über seinen Teich anlegen, die er in mehreren Bildern festhält. Auf diese Weise erhält das Auge das nahezu einzige ordnende Element in der Studie der flimmernden Lichtreflexe.

war *Exposition des Impressionistes* – die Gruppe hatte ihren (Spott-) Namen nach dem Bild Monets weg.
In der *Brücke von Argenteuil*, entstanden im Jahr der ersten Impressionistenausstellung, gibt Monet wahrscheinlich den Blick von seinem Hausboot wieder, das er sich nach der Rückkehr aus London 1872 eingerichtet hatte. Ein ruhiger, nicht zu warmer Sommertag; aneinander vertäut liegen drei Segelboote auf der Seine. Uferbäume bilden den Hintergrund und verdecken den Horizont. Wichtigstes Bildmotiv ist das Wasser, in ihm spiegeln sich Boote, Brücke und Bäume, schließlich der Himmel. Die Oberfläche ist leicht gekräuselt, die Umrisse verlieren ihre Schärfe, die Farben werden aufgebrochen.
Eine neue Freiheit im Umgang mit Formen und Farben beginnt sich zu artikulieren. Der einzelne Pinselstrich bleibt sichtbar, ist ein Fleck. Den Gegenstand ergeben zahllose neben- und übereinander gesetzte Pinselstriche. Erst in der Entfernung, im Auge des Betrachters, entsteht das Bild, das nicht den Gegenstand selbst, sondern die »Impression«, den momentanen Eindruck von ihm wiedergibt. Das Licht und dessen verändernde Wirkung auf die Gegenstände spielen hier die wesentliche Rolle. Nicht ohne Grund hat Monet den Ausblick von seinem Hausboot mehrfach im Bild festgehalten. Den Versuch, einen nur für einen Augenblick bestehenden Eindruck, eine »atmosphärische Erscheinung« im Bild einzufangen, weist auf Einflüsse der damals noch jungen Photographie hin, die Monet nicht zuletzt aus den Arbeiten seines Freundes Nadar kannte.
Mit dem Interesse, den momentanen Eindruck festzuhalten, stehen Monet und der Impressionismus an der Grenze zwischen der Kunst, wie sie sich seit der Renaissance entwickelt hatte – stets mit dem Thema der Bewältigung der sichtbaren Wirklichkeit befasst –, und dem Anfang der Moderne, in welcher die Künstler nach einer autonomen Kunst mit eigenen Regeln verlangten. Monet hatte kein moralisches oder soziales Sendungsbewusstsein, er arbeitete auch nicht im Auftrag. Ihn interessierte weniger das »Was« als vielmehr das »Wie«: Der darzustellende Gegenstand war zweitrangig, an einer Verknüpfung mit außerhalb des Bildes liegenden Aussagen war Monet nicht gelegen, ihm ging es allein um die Art und Weise der bildmäßigen Umsetzung. Gerade dadurch trug er mit dazu bei, dass die moderne Alltagsumgebung zum Gegenstand der Malerei werden konnte. Monet malte immer wieder die gleichen Land-

BOHEME

Kaum eine Künstlergruppe war zu Beginn so angefeindet worden wie die Impressionisten, auch wegen ihres lockeren Lebenswandels. »Man malt sie tags und liebkost sie in der Nacht«, schrieb Émile Zola an seinen Freund Cézanne über die Pariser Malermodelle. Als »Bohemiens«, Böhmen, das heißt Zigeuner, verschrien, wurden sie von der bürgerlichen Gesellschaft, aus der viele von ihnen selbst hervorgegangen waren, abgelehnt. Bis heute prägen die Impressionisten das Stereotyp des verkannten Künstlers und Müßiggängers.

schaftsausschnitte und Themen. Diese Bilder sind keine Variationen über ein einmal gefundenes Motiv, sondern jedesmal neu; neu im Sinne der Wiedergabe eines einmaligen, so nie wiederkehrenden Eindrucks.

Fast zwei Jahrzehnte nach der *Brücke von Argenteuil*, um 1893, entstanden mehrere »Momentaufnahmen« der Westfassade der *Kathedrale von Rouen*, Bilder, in denen Monet die grundsätzlich zur Überwindung der Steinschwere neigende gotische Architektur weiter entmaterialisierte. Die in Vor- und Rücklagen geschichtete Fassade, der in Fialen, Türmchen und Türmen aufgelöste Umriss dienen ihm, wie das Wasser in der *Brücke von Argenteuil*, als Projektionsfläche, um die farbverändernde und

■ *Berthe Morisot, Die Wiege, 1873, Öl auf Leinwand, 56 x 46 cm, Paris, Musée d'Orsay.*
Als Schwägerin Manets kannte Berthe Morisot bald alle Impressionisten und schloss sich schon Ende der 1860er Jahre ihren Ideen an. Mit ihrer psychologischen Betrachtung der Figuren entwickelte sie innerhalb des Freundeskreises der Maler eine eigene Position.

■ *Auguste Renoir, Le Moulin de la Galette, 1876, Öl auf Leinwand, 131 x 175 cm, Paris, Musée d'Orsay.*
Dem Mythos des Montmartre, dem lebendigen Treiben der Bohemiens und ihrer Gespielinnen, hat keiner so sehr Ausdruck verliehen wie der eng mit Monet befreundete Renoir. In seinen farbenfrohen Darstellungen der Vergnügungs- und Ausflugslokale leben Watteaus »fêtes galantes« wieder auf. Renoirs Bilder geben eine ideale Gesellschaft wieder, eine Harmonie der Menschen und ihrer Beziehungen.

■ *Georges Seurat, Ein Sonntagnachmittag auf der Insel La Grande Jatte, 1884/86, Öl auf Leinwand, 207,6 x 308 cm, Chicago, The Art Institute.*
Ende des 19. Jahrhunderts trifft ein durch die Industrialisierung und die Wissenschaften angestachelter Fortschrittsglaube auf eine idealistische Weltsicht. Einige der jüngeren Künstler wollen eine Synthetisierung der im Impressionismus angedachten Möglichkeiten. Der Pointillismus oder Divisionismus Seurats suchte nach einer inneren Gesetzmäßigkeit, die das Auftreten der Farben im Bild bestimmen sollte.

gegenstandsauflösende Wirkung von Licht zu zeigen. Die für den Impressionismus charakteristische helle Farbgebung behält er bei, doch wird in der Reihung der Bilder deutlich, dass es für Monet eine an den Gegenstand gebundene und ihn bestimmende Farbe nicht mehr gibt.

1883 hatte Monet ein an seinen Garten in Giverny angrenzendes Grundstück gekauft und die Genehmigung erhalten, den Bach, der dort floss, zu einem Teich aufzustauen. Um den Bach ließ er sich einen paradiesischen Garten anlegen, der ihm für die kommenden dreißig Jahre zum Atelier werden sollte. Hier fand er sein wohl berühmtestes Motiv, die Seerosen. In Bildern, in denen er Teich, Brücke oder auch nur die Wasserfläche mit den Pflanzen festhält, kommt er in den Jahren zwischen 1899 und 1920 zu einer vollständig eigenen Realität. Der Impressionismus, der immer auch noch das Verhältnis von Fläche zu Räumlichkeit verhandelte, weicht hier einer vollständig flächigen Darstellung.

Während Monet seinen Weg innerhalb des Impressionsismus weiterging, suchten junge Künstler ab Mitte der 1880er Jahre nach Möglichkeiten zu dessen Weiterentwicklung und Überwindung. Georges Seurat fand die Lösung in einer Verwissenschaftlichung und Systematisierung der impressionistischen Malweise, im Pointillismus. Nicht mehr Pinselstriche und damit der Duktus, die spontan geäußerte Handschrift des Malers, formen die Bildelemente, sondern winzige, wie im Raster mathematisch genau gesetzte Punkte. Durch die rastergenaue und farbzerlegende Punktsetzung kommt Seurat im *Sonntagnachmittag auf der Insel La Grande Jatte* zu einer Schärfe der Konturen und zu einer Bildstatik, die den Errungenschaften des Impressionismus diametral entgegengesetzt sind. Jegliche Spontanität ist aus dem Bild verbannt, wie Puppen stehen und liegen die Figuren am Ufer. Das Spiel von Licht und Schatten hat aufgehört zu existieren. Aus der Makrostruktur »Pinselstrich« wurde die Mikrostruktur von zu Farbpunkten zerteilten, »divisionistischen« Farbtönen.

DIE NACHT ZUM TAG

Seit kurzem erhellte Gaslicht die Ballsäle, und im Pigalle tanzte man den Can-Can von Jacques Offenbach. Künstler wie Renoir und Toulouse-Lautrec hielten die Vergnügungen der Zeit in ihren Bildern fest. Die scheinbare Spontaneität ihrer Bilder verengte den Abstand zwischen Betrachter und Darstellung; Zeitgenossen fühlten sich häufig in ihrem Schamgefühl verletzt.

CLAUDE MONET: DIE BRÜCKE VON ARGENTEUIL

LEBEN UND WERK

Claude Monet wird 1840 geboren. Aus wirtschaftlichen Gründen verlässt seine Familie 1845 Paris, dessen Bevölkerung mit der einsetzenden Industrialisierung in den nächsten dreißig Jahren von 550 000 Einwohnern auf 1,9 Millionen anwachsen sollte, und zieht nach Le Havre. Ersten Unterricht erhält Monet von einer kunstinteressierten Tante und durch den Landschaftsmaler Eugène Boudin. Die finanzielle Situation der Familie erlaubt zunächst kein Kunststudium, Monet verdient seinen Lebensunterhalt mit dem Zeichnen von Karikaturen. 1859 geht Monet nach Paris und tritt in die Académie Suisse, wenig später in die École des Beaux Arts ein. Unterbrochen wird sein Studium durch den Militärdienst, den Monet in Algerien ableisten muss. Nach wenigen Monaten kehrt er, an Typhus erkrankt, nach Frankreich zurück. Von weiteren Verpflichtungen kauft ihn die Tante frei. Monet lernt Camille Pissarro, Paul Cézanne, Auguste Renoir und Johan Barthold Jongkind kennen. Letzteren wird er später als seinen eigentlichen Lehrer bezeichnen. Trotz erster Erfolge verschlechtert sich die finanzielle Situation Monets zusehends. 1867 werden zweihundert seiner Gemälde gepfändet und versteigert. Im Sommer 1868 begeht er einen Selbstmordversuch. Zu Kriegsbeginn 1870 reist Monet über Trouville nach London, wo er sich mit dem Werk William Turners auseinandersetzt und den bedeutenden Kunsthändler Paul Durand-Ruel kennenlernt, der durch seine Galerie in Paris zum wichtigsten Vermittler für die Maler der Schule von Barbizon geworden war. 1872 kehrt Monet nach Frankreich zurück und bezieht ein Hausboot in Argenteuil. Mehrere Ansichten der nahegelegenen Seinebrücke entstehen. Die Jahre in Argenteuil sind von Armut geprägt. Auf Vorschlag Monets kommt es 1874 zur ersten gemeinsamen Ausstellung einer Künstlergruppe, die aufgrund einer Kritik wenig später als Impressionisten bezeichnet werden sollte. Die Räumlichkeiten stellt der Photograph Nadar zur Verfügung. Acht weitere Ausstellungen, von denen die dritte 1877 als die bedeutendste anzusehen ist, folgen bis 1886. In seinem Hauptwerk geht es Monet um das Festhalten der farbverändernden Wirkung von Licht. In mehreren Serien gibt er das immer gleiche Motive in verschiedenen Beleuchtungen wieder, die *Brücke von Argenteuil*, 1874, den Pariser *Bahnhof Saint-Lazare*, 1876/77, die *Kathedrale von Rouen*, um 1893, und die *Seerosen*, ab 1899, in denen Monet die Möglichkeiten des Impressionismus bis an seine Grenzen ausschöpft. 1916 erhält er den Staatsauftrag zu den *Grandes Décorations*, acht riesigen *Seerosenbildern*, die 1927, ein Jahr nach seinem Tod in Giverny, in der Orangerie der Tuileriengärten nahe des Louvre installiert werden, wo sie sich noch heute befinden.

DATEN

Wo zu sehen:
Paris, Musée d'Orsay

Öl auf Leinwand, 60 x 80 cm

Provenienz:
1874 auf der ersten Impressionisten-Ausstellung in einer von Nadar zu diesem Zweck angemieteten Wohnung gezeigt. 1937 gelangt es als Vermächtnis in den Louvre, 1986 in das neu eröffnete Musée d'Orsay.

Die *Brücke von Argenteuil* hält Monet in mehreren Gemälden fest, die sämtlich 1874 entstanden. Auf dem Bild der National Gallery in Washington ist eine ähnliche Ansicht zu sehen, ein zweites im Musée d'Orsay zeigt eine Fernsicht, das der Neuen Pinakothek in München einen Ausschnitt.

AUF DEN PUNKT GEBRACHT

Ziel Monets und des Impressionismus war es, einen Gegenstand in seiner augenblicklichen Erscheinungsform festzuhalten. Licht, Atmosphäre und Bewegung waren ihnen wichtig. Die wesentlichen Errungenschaften der Renaissance, nämlich Zentralperspektive und geschlossener Bildaufbau, werden aufgegeben. Die Impressionisten stehen am Beginn eines neuen, vom Bildgegenstand abstrahierenden Denkens in der Bildenden Kunst.

Die Toteninsel

ARNOLD BÖCKLIN

»Ein Bild zum Träumen« bestellte die jung verwitwete Marie Berna aus Frankfurt am Main im Frühjahr 1880 bei Arnold Böcklin. Der Künstler nahm den Auftrag an und schuf für sie das Motiv der *Toteninsel*. Mit der ersten Version, dem vorliegenden Bild, war der Maler nicht zufrieden. Er ließ es unvollendet stehen und begann eine zweite Version, das die Auftraggeberin erhielt; es befindet sich heute im Metropolitan Museum of Art in New York. Wesentlicher Unterschied zur Erstversion ist das breitere Bildformat, das Böcklin in den drei weiteren bekannten Versionen beibehält. Diese entstanden von 1882 bis 1886 und weisen im Gegensatz zu den ersten beiden Bildern einen aufgehellten Himmel auf. Den einmal gefundenen Bildaufbau behält Böcklin in den damit insgesamt fünf Versionen der *Toteninsel* bei, nimmt allerdings Modifikationen in der Farbgebung und den einzelnen Bildelementen vor.

Eine Felseninsel, vom Mondlicht magisch beleuchtet, ragt unvermittelt aus einem nachtschwarzen, kaum bewegten Meer. Sie nimmt die Bildmitte ein und ist symmetrisch gegliedert. Dunkle Zypressen bilden einen starken vertikalen Akzent zu der waagerechten Horizontlinie. Schützend rahmen die Felsen eine Bucht, vor deren Einfahrt ein Boot ruhig dahingleitet. Quergestellt am Heck steht ein Sarg. Es folgen die Rückenfigur einer priesterähnlichen Gestalt und der Ruderer, der das Boot rückwärts in die Bucht hineinbringt. Nur um weniges heller als das Meer und die Zypressen ist der Himmel. In milden, rotbraunen Tönen sind die Felsen, die Rahmungen der Grabkammern, das Boot und der Ruderer gegeben. Dagegen stehen die grellweißen Farbakzente der wie aus dem Fels emporwachsenden Architekturen, der Rückenfigur und des den Sarg bedeckenden Tuches. Nur wenig Licht spielt auf den sich an den Felsen brechenden Wellen, dem gekräuselten Meer vor dem Boot und dem Ruderblatt.

■ Arnold Böcklin, Photographie.

Böcklins *Toteninsel* ist ein hochgradig mit Symbolen aufgeladenes Bild. Vorbilder sind kaum in wirklichen

■ *Arnold Böcklin, Die Toteninsel, 1883, Öl auf Holz, 80 x 150 cm, Staatliche Museen zu Berlin, Nationalgalerie.*

Gräberinseln zu finden, etwa der vor Venedig gelegenen Friedhofinsel San Michele, die zwar mit Zypressen bewachsen, aber flach ist. Lediglich das Naturvorbild für die Felsformationen könnte auf Ischia zu suchen sein, wo Böcklin sich 1879 aufhielt. Entsprechendes berichtet ein Schüler, doch ist nicht auszuschließen, dass hier, wie in dem Wort des Dichters Richard Dehmel, »nur« ein Hinweis auf die ungeheure Popularität des Motivs vorliegt. Dehmel verließ seine vor Korfu gelegene, Böcklin unbekannte Ferieninsel um 1900 mit der Begründung, die »Ähnlichkeit mit Böcklins *Toteninsel* hätte auf die Dauer mir nicht wohlgetan«.
Ergiebiger ist die Suche nach literarischen Anregungen. Sie führt in die Renaissance, zu Torquato Tassos Kreuzzugsepos *Das befreite Jerusalem* von 1581. Im 14. Gesang berichtet Tasso von einem greisen Magier, der, »mit Buchenlaub bekränzt, in einem langen Gewand aus Leinen, rein und glänzend weiß«, die Fahrt des Ritters Rinaldo zur »Liebesinsel« der Zauberin Armida imaginiert. Die Insel liegt inmitten eines weiten Ozeans und ist in Dunkelheit gehüllt. Im folgenden Gesang erwähnt Tasso einen Inselhafen, zu dessen Seiten

BÖCKLIN UND DER NATIONALSOZIALISMUS

Ohne Überprüfung der Bildinhalte annektierten die Nationalsozialisten Böcklin als »nordischen Seelenkünstler«. Sie sahen seine Bilder als eine germanisch-grüblerische Sehnsuchtswelt. Die »Blut-und-Boden«-Ideologie der Nazis hatte allerdings wenig mit dem Kulturpessimismus Böcklins zu tun.

■ *Arnold Böcklin, Selbstbildnis mit fiedelndem Tod, 1872, Öl auf Leinwand, 75 x 61 cm, Berlin, Nationalgalerie, Staatliche Museen, Preußischer Kulturbesitz.*
Totenkopf und einsaitige Geige sind geläufige Sinnbilder der Vergänglichkeit. Doch reißt der Tod hier den Menschen nicht aus dem Leben. Er flüstert ihm ein. Böcklin hat seine Arbeit unterbrochen und horcht aufmerksam auf die Töne, von denen er seine Inspiration erhält.

Felsenriffe hoch aufragen; eine Grotte liegt im efeubeschatteten Raum.

Böcklins Bild ist jedoch keine Illustration zu Tasso. Durch den Sarg und die Felsengräber – die Felsgräber Kleinasiens sind aus der archäologischen Forschung gerade bekannt geworden – macht er die Insel der Armida zu einer »Gräberinsel«. Diese Insel ist, wie das Geschehen, weder räumlich noch historisch fixierbar. Anleihen aus der Antike stehen hier für Allgemeingültigkeit, denn nur wenn das »Tun auf ein Allgemeines« bezogen ist, also zeitlos Gültiges geschaffen wird, ist Einzigartigkeit und Größe zu erlangen. Möglicherweise sah Böcklin sich in Anlehnung an Nietzsche als einen der »großen Einsamen«, die solches schaffen. Als exklusiver Ort ist ihnen die *Toteninsel* vorbehalten. Zwei Selbstporträts, entstanden im Jahr nach dem *Selbstbildnis mit fiedelndem*

■ *Arnold Böcklin, Villa am Meer, 1878, Öl auf Leinwand, 110 x 160 cm, Winterthur, Kunstmuseum.*
Sinnend steht eine Frau an einer zerfallenen Mauer. In ihr verdichtet sich die melancholische Stimmung, die in dem einsamen meerumbrandeten klassischen Villenbau ihren Ausgangspunkt hat.

Tod und im Jahr vor der *Toteninsel*, könnten bezeugen, dass Böcklin sich zu diesen »großen Einsamen« zählte. Beide Male stellt er sich vor immergrünem Lorbeer, in dem 1873 entstandenen Bild zusätzlich vor Marmorsäulen – Symbolen der Unsterblichkeit – dar. Weihevoll und würdig nähert sich das Boot der *Toteninsel*, ein individueller Abschied wird hier inszeniert. Der »große Einsame«, der hier bestattet wird, ist der Maler selbst: Mit der dritten Fassung setzt Böcklin sein Monogramm gerahmt über einen der Eingänge zu den Grabkammern; die Signatur wird zum Bildmotiv erhoben, die »Insel zum imaginären Denkmal des Künstlers«.

Mit dem Künstler wird gleichzeitig eine ganze Epoche zu Grabe getragen, die Antike, die Böcklin über die Renaissance bis in seine Tage fortleben sah. Seit der Mitte des Jahrhunderts war die »sterbende Antike« ein geläufiger Topos. Es wurden Parallelen zwischen dem 5. Jahrhundert, der Zeit des Unterganges des Römischen Reiches, und dem eigenen Jahrhundert gezogen. Mit der Industrialisierung hatte das traditionelle Bildungsbürgertum Ansehen und gehobene gesellschaftliche Stellung an das moderne Kapital verloren. Seiner Wurzeln beraubt und ohne Einfluss stand es zwischen ihm und der Arbeiterschaft isoliert da. Mit dem Bildungsbürger ging nach Ansicht Böcklins, Nietzsches und anderer die auf der Antike beruhende humanistische Bildung und

■ *Anselm Feuerbach, Iphigenie, 1871, Öl auf Leinwand, 192,5 x 126,5 cm, Stuttgart, Staatsgalerie.*
Bezieht Böcklin in seinen Bildern auch Stellung zur Gegenwart, so zeigen die Feuerbachs die Flucht in eine elegisch verklärte, meist der Vergangenheit angehörende Welt. Das Iphigenienthema war für ihn von besonderer Bedeutung, bot es ihm doch die Möglichkeit, seiner Griechensehnsucht Ausdruck zu verleihen. Wie die ausgesetzte Tochter des Agamemnon diente er »Barbaren« und wünschte sich nach Griechenland, Heimat der Iphigenie und Wiege der abendländischen Kultur.

»DEUTSCHRÖMER«

Wie schon einmal zu Beginn des 19. Jahrhunderts, zog es nach 1850 deutsche Künstler wieder verstärkt nach Rom. Suchten die der ersten Generation, namentlich die »Nazarener«, die Erneuerung der Kunst in der Anlehnung an Raffael, so bemühte sich die zweite, vor allem Böcklin, Feuerbach und Marées, Spuren eines Fortlebens der Antike aufzuspüren. Sie flüchteten vor ihrer materialistisch eingestellten Umgebung in eine ideale Wunschwelt. Böcklin zog sich in einen kleinen Ort bei Florenz zurück, Feuerbach in seine Griechensehnsucht, Marées in Bilder eines paradiesischen Einklangs von Mensch und Natur.

■ *Hans von Marées, Jünglinge im Orangenhain, um 1878/84, Staatliches Museum Berlin, Nationalgalerie, Preußischer Kulturbesitz.*
Wie Feuerbach stand auch Marées in Florenz zeitweise mit Böcklin in Kontakt, beschritt aber gänzlich andere Wege. Die kaum individualisierten, unrealistisch angeordneten Figuren sind ausschließlich Formelement. Sie bilden ein ornamentales Formgerüst, das in Richtung Moderne, etwa auf Matisses *Le luxe I* von 1907, weist.

damit die europäische Kultur dahin. Auf dieser Vorstellung basiert die 1898 aufgestellte, als übergeordnet zu betrachtende These, dass »der vorletzte antike Mensch« in der *Toteninsel* »zu Grabe getragen« werde. Böcklins Bild ist also auch »feierlicher Abgesang der abendländischen Kultur«, das Vorspiel zum Untergang des Abendlandes, den Oswald Spengler 1918 in seinem gleichnamigen, weit verbreiteten Buch prognostizierte.

Zivilisationsmüdigkeit und Kulturpessimismus herrschten im späten 19. Jahrhundert in weiten Teilen der künstlerischen und geistigen Elite Europas. Wie die Präraffaeliten das materialistisch eingestellte viktorianische Großbritannien ablehnten, so wiesen Böcklin, Marées und andere das säbelrasselnde, 1871 als Sieger aus dem deutsch-französischen Krieg hervorgegangene Reich Bismarcks zurück. Sie suchten nach Gegenbildern zur sichtbaren und naturwissenschaftlich erforschbaren Wirklichkeit, wollten mit ihrer symbolistischen Kunst zeigen, dass eine andere, verborgene Wirklichkeit denkbar, wenn nicht sogar existent ist. Für das Aufzeigen einer zweiten, womöglich dritten Wirklichkeit wählten die Symbolisten gerade *nicht* aus sich selbst heraus verstehbare Gegenstände und Motive, wie die Realisten, etwa Leibl, die Impressionisten und vor allem die Photographie, die Böcklin als rein reproduzierend strikt ablehnte.

Auf die häufig gestellte Frage, was er mit seinem Bild sagen wolle, antwortete Böcklin knapp: »Das, was Sie sehen. Ich male nur Bilder und keine Bilder-Rätsel!« In Wahrheit aber verlangte er seinem Publikum viel ab, nicht nur das Abtasten der Bildoberfläche mit dem physischen Auge war gefordert, sondern auch der innere Blick, die »Einfühlung« in den Bildgegenstand, und das Hinsehen mit dem humanistisch gebildeten Auge. Böcklin stemmte sich dagegen, dass der bildungsschwere Bildgegenstand zugunsten der Ausführung an Bedeutung verlor. Populär wurden seine Bilder in erster Linie wegen ihrer emotionalen Wirkung.

ARNOLD BÖCKLIN: DIE TOTENINSEL

LEBEN UND WERK

Arnold Böcklin wird 1827 in Basel geboren. Er besucht das Gymnasium und die Zeichenschule seiner Heimatstadt, wo er mehrere Auszeichnungen erringt. Einer seiner Lehrer erkennt seine Begabung und setzt sich für ein Kunststudium ein. 1845 bezieht Böcklin die Düsseldorfer Akademie, die damals bedeutendste Kunstschule des deutschsprachigen Raumes. Im Abgangszeugnis wird ihm 1847 »ein bedeutendes Talent« bestätigt. Kurz vor Ausbruch der Februarrevolution 1848 geht Böcklin nach Paris. Er kopiert im Louvre und zeichnet, wie Monet zehn Jahre nach ihm, in der Académie Suisse nach Aktmodellen. Die im Juni blutig niedergeschlagenen Arbeiteraufstände hinterlassen tiefe Eindrücke, von denen er sich lange nicht befreien kann. Kampf, Krieg, Tod und Bedrohung werden zu Leitmotiven in seinem Werk. Von 1850–57 lebt Böcklin überwiegend in Rom. Er besucht die Sammlungen und Museen der Stadt, Ausflüge führen ihn in die Umgebung. Kontakt hat er vor allem zu den sogenannten »Deutschrömern«. Seine finanzielle Lage ist prekär. Auf Todesfälle reagiert er mit Depressionen. In den ersten römischen Jahren bestimmen Landschaftsbilder das Schaffen, in die er behutsam Staffage aufnimmt, ab Mitte der 1850er Jahre auch Mythologie. Zum Ende des Jahrzehnts beginnen die Figuren eigenständig zu werden. Nach seinem Umzug nach München bedeutet der Ankauf von *Pan im Schilf* durch das bayerische Königshaus 1859 den künstlerischen Durchbruch. Böcklin lernt den Sammler Graf Schack kennen, der zwischen 1863 und 1874 sechzehn Gemälde von ihm erwirbt. 1860 wird Böcklin für zwei Jahre an die Weimarer Kunstschule berufen, anschließend geht er wieder nach Rom, 1866 nach Basel und 1871 nach München. 1864 beauftragt Schack Böcklin mit der *Villa am Meer*, weitere Versionen des Motivs entstehen bis 1880. Von Nietzsche bewundert, sorgt der *Kentaurenkampf* 1873 auf der Wiener Weltausstellung für Aufsehen. 1874 siedelt Böcklin nach Florenz über. 1880 entstehen die erste beiden Versionen der *Toteninsel*, zwei Jahre später der thematisch verwandte *Heilige Hain*. Der Berliner Kunsthändler Gurlitt stellt regelmäßig Werke Böcklins aus. 1885–92 lebt Böcklin in Zürich, anschließend wieder in Florenz beziehungsweise San Domenico. Die Formate werden immer größer, die Figuren monumental, zu »Bedeutungsträgern« stilisiert, die Landschaft tritt in den Hintergrund. Es entstehen mehrteilige Bilder, »Altartafeln für weltliche Tempel«; »düsterer Ernst« beherrscht das Spätwerk, *Krieg* und *Pest* entstehen. Lange nicht anerkannt, gilt Böcklin in seinem letzten Lebensjahrzehnt in weiten Kreisen als der größte Maler seiner Zeit. Er stirbt 1901 in San Domenico bei Florenz.

DATEN

Wo zu sehen:
Basel, Kunstmuseum
Gefirnisste Tempera auf Leinwand, 111 x 155 cm

Provenienz:
Frühjahr 1880 Auftrag von Marie Berna. Es entstehen fünf Versionen der *Toteninsel*, von Böcklin als »einen stillen Ort« oder »Gräberinsel« bezeichnet. Die erste Version, seit 1920 im Kunstmuseum Basel, hält Böcklin zurück. Die Auftraggeberin erhält eine zweite, heute im Metropolitan Museum, New York.
Die dritte Version entsteht 1883 auf Drängen des Berliner Kunsthändlers Fritz Gurlitt, von dem das Motiv seinen zugkräftigen Namen erhält. Über den Kunsthandel gelangt das Bild 1933 in den Besitz Adolf Hitlers. 1980 auf mysteriöse Weise wieder aufgetaucht, kauft es die Berliner Nationalgalerie. Die vierte Version von 1884 verbrennt am Ende des Zweiten Weltkrieges. Die fünfte Version von 1886 ist eine Bestellung des Leipziger Museums der bildenden Künste und befindet sich noch heute dort.

Lesenswert:
Franz Zelger, *Arnold Böcklin. Die Toteninsel. Selbstheroisierung und Abgesang der abendländischen Kultur*, Frankfurt am Main 1991.

AUF DEN PUNKT GEBRACHT

Die *Toteninsel* ist kein realitätsferner Mythos, sondern Stellungnahme zur politischen und gesellschaftlichen Wirklichkeit. Um 1900 in Reproduktionen weit verbreitet, in Feldpostkarten des Ersten Weltkrieges trivialisiert, entdecken unter anderen Max Ernst und Salvador Dalí das Motiv für ihre Bildwelten, das von den Nationalsozialisten propagandistisch ausgeschlachtetet werden sollte.

Der Mont Sainte-Victoire

PAUL CÉZANNE

■ *Paul Cézanne, Porträtaufnahme, 1889.*

■ *Paul Cézanne, Der Mont Sainte-Victoire, um 1887, Öl auf Leinwand, 66,8 x 92,3 cm, London, Courtauld Institute Galleries.*

Tief getroffen von der harschen Kritik, die seine Bilder herausgefordert hatten, beteiligte Cézanne sich nach 1877 nicht mehr an den Ausstellungen der Impressionisten, blieb den Künstlerkollegen jedoch weiterhin freundschaftlich verbunden. Zehn Jahre später begann sich die lockere Künstlergemeinschaft aufzulösen. Die erste Phase des Impressionismus hatte sich erschöpft. Unter Beibehaltung der Themen wurde nach neuen künstlerischen Ausdrucksformen gesucht. Verschiedene Richtungen kristallisierten sich heraus. Durch die Verwissenschaftlichung ihrer Malweise führten die Pointillisten um Seurat den Impressionismus in eine dogmatische Richtung, die schon bald wegen ihrer »tödlichen Monotonie« auf Kritik und Ablehnung stoßen sollte. Diametral entgegengesetzte Wege beschritten Cézanne und Monet. Beide wiesen in die Zukunft; eine konsequente Lösung vom Impressionismus gelingt jedoch nur Cé-

zanne. Die Maler kannten sich gut, waren fast gleichaltrig, hatten um 1860 Kurse der Académie Suisse besucht und 1874 an der ersten Impressionistenausstellung teilgenommen. Monet, von dem Cézanne sagte, er sei »nichts als ein Auge, aber was für ein Auge«, konzentrierte sich weiter ganz auf die Beobachtung von Lichteinflüssen, kam so zur Lösung der Farbe vom Gegenstand und zur Auflösung der Form und schöpfte in den Seerosen- und Glyzinenbildern die Möglichkeiten des Impressionismus vollständig aus. Ganz anders Cézanne, dessen Streben, wie das der Pointillisten, auf Formverfestigung hinauslief. Sein Thema waren nicht verderbliche, dem Rhythmus der Jahreszeiten ausgesetzte pflanzliche Gebilde in einem extra für sie angelegten Teich – Monets Garten in Giverny besuchte Cézanne 1894 –, sondern die Berge um Aix-en-Provence, besonders der Mont Sainte-Victoire. Monet begriff die Wirklichkeit als etwas Momentanes, Cézanne dagegen deutete sie als Inbegriff von Dauer.

Zeit seines Lebens kehrte Cézanne immer wieder in seine südfranzösische Heimat zurück, verstärkt seit Beginn der 1880er Jahre. In den ersten Jahren des Jahrzehnts beschäftigte ihn besonders die Landschaft um L'Estaque mit dem Golf von Marseille. Es folgte die intensive, in zwei Phasen zu scheidende Auseinandersetzung mit dem Mont Sainte-Victoire. Die erste hielt von etwa 1885 bis 1890 an. Den Anfangspunkt der zweiten markiert die Errichtung eines Atelierhauses in einer kaum frequentierten Gegend nördlich von Aix mit Blick auf den Berg 1902.

In der Londoner Version des *Mont Saint-Victoire* – sie gehört der ersten Phase an – fällt der Blick über das Tal des Arc hinweg auf den im Hintergrund gelegenen Berg. Ruhe und Gelassenheit, fast spätsommerliche Schwere, strahlt die durch Felder und kleine Gehöfte geometrisch geordnete Talebene aus. In offenkundigem, fast gewaltsamem Gegensatz zur Landschaft scheinen die Pinien im Vordergrund zu stehen. Ihre traditionelle »europäische« Funktion als Blickrahmung haben die Bäume verloren. Sie sorgen vielmehr für Spannung, zum einen dadurch, dass sie extrem angeschnitten sind, von der rechten ist nicht einmal der Stamm aufgenommen, zum anderen durch

■ *Paul Cézanne, Der Mont Sainte-Victoire, 1902/06, Öl auf Leinwand, 64 x 83 cm, Zürich, Kunsthaus.*
In seinen letzten Lebensjahren hat Cézanne den Mont Sainte-Victoire in mindestens acht Gemälden festgehalten, jeweils von der Seite seines Ateliers aus gesehen. Um rasch arbeiten zu können, verwendete er zum Teil extrem dünnflüssige Ölfarben.

JAPONISMUS

In der zweiten Hälfte des 19. Jahrhunderts begann Japan sich dem Westen zu öffnen. Japanische Kunst, vor allem Farbholzschnitte, wurde in Europa bekannt und nahm mit ihrem flachen Bildraum, ihrer Farbigkeit und ihren asymmetrischen Kompositionen Einfluss auf die Impressionisten und besonders den Jugendstil.

ihre expressiv bewegten Äste. Vorbilder hierfür lieferten Cézanne japanische Farbholzschnitte.

Die Pinien stehen im Kontrast zum Berg – Bewegung contra Ruhe, Moment contra Ewigkeit. Sie scheinen seine Majestät »ankratzen« zu wollen, entpuppen sich auf den zweiten Blick jedoch als »Mitläufer«. Die gebogenen Spitzen des Astes links betonen den eingefallenen Gipfel des Berges, und die von rechts in das Bild hereinragenden Äste, die oberen gespiegelt, vollziehen den Verlauf der Flanke und den Anstieg zum nächsten Berg nach: Die Gegensätze sind nicht aufgehoben, aber in Einklang gebracht.

Mit Errichtung seines Ateliers malt Cézanne den Mont Sainte-Victoire nur noch von dort aus, verzichtet auf Kontrastsetzungen und Einleitungen durch Bäume oder Felsen, schiebt stattdessen eine niedrige, vom Mittelgrund geschiedene Vordergrundzone ein. Es entsteht eine horizontale Dreischichtung, im Zürcher Bild gerade noch spürbar. Das Bergmotiv ist direkt erfasst; nichts lenkt von dem hieratischen Massiv vor dem Himmel ab. Der Bildaufbau hat wesentlich an Strenge gewonnen. Pinselstrich ist an Pinselstrich gesetzt. Ein Teppich aus Farbflecken entsteht, die unwillkürlich als Wiesen, Häuser, Berg und Himmel gelesen werden.

Wesentlich ist, dass in den späten Bildern des Mont Sainte-Victoire Farbe als Form begriffen wird, wobei, um mit Cézanne zu sprechen, »eine Form ... nur durch die benachbarten Formen« existiert. Farbe *und* Form finden sich nur noch an einer Stelle. Durch »Cloisonné«, durch das Umreißen von Formen wie beim Emailguss, wie auch in Vorbildern aus der Volkskunst und dem japanischen Holschnitt, macht Cézanne einen Fleck in Ocker zum Kubus. Herausgelöst aus dem Bildgefüge, bleibt er als Form bestehen.

Cézanne hegte grundlegende Zweifel an der Noch-Gültigkeit und damit an der Möglichkeit einer Fortführung der jahrhundertealten abbildenden Funktion des Bildes im Zeitalter der Photographie. Unter diesem Gesichtspunkt erweisen sich seine Farbflecken als von vor-gegenständlicher Natur.

■ *Paul Cézanne, Die Großen Badenden, 1906, Öl auf Leinwand, 208 x 249 cm, Philadelphia, Museum of Art.*
Die zwischen 1895 und 1906 entstehenden drei Versionen der *Großen Badenden* bilden den Kulminationspunkt der Auseinandersetzung mit diesem Thema, wenn nicht der Kunst Cézannes überhaupt. Die Figuren sind zu zwei pyramidalen Gruppen zusammengefasst und gehen in dem durch die Bäume gebildeten Dreieck auf. Die *Großen Badenden* führen direkt zu Picassos *Demoiselles d'Avignon*.

PAUL CÉZANNE: DER MONT SAINTE-VICTOIRE

LEBEN UND WERK

Paul Cézanne wird 1839 in Aix-en-Provence geboren. Von 1857 an besucht Cézanne Kurse an der Städtischen Zeichenschule von Aix. Nur widerwillig nimmt er 1859 in seiner Heimatstadt ein Jurastudium auf, das er 1861 in Paris fortsetzt, wo auch sein Freund aus Schultagen, Émile Zola, lebt. Erst 1862 kann er seinen Wunsch, Maler zu werden, durchsetzen. Die Aufnahmeprüfung an der École des Beaux Arts besteht er nicht, besucht stattdessen Kurse an der Académie Suisse, wo er Pissarro und Renoir kennenlernt. 1863 vom »Salon« zurückgewiesen, stellt er im »Salon des Refusés« aus. Er beginnt im Louvre Gemälde zu kopieren und malt ab 1865 gelegentlich im Freien. Das Frühwerk Cézannes ist stilistisch uneinheitlich, beeinflusst von den Alten Meistern und Delacroix, zudem schwer zu beurteilen, da vieles vom Vater oder dem Maler selbst zerstört wurde. Lobend äußert sich 1866 Manet über die Stillleben. 1872 lernt Cézanne Paul Gachet, einen der wichtigen frühen Förderer der Impressionisten, kennen, 1873 begegnet er van Gogh, später auch Gauguin. Barocke und romantische Anklänge verschwinden aus seinem Werk zugunsten einer Annäherung an die Künstler des Café Guerbois, den späteren Impressionisten. An ihrer ersten Austellung nimmt er 1874 unter anderem mit dem *Haus des Gehenkten* und der *Modernen Olympia* teil, Bildern, die weitaus am meisten Aufsehen und Entrüstung erregen. Auf der dritten Ausstellung der Impressionisten 1877 fällt die Kritik wieder besonders über Cézanne her, der sich daraufhin an keiner weiteren beteiligt. Mitte der 1870er Jahre beginnt er sich mit dem Thema der *Badenden* auseinanderzusetzen. Nach einer »romantischen« und einer »impressionistischen« Periode beginnt um 1880 die dritte, die »konstruktive« oder »synthetische« Periode im Werk Cézannes. Breitere, als geometrische Flächen wahrgenommene Pinselstriche lösen die flirrenden des Impressionismus ab, führen eine Verfestigung der Bildelemente herbei. Monet und damit der Impressionismus ist ihm reine »Augenkunst«; er vermisst dort die theoretische Auseinandersetzung. Immer wieder malt er die Landschaft um L'Estaque bei Marseille, vereinfacht sie, fasst Einzel- zu Großformen zusammen. Die Auseinandersetzung mit dem Mont Sainte-Victoire beginnt. Sie wird bis zum Tod anhalten. Zahlreiche Stillleben und Porträts entstehen. Zuvor stets abgelehnt, stellt Cézanne 1882 zum ersten und einzigen Mal im »Salon« aus. 1886 kommt es zum Bruch mit Zola, der in seinem Roman *Das Werk* das Scheitern und den Selbstmord eines Malers, dem er Züge Cézannes verliehen hat, beschreibt. Durch eine 1895 in Paris veranstaltete Einzelausstellung wird Cézanne einem breiteren Publikum bekannnt. Cézanne stirbt 1906 in seiner Geburtsstadt. Eine Gedächtnisausstellung ehrt ihn 1907.

DATEN

Wo zu sehen:
London, Courtauld Institute Galleries
Öl auf Leinwand 66,8 x 92,3 cm

Provenienz:
Um 1887 entstanden. 1896 verschenkt Cézanne das Bild; 1925 erwirbt es der englische Industrielle und Sammler Samuel Courtauld (1876–1947). Courtauld begann 1922 mit dem Sammeln von Kunst, in erster Linie französische Impressionisten und Nachimpressionisten. Er besaß Spitzenwerke von Manet, Degas, Cézanne, Monet, Renoir, Gauguin, van Gogh und Seurat. Nach dem Tod seiner Frau 1931 stiftete er Kapital zur Gründung des Courtauld Institute of Art an der Universität von London. Zusätzlich schenkte er dieser zahlreiche Bilder, unter ihnen Manets *Bar in den Folies-Bergères* (s. S. 190) und Cézannes *Mont Sainte-Victoire*, um sie in den Courtauld Institute Galleries der Öffentlichkeit zugänglich zu machen. Beide Einrichtungen befinden sich seit 1990 im Somerset House, London.

Lesenswert:
Gottfried Boehm, *Paul Cézanne. Montagne Sainte-Victoire. Eine Kunst-Monographie*, Frankfurt am Main 1995.

AUF DEN PUNKT GEBRACHT

Bis zur ersten großen Ausstellung seiner Werke 1895 weitgehend unbekannt, nahm Cézanne vor allem durch sein Spätwerk wie kein anderer Künstler des 19. Jahrhunderts Einfluss auf die Umwälzungen in der Kunst zu Beginn des 20. Jahrhunderts, namentlich auf Fauvismus und Kubismus.

Das Schlafzimmer in Arles

VINCENT VAN GOGH

■ *Vincent van Gogh, Van Goghs Schlafzimmer in Arles, Saint Remy, September 1889, Öl auf Leinwand, 56,5 x 74 cm, Paris, Musée d'Orsay.*
Über dem Bett hängen van Goghs Porträts des Dichters Eugène Bloch (heute im Musée d'Orsay) und des Unterleutnants Milliet (heute im Rijksmuseum Kröller-Müller, Otterlo).

Im Jahr der letzten Impressionistenausstellung, 1886, überrumpelte van Gogh seinen Bruder Theo, der am Pariser Boulevard Montmartre eine kleine Galerie leitete, mit einem Besuch. Zwei Jahre sollte van Gogh in der europäischen Kunsthauptstadt bleiben, die auf ihn wie ein Katalysator wirkte. Seine dunkeltonigen realistischen Anfänge verloren sich, die Palette hellte sich radikal auf; van Gogh begann wie die Impressionisten und die Pointillisten zu malen. Er fand seinen expressiven, sehr persönlichen Stil, den er dann im südfranzösischen Arles voll ausbildete. Sein Wunsch war es, auch um seiner prekären finanziellen Situation zu entkommen, dort in einer Künstlergemeinschaft zu leben und zu arbeiten. Zu diesem Zweck mietete er im Mai 1888 vier Zim-

mer im »Gelben Haus« und lud Ende Juni Paul Gauguin ein, der sich allerdings erst nach wiederholten Aufforderungen zur Reise entschließen konnte. Künstlerisch schätzte er van Gogh, hielt ihn jedoch für einen verschrobenen Kerl, mit dem ein Zusammenleben kaum möglich war.

Das »Gelbe Haus« bezog van Gogh im September 1888. Er malte das Gebäude, in dem er für sich und Gauguin je ein Zimmer eingerichtet hatte. Eine Woche vor der Ankunft des neuen Hausgenossen hielt er dann auch das eigene *Schlafzimmer* im Bild fest. Die dem Bild zugrundeliegende Motivation teilte er Theo in einem am Abend des 16. Oktober geschriebenen Brief mit: »Diesmal ist es ganz einfach mein Schlafzimmer (das ich male), hier muss es nur die Farbe machen; indem ich durch Vereinfachung den Dingen einen größeren Stil gebe, soll einem der Gedanke an *Ruhe* oder ganz allgemein an Schlaf kommen. Kurz, der Anblick des Bildes soll den Kopf oder richtiger die Phantasie beruhigen.« Es folgt die Beschreibung der Farbigkeit und nochmals der Hinweis auf das wesentliche Bildmoment, die Ruhe, die er durch die »feste Derbheit der Möbel« unerschütterlich zum Ausdruck bringen müsse.

Nach Monaten der Anspannung und Vorfreude auf den Besuch Gauguins wünschte van Gogh nichts sehnlicher als Ruhe, Beruhigung der Phantasie und Schlaf. Dabei stellt sich unwillkürlich die Frage, ob dies auch im Bild zum Ausdruck gebracht ist. Die Einrichtung ist unspektakulär: Bett, Tisch, zwei Stühle, Spiegel und einige Bilder an den Wänden, nichts Aufregendes – wäre da nicht die verzerrte Perspektive, die das Zimmer aus dem Lot bringt, das Bett übermächtig, die Stühle zu klein erscheinen lässt; und schauen die Porträts der Freunde Bloch und Milliet nicht nahezu bedrohlich auf das Bett herab? Ein zugegebenermaßen subjektiver Befund – der Bestätigung in der Farbigkeit findet. Stellte van Gogh diese dem Bruder am 16. Oktober noch anheimelnd dar, so schilderte er sie Gauguin am nächsten Tag, nach Vollendung des Bildes, abgehackt, wie im Stakkato. Über Nacht sind die Farben mutiert, haben ihren Charakter geändert, sind von positiver Belegung zu negativer gewandert: Das (warme) Ziegelrot des Fußbodens im Brief an den Bruder wird zum »gebrochenen Rot«, das »frische Buttergelb« des Holzes von Stühlen und Bett zu (giftigem) »Chromgelb«, die »scharlachrote« Bettdecke »blutrot«.

Die Konzeption des *Schlafzimmers* sei einfach, hatte van Gogh

DIE FARBIGKEIT DES SCHLAFZIMMERS

»Flache Farben, aber derb aufgetragen, sehr pastos, die Wände blasses Lila, der Fußboden ein gebrochenes Rot, Stühle und Bett chromgelb, Kissen und Laken sehr helles Zitronengrün, die Bettdecke blutrot, der Waschtisch orange, das Waschbecken blau, das Fenster grün. Wissen Sie, mit all diesen sehr verschiedenen Tönen habe ich eine vollkommene Ruhe ausdrücken wollen.«
Aus einem Brief an Paul Gauguin vom 17. Oktober 1888

■ *Vincent van Gogh, Selbstbildnis, 1888.*

■ *Vincent van Gogh, Vase mit Sonnenblumen, August 1888, Öl auf Leinwand, 91 x 72 cm, München, Neue Pinakothek.* Die im August 1888 entstandenen Sonnenblumenbilder waren als Teil eines übergreifenden Dekorationssystems vorgesehen. Das »Gelbe Haus« sollte ein »Künstlerhaus« werden, »alles, vom Stuhl bis zum Bild, soll Charakter haben«, heißt es in einem undatierten Brief an Theo van Gogh. Auch Vincent träumte den Traum des 19. Jahrhunderts vom Gesamtkunstwerk.

dem Bruder weiter mitgeteilt; »Schatten und Schlagschatten sind weggelassen, und die Farben sind flach und einfach aufgetragen wie bei Japandrucken.« Im Gegensatz dazu stehe das *Nachtcafé*, ein Billardsaal, den van Gogh Anfang September 1888 gemalt hatte. Auch dieses Bild beschrieb er dem Bruder eingehend. Durch die Farben habe er versucht, »die schrecklichen menschlichen Leidenschaften auszudrücken«; das Café sei ein Ort, »wo man verrückt werden und Verbrechen begehen kann«. Nochmals wird die Anspannung deutlich, unter der van Gogh stand. Doch fand er auch ruhige Stunden, malte Bilder von Sonnenblumen zur Ausschmückung seines Ateliers.

Lang ersehnt, erreichte Gauguin Arles am 23. Oktober. Zumindest nach außen hin verliefen die ersten Wochen harmonisch. Zu guten Preisen verkaufte Theo in Paris Bilder Gauguins, was beide beflügelte. Respekt und Vertrauen bestimmten van Goghs Verhältnis zu Gauguin. Binnen kürzester Zeit vollzog er einen erstaunlichen stilistischen Wandel, passte seine Handschrift der des Freundes an. Sein zupackender, dichter Duktus schwand zugunsten einer lasierenden Glätte des Farbauftrags. Die Dinge und Personen in van Goghs Bildern verloren ihr vertrautes Aussehen, wurden zurückgenommen zugunsten eines autonomen Formgefüges. Doch, anders als in Paris zwei Jahre zuvor, war dieser Wandel erzwungen; immer wieder fällt van Gogh in die ihm eigene Handschrift zurück.

Über Wochen muss van Gogh Dinge angestaut haben, deren Neutralisierung ihm in den unter dem Einfluss Gauguins entstanden Bildern nur bedingt gelingen konnte. Gemeinsam besuchten sie am 17. Dezember das Museum von Montpellier. »Das Gespräch (vor Bildern Delacroix', Courbets und anderer) ist oft von einer *unerhörten elektrischen Spannung*, und manchmal sind wir hinterher so erschöpft wie eine elektrische Batterie nach der Entladung«, berichtete van Gogh seinem Bruder. Zur wirklichen Entladung sollte es jedoch erst in Arles kommen, wo van Gogh am 23. Dezember mit einem Rasiermesser auf Gauguin losging und sich den unteren Teil des linken Ohres abschnitt. Theo kam sofort und kümmerte sich um seinen Bruder. Gemeinsam reisten er und Gauguin jedoch bereits am 26. ab. Wegen Halluzinationen wurde van Gogh im Februar 1889 erneut ins Krankenhaus eingewiesen.

VINCENT VAN GOGH: DAS SCHLAFZIMMER IN ARLES

LEBEN UND WERK

Van Gogh wird 1853 in Groot-Zundert, Nordbrabant, geboren. 1869 tritt er als Lehrling in eine Den Haager Kunsthandlung ein. Es folgen Hospitanzen in Filialen in London und Paris. Das soziale Elend in den Großstädten berührt ihn zutiefst, führt zu intensivem Bibelstudium und obsessiver Frömmigkeit. Mit dem Ziel, Laienprediger zu werden, besucht van Gogh 1878 eine Evangelistenschule bei Brüssel. Er fällt durch das Examen. Trotzdem erhält er im Januar 1879 eine befristete Predigerstelle im belgischen Bergwerksdistrikt Borinage. Seine Eindrücke hält er in Zeichnungen fest. Anfang 1880 wandert van Gogh zu dem populären Maler ländlicher Szenen, Jules Breton, wagt in seinem abgerissenen Aufzug jedoch nicht, bei ihm einzutreten. Theo van Gogh, mit dem Vincent Zeit seines Lebens einen intensiven Briefwechsel führt, fängt an, seinen Bruder finanziell zu unterstützen und fördert das Kunststudium, das Vincent im Oktober 1880 in Brüssel beginnt.

1882 bezieht van Gogh ein Atelier in Den Haag. Ein entfernter Verwandter ermutigt ihn zum Malen in Ölfarben. Bis 1885 entstehen rund zweihundert dunkeltonige expressive Ölgemälde, darunter das erste Meisterwerk, *Die Kartoffelesser*. 1886 geht Vincent van Gogh zu seinem Bruder nach Paris, wo er allen wichtigen nachimpressionistischen Künstlern, darunter auch Gauguin, begegnet. Van Goghs Palette wird heller, japanische Farbholzschnitte gewinnen an Einfluss. Es entstehen mehr als dreihundert Zeichnungen und Gemälde, darunter neunundzwanzig Selbstporträts. Van Gogh nimmt an Gruppenausstellungen in Restaurants und Theatern teil; seine Bilder verkauft er zu Schleuderpreisen. Bewegt von dem Gedanken, eine Lebens- und Arbeitsgemeinschaft von Künstlern zu gründen, geht van Gogh im Februar 1888 nach Arles in Südfrankreich. In dichter Folge entstehen seine Hauptwerke, darunter die *Obstgarten-* und *Sonnenblumen*-Serie, *Der Sämann* nach Millet, *Das Nachtcafé*, *Caféterrasse bei Nacht* und *Das Schlafzimmer* – Motive, die er zum Teil mehrfach wiederholt – sowie einige seiner besten Porträts. Auf Einladung besucht ihn Gauguin. Eine Auseinandersetzung mit dem Freund führt zum Zusammenbruch van Goghs. Er verstümmelt sich selbst. Im Februar 1889 folgt der zweite Schub seiner Krankheit. Die Bürger von Arles setzen die Internierung van Goghs durch. Er geht in die Anstalt von Saint-Rémy de Provence. Van Gogh erleidet mehrere Rückfälle und ist wochenlang nicht in der Lage zu malen. Im Mai 1890 verlässt van Gogh die Anstalt, besucht seinen Bruder in Paris und lässt sich in Auvers-sur-Oise nieder, wo er wieder äußerst produktiv ist. Paul Gachet betreut ihn. Im Juni 1890 hält der Arzt seinen Patienten für völlig wiederhergestellt. Wenige Wochen später stirbt van Gogh an den Folgen eines Selbstmordversuchs.

DATEN

Wo zu sehen:
Amsterdam, Rijksmuseum
Vincent van Gogh
Öl auf Leinwand, 72 x 90 cm

Provenienz:
September 1888 in Arles entstanden. Zu Lebzeiten Van Goghs sind seine Bilder so gut wie unverkäuflich. Kistenweise schickt er sie seinem Bruder Theo, der auch seinen gesamten Nachlass übernimmt. Theo stirbt 1891. Seine Witwe heiratet erneut. Ihr zweiter Mann, selbst Maler und Kritiker, macht durch eine Ausstellung im Stedelijk Museum in Amsterdam eine breitere Öffentlichkeit mit Van Goghs Werk bekannt. 1930 folgt eine zweite Ausstellung. International bekannt wird Van Gogh durch nach 1945 mit Bildern aus dem Nachlass veranstaltete Ausstellungen in Europa und Nordamerika. 1962 kauft der niederländische Staat den Nachlass Van Goghs und richtet das 1973 eröffnete Vincent van Gogh Museum in Amsterdam ein.

Lesenswert:
Alfred Nemeczek, *Vincent van Gogh. Das Drama von Arles*, München, New York 1995.

AUF DEN PUNKT GEBRACHT

Zu einem angemessenen Preis verkaufte van Gogh zu Lebzeiten nur ein einziges Bild; 1987 sprengte dann eines seiner *Schwertlilien*-Bilder alle Rekorde auf dem Kunstmarkt und wurde für 49 Millionen Pfund verkauft.

Judith I

GUSTAV KLIMT

■ *Gustav Klimt, Porträtaufnahme, um 1910.*

■ *Gustav Klimt, Der Kuss, 1907/08, Öl auf Leinwand, 180 x 180 cm, Wien, Österreichische Galerie.*

Bis weit ins 20. Jahrhundert hinein waren Kunst, Kunstkritik und Kunstgeschichtsschreibung Männerdomäne. In fast allen gesellschaftlichen Bereichen war der »männliche Blick« auf die Dinge der maßgebliche, wenn nicht der einzig gültige. Unübersehbar hat Klimt auf dem von ihm entworfenen Rahmen des 1901 entstandenen Gemäldes *Judith I* den vollständigen Titel des Bildes angegeben, *Judith und Holofernes*. Trotzdem wurde in der Frau immer wieder Salome, in dem Männerkopf folglich das abgeschlagene Haupt Johannes' des Täufers gesehen – das Bild so wider besseres Wissen um- und fehlinterpretiert. Ganz offensichtlich handelte es sich dabei um einen bewussten Akt der Verdrängung. Der Grund ist die unterschiedliche moralische Bewertung der beiden biblischen Frauengestalten. Beide gehörten, besonders in der Renaissance und im Barock, zum festen Themenrepertoire der Maler, hingewiesen sei hier nur auf die Judith-Darstellungen Caravaggios und Artemisia Gentileschis (s. S. 97). Die alttestamentarische Judith war positiv belegt, denn durch die Tötung des Holofernes rettete sie ihr Volk; die neutestamentarische Salome hingegen hatte eine negative Konnotation, gab sie doch den Auftrag zur Ermordung Johannes' des Täufers. Dazu kam: Judith tötete eigenhändig, Salome ließ töten.

Um die Mitte des 19. Jahrhunderts tauchten Judith und Salome – unter gänzlich veränderten Prämissen – wieder vermehrt in Malerei und Literatur auf. Ihr biblisch-historischer Ursprung rückte in den Hintergrund. Klimt diente er nur noch zur Kaschierung der Verwandlung der Frau in ein Sexualobjekt. Es ist nicht Judith, die er malte, auch nicht Salome, sondern eine Femme fatale in biblischer Gestalt. Als Projektion und »nymphomanisches Kunstgeschöpf« des Mannes ist die Femme fatale in der Lage, jede ihr zugedachte Rolle einzunehmen. Die reale, historische oder mythologische Frauengestalt verschwindet hinter ihr.

Verführerisch bietet sich der Körper der *Judith I* dem Betrachter dar. Verschwimmend ist das Inkarnat gemalt. Die rechte Brust scheint durch das fließende Kleid hindurch. Die linke ist entblößt, darunter ist der Kopf des Holofernes zu sehen, den Judith von sich weg, aus dem Blickfeld des Betrachters schiebt. Hart scheidet der breite goldene Halsschmuck Kopf und Körper. Fest sind die Gesichtszüge, zusätzlich stabilisiert durch das goldene Ornament, das nur den Kopf, nicht jedoch den Körper hinterfängt. Klimt zeigt Judith *nach* der Tat. Anders als bei Artemisia Gentileschi sprechen aus dem Gesicht von Klimts Judith nicht Ekel, Abscheu und Anstrengung, auch nicht Triumph, das wäre zu einfach, sondern allein erotische Überlegenheit. Ihre Waffe ist die Verführungskraft ihres Körpers, die sie berechnend zur Vernichtung des Mannes einzusetzen versteht. Emotionslos, wie sie ist, wird sie wieder töten.

Die Rahmeninschrift zwingt den Betrachter geradezu, in der lasziven Frauengestalt die tugendhafte Judith zu sehen. Hätte Klimt in gleichem Maße auf die Inschrift verzichtet wie auf die Attribute– zu Judith gehört zumindest das Schwert, mit dem sie Holofernes köpfte, zu Salome eine Schüssel, in der ihr der Kopf gereicht wird –, würde unwillkürlich dennoch Salome oder, aufgrund der assyrischen Vorlagen für den Goldhintergrund, eine andere lasterhafte und verdorbene Frau des Altertums assoziiert werden. Man wehrte sich gegen die Benennung mit Judith, lastete Klimt einen Irrtum an. Doch ging Klimt nur genauso berechnend vor wie seine *Judith I*. Er wollte zeigen, dass das Dämonische und Verhängnisvolle in jeder Frau steckt, auch in der tugendhaftesten.

Die Frau als Bedrohung des Mannes – diese Sichtweise teilten viele Zeitgenossen mit Klimt, so auch Sigmund Freud, dessen

■ *Gustav Klimt, Judith I, 1901, Öl auf Leinwand, 84 x 42 cm, Wien, Österreichische Galerie.*

■ *Egon Schiele, Die Familie, 1918, Öl auf Leinwand, 150 x 160 cm, Wien, Österreichische Galerie.*
Von Klimt geschätzt und bis etwa 1910 stark von ihm beeinflusst, entwickelte Schiele früh einen eigenständigen Stil. Das Gold Klimts wird neben seinen Bildern zur Lebenslüge. Zum Ende des Krieges malte Schiele diese Familie – eine ausgesetzte »Heilige Familie« – in einem ärmlichen, heruntergekommenen Interieur.

vielbeachtetes Buch *Die Traumdeutung* kurz vor der Entstehung von *Judith I* erschien. Mit der beginnenden Emanzipation der Frau in Beruf und Politik ging zwangsläufig ein Wandel der Geschlechterrollen einher. Die männliche Rollendefinition wurde infrage gestellt. Dies beschäftigte Klimt, doch war er nicht der Mann, der diesen Wandel vor dem Hintergrund der realen, sich auf sämtliche Lebensbereiche auswirkenden Veränderungen darstellen wollte. Die Frau an der Werkbank, die Doppelbelastung von Beruf und Familie, das waren nicht seine Themen. Er ästhetisierte die Probleme, schob sie von der Wirklichkeit in die Allegorie. Klimt wurde unterstellt, die Emanzipation der Frau, zu der zwangsläufig auch die sexuelle Befreiung und Selbstbestimmung gehörte, mit künstlerischen Mitteln betrieben zu haben. Das Gegenteil ist der Fall. Aus Angst vor dem Verlust der eigenen Rollenidentität diffamiert er die Frau, stattet sie mit grenzenloser erotischer Macht aus, malt sie als Femme fatale und männermordenden Vamp, dem der Mann hilflos ausgeliefert ist.

Zu einem nur scheinbaren Ausgleich des Geschlechtergegensatzes und des neuen, umgekehrten, in *Judith I* zum Ausdruck gebrachten Machtgefälles zwischen Mann und Frau kommt es in Klimts wohl berühmtestem Gemälde *Der Kuss*. Die Frau ist hier wieder das hilfesuchende, sich anschmiegende Geschöpf. Sie hat ihren Arm um den Hals des Mannes gelegt, der sie küsst und dabei ihren Kopf auf anatomisch unmögliche Weise dreht. Der Umriss des Körpers der Frau ist angegeben, der des Mannes nicht. Das Paar befindet sich auf einer Blumenwiese, die sich als Metapher für das Paradies verstehen lässt. Doch sehnt Klimt nicht wirklich den Ort herbei, an dem alle Gegensätze zur Aussöhnung kommen; er nähert sich lediglich wieder den in der bürgerlichen Ehe institutionalisierten Vorstellungen von Harmonie an.

GUSTAV KLIMT: JUDITH I

LEBEN UND WERK

Gustav Klimt wird 1862 in Baumgarten bei Wien geboren. Nach wenigen Jahren an der Wiener Kunstgewerbeschule gründen er, sein 1892 verstorbener Bruder Ernst und ein weiterer Mitschüler 1879 eine »Künstlercompagnie«, deren erklärtes Ziel es ist, keinen individuellen Stil auszubilden – eine ideale Voraussetzung, um zu den großen Ausstattungsprogrammen für die Neubauten an der Wiener Ringstraße herangezogen zu werden. Die Compagnie ist erfolgreich. Für ihre dekorativen Malereien im Burgtheater wird die Gruppe 1888 vom Kaiser geehrt. Klimt reist unter anderem nach München und Venedig. Es folgen 1890/91 Arbeiten im Kunsthistorischen und Naturhistorischen Museum sowie, trotz nicht mehr gewährleisteter Stileinheit, Entwürfe zu Fakultätsbildern für die Universitätsaula 1896. 1897 gehört Klimt zu den Gründungsmitgliedern der Wiener Sezession und wird deren Präsident. Die erste Ausstellung der Gruppe 1898, an der sich auch auswärtige Künstler wie Böcklin beteiligen, verläuft äußerst erfolgreich. Für die legendäre Jugendstil- und »Haus«-Zeitschrift der Sezession, *Ver Sacrum* – »Heiliger (gottgeweihter) Frühling« – entwirft Klimt Illustrationen. Heftige Kritik lösen die 1900/01 gezeigten Fakultätsbilder *Philosophie* und *Medizin* – letzteres mit einer nackten Schwangeren – aus. Spätestens seit diesem Zeitpunkt sieht Klimt sich dem Pornographieverdacht ausgesetzt. Er gibt sich als Symbolist zu erkennen; »Byzantinisches« und die Figurenbildung Aubrey Beardsleys treten als Grundlage seines Stils zutage, deutlich auch in *Judith I*. 1902 huldigt die Sezession in ihrer vierzehnten Ausstellung der *Beethoven*-Skulputur von Max Klinger. Klimt steuert den *Beethovenfries* bei. 1903 reist Klimt nach Ravenna, wo er sich von den frühchristlichen Mosaiken tief beeindruckt zeigt. Nachhaltig wirken sie auf seinen »Goldenen Stil«. Im gleichen Jahr kommt es zur Gründung der Wiener Werkstätten, die 1904 den Auftrag zur Ausstattung des Palais Stoclet in Brüssel erhalten. Klimt entwirft den *Marmorfries* für das Esszimmer. Aufgrund von Querelen verlassen 1905 die »Stilkünstler« um Klimt die Wiener Sezession. Nachdem Klimt bereits kurz nach der Jahrhundertwende Landschaften im quadratischen Bildformat gemalt hatte, übernimmt er das »spannungslose« Format nun auch für Porträts. Er lernt Egon Schiele kennen. Mittelpunkt der 1908 von der »Klimt-Gruppe« veranstalteten »Kunstschau« bildet der Raum mit Gemälden Klimts, darunter *Der Kuss*. 1909 ist auch Schiele verteten. Klimts »Goldene Periode« findet ihr Ende. Er beginnt sich von der österreichischen Avantgarde zu lösen. *Tod und Leben*, um 1910, und *Die Jungfrau*, 1913, sind seine letzten Allegorien. Klimts Spätwerk wird vom Porträt, das zeitlebens seine Hauptverdienstquelle darstellt, und von der Landschaft dominiert. Sein Klientel rekrutiert sich aus den Frauen des Wiener Großbürgertums. 1917 noch zum Ehrenmitglied der Akademien in München und Wien ernannt, stirbt Klimt 1918 in der österreichischen Hauptstadt.

DATEN

Wo zu sehen:
Wien, Österreichische Galerie
Öl auf Leinwand, mit Rahmen
84 x 42 cm

Provenienz:
1901 außer Katalog auf der zehnten Ausstellung der Wiener Sezession gezeigt. Der Rahmen des Bildes entstand nach Entwürfen Klimts und wurde von dessen Bruder Georg, einem Goldschmied, ausgeführt. 1903 wird das Bild von Klimts Freund, dem schweizerischen Maler Ferdinand Hodler, erworben. Von dessen Witwe erwirbt es 1954 die Österreichische Galerie.

Lesenswert:
Toni Stooss, Christoph Doswald (Hrsg.), *Gustav Klimt*, Stuttgart 1992.

AUF DEN PUNKT GEBRACHT

Klimt gehört zu den führenden Künstlern des Jugendstils. Er war 1897 Gründungsmitglied und erster Präsident der Wiener Secession. Seine Darstellungen der Femme fatale, in denen sein antiemanzipatorisches Frauenbild am stärksten zum Tragen kommt, und seine um die weibliche Sexualität kreisenden Zeichnungen sichern ihm einen Platz ganz oben in der Geschichte der erotischen Kunst des 20. Jahrhunderts.

Der Schrei

EDVARD MUNCH

Nach Edvard Munchs erster, erfolgreich verlaufenen Einzelausstellung in Oslo lud der »Verein Berliner Künstler« den norwegischen Maler 1892 ein, in seinen Räumen auszustellen. Die Einladung überrascht; weder pflegte der Verein Einzelausstellungen lebender Künstler zu veranstalten, noch zeigte er sich der Moderne gegenüber in irgendeiner Art aufgeschlossen. Geichzeitig macht sie deutlich, dass es drei Jahrzehnte nach dem »Salon des Refusés« und zwei Jahrzehnte nach der ersten Impressionisten-Ausstellung in Paris nun auch in der Hauptstadt des Deutschen Reiches unter dem reaktionären Kunstdiktat Wilhelms II. heftig zu gären begann. Munch folgte der Einladung und zeigte ab Anfang November fünfundfünfzig Werke im Architektenhaus in der Wilhelmstraße. Es kam zu einem Skandal, wie ihn die Berliner Kunstszene noch nicht erlebt hatte – er sollte als »Munch-Affäre« in die Kunstgeschichte eingehen. Die konservativen Zeitungen tobten und diffamierten. Nach wenigen Tagen wurde die Ausstellung geschlossen. Munch wunderte sich, »dass etwas so Unschuldiges wie die Malerei solchen Aufruhr verursachen kann«, und die nicht gerade fortschrittliche Zeitschrift *Kunst für Alle* deckte auf: »Nicht der schlechte Künstler, sondern der moderne Künstler wurde verfemt.« Munchs Bilder waren wie die von Max Liebermann und Käthe Kollwitz unter das kaiserliche Diktum von der »Rinnsteinkunst« gefallen. Doch Munch, mittlerweile in aller Munde, wusste die Gelegenheit beim Schopfe zu packen, mietete nach Ausstellungen in Köln und Düsseldorf Räume in der Friedrichstraße und zeigte dieselbe Auswahl der Bilder nochmals ab Ende Dezember, bereichert um ein Porträt August Strindbergs.

Von einem Durchbruch in Deutschland konnte um die Jahreswende 1892/93 noch nicht Rede sein, doch fand Munch in Berlin eine neue geistige Heimat. Er gesellte sich zu dem Kreis überwiegend skandinavischer Schriftsteller, der sich in einer von Strindberg mit »Schwarzes Ferkel« benannten Weinstube in der Neuen Wilhelmstraße traf. In den hier diskutierten und vertretenen neuesten Ideen fand Munch sich wieder, nahmen die vagen Vorstellungen vom zu schaffenden *Lebensfries* Gestalt an:

■ Als Vorbild für den *Schrei* ist diese peruanische Mumie aus dem Musée de l'Homme in Paris anzunehmen. Die Hände stützen den Schädel der zusammengebundenen Mumie. Ihr Mund ist geöffnet.

■ *Edvard Munch, Der Schrei, 1893, Öl auf Pappe, 83,5 x 66 cm, Oslo, Munch Museet.*

Zu einer Zeit, in der Sigmund Freud die Grundlagen der Psychoanalyse schuf, begann Munch – gleich den »Ferkel«-Rebellen – die Untersuchung und Darstellung der psychischen Abgründe des Ich in den Mittelpunkt seines Werkes zu stellen.

Der *Lebensfries*, die Bezeichnung findet sich erst nach 1900, ist Munchs Hauptwerk, ein »Work-in-progress«, das ihn über drei Jahrzehnte beschäftigte. Das Grundthema des in letzter Konsequenz unvollendbaren Werkes wird in einem Brief vom Frühjahr 1893 fassbar, in dem Munch berichtete, dass ihn Studien »zu einer Folge von Bildern ..., die von Liebe und Tod handeln«, beschäftigen. Die ersten sechs Bilder der Folge wurden noch 1893 in Berlin gezeigt, darunter *Der Schrei*. Ein Steg führt in die Tiefe. Gelassen bewegen sich mit ihm zwei männliche Gestalten aus dem Bild heraus. Im Vordergrund, scharf angeschnitten wie in vielen Bildern Munchs und dadurch dem Betrachter eindring-

■ *Edvard Munch, Selbstbildnis mit Zigarette, 1894/95, Öl auf Leinwand, 110,5 x 85,5 cm, Oslo, Nasjonalgalleriet.*
Wie ein Dämon taucht die frontal beleuchtete Gestalt Munchs aus dem Hintergrund auf. Keine zehn Jahre später, nach der Trennung von Tulla Larsen, malte er sich nackt in der Hölle. »Ich wurde sterbend geboren«, resümierte er kurz nach seinem siebzigsten Geburtstag, »Krankheit, Wahnsinn und Tod hielten wie schwarze Engel Wache an meiner Wiege. Sie haben mich durch mein ganzes Leben begleitet.«

■ *Edvard Munch, Marats Tod I, 1907, Öl auf Leinwand, 150 x 200 cm, Oslo, Munch Museet.* Ein Historienbild à la David zu malen (s. S. 154) lag Munch nicht. Was ihn interessierte, war die Grundkonstellation, die Ermordung eines Mannes durch eine Frau, der Geschlechterkonflikt. Persönliche Erfahrungen fließen ein. Die starre Bildstatik und die ruhige, statuarische Haltung der Frau lassen den Mord als lange geplant und konsequent erscheinen.

»So wie Leonardo da Vinci das Innere des menschlichen Körpers studierte und Leichen sezierte – so versuche ich, die Seele zu sezieren. – Er musste damals verschlüsselt schreiben, weil es strafbar war, Leichen zu sezieren. – Heutzutage sind es eben die seelischen Phänomene, die zu sezieren beinahe als unsittlich und leichtfertig gilt.«
Edvard Munch

lich nah, steht frontal eine dritte Gestalt, geschlechtslos, erstarrt, den eigenen Kopf haltend, den Mund zu einem alles durchdringenden Schrei geöffnet. Die Gestalt ist absolut isoliert. Die Fjordlandschaft hinter ihr ist eine »Seelenlandschaft«, Spiegel ihres Innenlebens. Der Himmel ist blutrot gefärbt. Beruhigende Elemente, die Schiffe auf dem Wasser und der nur auf der 1895 nach dem Motiv geschaffenen Graphik eindeutig auszumachende Kirchturm rechts sind zurückgenommen.

In der Farbgebung ist *Der Schrei* dem Naturalismus verhaftet; auf »farbliche Glaubwürdigkeit« verzichtete Munch in seinem Werk grundsätzlich nicht. Schwarzblaues Wasser, in dem sich der blutrote Abendhimmel spiegelt, ist als (herbstliches) Licht- und Wetterphänomen durchaus denkbar, doch ist alles wie Gesicht und Haltung der Vordergrundsgestalt expressiv verzerrt, zugunsten des Ausdrucks gesteigert. Der streifige Farbauftrag des Hintergrundes wurde oft als Veranschaulichung von Schallwellen gedeutet, doch drängt sich auch ein Vergleich mit van Goghs »lautloser« *Sternennacht* auf, in der der Himmel als »Materialisierung von Kraft und Energie« erscheint. Es stellt sich die Frage, ob der Schrei, der einem Totenschädel entweicht, tonlos ist, ob ihn die extreme, nach außen gekehrte innere Angst hat verstummen lassen. Die Gestalt ist der Wirklichkeit völlig entfremdet, sie ist das Opfer ihrer inneren Wahrnehmung, ist von unaussprechlichem innerem Grauen überwältigt, einem Grauen, das Munch sein Leben lang begleitete.

Um 1895 äußerte Munch sich zusammenfassend über die bis dahin entstandenen Bilder des *Lebensfrieses*: Sie sind ihm »Stimmungen, Eindrücke vom Leben der Seele, und zusammen zeigen sie einen Aspekt im Kampf zwischen Mann und Frau, genannt Liebe.« Wie für viele seiner (männlichen) Zeitgenossen war auch für Munch die Frau ein »Mysterium«, rational nicht fassbar, Heilige und Hure zugleich, »eine unglücklich Verlorene«. Sie ist Dämon und Verhängnis des Mannes. »Das Haar der Frau hat sich verschlungen und wickelt sich um sein Herz«, notierte Munch um 1895. »Lebensangst« befällt ihn, der Kampf der Geschlechter – die Emazipation der Frau – »beunruhigt« ihn. Eine »kranke Stimmung« kommt auf; »Natur erscheint ihm (dem Mann) wie ein großer Schrei, darin blutrote Wolken wie tropfendes Blut.«

EDVARD MUNCH: DER SCHREI

LEBEN UND WERK

Edvard Munch wird 1863 in Løten, Südnorwegen, geboren. Er wächst in einem Arbeitervorort von Christiania, heute Oslo, auf. Auf Wunsch des Vaters beginnt er 1879 ein Ingenieurstudium, bricht es jedoch nach kurzer Zeit ab, um Maler zu werden. 1883 beteiligt Munch sich erstmals am von den Osloer Sezessionisten im Jahr zuvor gegründeten »Herbstsalon«. Munch hat Kontakt zur Osloer Boheme, zu anarchistischen und sozialreformerischen Schriftstellern und Künstlern. Der Maler Fritz Thaulow, entfernt mit Munch verwandt und Schwager Paul Gauguins, ermöglicht ihm 1885 eine Reise zur Weltausstellung nach Antwerpen und nach Paris. Munchs erstes Meisterwerk, *Das kranke Kind*, ruft im »Herbstsalon« von 1886 Entrüstung hervor. Staatsstipendien ermöglichen Munch nach 1889 Reisen nach Paris, Le Havre und Nizza. Stilistische Anklänge an den Impressionismus schwinden, machen nach einer kurzen naturalistischen Phase einem »Proto-Expressionismus« mit stark symbolistischen Zügen Platz. Der Geschlechterkonflikt beginnt Munch zu beschäftigen. 1892 sind Bilder von ihm in Berlin zu sehen. Die Ausstellung provoziert einen Skandal und wird geschlossen. Munch verkehrt mit den sich im »Schwarzen Ferkel« treffenden Schriftstellern, unter ihnen Strindberg. 1893 entsteht *Der Schrei*, im folgenden Jahr *Madonna*, später *Roter Wilder Wein*, Bilder des über drei Jahrzehnte sukzessive anwachsenden *Lebensfrieses*. Zweiundzwanzig von ihnen werden 1902 in Berlin unter dem Titel *Vom Leben der modernen Seele* gezeigt. Um die Jahrhundertwende unternimmt Munch fast jährlich größere Reisen; diese führen ihn nach Paris, wo er mehrfach im »Salon des Indépendants« ausstellt, nach Italien und besonders auch nach Berlin. Deutsche Sammler werden auf ihn aufmerksam; zahlreiche Porträts entstehen. Das traumatische Ende der Beziehung zu Tulla Larsen 1902 verarbeitet Munch in Bildern von der *Ermordung Marats*. Sein grundsätzlich problematisches Verhältnis zu Frauen und zur Sexualität spiegeln auch die Folgen *Das grüne Zimmer*, um 1907, und *Künstler und Modell*, um 1920, Bilder, denen er die monumentalen Darstellungen archaischer Männlichkeit im Triptychon *Badende Männer* von 1907/08 entgegenhält. Exzessiver Alkoholkonsum führt 1908 zum nervlichen Zusammenbruch Munchs. Er begibt sich in ein Sanatorium und kauft 1909 ein Anwesen an der südnorwegischen Küste, Rückzugsort und »Außenatelier« wie ab 1916 sein Haus bei Oslo. Nach 1918 reist Munch wieder vermehrt, wird Mitglied der Akademien in Berlin und München. Munchs siebzigster Geburtstag findet 1933 internationale Beachtung. Als »entartet« werden 1937 zweiundachtzig seiner Werke aus deutschen Museen entfernt. Nach der Besetzung Norwegens 1940 zieht Munch sich weitgehend zurück. Er stirbt 1944 auf Ekely bei Oslo.

DATEN

Wo zu sehen:
Oslo, Munch-Museet
Öl auf Pappe, 83,5 x 66 cm

Provenienz:
Das allgemein als Hauptfassung angesehene Bild, dessen Motiv in mehr als fünfzig weiteren Versionen verarbeitet wurde, entstand 1893; es ist in der Nasjonalgalleriet in Oslo zu sehen. Die fast identische, etwas kleinere, im selben Jahr geschaffene Fassung in Öl bewahrt das Munch-Museet auf. Seinen Nachlass, bestehend aus etwa tausend Gemälden 15 400 Graphiken und zahlreichen zugehörigen Druckplatten, fünftausend Aquarellen und Zeichnungen sowie sechs Skulpturen, vermachte Munch der Stadt Oslo. Der Öffentlichkeit zugänglich ist er seit der Eröffnung des Munch Museet 1963.

Lesenswert:
Reinhold Heller, *Edvard Munch. Leben und Werk*, München-New York 1993.

AUF DEN PUNKT GEBRACHT

Munchs Werk stellt eine eigenständige nordische Variante der modernen Malerei dar, die unter dem Begriff »Seelenmalerei« in die Kunstgeschichte einging. Durch Ausstellungen um die Jahrhundertwende, besonders in Berlin, wurde Munch zu einem entscheidenden Wegbereiter des Expressionismus.

Harmonie in Rot

HENRI MATISSE

■ *Henri Matisse, Porträtaufnahme, um 1950.*

Vom Beginn des Realismus und des Impressionismus an hatte sich das Rad der Kunstentwicklung zum Ende des 19. Jahrhunderts hin immer schneller gedreht. Immer dichter folgten die »-ismen« aufeinander: Pointillismus, Neoimpressionismus, Naturalismus, Symbolismus. Hinzu kamen die eigenständigen Entwicklungen etwa eines Cézanne, van Gogh oder Munch. Auf welches Kunstzentrum man auch schaute, Verneinung akademischer Tradition und Doktrin allerorten: »Salon des Refusés« 1863 und »Societé des Indépendants« 1884 in Paris, Sezessionen in München 1892, Wien 1897 und Berlin 1898, denen wiederum die Gründung von »neuen« und »freien« Sezessionen folgten. Um 1910 beginnt das Rad dann heißzulaufen: 1905 Fauvismus, 1907 Kubismus und, auf diesem basierend, wenig später Orphismus in Paris, 1909 Futurismus in Italien, 1910 Übergang Kandinskys zur Abstraktion und Expressionismus in Deutschland, 1914 Konstruktivismus beziehungsweise Suprematismus in Russland, 1916 Dada in Zürich, 1916 Pittura Metafisica in Italien und schließlich 1918 der Surrealismus wieder in Paris. Wie nie zuvor hatten Künstler das Bedürfnis, ihre Standpunkte in Form von Manifesten zu propagieren. Die Verbreitung der neuen Ideen und die wechselseitige Beeinflussung wurden über ein gut funktionierendes System von Ausstellungen und illustrierten Zeitschriften vermittelt. Von einer zeitlichen Abfolge oder organischen Entwicklung der »Stile« konnte keine Rede mehr sein.

Im noch neoimpressionistisch dominierten »Salon des Indépedants« vom März 1905 war Matisse mit *Luxe, calme et volupté* vertreten, einem pointillistischen Bild, das in der Figurenbildung an Cézannes zahlreiche Versionen von *Badenden* erinnert. Es zog keine weitere Aufmerksamkeit auf sich. Im Falle des Bildes *Madame Matisse, Porträt mit grünem Strich*, das ein halbes Jahr später im »Salon d'Automne« zu sehen war, sollte sich dies grundlegend ändern. Der »Fauvismus« erhielt seinen Namen. Mit von der Partie waren vor allem André Derain und Maurice de Vlaminck. Anstelle von zierlich gesetzten Pinselstrichen und Punkten bevorzugten die jungen »Wilden« einen festen und kompakten Farbauftrag, anstelle von impressionistischem Ver-

■ *Henri Matisse, Harmonie in Rot, 1908/09, Öl auf Leinwand, 177,1 x 218,1 cm, Sankt Petersburg, Eremitage.*

schwimmen im Licht ein hartes Nebeneinander von leuchtenden Farben. Die Farben seien zu Dynamitpatronen geworden, erklärte Derain in der Rückschau. In permanenter Explosion entladen sie Licht, das nicht mehr selbst zur Darstellung kommt, geschweige denn Bildthema ist: Die Farbe selbst ist Träger des Lichts, ist »lichthaltig« geworden.

Sehr schnell wurde Matisse zur führenden Figur der Fauvisten. Bereits seine zweite Einzelausstellung 1906 war finanziell äußerst erfolgreich. Er verkehrte im Salon der amerikanischen Schriftstellerin Gertrude Stein, die ihn mit Picasso, insbesondere aber auch mit russischen Kunstsammlern bekannt machte. Stein dürfte auch den Auftrag oder den Verkauf von *Harmonie in Rot* an einen russischen Sammler vermittelt haben. Die Bildelemente sind klar: zwei »Van-Gogh«-Stühle, ein Tisch, links ein Landschaftsausschnitt, eher »Bild im Bild« als Fensterausblick, und am Tisch eine Frau, die damit beschäftigt ist, Früchte in

■ *Henri Matisse, La danse, 1909, Öl auf Leinwand, 258,1 x 389,8 cm, Moskau, Staatliches Puschkin-Museum der Bildenden Künste.*
Der Tanz war das ideale Thema, um Figuren nach ornamental-dekorativen Gesichtspunkten zu ordnen.

einer Schale zu ordnen, weitere Früchte und kleinere Gegenstände auf dem Tisch. Der Bildaufbau hingegen befremdet. Der Raum ist extrem flach und nicht perspektivisch konstruiert; er wird eigentlich nur durch die Staffelung der Bildelemente sowie durch den Verlauf des Arabeskenmusters im Rot »bewiesen«. Tischtuch und Wand weisen den gleichen intensiven Ton auf. Nur ein feiner Strich trennt die in ihrer Farbwertigkeit gleich behandelten Bildelemente. Matisse charakterisiert sie durch das Muster. Es wölbt sich über die Vorderkanten des Tisches, gibt ihm so Volumen und lässt ihn zusammen mit dem Stuhl links und schließlich den an der hinteren Kante aufgereihten Gegenständen zum eigentlichen »Raumbeweis« werden. An der Wand, beschnitten durch den Tisch, verläuft das Muster dann plan. Räumlichkeit haftet noch dem Rahmen um die Landschaft an, kaum der Frau. Sie wirkt scherenschnitthaft flach.

Der Primitivismus, der in *Harmonie in Rot* in Farb- und Raumbehandlung zum Ausdruck kommt, lag zur Entstehungszeit des Bildes in der Luft und fand verbreitet Eingang in der Kunst des frühen 20. Jahrhunderts. Bei Matisse besteht er jedoch weniger im Rückgriff auf die als ursprünglich gefeierte Kunst der Naturvölker; vielmehr dreht dieser das Rad der europäischen Kunstgeschichte zurück, indem er die Bildmittel vereinfacht. Hinzu kommt ein außerordentliches Interesse an der ornamentalen Kunst des Islam. Reisen führten Matisse 1906 nach Algerien, 1910 zu einer Islamausstellung nach München und 1912 nach Marokko. Bereits in *Harmonie in Rot* ist das Tischtuch und Wand überziehende »folkloristische« Muster – Ornament – wesentlich für die Bildaussage. Wenig später macht er die dem Ornament innewohnenden Gesetzmäßigkeiten zur Grundlage seiner Bilder vom Tanz: Kompositionen, in denen die überkommene Bildstatik sich zugunsten eines bewegten ornamental-dekorativen Gefüges löst.

EIN NAME ENTSTEHT

Unweit der im »Salon d'Automne« von 1905 gezeigten Bilder Matisses und seiner Malerkollegen stand eine klassizistische Statue. Diese veranlasste den Kritiker Louis Vauxcelles, der den »Fauves« keineswegs feindlich gesonnen war, zu der spöttischen und namensstiftenden Bemerkung »Donatello parmi les fauves« – »Donatello unter den wilden Tieren«.

HENRI MATISSE: HARMONIE IN ROT

LEBEN UND WERK

Henri-Émile-Benoît Matisse wird 1869 in Le Cateau bei Cambrai geboren. 1889 tritt Matisse in eine Rechtsanwaltskanzlei ein. Als Ausgleich zum täglichen Büroeinerlei nimmt er Zeichenunterricht und beginnt im Winter auch zu malen. Als Vorbereitung für ein Studium an der Pariser École des Beaux Arts besucht er 1891 Kurse an der Académie Julian. Er fällt jedoch durch die Aufnahmeprüfung der École des Beaux Arts, belegt statt dessen Abendkurse an der École des Arts Décoratifs und tritt 1892 in das Atelier des »liberalen Akademikers« und Symbolisten Gustave Moreau ein. Matisse beginnt im Louvre zu kopieren, unter anderen Poussin, und wird 1895 dann doch noch von der École des Beaux-Arts angenommen. Erste Verkaufserfolge kann Matisse bereits 1896 verbuchen. Das Malen im Freien und die Beschäftigung mit den Impressionisten und deren Nachfolgern führt zur Aufhellung seiner Palette. 1898 lernt er in London das Werk Turners kennen. 1899 kauft er Arbeiten Cézannes, Gauguins, van Goghs und eine Skulptur Auguste Rodins. Namentlich Cézanne und Rodin sind es, die seine Figurenbildung beeinflussen werden. Er wird zum Kopf einer Gruppe junger Künstler, unter ihnen die beiden anderen wichtigsten »Fauves« Derain und de Vlaminck. In noch pointillistisch-neoimpressionistischer Manier entsteht 1904 *Luxe, calme et volupté*; die Figur ist hier jedoch bereits vor allem Träger von Farbkontrasten. Farbkontrast und spontaner Farbauftrag, so in *Madame Matisse, Porträt mit grünem Strich*, ließen dem Publikum des »Salon d'Automne« von 1905 dann auch besonders die Bilder Matisses, Derains und de Vlamincks als Werke von »Fauves« – von »wilden Tieren« – erscheinen. Steigende Verkäufe, gefördert von Gertrude Stein, ermöglichen ausgedehnte Reisen, so 1906 nach Algerien und 1907 nach Italien. *Le Luxe I* entsteht. Auf Publikumskritik und den Führungsanspruch Picassos innerhalb der Avantgarde reagiert Matisse 1908, zum Zeitpunkt der Entstehung von *Harmonie in Rot*, mit der Schrift *Notes d'un peintre*. Dem Kubismus folgt Matisse lediglich als »Mitläufer«. Stärker sollte sich die Marokkoreise von 1912 auswirken. Sie hinterlässt Spuren in seinem Werk bis in die 1920er Jahre. Zum Ende des Jahrzehnts nimmt Matisse den flächig-dekorativen Bildaufbau der Jahre um 1910 wieder auf und entwickelt ihn in seinen »Gouaches découpées« weiter, einer Technik, in der die Festlegung der Komposition mit Hilfe farbiger zerschnittener Papiere geschieht. Die Folgen einer Tumoroperation 1941 zwingen Matisse zu kleineren Formaten. Er beginnt mit der Arbeit an seinem 1947 erschienenen illustrierten Buch *Jazz*. Krönung seines Spätwerks ist die 1951 fertiggestellte Gesamtausstattung der Chapelle du Rosaire (Rosenkranzkapelle) in Vence. Matisse stirbt 1954 in der Nähe von Nizza.

DATEN

Wo zu sehen:
Sankt Petersburg, Staatliches Eremitage-Museum
Öl auf Leinwand, 177,1 x 218,1 cm

Provenienz:
1908 entstanden, zuerst als *Harmonie in Blau* (im Photo überliefert), dann zur *Harmonie in Rot* übermalt. Noch vor der Eröffnung des »Salon d'Automne« 1908 lässt sich der bedeutende Moskauer Sammler Sergej Schtschukin das Bild reservieren. 1918 geht seine Sammlung im Ersten Museum für Neue Westliche Malerei auf. 1923 wird sie mit der Sammlung Iwan Morosows (1871–1921) im Staatlichen Museum für Neue Westliche Kunst zusammengeführt. 1948 gelangen Bilder der Sammlungen in die Eremitage in Sankt Petersburg und in das Moskauer Staatliche Puschkin-Museum der Bildenden Künste.

Lesenswert:
Georg-W. Költzsch (Hrsg.) *Morosow und Schtschukin – Die Russischen Sammler. Monet bis Picasso*, Katalog zur gleichnamigen Ausstellung im Museum Folkwang in Essen, Köln 1993.

AUF DEN PUNKT GEBRACHT

Matisse ist der wichtigste Protagonist des Fauvismus, der ersten Avantgardebewegung des 20. Jahrhunderts. Der bereits in *Harmonie in Rot* extrem flache Bildraum bildet den Beginn eines völligen Verzichts auf Tiefenräumlichkeit und Bildstatik. Konsequent führt Matisse der Weg zu den »Gouaches découpées« und den späten Tanzbildern, monumentalen aber doch schwerelos erscheinenden ornamental-dekorativen Figurengefügen.

Les Demoiselles d'Avignon

PABLO PICASSO

■ *Pablo Picasso, Photographie, 1948.*

Wie in der Physik, so folgt auch in der Kunst auf jede Bewegung eine Gegenbewegung. Auf die Farbexplosionen der Fauvisten antwortete der Kubismus mit der Zurücknahme der Farbigkeit und dem Primat der Form. Obwohl Picasso sich bereits im April 1904 endgültig in Paris niedergelassen und Matisse kennengelernt hatte, findet sich in seinem Werk bis 1907 kaum ein Hinweis, der auf einen Einfluss der gerade aktuellsten und am heißesten diskutierten Strömung deuten würde – sofern man nicht gerade in dieser Abstinenz »Einfluss« erkennen will. Picasso hat die Malerei der Fauvisten gekannt; im Paris der Jahre um 1905 war sie kaum zu übersehen. Doch enthielt er sich ihrer »lauten« Farbigkeit, malte wie seit 1901 weiter in gebrochenen Blau- und dann, mit seinem Umzug in die französische Hauptstadt, Rosatönen. Bilder, in denen Farbe nach Art der Fauvisten »rein«, weder durch Beimischungen abgedunkelt noch aufgehellt, zum Einsatz kommt, entstehen erst im Sommer 1907, nach Abschluss der Arbeit an den *Demoiselles d'Avignon*.

Alles weist darauf hin, dass Picasso mit den *Demoiselles d'Avignon* ein »Programmbild« – zu dem die »Fräulein von Avignon« dann auch geworden sind – schaffen wollte. Erneut wird deutlich, wie sehr Cézanne den Beginn der Kunst des 20. Jahrhunderts markiert. Die Fauvisten – Farbe *als* Form – beriefen sich in gleichem Maße auf ihn wie Picasso, der den Bildgegen-

MASKEN

Drei der Frauen weisen an afrikanische Masken erinnernde Gesichtszüge auf. Gegen die Behauptung, er sei von afrikanischer Kunst beeinflusst gewesen, hat Picasso sich immer vehement gewehrt, wohl auch weil die Fauvisten deren Entdecker waren. Doch besuchte er während der Ausführung der *Demoiselles d'Avignon* nachweislich das Ethnographische Museum von Paris. Ob Picasso die Gesichter nach dem Museumsbesuch malte oder im Museum nur Bestätigung fand, ist nicht zu entscheiden, bleibt eine Frage des Ermessens.

stand in den *Demoiselles d'Avignon* im Sinne von »Zylinder, Kugel, Kegel« geometrisierte und damit *vor* dem Kubismus bereits dessen wichtigstes Bild schuf. Monatelang arbeitete er daran. Mehr als achthundert Entwürfe, Studien und stark voneinander abweichende Fassungen entstanden, bevor er das im Juli 1907 vollendete Bild ausgewählten Freunden vorstellte. Keiner konnte so recht etwas damit anfangen. Leo Stein, der Bruder von Gertrude und zur damaligen Zeit ein wichtiger Sammler der Werke von Matisse, platzte heraus: »Wollten Sie die

■ *Pablo Picasso, Les Demoiselles d'Avignon, 1907, Öl auf Leinwand, 243,9 x 233,7 cm, New York, Museum of Modern Art.*

»Braque, der Picasso durch Apollinaire kennengelernt hatte, erklärte, das komme ihm vor, als trinke einer Petroleum, um Feuer zu spucken, und mir selbst hat Derain gesagt, eines Tages werde man Picasso aufgeknüpft hinter seinem Bild finden, so hoffnungslos schien dieses Unternehmen.«

Daniel-Henry Kahnweiler über Les Demoiselles d'Avignon

■ *Pablo Picasso, Das Leben, 1903, Öl auf Leinwand, 196,5 x 128,5 cm, Cleveland, Museum of Art.*
In *Das Leben*, einem der Hauptwerke der »Blauen Periode«, verarbeitet Picasso den Selbstmord eines Freundes. Spürbar ist der Einfluss des Symbolismus. Der junge Mann trägt die Gesichtszüge des Toten. Manieriert weist er auf die Frau mit dem Kind. Die Gebärde bleibt ohne Antwort: Kinder werden dem Paar versagt bleiben. Skizzen in der Bildmitte weisen auf Schmerz und Einsamkeit hin und trennen die Figurengruppen.

vierte Dimension malen?« Matisse soll außer sich gewesen sein, von Mystifikation gesprochen haben. Picasso wird Begabung bescheinigt – für die Karikatur. Die Bedeutung der *Demoiselles d'Avignon* scheinen nur der Dichter und Kritiker Guillaume Apollinaire – »das ist eine Revolution«, entfuhr ihm vor dem Bild – und vielleicht der junge deutsche Kunsthändler Daniel-Henry Kahnweiler erkannt zu haben. Er bescheinigte Picasso, allerdings erst im Nachhinein, einen »unglaublichen Heldenmut«.

Nach eigenen Angaben hat Picasso in den *Demoiselles d'Avignon* das Innere eines Bordells der Carrer d'Avinyó in Barcelona dargestellt. Unweit davon hatte er um 1900 ein Atelier. Als Titel sah er *Le Bordel d'Avignon* vor; entsprechende Witze machten im Pariser Freundeskreis die Runde. Der Titel war alles andere als salonfähig. Wohl anlässlich der bevorstehenden ersten öffentlichen Ausstellung des Bildes brachte der Kunstkritiker und Förderer der französischen Moderne, André Salmon, die harmlose, heute übliche Bezeichnung ins Spiel, die sich sehr zum Ärger Picassos durchsetzte. Fast zehn Jahre, bis 1916, hatte er die *Demoiselles d'Avignon* zurückgehalten. Als Hauptgrund dafür ist anzunehmen, dass er sie, wie viele seiner Bilder, als nicht vollendet ansah, kaum, wie auch gemutmaßt wird, aus Angst vor etwaigen Folgen.

Der erste Gesamtentwurf zu den *Demoiselles d'Avignon* lag im März 1907 vor. Er zeigt sieben

Personen, fünf nackte Frauen und zwei bekleidete Männer, links und in der Mitte. Nach Picasso handelte es sich bei den Männern um einen Seemann und einen Studenten. Der Student hielt einen Schädel in der Hand; Picasso muss dem Bild also ursprünglich einen allegorischen Sinn unterlegt haben. Im zweiten Gesamtentwurf vom Juni desselben Jahres ist dann die Konzeption des ausgeführten Gemäldes festgelegt. Die beiden Männer und damit der Hinweis auf ein Bordell sind fortgefallen. Völlig neu konzipiert ist die Frau links, die folgende bringt Picasso aus einer sitzenden in eine mehr aufrechte Haltung und bindet sie so eng an die Frau in der Mitte. Diese und die beiden Frauen rechts sind fast unverändert aus dem ersten Entwurf übernommen. Erhalten hat sich auch das Früchtestillleben in der Mitte des Vordergrundes.

■ *Pablo Picasso, Porträt Daniel-Henry Kahnweiler, 1910, Öl auf Leinwand, 100,6 x 72,8 cm, Chicago, Art Institute.*

Die Frau links führt ins Bild hinein. Sie schiebt einen bräunlichen Vorhang beiseite und gibt den Blick auf die Szene frei. Sie korrespondiert mit der stehenden Frau rechts, die ebenfalls einen Vorhang öffnet. Dieser bildet den Hintergrund für die beiden anderen stehenden Frauen. Farblich, durch den Gesichtsschnitt und eine große, durch sie hindurch laufende Bewegung sind sie eng aneinander gebunden. Die

DANIEL-HENRY KAHNWEILER

Im Februar 1907 eröffnete Kahnweiler (1884–1979), der einer der entschlossensten Förderer zeitgenössischer französischer Kunst werden sollte, eine kleine Galerie in Paris. Zuerst zeigte er die »Fauves« (Fauvisten), stellte 1908 Georges Braque aus und erwarb Bilder Picassos, zu dessen wichtigstem und schließlich alleinigem Händler er von 1912–15 werden sollte. Bei Ausbruch des Ersten Weltkrieges wurde Kahnweilers Bildersammlung beschlagnahmt. Nach dem Krieg kehrte der Kunstkenner nach Paris zurück, nahm alte Kontakte wieder auf und gründete eine neue Galerie.

Ihren Namen erhielten die Kubisten, wie drei Jahre zuvor die Fauvisten, von dem Kritiker Vauxcelles, der vom »Salon d'Automne« 1908 nicht akzeptierte, bei Kahnweiler ausgestellte Bilder Braques unter Zuhilfenahme des Wortes »cubes« beschrieb. Typisch für den Kubismus ist die splittrige und facettierte Zerlegung des Bildgegenstandes, die im analytischen Kubismus, bei vorherrschend grauen und braunen Farbtönen, meist sehr kleinteilig ist. Der Bildgegenstand wird »simultanansichtig«.

■ *Georges Braque, Frau mit Gitarre, 1913, Öl und Kohle auf Leinwand, 130 x 73 cm, Paris, Musée National d'Art Moderne, Centre Georges Pompidou.* Folgenreicher als der analytische war der synthetische Kubismus. Die Flächen werden schärfer umrissen, Schich tungen erzeugen Raum. Wesentlich ist die Aufnahme von Buchstaben und Schrift sowie die Einfügung von »Realitätsabfällen«, Tapeten-, Zeitungs- und anderen Papieren. Im Gegensatz zu Picasso bleibt Braques Farbigkeit auch in dieser Phase des Kubismus verhalten.

hockende Gestalt rechts ist vom Rücken her gesehen. Unverwandt blickt sie dennoch den Betrachter an. Scheint der bräunliche Vorhang noch über einiges Volumen zu verfügen, so ist der hintere oberhalb der Hockenden kantig gebrochen, ohne Plastizität. Kantige Brechungen weisen auch Umrisse und Binnenformen der Frauenkörper auf, in denen sich, entgegen der natürlichen Wahrnehmung, »gleichzeitig« – die Zeit als die von Leo Stein erwähnte »vierte Dimension«? – Vorder- und Seitenansichten finden: ein Hauptprinzip des Kubismus. Außerdem bildet Picasso innerhalb der Körper kleine abstrakte Felder, so besonders in der Brust- und Achselpartie der stehenden Frau rechts.

Nachdem die Fauvisten bereits zwei Jahre vor den *Demoiselles d'Avignon* den Gegenstandsbezug der Farbe ad acta zu legen begonnen hatten, kann das Neue allein in Picassos Bild kaum als Ursache für die überlieferten »verstörten« Reaktionen der ersten Rezipienten angenommen werden. Allesamt waren sie dem aktuellen Kunstgeschehen eng verbunden: Die Neudeutung der Form, nachdem dies für die Farbe bereits geschehen war, muss ihnen als konsequent erschienen sein. Die Körper der Frauen haben sie sicher nicht im negativen Sinne als verzerrt und deformiert wahrgenommen; kaum dürfte sie die »Selbstdarbietung nackter Körperlichkeit« provoziert haben, wie Carsten-Peter Warncke in seiner Picasso-Monographie annimmt. Goya ist da mit seiner *Nackten Maja*, deren Armhaltung die mittlere Frau zitiert, schon hundert Jahre zuvor um einiges weiter gegangen. Matisse, Braque, Kahnweiler und die anderen sind 1907 kaum mit »konventionellen ästhetischen Erwartungen« vor die *Demoiselles d'Avignon* getreten –, fanden sie dann jedoch zu ihrer eigenen Überraschung erfüllt. Das Bild ist streng um eine Mittelachse komponiert, die Picasso durch den spitzwinklig von unten in das Bild ragenden Tisch mit den Früchten und dem »Armdreieck« der mittleren Frau betont, und mehrfach in die Tiefe gestuft, wobei der Eindruck von »Raum« wie bei Matisses wenig später entstandener *Harmonie in Rot* nicht durch perspektivische Konstruktion, sondern durch Überschneidung entsteht: Die *Demoiselles d'Avignon* stellen eine auf klassischen Prinzipien beru-

hende, genau kalkulierte Komposition dar. Gerade die innerhalb der Norm stattfindende und so von ihr Sanktionierung verlangende revolutionäre Neuerung war es, die schockierte. Picasso negiert akademische Normvorstellungen nicht, sondern, so absurd es klingt, kehrt sich in ihrer Erfüllung von ihnen ab.
Wenige Monate nach Vollendung der *Demoiselles d'Avignon* fand im »Salon d'Automne« die große Cézanne-Gedenkausstellung statt. Picasso musste sich in dem von ihm eingeschlagenen Weg bestätigt fühlen. Ende des Jahres lernte er dann Georges Braque kennen. Als erstes zeigte er ihm die *Demoiselles d'Avignon*. Braque hatte Cézanne im Hinterkopf und war entschlossen, den Fauvisten den Rücken zu kehren, ohne freilich genau zu wissen, wie. Und so muss Picassos Bild einen ungeheuren Eindruck auf ihn gemacht haben; in ihm lag der Weg vorgezeichnet. Es begann eine beide Seiten anregende Zusammenarbeit, aus der die »Cordée« – »Seilschaft« – der Kubisten entstand. Im Werk Picassos sollte der Kubismus allerdings nur wenige Jahre Bestand haben. Es folgte eine Phase der »Unentschlossenheit«, ein Nebeneinander von geometrischen und figürlichen Tendenzen. Wesentliche Impulse erhielt Picasso dann Mitte der 1920er Jahre vom Surrealismus: Erst durch die Aufnahme und Weiterentwicklung der Möglichkeiten zur Verschlüsselung – nicht Verrätselung – und Überhöhung von psychischen Erfahrungen wurde der Weg zu *Guernica* frei.

Im besetzten Paris zeigte Picasso deutschen Offizieren Photos von *Guernica*. Auf die Frage »Haben Sie das gemacht?«, soll er zur Antwort gegeben haben: »Nein, Sie!«

■ *Pablo Picasso, Zwei am Strand laufende Frauen, 1922, Gouache auf Sperrholz, 32,5 x 41,1 cm, Paris, Musée Picasso.* Kaum überbrückbar ist die Diskrepanz zwischen den voluminösen Gestalten, die typisch für Picassos »Klassizistische Periode« sind, und der Leichtigkeit, mit der sie laufen. 1924 verwendete Picasso das Bild für den Vorhang zum Ballett *Le Train Bleu* von Jean Cocteau. Aufgeführt wurde es von den Ballets Russes; die Kostüme schuf die Modeschöpferin Coco Chanel.

■ *Pablo Picasso, Guernica, 1937, Öl auf Leinwand, 349,3 x 776,6 cm, Madrid, Museo Nacional Centro de Arte Reina Sofia.* Das Bild ist entsprechend einem Triptychon aufgebaut: eine breite Mittelgruppe, gerahmt von schmaleren seitlichen. Der Lichtkegel der Lampe erinnert an das »Auge Gottes« mittelalterlicher Altäre, doch Gott greift nicht ein in die Trias von Schmerz, Verstümmelung und Tod.

Fünf Jahre nach Gründung der spanischen Republik kam es im Juli 1936 zu einem von rechten Kräften und Teilen des Militärs getragenen Aufstand, der sich schnell zum Bürgerkrieg ausweitete. Der Republik kamen die Sowjetunion und eine internationale Armee aus Freiwilligen zu Hilfe; die von Franco geführten Aufständischen fanden Unterstützung durch Italien und Deutschland. Am 26. April 1937 bombardierte die deutsche »Legion Condor« die strategisch unbedeutende und wehrlose baskische Kleinstadt Guernica, ein Überfall »ohne Beispiel in der Militärgeschichte«, wie zwei Tage später in der *Times* zu lesen war. Picasso erfuhr aus der *Humanité,* der Zeitung der französischen Kommunisten, von dem Bombardement. Bereits im Januar hatte er von der Republik den Auftrag erhalten, für den spanischen Pavillon der Pariser Weltausstellung ein Wandgemälde zu schaffen. Ursprünglich plante Picasso eine Darstellung zum Thema »Freiheit der Kunst«; innerhalb weniger Wochen malte er nun *Guernica*. Sehr schnell wurde es weltweit zum Synonym für Kriegsgräuel. *Guernica* steht in der Tradition des Historienbildes, wie Delacroix' *Die Freiheit führt das Volk*. Doch anders als Delacroix enthebt Picasso das Geschehen seiner historischen Gebundenheit – es findet sich kein konkreter Hinweis auf den Ort Guernica. Das historische Ereignis wird für Picasso, wie für Goya in seinen *Desastres de la Guerra*, zu einem zeitlos gültigen Gleichnis für Leid, Zerstörung und gewaltsamen Tod.

DIE ODYSSEE VON *GUERNICA*

Mit Ende der Pariser Weltausstellung wurde *Guernica* wieder an Picasso übergeben. Im Rahmen einer Wanderausstellung war das Bild dann Anfang 1938 in Oslo, Kopenhagen und Stockholm zu sehen, im Herbst desselben Jahres mit zahlreichen Studien auch in London. Es sorgte für großes Aufsehen. 1939 gelangte es nach New York, wo 1970 Gegner des Vietnamkrieges vor ihm protestierten. Gemäß der Auflage Picassos, *Guernica* nach einer Demokratisierung an Spanien zu übergeben, ging es 1981 in spanischen Besitz über.

PABLO PICASSO: LES DEMOISELLES D'AVIGNON

LEBEN UND WERK

Pablo Picasso (eigentlich Pablo Ruiz) wird 1881 in Malaga geboren. Früh entdeckt der Vater, selbst Zeichenlehrer, das Talent seines Sohnes und gibt ihm ersten Unterricht. Die weitere Entwicklung Picassos verläuft rasant: 1896 Studium an einer Kunstschule in Barcelona, 1897 an der Akademie in Madrid, 1900 Veröffentlichung der ersten Illustration, 1901 Entstehung der ersten Skulptur. Bereits kurz nach der Jahrhundertwende eine ausgereifte Künstlerpersönlichkeit, nimmt der junge Pablo den Namen seiner Mutter an und reist mehrfach nach Paris, wo er sich 1904 endgültig niederlässt. Aufgrund stilistischer Kriterien hat sich die Einteilung von Picassos Werk in »Perioden« durchgesetzt. Die erste, die etwa drei Jahre andauernde »Blaue Periode», endet 1904. Thematischer Schwerpunkt ist die Darstellung von am Rande der Gesellschaft Lebenden. Es folgt die bis 1906 anhaltende »Rosa Periode«, in der Picasso besonders die Welt des Zirkus interessiert. 1906/07 lernt Picasso Matisse kennen, bekommt Werke Cézannes sowie afrikanische und Südseeplastiken zu sehen. Die *Demoiselles d'Avignon* entstehen, Auftakt des von Picasso und Braque begründeten Kubismus. Den Übergang vom »analytischen« zum »synthetischen« Kubismus vollzieht Picasso 1912 mit. Auf Vermittlung Jean Cocteaus beginnt er 1916 für das Theater zu arbeiten, entwirft Bühnenbilder, besonders für Sergej Diaghilews Ballets Russes. Ohne den Kubismus gänzlich aufzugeben, gelangt er um 1918 wieder zu einer stärker dem Gegenstand verpflichteten Malerei, verwirrt dadurch Publikum und Kritik. Die »klassizistische Periode« hält bis 1924 an, namensgebend sind monumentale, teilweise antikisierende Figuren und Figurengruppen. Das in Dekorationen Picassos 1924 aufgeführte Ballett *Mercure* veranlasst die Surrealisten um André Breton, Picasso als einen der ihren zu feiern. 1925 ist er, neben Giorgio de Chirico, Max Ernst und anderen, auf der ersten Ausstellung der Gruppe vertreten. Ihrer Forderung nach Darstellung der »psychischen Automatismen« kommt Picasso allerdings nur bedingt nach. Ihm liefert der Surrealismus in erster Linie Anregungen und Vokabular für eine spontanere und emotionalere Verarbeitung seiner Themen; betont Sexuelles findet Eingang in sein Werk. Ende der 1920er Jahre beginnen Picasso der Minotauros, ein Mischwesen aus Mensch und Stier, und der Stierkampf zu beschäftigen. Im Graphikzyklus *Minotauromachie*, 1935, kurz vor Ausbruch des spanischen Bürgerkrieges, entstanden, sind sie erotische Metapher und Hinweis auf zerstörerische Kräfte. *Guernica* entsteht. Nach dem Zweiten Weltkrieg setzt Picasso sich für die Weltfriedensbewegung ein und gestaltet ihr Symbol, die Taube. Er beginnt sich mit Werken vergangener Epochen zu beschäftigen. Pablo Picasso stirbt 1973 in Mougins, Alpes-Maritimes, Südostfrankreich.

DATEN

Wo zu sehen:
New York, Museum of Modern Art
Öl auf Leinwand, 243,9 x 233,7 cm

Provenienz:
Im Juli 1907 vollendet und Freunden vorgestellt, zeigt Picasso das Bild unter dem heute eingebürgerten Titel *Les Demoiselles d'Avignon* anlässlich der Ausstellung *L'Art moderne en France* in Paris 1916 erstmals öffentlich. Auf Drängen der Surrealisten André Breton und Louis Aragon wird es 1922 oder 1924 vom Sammler Jacques Doucet erworben und 1925 in der Zeitschrift *La Révolution surréaliste* abgebildet. Nach Doucets Tod geht das Bild an den Kunsthändler Jacques Seligmann, der es 1937 an das Museum of Modern Art in New York verkauft.

Lesenswert:

Pierre Daix, *Picasso*, Köln 1991.

Christian Geelhaar, *Picasso. Wegbereiter und Förderer seines Aufstiegs 1899–1939*, Zürich 1993.

Carsten-Peter Warncke, *Pablo Picasso. 1881–973*, Köln 1997.

AUF DEN PUNKT GEBRACHT

Picasso dominiert die europäische Kunst des 20. Jahrhunderts. Er war kein kompromissloser Erneuerer, vielmehr Revolutionär *und* Traditionalist in einem. Mit den *Demoiselles d'Avignon* begründete er den Kubismus und schuf gleichzeitig eines der Schlüsselwerke der Moderne. *Guernica*, dreißig Jahre später entstanden, ist vom rein künstlerischen Standpunkt her betrachtet weit weniger bedeutend, entfaltete aber eine ungeheure Breitenwirkung.

Improvisation 26 (Rudern)

WASSILY KANDINSKY

»Schlüsselerlebnisse«, kein mühsames Ringen oder Akademiestudium, standen am Beginn der künstlerischen Karriere Kandinskys. Er schildert sie – die Faszination, die von einer Aufführung von Richard Wagners *Lohengrin* ausging, und den Besuch einer Ausstellung in Moskau im Sommer 1896 – in seinem Buch *Rückblicke*. Das Werk erschien 1913 in Berlin, also nachdem Kandinsky den Schritt in die abstrakte Malerei gemacht hatte. Er stellte darin nicht seine Entscheidung, Maler zu werden, in den Vordergrund, sondern vielmehr die nach fünfzehnjähriger Künstlerexistenz vollzogene Abkehr von der gegenständlichen Malerei. In der Moskauer Ausstellung war ein *Heuhaufen*-Bild Claude Monets zu sehen. Einen Bildgegenstand konnte Kandinsky nicht mehr erkennen, was ihm damals »peinlich« war und was er Monet ankreidete: Der Maler hat »kein Recht ..., so undeutlich zu malen«, schreibt er. Die aus dem nichtvorhandenen Bildgegenstand zu ziehende, ins Positive gekehrte Konsequenz – Abstraktion – sah Kandinsky noch nicht, doch, so schreibt er weiter, »was mir ... vollkommen klar war – das war die ungeahnte, früher mir verborgene Kraft der Palette, die über alle meine Träume hinausging«. Der Bildgegenstand »als unvermeidliches Element des Bildes« war diskreditiert.

■ *Wassily Kandinsky mit seiner Lebensgefährtin Gabriele Münter, Photographie, 1916.*

Wenige Monate nach dem »*Heuhaufen*-Erlebnis« übersiedelte Kandinsky nach München, das als Kunstmetropole zwar nicht mit Paris mithalten konnte, aber um 1900 immerhin die »Kunsthauptstadt« Deutschlands war. Er fand dort Aufnahme an der Kunstakademie.

München war eine Stadt im Aufbruch, Zentrum des deutschen Jugendstils; doch müssen Kandinskys erste Jahre in der bayerischen Hauptstadt ernüchternd gewesen sein: Jugendstil gab es auch in Moskau; das Zeichnen, das am Anfang jeder Ausbildung zum Künstler stand, lag ihm nicht; und über seinen Lehrer an der Akademie, Franz Stuck, bemerkte er, dass er »wenig farbenempfindlich« sei. Impulse erhielt er hier nicht; was ihn dagegen, seinen eigenen Worten zufolge, auf wegweisende Art beeinflusste, war die Atomspaltung: »Ein wissenschaftliches Ereignis räumte eines der wichtigsten Hindernisse aus diesem Wege. Das

■ *Wassily Kandinsky, Improvisation 26 (Rudern), 1912, Öl auf Leinwand, 97 x 107,5 cm, München, Städtische Galerie im Lenbachhaus.*

war die weitere Teilung des Atoms. Das Zerfallen des Atoms war in meiner Seele dem Zerfall der ganzen Welt gleich«, schreibt Kandinsky 1913. Die wichtigste Basis der Naturwissenschaft, das schon in der Antike als Grundlage der Materie als kleinstes, unveränderliches und unteilbares Teilchen gedachte Atom, »war nur ein Wahn«. Kandinsky begann daraufhin eine theoretische Auseinandersetzung mit der Kunst, die nach einem Jahrzehnt 1912 in dem Buch *Über das Geistige in der Kunst* mündete: Wie die Naturwissenschaft die jahrtausendealte Vorstellung vom Atom ad absurdum führte, so widerlegte er die noch ältere vom Bild als Abbild.

1909 kauften Kandinsky und Gabriele Münter ein Haus im südwestlich von München gelegenen Murnau. Kandinsky malte die Landschaft des Voralpengebiets und löste sie dabei in Farbflächen und -eindrücke auf. Einzig der Turm ist es, der in dem Bild *Murnau mit Kirche I* noch eine Verortung erlaubt. Nurmehr vage sind in den Farbflächen weitere Gegenstände angelegt, Häuser mit roten Ziegeldächern, eine blaue Allee. Kandinsky zeigt sich hier stark von den Fauvisten beeinflusst. Im Jahr der Entstehung des Bildes, 1910, besprach er in der Zeitschrift *Apollon* dann auch eine Fauvisten-Ausstellung, hebt be-

»Und plötzlich zum ersten Mal sah ich ein Bild. Dass das ein Heuhaufen war, belehrte mich der Katalog. Erkennen konnte ich ihn nicht. Dieses Nichterkennen war mir peinlich. Ich fand auch, dass der Maler kein Recht hat, so undeutlich zu malen. Ich empfand dumpf, dass der Gegenstand in diesem Bild fehlt. Und merkte mit Erstaunen und Verwirrung, dass das Bild nicht nur packt, sondern sich unverwischbar in das Gedächtnis einprägt und immer ganz unerwartet bis zur letzten Einzelheit vor den Augen schwebt.«

Kandinsky in Rückblicke, Berlin 1913, zu dem »Heuhaufen-Erlebnis« von 1896

■ *Wassily Kandinsky, Murnau mit Kirche I, 1910, Öl auf Karton, 64,7 x 50,2 cm, München, Städtische Galerie im Lenbachhaus.* Unter dem Eindruck der Fauvisten kommt es in Murnau zu einer Neuorientierung in der Kunst Kandinskys. Fließend vollzieht er den Übergang von der Landschaft in die Abstraktion.

sonders Matisse hervor, der seiner Ansicht nach als einziger unter den ausgestellten Malern »die Grenze der zufälligen ›Naturform‹ überschritten« habe. »Nur er vermochte ab und zu in diesen Formen das völlig Unnötige auszuschalten (negatives Moment) und manchmal an dessen Stelle sozusagen seine eigene Form zu setzen (positives Moment).« Insgesamt machten die Bilder auf ihn allerdings den »Eindruck von verschiedenfarbig angemalter Natur«. Er bemängelt, dass der »Aspekt von Linie und Fläche (nicht) denselben künstlerisch-notwendigen Veränderungen« unterzogen wurde wie die Farbe, vermisst die »Unterordnung auch der Zeichnung unter ein inneres Ziel, welches mit solcher Klarheit und Bestimmtheit von Cézanne neu ins Leben gerufen wurde«. Ihm, Kandinsky, sollte vorbehalten bleiben, was sich für die Fauvisten noch nicht zur »zwingenden Notwendigkeit« entwickelt hatte, »eine *malerische Komposition* und damit auch die ihr gemäße Sprache zu schaffen«.

Kandinskys Übergang von der Gegenständlichkeit zur Abstraktion, zur »malerischen Komposition«, stellt einen mehrjährigen fließenden Prozess dar, ist theoretisch fundiert und reflektiert. Pate stand die Musik, die Kandinsky als Kunst mit dem höchsten Abstraktionsgehalt und damit als die führende ansah. Er beneidete seinen Freund, den Komponisten und Maler Arnold

■ *Wassily Kandinsky, Komposition VIII, 1923, Öl auf Leinwand, 140 x 201 cm, New York, Solomon R. Guggenheim Museum.* Kandinskys Bilder, die »expressionistische« *Improvisation 26* wie die »konstruktivistische« *Komposition VIII*, sind exakt geplant und in Vorzeichnungen erarbeitet. Der Kreis oben links bildet ein spannungsgeladenes Moment in der sonst harmonisch-ausgeglichenen flächigen Komposition aus Spitz und Rund.

Dem Grad der Abstraktheit eines Bildes maß Kandinsky keinerlei Bedeutung zu. Er war sich der Tragweite seiner Erfindung bewusst, doch betonte er immer wieder die Gleichrangigkeit von realistischer und abstrakter Kunst. Wichtig war ihm nur, dass der Künstler das ihm »innerlich Notwendige« als Ausdrucksmittel verwandte. In gegenstandslosen Formen, Farben und Linien sah Kandinsky eine Erweiterung der bestehenden Ausdrucksmöglichkeiten, keinen Ersatz.

Schönberg, um die zweckfreien, also abstrakten, Ausdrucksmittel, die ihm als Musiker zur Verfügung standen: Von der Musik konnte die Malerei lernen. Kandinsky selbst versah seine Bilder ab 1909 mit aus der Musik übernommenen Titeln – *Improvisation*, *Komposition* und *Impression* – und suchte in *Der gelbe Klang*, einer abstrakten »Bühnenkomposition«, die Synthese beider Künste.

Besondere historische Bedeutung maß Kandinsky dem *Bild mit Kreis* von 1911 zu. Mehrfach bezeichnete er es als sein erstes »abstraktes« Ölgemälde – das Wort findet sich bereits in der *Apollon*-Kritik. Ein Jahr später entstand *Improvisation 26 (Rudern)*, dem *Bild mit Kreis* gut vergleichbar, doch in seiner Gesamtanlage künstlerisch befriedigender. Aber auch hier ist es noch keine ausgewogene »abstrakte« Komposition, die Kandinsky schuf. Der »Untertitel« weist auf Gegenständliches. Auch ohne ihn würden Ruder, Ruderer, eventuell auch »Landschaft« assoziiert. Die linke obere Ecke ist gedrängt voll; heftige schwarze Striche, mehrere rote Umrisse, aber auch selbstständige Linien füllen sie, die rechte erscheint dagegen »leer«. Die Farbigkeit ist klar und entschieden, die Komposition dynamisch und spannungsreich.

In *Über das Geistige in der Kunst* untersucht Kandinsky den »innerlichen Charakter als seelische Wirkung« der Farben Gelb und Blau, stellt die Farben einander tabellarisch gegenüber, die prononciert in der kurz nach dem Erscheinen des Buches entstandenen *Improvisation 26* wieder auftauchen: Gelb ist *warm*, strahlt aus, nähert »sich beinahe sichtbar dem Menschen«; Blau ist *kalt*, entwickelt eine »konzentrische Bewegung«, entfernt sich vom Menschen. Diese und andere der Farbe aufgrund ihrer physischen Natur eigenen Qualitäten, die sich auch die Maler vorhergehender Jahrhunderte zunutze machten, jedoch nie »rein», ohne Gegenstandsbezug, zum Ein-

■ *Kasimir Malewitsch, Dynamischer Suprematismus Nr. 57, 1916, Öl auf Leinwand, 102,4 x 66,9 cm, Köln, Museum Ludwig.* 1913 malte Malewitsch das legendäre *Schwarze Quadrat auf weißem Grund*. Aus Drehung, Teilung und »Zerfall« des Quadrates leitete er das Formenrepertoire des Suprematismus (frz. *suprématie*, »Oberhoheit, Überlegenheit«) her und kommt so zu dynamischen Kompositionen aus sich überlagernden Flächen und Farben. Malewitsch fordert die »volle Befreiung der Kunst vom Gegenstand«, wodurch er zu einer neuen Realität in der Kunst kommt.

■ Wassily Kandinsky, Bewegung I, 1935, Öl auf Leinwand, 116 x 89 cm, 1935, Moskau, Tretjakow-Galerie. Typisch für die in den 1930er Jahren in Frankreich entstehenden Bilder sind einfarbige Hintergründe, auf die Kandinsky geometrisch gegliederte Gebilde und biomorphe Formen setzt. In den Bildern um 1940 ist der Hintergrund zum Teil stark aufgehellt, und kleine Phantasiewesen bevölkern die Fläche.

»Das Blau, als eine ganz entgegengesetzte Bewegung, bremst das Gelb, wobei schließlich bei weiterem Hinzufügen von Blau beide entgegengesetzten Bewegungen sich gegenseitig vernichten und volle Unbeweglichkeit und Ruhe entsteht. Es entsteht Grün.
Dasselbe geschieht auch mit Weiß, wenn es durch Schwarz getrübt wird. Es verliert an Beständigkeit und es entsteht zuletzt Grau, welches in moralischem Werte sehr dem Grün nahesteht.«

Wassily Kandinsky,
Über das Geistige in der Kunst, 1912

satz brachten, führt Kandinsky im Folgenden weiter aus. Deutlich wird: Für Raumtiefe, Gefühlswerte, bildnerische Ordnung ist allein die Farbe verantwortlich.

Die *Komposition VIII* sah Kandinsky als sein Hauptwerk der Jahre nach dem Ersten Weltkrieg an. Er ist inzwischen als Lehrer am Bauhaus tätig, und der Einfluss des Konstruktivismus ist unübersehbar. Die Farbe hat ihre beherrschende Rolle an die geometrische Form verloren. Auch dieser Schritt war die Folge langer theoretischer Auseinandersetzung, die sich 1926 in der Abhandlung *Punkt und Linie zur Fläche* niederschlug. Nur auf den ersten Blick scheinen *Komposition VIII* und *Improvisation 26* diametral entgegengesetzt. Beiden liegt jedoch die gleiche Kompositionsidee zugrunde: eine von unten links nach oben rechts verlaufende Diagonalbewegung, eine Betonung der linken oberen Ecke bei relativer »Leere« der rechten unteren. Unterschiede werden dann im Verhältnis zum Format deutlich. In *Improvisation 26* drohen die Farben das annähernd quadratische und damit originär spannungslose Format zu sprengen; in *Komposition VIII* sind die Formen fest in das Format gespannt, tasten es an keiner Stelle an.

WASSILY KANDINSKY: IMPROVISATION 26 (RUDERN)

LEBEN UND WERK

Wassily Kandinsky wird 1866 in Moskau geboren. Von 1886–1893 studiert er Jura, Wirtschaft und Ethnographie in seiner Heimatstadt. Eine universitäre Laufbahn, die sich ihm nach seiner Promotion anbietet, lehnt er ab. Kandinsky geht stattdessen 1896 mit dem Ziel, Maler zu werden, nach München. Zunächst studiert er an einer privaten Kunstschule, wechselt dann 1900 an die Akademie. Er lernt Alexej Jawlensky, Marianne von Werefkin und Paul Klee kennen. 1901 gehört Kandinsky zu den Gründern der Münchner Ausstellungs- und Künstlervereinigung »Phalanx«. Im folgenden Jahr lernt er Gabriele Münter kennen. Ausgedehnte Reisen führen das Paar ab 1903 in die Niederlande, nach Tunesien, Italien, Frankreich und durch Deutschland. War das Frühwerk Kandinskys stark von russischer Volkskunst und dem Jugendstil geprägt, so öffnet er sich nun neueren Richtungen, besonders den Fauvisten um Henri Matisse. Kandinsky stellt zusammen mit den Dresdner »Brücke«-Künstlern aus. Auf Einladung Jawlenskys und Werefkins arbeiten Kandinsky und Münter 1908 erstmals in Murnau, wo sie im folgenden Jahr ein Haus kaufen. Die bayerische Landschaft wird zum bevorzugten Motiv Kandinskys. Sukzessive gewinnen Farbe und Form Oberhand über den Bildgegenstand. Tendenzen zur Abstraktion sind nicht zu übersehen, kommen auch in den Bildtiteln zum Ausdruck: 1909 die erste *Improvisation*, gefolgt von *Komposition* und *Impression*. Auf die Ablehnung von *Komposition V* durch die Jury der Neuen Künstlervereinigung München 1911 reagieren Kandinsky, Marc und Münter mit Austritt. Nur wenige Wochen später findet die erste Ausstellung des »Blauen Reiters« statt, bennannt nach einem Bild Kandinskys. Die programmatische Schrift *Über das Geistige in der Kunst* erscheint. Kandinskys Denken zeigt sich von Okkultem und der Anthroposophie Rudolf Steiners beeinflusst. Wenige Monate später liegt der Almanach *Der Blaue Reiter* vor, in dem Kandinsky unter anderem das Libretto zu *Der gelbe Klang* veröffentlicht. Werke Kandinskys sind auf wichtigen Ausstellungen zu sehen. Mit Ausbruch des Ersten Weltkrieges verlässt Kandinsky Deutschland und lebt in Moskau, wo er wieder gegenständlich malt und 1918 Mitarbeiter der Abteilung Kunst des Kommissariats für Volksaufklärung wird. 1922 erhält Kandinsky einen Ruf an das Weimarer Bauhaus. Unter dem Einfluss des Konstruktivismus herrschen nun in seinem Werk mathematisch strenge Formen vor. Der Kreis, die elementarste Form, wird zum wichtigsten Motiv. 1926 erscheint in der Reihe der »Bauhausbücher« *Punkt und Linie zur Fläche*. 1933 geht Kandinsky nach Paris, vertieft den Kontakt zu der Gruppe Abstraction-Création und zu den Surrealisten. Seine strengen Formen lösen sich auf und werden zu biomorphen. Er stirbt 1944 in Neuilly-sur-Seine.

DATEN

Wo zu sehen:
München, Städtische Galerie im Lenbachhaus
Öl auf Leinwand, 97 x 107,5 cm

Provenienz:
1912 entstanden. Der »Untertitel« stammt von Kandinsky. Er führte ihn hier wie bei zahlreichen Werken zum eigenen Gebrauch ein. Nach der Trennung von Gabriele Münter 1915/16 verbleiben zahlreiche Werke Kandinskys im Besitz seiner langjährigen Lebensgefährtin. Münter gelingt es – Kandinsky wurde als »entartet« diffamiert – sie unbeschadet durch die Nazizeit zu bringen. 1956 bittet der Direktor der kleinen Münchner Städtischen Galerie Münter, dem Museum einige Leihgaben zu überlassen. Sie entschließt sich zur Schenkung des größten Teils des in ihrem Besitz befindlichen künstlerischen Nachlasses Kandinskys, in dem sich mehr als neunzig Ölbilder befinden: Mit einem Schlag verfügte das Lenbachhaus über eine der bedeutendsten Kandinsky-Sammlungen weltweit.

Lesenswert:
Jelena Hahl-Koch, *Kandinsky*, Stuttgart 1993.

AUF DEN PUNKT GEBRACHT

Kandinsky gehört zu den großen »Denkern« in der Malerei des 20. Jahrhunderts. Seine Schriften und seine Tätigkeit am Bauhaus machten ihn zu einem bedeutenden Lehrer. Auf theoretischer Grundlage vollzieht Kandinsky den Übergang von der gegenständlichen zur abstrakten Malerei. Beide Richtungen, gegenständliche wie nichtgegenständliche, betrachtete Kandinsky grundsätzlich als gleichwertig.

Berliner Straßenszene

ERNST LUDWIG KIRCHNER

Im Vergleich mit Paris, aber auch anderen deutschen Kunstzentren erreichte die Moderne Berlin reichlich verspätet und anfangs auch nur zaghaft. Die »Munch-Affäre« hatte 1892 zwar eine Menge Staub aufgewirbelt, blieb aber weitgehend Episode. Erst 1898, nach München und Wien, kam es zur Gründung einer Berliner Sezession. Sie sorgte für die Verbreitung des bis dahin weitgehend unbekannten französischen Impressionismus und setzte den deutschen durch. 1901 waren Van Gogh und Cézanne in Berlin zu sehen, 1902 erneut Munch. Nach 1905 jedoch wurde die Berliner Sezession zunehmend in den bürgerlichen Kunstbetrieb integriert und zeigte sich der weiteren Entwicklung gegenüber wenig aufgeschlossen. 1910 lehnte die Jury der Jahresausstellung siebenundzwanzig junge Künstler ab, darunter die Maler der Dresdner Künstlervereinigung »Die Brücke«. Auf die Ablehnung folgte unter der Leitung Max Pechsteins – der Mitglied der Sezession war und, wie Kirchner, der »Brücke« – die Gründung der Neuen Sezession, in der dann die Bilder der Ausjurierten gezeigt wurden.

Ein Jahr nach Gründung der Neuen Sezession entschlossen sich Kirchner und die anderen Dresdner »Brücke«-Mitglieder zur Übersiedlung nach Berlin, wo Pechstein bereits seit 1908 lebte. Kirchner kannte die Stadt von früheren Arbeitsaufenthalten her, doch wurde seine Hoffnung auf mehr Verständnis für seine Kunst und damit bessere Absatzmöglichkeiten enttäuscht. Trotzdem blieb er. Die Metropole, zu der Berlin sich entwickelte, faszinierte ihn. In Berlin malte er seine wichtigsten Bilder, die *Straßenszenen*, ein neues Sujet, keine »Stadtporträts« im herkömmlichen Sinne mehr, sondern Figurenbilder mit meist nur vagen Hinweisen auf die Topographie. Die erste entstand im Herbst oder Winter 1913. Ihr folgten bis 1915 ein gutes Dutzend weiterer Bearbeitungen des Themas.

■ *Ernst Ludwig Kirchner, Selbstbildnis mit Modell, 1910.*

Im Zentrum der *Straßenszenen* stehen grundsätzlich Frauen, schmale hohe Gestalten mit meist hochgeschlagenen Mantelkrägen und auffälligen, mit Federn aufgeputzten Hüten: Prostituierte, im damaligen Sprachgebrauch Kokotten. In der *Berliner Straßenszene* von 1913/14 sind es zwei, die einzigen Frauen in

■ *Ernst Ludwig Kirchner, Berliner Straßenszene, 1913/14 Öl auf Leinwand, 121 x 95 cm, Berlin, Brücke-Museum.*

dem Bild, die Kirchner gibt. Diagonal durchschreiten sie den Raum. Sie befinden sich auf einer belebten Straße, mitten im Verkehrsgewühl. Im Hintergrund ist eine Pferdebahn zu erkennen, gestaucht und in das Bildformat gedrängt wie die Figuren. Zwangsläufig streift der Weg der Kokotten den zweier Männer oder vielmehr eines Mannes, den Kirchner in zwei Bewegungsstadien festhält. Das erste Bewegungsstadium des Mannes zieht ins Bild, macht den Betrachter zum die Frauen unverwandt ansehenden und taxierenden Freier, zum Mittäter. Körper und Haltung des Mannes sind ohne Spannung. Die in Rot gekleidete Kokotte schreitet voran. Der Strich unter ihrem linken Auge scheint ein Schielen anzudeuten. Ihre Begleiterin kommuniziert

EXPRESSIONISMUS

Den Begriff, unter dem ursprünglich alle antirealistischen europäischen Kunsttendenzen zusammengefasst wurden, prägte 1911 Herwarth Walden in seiner Zeitschrift *Der Sturm*. Kirchners *Straßenszenen* gehören zu dieser neuen »Ausdruckskunst«, die anders als etwa Fauvismus und Kubismus nicht auf Malerei und Plastik beschränkt blieb. Wie der Futurismus in Italien umfasste der deutsche Expressionismus auch Architektur, Literatur, Film und Musik, teilweise bis in die Mitte der 1920er Jahre.

■ *Ernst Ludwig Kirchner, Marcella, 1910, Öl auf Leinwand, 100 x 76 cm, Berlin, Brücke Museum.*
Marcella und Fränzi, Töchter einer Dresdner Artistenwitwe, wurden 1910 zu den bevorzugten Modellen der »Brücke«-Maler. Die Malweise ist dem Fauvismus verpflichtet. Dunkle Umrisslinien dienen der Steigerung des Ausdrucks, sind möglicherweise auf Kenntnis außereuropäischer Kunst zurückzuführen.

offen. Für sie eine äußerst brenzlige Situation, konnte doch schon ein »undamenhafter« Blick mit Gefängnis geahndet werden. Der leuchtendrot geschminkte Mund ist zu einem berechnenden Lächeln verzogen. Es gilt dem Mann, dessen zweites Bewegungsstadium Kirchner weiter aufspaltet. Der Rumpf ist wie im ersten Stadium vom Rücken her gesehen, der Kopf jedoch auf anatomisch unmögliche Weise gedreht: Zu sehen ist das gelangweilt-blasierte Gesicht, in das die Kokotte blickt. Die »Simultanansichtigkeit« der Figur unterstreicht auch deren sichtbare Hand, es ist die linke, nicht die rechte.

Prostituierte, meist aus zugewanderten Arbeiterfamilien stammend, gehörten zum gewohnten Erscheinungsbild des rasch wachsenden Berlins, besonders entlang der Friedrich- und Leipziger Straße. Bordelle waren verboten, Straßenprostitution nur geduldet. Die auffällig gekleideten Kokotten gehörten zu den Attraktionen des Nachtlebens; als solche stellt Kirchner sie dar. Was hinter den Fassaden zu finden war – Armut, Ausbeutung –, interessiert ihn nicht. Mit ins Bild kommt jedoch der Zwiespalt des Großstadtmenschen, in der Masse gleichzeitig verloren und aufgehoben zu sein. Was Kirchner beschäftigt, sind die Mechanismen der Stadt, zu denen der flüchtige, hier vom Geld bestimmte Kontakt ganz wesentlich gehört, nicht das soziale Elend oder die Problematik gesellschaftlicher Randgruppen.

In der Gründung der »Brücke« 1905 liegt die Geburtsstunde des deutschen Expressionismus. Kirchner gehörte zu den Mitbegründern der Gruppe, die in ihren ersten Dresdner Jahren verwirklichen konnte, was van Gogh 1888 in Arles nicht gelang, das Leben und Arbeiten in einer Künstlergemeinschaft. Die Gruppe zerbrach 1913 in Berlin. Auslöser war die von Kirchner verfasste *Chronik der Brücke*, in der er vor allem die eigene Bedeutung herausstrich. Auch wenn dies von ihm in der *Chronik* und auch sonst bestritten wurde, bildet der Fauvismus für die Künstler der »Brücke« – wie für die der anderen wichtigen Gruppe des deutschen Expressionismus, des »Blauen Reiters« in München – eine entscheidende Voraussetzung. Auf den italienischen Futurismus ist dann, auch dies wird in der *Chronik* geleugnet, wesentlich der stilistische und thematische, zu den *Straßenszenen* hinführende Wandel im Werk Kirchners von 1912 zurückzuführen. Es ist das Jahr, in dem Herwarth Walden in seiner Berliner *Sturm*-Galerie erstmals die neue Richtung zeigte.

ERNST LUDWIG KIRCHNER: BERLINER STRASSENSZENE

LEBEN UND WERK

Ernst Ludwig Kirchner wird 1880 in Aschaffenburg geboren. Auf Wunsch des Vaters nimmt Kirchner 1901 ein Architekturstudium an der Königlichen Technischen Hochschule in Dresden auf, das er 1905 mit dem Diplom abschließt. Das Wintersemester 1903/04 verbringt er in München, studiert an der dortigen Technischen Hochschule weiter Architektur, nimmt aber vor allem Zeichen- und Malunterricht. Er besucht Museen und Ausstellungen, unter anderen eine der von Kandinsky mitgegründeten »Phalanx-Gruppe«. Am 7. Juni 1905 gründen Kirchner, Fritz Bleyl, Erich Heckel und Karl Schmidt (später Schmidt-Rottluff), allesamt Architekturstudenten in Dresden, die Künstlergruppe »Die Brücke«. Später stoßen Max Pechstein, Emil Nolde (beide 1906), Otto Mueller (1911) und weitere Maler zu der Gruppe, die auch auswärtige Mitglieder aufnimmt. Noch im Jahr ihrer Gründung veranstaltet »Die Brücke« ihre erste Ausstellung. 1906 verfasst Kirchner ihr Programm. Die Künstler lernen und arbeiten gemeinsam, was den frühen einheitlichen »Brücke-Stil« zur Folge hat; besondere Bedeutung erlangen Holzschnitt und Lithographie. Einfluss üben namentlich Munch und Matisse aus. 1911 folgen Kirchner und die anderen Dresdner »Brücke«-Künstler Max Pechstein nach Berlin. Im folgenden Jahr beteiligt sich »Die Brücke« an der zweiten Ausstellung des »Blauen Reiters« in München. Die Ausstellung wird auch in Berlin gezeigt. Weiter stellt die Gruppe in Hamburg und in der *Sonderbund-Ausstellung* in Köln aus, löst sich dann 1913 auf. Die wichtigste Werkgruppe im Œuvre Kirchners entsteht, die (Berliner) *Straßenszenen*. Nach Ausbruch des Ersten Weltkrieges meldet Kirchner sich »als unfreiwillig Freiwilliger«, wie er schreibt. Im Frühjahr 1915 wird er einberufen, zeigt sich den Anforderungen des Dienstes jedoch weder physisch noch psychisch gewachsen. Aufenthalte in Sanatorien folgen. 1917 emigriert Kirchner in die Schweiz, wo er sich in Frauenkirch bei Davos niederlässt. Radikal wechselt er die Themen, das Leben der Bergbauern und Landschaft bestimmen fortan sein Werk. Vorerst behält er den nervösvibrierenden Pinselstrich der Berliner Zeit bei. Fester und statischer wird er erst nach 1920, gleichzeitig erfolgt eine Vereinfachung und Stilisierung der Form. Kirchner beginnt über seine eigene Kunst zu schreiben, versucht in der Überzeugung, dass einer theoretisch fundierten Kunst größere historische Bedeutung zukommt, der eigenen im Nachhinein eine »Theorie« zu unterlegen. Folge sind auch Retuschen an zahlreichen früheren Arbeiten. 1937 werden Kirchners Werke aus deutschen Museen entfernt; die Preußische Akademie der Künste, deren Mitglied Kirchner seit 1931 war, fordert seinen Rücktritt. Offizielle Ächtung und Krankheit treiben Kirchner 1938 in den Freitod.

DATEN

Wo zu sehen:
Berlin, Brücke-Museum
Öl auf Leinwand, 121 x 95 cm

Provenienz:
1913/14 entstanden. Das Bild wird aus Privatbesitz vom Museum angekauft. 1964 teilt Schmidt-Rotluff dem (West-)Berliner Senat mit, dass er beabsichtige, der Stadt seinen künstlerischen Nachlass zu übergeben. Noch im gleichen Jahr wird der Bau eines »Brücke«-Museums beschlossen. Die Pläne zu dem villenartigen Bau entstehen unter Beteiligung des Malers. Grundstock der Sammlung bilden die Schenkungen Schmidt-Rottluffs und Heckels, der dem Museum auch Werke anderer »Brücke«-Mitglieder übereignet. Weitere Spenden und Ankäufe folgten, sodass das Museum heute den wohl geschlossensten Überblick über die Künstlergruppe bietet.

Lesenswert:
Magdalena M. Moeller, *Ernst Ludwig Kirchner. Die Straßenszenen 1913–1915*, München 1993.

AUF DEN PUNKT GEBRACHT

Kirchners 1913–15 in Berlin entstandenen *Straßenszenen* sind Ausdruck des modernen Großstadtlebens mit seiner Unstetigkeit und Hektik. Die künstlerischen Mittel dienen allein der Steigerung des Ausdrucks, der Expression: irritierende Perspektive, verzerrte Form, dicht und hart gesetzte, spitzwinklig zusammentreffende Pinselstriche.

Stützen der Gesellschaft

GEORGE GROSZ

»Ich zeichnete Betrunkene, Kotzende, Männer, die mit geballter Faust den Mond verfluchen, Frauenmörder, die skatspielend auf einer Kiste sitzen, in der man die Ermordete sieht. Ich zeichnete Weintrinker, Biertrinker, Schnapstrinker und einen angstvoll guckenden Mann, der sich die Hände wäscht, an denen Blut klebt.«
George Grosz

■ *George Grosz in seinem Berliner Atelier vor seinem Bild* Die Stützen der Gesellschaft, *Photographie 1928.*

Nach dem Ersten Weltkrieg stieg Berlin in den 1920er Jahren endgültig zur Weltstadt und Metropole auf. Der Kriegsausbruch im August 1914 rief eine kaum vorstellbare Euphorie hervor; auch die meisten Künstler eilten mit lautem Hurra zu den Waffen. Man war sich einig, nach wenigen Wochen würde man siegreich heimkehren; doch dann verblutete eine ganze Generation in den Schlachtengräben. Verlierer war das Deutsche Reich. Als tiefste Demütigung wurde der Versailler Vertrag empfunden, in dem Gebietsabtretungen und Reparationen festgeschrieben waren, schwerste Hypotheken der Weimarer Republik, deren Anfänge von Aufständen, Hunger und Elend gekennzeichnet waren. »Das einst so nüchterne Berlin hatte sich seltsam verändert: Barrikadenkämpfe tobten durch die Straßen, verkrüppelte Kriegsteilnehmer verhökerten öffentlich Lumpen und gestohlene Wertsachen; in den Kolonialwarenläden stritten sich Arbeiterfrauen um verfaulte Kartoffeln, das Angebot der Keller-Lokale bestand aus Striptease-Tänzerinnen, Kokain und giftigem Alkohol; nachts fiel man in den Straßen über die ermordeten Opfer geheimer Femeorganisationen«, berichtet der Dichter Walter Mehring über Berlin zu Beginn der Weimarer Republik. Mitte der 1920er Jahre schien die Republik gefestigt. In den Berliner Nachtbars, Kabaretts und Lokalen gab man sich dem Vergnügen hin, doch unter der Oberfläche gärte bereits der braune Teig. Theater, Musik, Literatur, Architektur, Film und vor allem die bildenden Künste erreichten ein nie geahntes Niveau, jedoch, mit Ausnahme des Films, nicht die Massen. Das Berlin der 1920er Jahre war aufregend und widersprüchlich. Seismograph der Zeit war George Grosz. Er blickte hinter die hauchdünne Fassade der alles andere als »Goldenen Zwanzigerjahre«, machte die Wirklichkeit einer unstabilen, gefährdeten, von den meisten nicht gewollten Republik sichtbar. Auf nächtlichen Touren durch Clubs, Bordelle und Kneipen zeichnete er seine Stadt und ihre Menschen, ergriff unzweideutig Partei. Aufs Schärfste, radikal und schonungslos legte er bloß, zeigte die ewig Gestrigen, die Kriegsgewinnler und Wendehälse und deren Opfer. Sein Vorbild war der englische Maler, Graphiker und Kunsttheoretiker William Hogarth (1697–1764), dessen sozialkritische Kupferstiche als »moral pictures« am Anfang einer Tradition gesellschaftskritischer Einmischung der Künstlerschaft stehen. Ausdrücklich berief Grosz sich auf ihn: »Er möchte der ›deutsche Hogarth‹ werden, bewusst gegenständlich und moralistisch; predigen, bessern, reformieren – für abstrakte Malerei habe er kein Interesse«, so der Mäzen Harry Graf Kessler in seinem Tagebuch über Grosz im Februar 1919.

■ *George Grosz, Stützen der Gesellschaft, 1926, Öl auf Leinwand, 200 x 108 cm, Berlin, Nationalgalerie, Staatliche Museen, Preußischer Kulturbesitz.*

Grosz' *Stützen der Gesellschaft*, entstanden in der kurzen Phase des wirtschaftlichen Aufschwungs von 1926/27, ist als Allegorie auf die Weimarer Republik – und ihren drohenden Untergang – zu verstehen: Im Vordergrund der »Alte Herr« einer schlagenden Studentenverbindung, Bierglas und und Florett in der Hand, das Gesicht durch Schmisse entstellt. Grosz charakterisiert ihn als Juristen und Kriegsteilnehmer, deutschnational und revanchistisch, steckt ihn in eine Kavallerieuniform und lässt aus seinem offenen Schädel Paragrafen und einen »Ostlandreiter« steigen. Er ist, ohne Ohr und mit blindem Monokel, verbissen und erstarrt im Gestern, ein Stammtischpolitiker und Mitglied der NSDAP. Links hinter ihm steht ein Journalist. Grosz stattet ihn mit den Zügen des Politikers und Pressezaren Alfred Hugenberg aus. Hugenberg trug maßgeblich dazu bei, Hitler politisch gesellschaftsfähig zu machen. Kompromisslos setzte er seine Presseerzeugnisse, zu erkennen sind die Massenblätter *Berliner Lokal-Anzeiger* und das *8 Uhr Abendblatt*, zur Bekämpfung der Weimarer Republik ein. Der Palmwedel in seiner Hand, Zeichen des Friedens, ist blutig. Der Nachttopf auf seinem Kopf verdeckt,

■ *Otto Dix, Großstadt, 1927/28, Mischtechnik auf Holz, Triptychon, 181 x 402 cm, Stuttgart, Galerie der Stadt.*
Sakral überhöht präsentiert Otto Dix in altmeisterlicher Malweise ein Sittengemälde der »Goldenen Zwanzigerjahre«. Das Grauen des Krieges schärfte auch seine Sensibilität. Es ist ein »Tanz auf dem Vulkan«, dem sich die, die es sich jetzt, nach dem verlorenen Krieg, leisten konnten, hingaben; hemmungslos vergnügungssüchtig sind die Kriegsgewinnler. Andere Erscheinungen der Weimarer Republik sind der verspottete Kriegskrüppel und die Prostituierten auf den Flügeln.

was bei dem sozialdemokratischen Parlamentarier zu sehen ist, dampfende braune Kacke. Die Rolle der Sozialdemokratie in der Weimarer Republik war zwiespältig. Das Fähnchen in der Hand verrät nationale Gesinnung, demagogisch ist die Parole »Sozialismus ist Arbeit«. Ein versoffener Geistlicher mit Schnapsnase steht stellvertretend für die bigotte Haltung der Kirche. Er predigt Feuer und wendet sich von den Geschehnissen hinter seinem Rücken ab, wo monarchistische Reichswehr, Stahlhelm und Werwolf morden. Fazit: Die »Stützen der Gesellschaft« – Justiz, Presse, Parlament und Kirche – treiben die Weimarer Republik in den Untergang und ebnen, ob bewusst oder unbewusst, dem Nationalsozialismus den Weg.
Grosz wandte sich gegen jegliche Form von Ausbeutung, Unterdrückung und sozialer Ungerechtigkeit. Seine Kunst ist im höchsten Grade politisch. Als Chronist zeigte er auf die gesellschaftlichen Voraussetzungen des aufkommenden Nationalsozialismus. Am 12. Januar 1933 verließ er Deutschland in Richtung USA, was ihm, dem von den Nationalsozialisten meistgehassten, da politisch wirksamsten Künstler der Weimarer Republik, höchstwahrscheinlich das Leben rettete. Gleich nach der Machtergreifung am 30. Januar suchte man seiner habhaft zu werden, stürmte die leere Wohnung und das ausgeräumte Atelier.

GEORGE GROSZ: STÜTZEN DER GESELLSCHAFT

LEBEN UND WERK

George Grosz (eigentlich Georg Ehrenfried Gross) wird 1893 in Berlin geboren. Seine Kindheit verbringt er vorwiegend in Stolp in Pommern, wo er auch 1907 ersten Zeichenunterricht erhält. Die Erwiderung einer Lehrerohrfeige hat 1908 den Schulverweis zur Folge. Gleichzeitig setzt sich sein Zeichenlehrer für ein Kunststudium ein, das Grosz 1909 an der Königlichen Kunstakademie Dresden aufnimmt. Einige seiner Karikaturen veröffentlicht im folgenden Jahr der *Ulk*, die humoristische Beilage des *Berliner Tageblattes.* 1912 besucht Grosz die Berliner Kunstgewerbeschule. Erstmals tauchen die für ihn typischen Straßen- und Caféhausszenen auf. Erste Arbeiten in Öl entstehen. Der allgemeinen Wehrpflicht zuvorkommend, meldet Grosz sich im November 1914 als Kriegsfreiwilliger, wird aber bereits ein halbes Jahr später als dienstuntauglich entlassen. Die politische Wochenschrift *Die Aktion* veröffentlicht eine Zeichnung und ein Gedicht. Aus Protest über die Kriegshetze gegen Großbritannien und die USA »anglisiert« Georg Gross seine Namen 1916 und nennt sich fortan George Grosz. Ein zweiter Kriegseinsatz in den Reihen des Landsturms endet 1917 in einer Nervenheilanstalt. Der Krieg hatte Grosz politisiert; wie viele andere junge Künstler tritt auch er der Kommunistischen Partei bei. Wegen Beleidigung der Reichswehr wird er 1921 zu einer Geldstrafe verurteilt. Die Vernichtung der Graphikmappe *Gott mit uns* wird gerichtlich verfügt. Nach einer fünfmonatigen Reise durch die Sowjetunion tritt Grosz 1923 aus der Kommunstischen Partei aus. Neben der kritischen und politisch engagierten Zeichnung wendet Grosz sich verstärkt der Ölmalerei zu. »Pittura metafisica« und Dada beeinflussen ihn, so etwa in einem unbetitelten Bild von 1920 mit Gliederpuppe vor Fabrikgebäuden und in *Grauer Tag* von 1921. Dort ist im Vordergrund ein wohlgenährter, deutschnationaler »Magistratsbeamter für Kriegsbeschädigtenfürsorge«, im Hintergrund ein ausgemergelter Kriegskrüppel zu sehen. Eines der wichtigsten Bilder der begriffsprägenden Mannheimer Ausstellung *Die Neue Sachlichkeit* von 1925 ist sein Porträt des Schriftstellers Max Herrmann-Neiße. Im Jahr nach der Ausstellung porträtiert Grosz den Boxer Max Schmeling, und es entsteht *Stützen der Gesellschaft.* Die Mappe *Hintergrund* von 1928 hat einen sich über mehrere Jahre hinziehenden Gotteslästerungsprozess zur Folge. Wenige Wochen vor der Machtergreifung 1933 verlässt Grosz Deutschland in Richtung USA. In New York eröffnet er eine Kunstschule, lehrt auch an anderen Einrichtungen, arbeitet für Satiremagazine, malt und zeichnet weiter. 1938 nimmt er die US-amerikanische Staatsbürgerschaft an. Kurz nach seiner Rückkehr nach Berlin stirbt Grosz 1959 an den Folgen einer durchzechten Nacht.

DATEN

Wo zu sehen:
Berlin, Staatliche Museen zu Berlin, Preußischer Kulturbesitz, Nationalgalerie
Öl auf Leinwand, 200 x 108 cm

Provenienz:
1926 wahrscheinlich als rechter Flügel eines Triptychons konzipiert, als dessen Mittelbild *Sonnenfinsternis* anzunehmen ist. Ein linker Flügel ist vermutlich nicht gemalt worden. Als Grosz am 12. Januar 1933 in die USA auswanderte, nahm Otto Schmalhausen *Stützen der Gesellschaft* und andere Werke seines Schwagers in Verwahrung. Ironie der Geschichte: In dem Haus, Berlin, Savignyplatz 5, in dem das Bild den Nationalsozialismus überstand, unterhielt die SS ein Büro. 1958, kurz vor Grosz' Tod, erwirbt die Berliner Nationalgalerie das Bild.

Lesenswert:
Mario Vargas Llosa, *Ein trauriger, rabiater Mann. Über George Grosz*, Frankfurt am Main 2000.

Georg Grosz, *Ein kleines Ja und ein großes Nein. Sein Leben von ihm selbst erzählt*, Reinbek 1995.

AUF DEN PUNKT GEBRACHT

George Grosz ist *der* Chronist der Weimarer Republik. Einem Seismograph vergleichbar, zeichnete er die Anfänge des Nationalsozialismus auf. Wie kaum ein Zweiter verstand er es darüber hinaus, der Gesellschaft der gar nicht so »Goldenen Zwanziger« den Spiegel vorzuhalten, sie zu demaskieren, ihre Mechanismen offenzulegen.

Das Rätsel Wilhelm Tells

SALVADOR DALÍ

Verschiedene Gründe führten 1930 zum Bruch Dalís mit seinem Vater. Zum einen war es das Zusammenleben mit einer verheirateten Frau, Gala Eluard, die zur umstrittenen Managerin und Muse Dalís wurde, zum anderen ein »surrealistischer Akt«: Im November zeigte Dalí den Pariser Surrealisten um André Breton ein Andachtsbild mit dem Herzen Jesu, auf das er »Manchmal spucke ich aus Vergnügen auf das Bild meiner Mutter« geschrieben hatte. Der Vater erfuhr davon aus der Zeitung und musste darin eine Beleidigung seiner verstorbenen Frau sehen. Dalí verteidigte sich: »Man kann im Traum eine Blasphemie gegen Menschen begehen, die man im Leben anbetet, und träumen, man hätte auf seine Mutter gespuckt.« Der Traum, das Unterbewusste, ist widersprüchlich und gewalttätig. Nicht, wie erwartet, nach wenigen Wochen, verlaust und um Verzeihung bittend, kehrt der Künstler zum Vater zurück, sondern nach zehn Jahren, als anerkannter Maler und Held, zu dem – ein Freud-Zitat, das Dalí 1964 einem Kapitel seines *Tagebuchs eines Ge-*

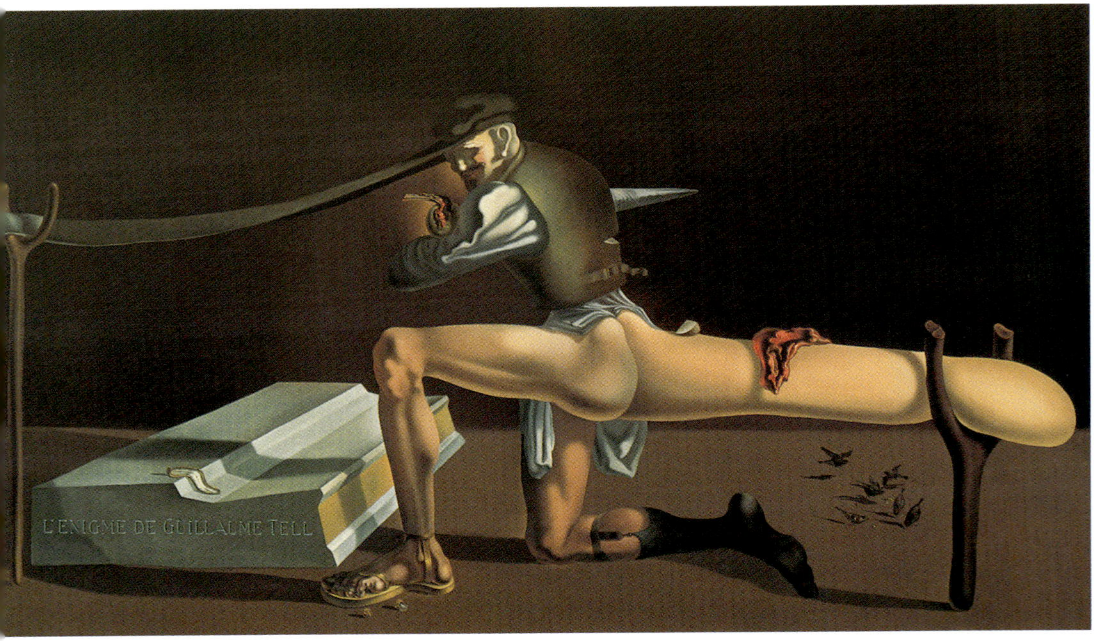

■ *Salvador Dalí, Das Rätsel Wilhelm Tells, 1933, Öl auf Leinwand, 201,5 x 346 cm, Stockholm, Moderna Museet.*

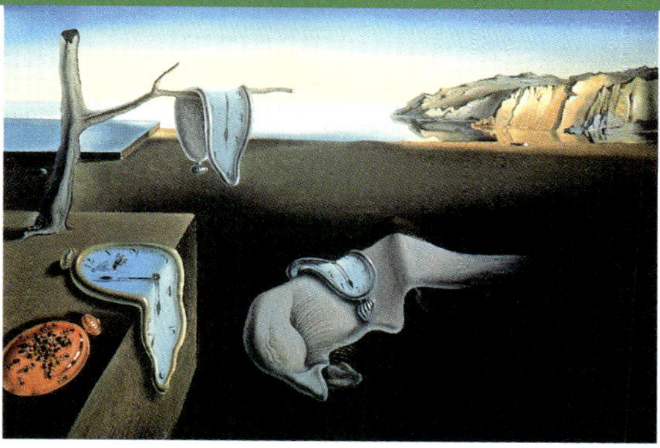

■ *Salvador Dalí, Die Beständigkeit der Erinnerung, 1931, Öl auf Leinwand, 24 x 33 cm, New York, Museum of Modern Art.*
Mit dem kleinen New Yorker Bild begründete Dalí seinen Weltruhm. Die weichen Uhren erklärte er 1935, also verhältnismäßig kurz nach Findung des Motivs, als »zarte, extravagante, einsame paranoisch-kritische Camemberts der Zeit und des Raumes«, als »adäquates Symbol für den Einsteinschen Zeitraum«.

nies voranstellte – nur der werden kann, der »sich gegen die väterliche Autorität auflehnt und sie besiegt«. Dalís Auseinandersetzung mit seinem »Über-Vater« und, davon abhängig, mit der eigenen Sexualität und zeitweisen Impotenz, findet auf der Leinwand statt. Sein Handwerkszeug bilden eine virtuos gehandhabte, an Vermeer und anderen geschulte altmeisterliche Technik, Freuds Psychoanalyse – *Die Traumdeutung* las Dalí bereits 1922 – und die Dalí eigene, von ihm als »paranoisch-kritische Analyse« bezeichnete Methode der Umsetzung des Unterbewussten ins gemalte Bild.

Die Auseinandersetzung mit dem Vater, die zur Abnabelung von ihm führen sollte, geschieht bei Dalí über die Figur des schweizerischen Nationalhelden Wilhelm Tell. Tell, der vom Kopf seines Sohnes einen Apfel schoss, wird für Dalí zum Synonym für den Vater, der aus Gründen des Machterhalts den Tod des Sohnes in Kauf zu nehmen bereit ist. Im *Rätsel Wilhelm Tells*, entstanden im Jahr der Machtergreifung Hitlers 1933, treten in der für Dalí typischen Doppeldeutigkeit zu den autobiographischen Anspielungen politische hinzu. Tell kniet vor einem Stein, der als Grabplatte zu deuten ist. Auf ihm zerrinnt eine Uhr. Die »Grabinschrift« gibt den Bildtitel wieder. Die Schirmmütze Tells ist zungenartig, sein Rücken zu einem Phallus verlängert, einem unzweideutigen Machtsymbol. Beide Fortsätze werden von Krücken gestützt: in der Bildwelt Dalís Symbole des Todes wie der Auferstehung. Im Arm Tells liegt das Kind Dalí. Statt des Apfels hat es ein rohes Kotelett auf dem Kopf – der Vater will es fressen. In einer Nussschale neben der Sandale liegt Gala; die kleinste Bewegung des Tell-Vaters könnte zu ihrem Tod führen.

Tell trägt die Gesichtszüge des neun Jahre vor Entstehung des Bildes verstorbenen Lenin. Dies rief Breton und seine Anhänger auf den Plan. Sie sahen sich durch diesen »antirevolutionären Akt« derartig provoziert, dass sie versuchten, das Bild zu zerstören. Tell und Lenin, der vom Schweizer Exil aus die russische Revolution vorbereitete, gehen eine Symbiose ein. Lenin erscheint als Erbe Tells, dessen negative Konnotation sich zwangsläufig auf ihn überträgt. Dies fügt sich durchaus in das Weltbild Dalís, der aus seiner Abneigung gegen Revolutio-

■ *Salvador Dalí (1904–1989), undatierte Photographie.*

■ *René Magritte, Die durchbohrte Zeit, 1938/39, Öl auf Leinwand, Chicago, Art Institute.* Die Wirklichkeit des Zimmers und der Lokomotive, Synonyme für innen und außen, sind perfekt ausbalanciert. Es entsteht der Eindruck einer traumverlorenen Welt.

nen nie ein Hehl gemacht hat. Problematisch, bedingt durch das Prinzip der »automatischen Bilderzeugung« – der Übertragung der (widersprüchlich-gewalttätigen) Traumwirklichkeit in die Bildwirklichkeit –, ist die weitere Deutung des Bildes. Die Brust Tells scheint von einem Dolch durchbohrt. Hat Lenin – oder Tell als Personifikation der Freiheit – sich selbst getötet, im Sinne von »die Revolution frisst ihre Kinder«? Kann gar – es ist das Jahr der »Machtergreifung« – in dem Einschnitt im Rücken der Figur ein Hinweis auf die von den deutschen Nationalsozialisten propagierte »Dolchstoßlegende« gesehen werden? Liebevoll blickt das Lenin-Gesicht auf das Kind, sein Geschöpf. Offen ist im *Rätsel Wilhelm Tells*, die Frage nach dem Gelingen der Emanzipation vom »Über-Vater«.

Anfang der 1930er Jahre erweist Dalí sich als besonders empfänglich für Essbares, für teigartig langgezogene und fließende Formen. Brote werden zu Phalli, auf denen zerfließende Spiegeleier und Uhren liegen. »Der mechanisch-technische Gegenstand sollte mein schlimmster Feind werden«, berichtet Dalí in seiner 1942 in New York erschienenen Autobiographie *Das geheime Leben des Salvador Dalí*, »und selbst die Uhren würden weich sein oder gar nicht sein«. Darauf, wie er sein bekanntestes Motiv fand, geht Dalí näher ein: Ein zerfließender Camembert regte ihn zum Nachdenken »über die philosophischen Probleme des ›Superweichen‹« an; er trat vor eine unvollendete Landschaft, und »sah«, gequält von Kopfschmerzen, »zwei weiche Uhren, von denen die eine kläglich über dem Ast des Ölbaumes hing«. Innerhalb von zwei Stunden entstand das Bild der *Weichen Uhren*, das von dem amerikanischen Käufer kurze Zeit später in *Die Beständigkeit der Erinnerung* umbenannt werden sollte. Die Glaubwürdigkeit des Berichts sei dahingestellt. Wesentlich ist er in Bezug auf das Selbstverständnis des Künstlers. Dalí setzt sich in ihm mit einem Heiligen gleich. Vor einem profanen Gegenstand meditierend, erschaut er visionär das Motiv; die Kopfschmerzen entwickeln sich von leichten zu quälenden; plötzlich »sieht« er die Lösung. Nichts ist dem Zufall überlassen, alles führt zum selbsternannten Genie Dalí.

SALVADOR DALÍ – AVIDA DOLLARS

Das berühmte Anagramm auf Dalís Namen, »Avida Dollars«, brachte Breton Anfang der 1940er Jahre in Umlauf. Völlig zu Recht, wie sich herausstellen sollte. Seine Geschäftstüchtigkeit ist unbestritten.

SALVADOR DALÍ: DAS RÄTSEL WILHELM TELLS

LEBEN UND WERK

Salvador Domènech wird 1904 in Figueras, Katalonien, geboren. Er wird in einer respektablen, aber weltanschaulich zerrissenen Familie groß. Der Vater ist Republikaner und Atheist, die Mutter gläubige Katholikin. Benannt wird er nach einem kurz vor seiner Geburt verstorbenen Bruder, als dessen Doppel er sich versteht. Dalís Talent wird früh entdeckt. Ersten Unterricht erhält er von einem mit dem Vater befreundeten impressionistischen Maler. 1912 richtet er sich auf dem Dachboden der elterlichen Wohnung ein Atelier ein; sechs Jahre später stellt der Vierzehnjährige erstmals öffentlich aus. Die Bilder finden Beachtung. Dalí beschäftigen die spanische Malerei des 19. Jahrhunderts und der Kubismus. Von 1921 an besucht Dalí die Akademie in Madrid. Er ist enttäuscht vom »modernen« Unterricht: Perspektivisches Zeichnen wird nicht gelehrt. Unter Lehrern und Mitstudenten gilt er als reaktionär. Im zweiten Studienjahr lernt er den späteren Filmregisseur Luis Buñuel und den Dichter Federico García Lorca kennen. Dalí liest Sigmund Freuds *Traumdeutung*. Um 1924, dem Jahr, in dem André Breton das (erste) *Manifest des Surrealismus* veröffentlicht, entdeckt Dalí für sich die »Pittura metafisica« Giorgio de Chiricos. In seinem Werk finden sich ebenso Anklänge an die Malerei Vermeers und Ingres' wie an Kubistisches und »Metaphysisches«. Dalís Hinwendung zum Surrealismus und damit zur ausschließlichen Verwendung altmeisterlicher Technik findet Ende der 1920er Jahre statt. Er lernt 1929 René Magritte in Paris kennen, wo er an Buñuels Meisterwerk des surrealistischen Films, *Ein andalusischer Hund*, mitarbeitet. Dalís erstes surrealistisches Bild, *Das finstere Spiel*, entsteht. Von den Wahnvorstellungen, an denen er leidet, und seiner Impotenz »heilt« ihn seine spätere Frau Gala. Bis etwa 1940 schafft Dalí sich ein Repertoire an Symbolen, Motiven und Formen, die er in zahlreichen Schriften kommentiert und zum Teil widersprüchlich auslegt. Sein berühmtestes Motiv, die weiche Uhr, führt er 1931 mit *Die Beständigkeit der Erinnerung* ein. Die Ausstellung von *Das Rätsel Wilhelm Tells* veranlasst Breton 1934 (erfolglos), den Ausschluss Dalís aus der Gruppe der Surrealisten zu fordern; eine Ausstellung in New York wird im gleichen Jahr zum Triumph. In dessen Londoner Exil zeigt und erklärt Dalí 1938 Sigmund Freud *Die Metamorphose des Narziss*. Künstlerisch entfernt er sich zusehends vom Surrealismus. Die Kriegs- und erste Nachkriegszeit verbringt Dalí in New York, wo er, vom Establishment gefeiert, seinen exzentrischen Lebensstil zu inszenieren beginnt und die Grundlage für sein Vermögen legt. 1948 kehrt er nach Europa zurück. Religiöses findet Eingang in sein Werk. Obwohl ungemein produktiv und populär, ist er jedoch kaum noch innovativ. Dalí stirbt 1989 in seinem Geburtsort Figueras.

DATEN

Wo zu sehen:
Stockholm, Moderna Museet
Öl auf Leinwand, 201,5 x 346 cm

Provenienz:
1933 entstanden und 1934 im »Salon des Indépendants« gezeigt. Es erregt den Zorn André Bretons, der mit seinen Anhängern das Bild zu zerstören versucht und den Ausschluss Dalís aus der Gruppe der Surrealisten fordert. In mindestens zwei weiteren Bildern, *Wilhelm Tell*, 1930, und *Das Greisenalter Wilhelm Tells*, 1931, nimmt Dalí sich der Figur des Tell an.

Lesenswert:
Robert Descharnes, Gilles Néret, *Salvador Dalí 1904–1989*, Köln 1998.

AUF DEN PUNKT GEBRACHT

Mit Hilfe der Figur des Wilhelm Tell trägt Dalí den klassischen Vater-Sohn-Konflikt aus, kehrt wie in zahlreichen anderen Werken der Zeit nach 1930 sein Innerstes nach außen. Im US-amerikanischen Exil als Enfant terrible des Establishments gehätschelt, sind seine Selbstinszenierungen und Auftritte nach dem Krieg beispiellos. Obwohl der Künstler sich selbst zum Genie stilisiert, ist sein Spätwerk ohne eigentlich große Leistung.

Nighthawks

EDWARD HOPPER

Um 1900 schlossen sich in den USA erstmals Künstler zu einer programmatischen Gruppe zusammen. Sie nannten sich »Die Acht«. Zur Gruppenbildung führten im weitesten Sinne politische, nicht wie in Europa ästhetische Erwägungen. Es ging um mehr Demokratie in der Kunst. Ihre Themen fanden »Die Acht« nicht in der zumindest nach außen hin heilen Welt der ländlichen Städte und bürgerlichen Vororte, sondern in den Armuts- und Elendsvierteln New Yorks, was ihnen sehr schnell den Spottnamen »Ash Can School« einbrachte. Aus dieser stilistisch an der vor-impressionistischen französischen Malerei, besonders an Manet, orientierten »Mülltonnenschule« erwuchs die »American Scene«: die nichtabstrakte, realistische Kunst der USA in der ersten Hälfte des 20. Jahrhunderts. Zentrum war New York. Ihre Sujets fanden diese Maler weiterhin in der Stadt, doch zogen sie auch aufs Land, in die Kleinstädte des Mittleren Westens, deren Trostlosigkeit und Spießertum leidenschaftslos registriert wurden. Entscheidenden Einfluss auf die Entwicklung

■ *Edward Hopper, Nighthawks, 1942, Öl auf Leinwand, 84,1 x 152,4 cm, Chicago, Art Institute.*

der US-amerikanischen Kultur hatte die Weltwirtschaftskrise, Folge des New Yorker Börsenkrachs von 1929. Offensichtlich wurde, dass *das* Urbild des Amerikaners, der freie, selbstständige, landverbundene Farmer, längst vom städtischen Angestellten und Bürokraten verdrängt worden war. Während die sogenannten Regionalisten versuchten, an den amerikanischen Pioniermythos anzuknüpfen, wandten sich Künstler wie Edward Hopper den modernen Großstadtmenschen zu.

In *Nachtschwärmer* zeigt Hopper eine nächtliche New Yorker Bar. Sie liegt an einer Kreuzung; die Straßenfronten des Lokals sind fast vollständig verglast. Wie ein Passant blicken wir in die Bar und durch sie hindurch auf die gegenüberliegende Straße. Gleißendes Licht scheidet den Raum von der umgebenden Dunkelheit und fällt auf die Gäste und den Barkeeper; auf den Straßen verliert es sich. Zusätzliche Lichtquellen, unsichtbare Laternen, Leuchtreklamen scheinen in leere Fensterhöhlen und zur Nacht ausgeräumte Schaufenster. In der Bar: eine Szenerie wie in einem amerikanischen Spielfilm der 1940er oder 1950er Jahre. Das Paar hat sich nichts zu sagen. Vor beiden stehen Kaffeebecher. Gedankenverloren schaut die Frau auf ihre Fingernägel oder das Stück Papier in ihrer Hand. Mechanisch berührt ihr linker kleiner Finger den rechten Zeigefinger ihres Begleiters. Völlig außen vor ist der Mann links. Hopper zeigt ihn in der Rückenansicht; sein Gesicht ist nicht zu sehen: ein Einzelgänger mit einem Glas Whisky in der Hand. Routinemäßig scheint der geschäftige Barkeeper eine belanglose Bemerkung an seine Gäste zu richten. Sie verhallt ohne Reaktion.

Wie in allen Bildern Hoppers sind auch in *Nighthawks* die Personen voneinander isoliert. Sie sind in sich und ihre Gedanken eingeschlossen, stehen unter einer spürbaren psychischen Anspannung. Nie scheinen die Menschen bei Hopper miteinander zu reden, selbst in *Conference at Night* nicht, obwohl der Mann rechts den Arm zur Redegeste erhoben hat. Nach Barbara Rose ging es Hopper »vor allem darum, die psychologischen Besonderheiten des amerikanischen Lebens zu erfassen« – einzuschränken ist: das der städtischen weißen Mittelklasse, der Schicht, der Hopper selbst angehörte. Im Grunde ist es ein Leben *ohne* Besonderheiten, ohne Abwechslung und Höhepunkte, geprägt von Einsamkeit und Leere. Hoppers Menschen wohnen in stereotypen Vorstädten oder Hotels, arbeiten in gesichtslosen Büros, verbringen ihre Abende in anonymen Bars

■ *Grant Wood, American Gothic, 1930, Öl auf Holz, 75 x 63 cm, Chicago, Art Institute.* Wood feiert das alte, zum Untergang verurteilte Amerika der kleinen Farmer, zeigt hier ein Ehepaar, das sich wie zur Verteidigung seines Hauses postiert hat. Das Spitzbogenfenster sakralisiert die Darstellung geradezu; doch der Blick der Frau ist nicht ohne Ironie.

»Nachtschwärmer zeigt, was ich mir unter einer Straße bei Nacht vorstelle; nicht unbedingt etwas sonderlich Einsames ... ein Restaurant in der Greenwich Avenue, wo sich zwei Straßen treffen. Ich habe die Szene vereinfacht und das Restaurant vergrößert. Unbewusst wahrscheinlich habe ich die Einsamkeit in einer großen Stadt gemalt ...«

Edward Hopper

oder Kinos. Sie hinterlassen keine Spuren, sind entwurzelt, nirgends beheimatet. Ihre sozialen Kontakte sind oberflächlich und routiniert, sie handeln wie der Barkeeper. Ihr Leben geht dahin, ohne dass etwas bleibt. Darüber trauern sie, daher rührt die tiefe Melancholie in den Bildern Hoppers.

Hopper gehörte noch zu der Generation amerikanischer Maler, die ihre Ausbildung mit einem Europa- oder besser: Parisaufenthalt abschlossen. Dreimal war er zwischen 1906 und 1910 in der französischen Hauptstadt, blieb jedoch von der aktuellen Entwicklung, von Matisse und Picasso, Fauvismus und Kubismus, vollkommen unberührt. Er schulte sich an den Impressionisten, eignete sich deren Lichtbehandlung und Themen, bis hin zum Bildausschnitt, an. In den 1920er Jahren, parallel zur Entwicklung in Europa, wurden Stil und Motive Hoppers sachlicher. Eine Tendenz zur Vereinfachung und Monumentalisierung der Bildgegenstände wird deutlich. Stärkstem Wandel ist das Licht unterworfen. Deutlich wird dieser in zwei der bei den Impressionisten so beliebten »Café-Szenen« Hoppers, dem *New York Restaurant*, um 1922, und dem *Automat* von 1927. Einmal natürliches, atmosphärisch-vereinheitlichendes, Figuren und Gegenstände umspielendes Sonnenlicht, das andere Mal – überspitzt formuliert – kaltes, »unbarmherziges« elektrisches. Mit dem Wandel des Lichts geht die »Amerikanisierung« des Motivs und des Lebens einher: weg vom gut besuchten mittäglichen »europäischen« Restaurant hin zur nächtlichen amerikanischen Selbstbedienungs-Cafeteria – von Manets *Bar in den Folies-Bergères* zu McDonald's und Burger King. *Automat* weist direkt auf *Nighthawks*. Einsam, gedankenverloren, sitzt die Frau, einziger Gast, vor ihrer Kaffetasse. Hinter ihr öffnet sich das gähnend-schwarze Loch der Fensterwand ins Nichts. Die *Nighthawks* sind von einem solchen Loch umgeben – den Blick hinein vermeiden sie; er wäre ihnen unerträglich.

■ *Edward Hopper, Nächtliche Unterredung, 1949, Öl auf Leinwand, 70,5 x 101,6 cm, Wichita, Kansas, Art Museum.*
Drei Personen in einem unwirtlichen, von einer Laterne taghell erleuchteten Raum. Ein Streifen schwarzer Nacht ist am Fenster zu erkennen. Die Begegnung scheint kurz, geschäftsmäßig. Nicht Menschen, Funktionsträger haben sich zusammengefunden: Vorgesetzter, Mitarbeiter, Sekretärin.

EDWARD HOPPER: NIGHTHAWKS (NACHTSCHWÄRMER)

LEBEN UND WERK

Edward Hopper wurde 1882 in Nyack, New York, geboren. Auf Drängen der Eltern beginnt er 1899 statt eines Kunststudiums eine Ausbildung zum Graphiker an der Correspondence School of Illustrating in New York. 1900 wechselt er an die New York School of Art, wo er 1901 mit dem Malen beginnt und ab 1905 »Samstagskurse« abhält, Lehreinrichtungen für Laienmaler. Nach kurzer Tätigkeit als Illustrator in einer Werbeagentur reist Hopper im Oktober 1906 erstmals nach Paris. In Museen und Ausstellungen bildet er sich weiter, malt überwiegend Plein-air, wohl auch in Ermangelung eines Ateliers. Er eifert den Impressionisten nach; seine Palette hellt sich auf. Die aktuellen Strömungen, Fauvismus und Kubismus, mit denen Hopper auch bei seinen weiteren Parisaufenthalten 1909 und 1910 in Kontakt gekommen sein muss, hinterlassen keine Spuren in seinem Werk. Abschluss seiner ersten Europareise bilden kurze Aufenthalte in London, Haarlem, Amsterdam, Berlin und Brüssel. Ende August 1907 kehrt Hopper nach New York zurück, wo er wieder eine Tätigkeit als Illustrator annimmt. Zusammen mit ehemaligen Kommilitonen stellt Hopper 1908 erstmals aus, ein zaghafter Protest gegen den konservativen Geschmack der Jury der National Academy. 1910 beteiligt er sich an der »Exhibition of Independent Artists« in New York, zwei Jahre später mit *Sailing* von 1911 – dem einzigen Bild, das er in den nächsten zehn Jahren verkaufen sollte – an der »International Exhibition of Modern Art«, der legendären »Armory Show«. 1915 eignet sich Hopper die Technik der Radierung an; als Graphiker, nicht als Maler, findet er zum Ende des Jahrzehnts Anerkennung. Seine erste Einzelausstellung mit Ölbildern 1920 bleibt vollkommen unbeachtet. Mit der zweiten, 1924 – Hopper stellte allerdings nur Aquarelle aus –, änderte sich auch dies. Hopper gibt seine Tätigkeit als Gebrauchsgraphiker und Illustrator auf, seine Malerei wird sachlicher, »amerikanischer«. Die Sommer verbringen er und seine Frau, die Malerin Josephine Verstille Nivison, meist in Maine oder Massachusetts, wo sie sich 1934 ein Atelierhaus bauen. 1933 widmet das Museum of Modern Art in New York Hopper eine Retrospektive. Zu der Einsamkeit, die Hoppers Werk, die Landschaften wie die Stadtbilder, leitmotivisch durchzieht, tritt in den Bildern von Großstadtmenschen um 1940 betont das Gefühl der Verlorenheit. 1945 wird Hopper zum Mitglied des National Institute of Arts and Letters gewählt. Weitere Ehrungen folgen. 1953 tritt er dem Redaktionskomitee der Zeitschrift *Reality* bei, wehrt sich so mit anderen gegenständlichen Malern gegen den immer mächtiger werdenden Einfluss des Abstrakten Expressionismus. Hopper stirbt 1967 in New York.

DATEN

Wo zu sehen:
Chicago, Art Institute
Öl auf Leinwand, 84,1 x 152,4 cm

Provenienz:
1942 entstanden.

Lesenswert:
Wieland Schmied, *Edward Hopper. Bilder aus Amerika*, München-New York 1999.

AUF DEN PUNKT GEBRACHT

Zeit seines Lebens bleibt Hopper der realistischen Tradition treu, gerät so mit dem Aufkommen des Abstrakten Expressionismus ins Abseits, wird dann aber in den 1960er Jahren von der Pop Art und dem Photorealismus als Gründungsvater reklamiert.

Studie nach Velázquez' Porträt von Papst Innozenz X.

FRANCIS BACON

Als im Jahre 1962 im Rahmen einer Wanderausstellung durch mehrere europäische Museen das Werk des irischen Malers Francis Bacon erstmals von einem größeren Publikum wahrgenommen wurde, war die Verwirrung groß: Da beschäftigte sich jemand – unbeeindruckt vom Diktat des Abstrakten – wie eh und je mit den Problemen der gegenständlichen, figurativen Malerei und kam zu Ergebnissen, die die Besucher schockieren mussten.

Bacons Bilder erzeugen eine Atmosphäre von Angst und Beklemmung. Bis zur Unkenntlichkeit entstellte Kreaturen recken sich einsam auf merkwürdig sterilen Raumbühnen von Podesten dem Betrachter entgegen. Blutige, fleischige Bündel, Skelettteile von ausgeweideten Körpern, hohle, als schwarze Auslassungen gegebene Augenhöhlen und immer wieder weit aufgerissene, schreiend entstellte Münder verdichten sich zu menschlichen Kreaturen. Es ist schlechterdings unmöglich, sich den Gemälden Bacons im Geiste ästhetischer Neutralität zu nähern. Nur die Werke ganz weniger bildender Künstler, wie etwa Grünewalds *Isenheimer Altar* oder Picassos *Guernica* (s. S. 52, 230), wirken in ähnlicher Art und Weise unmittelbar auf die Stimmung des Betrachters.

In einem Interview mit dem Kunstkritiker David Sylvester wird deutlich, wie Bacon die Produkte seiner Arbeit versteht, wenn er sagt: »Meine Bilder sollen aussehen, als sei ein menschliches Wesen durch sie nur hindurchgegangen, eine Spur von menschlicher Anwesenheit und die Erinnerung an vergangene Ereignisse zurücklassend, so, wie eine Schnecke ihren Schleim hinter sich lässt.« Bacon leugnet, dass seine Bilder eine bestimmte Bedeutung haben. Sie »stellen nur einen Versuch dar, eine bestimmte Gefühlsregung sichtbar zu machen«. Malen bedeutet

■ *Diego Velázquez, Papst Innozenz X., 1650, Öl auf Leinwand, 140 x 120 cm, Rom, Galleria Doria Pamphili.*
Bacon war besessen von Velázquez Papstporträt. In einem Interview äußerte er: »Ich kaufe jedes Buch, das die Abbildung dieses Papstes von Velázquez enthält, weil es mich einfach verfolgt und alle Arten von Gefühlen und Bereiche der Phantasie, wenn ich so sagen darf, sogar in mir freilegt.«

■ Francis Bacon, *Studie nach Velázquez' Porträt von Papst Innozenz X.*, *Öl auf Leinwand, 153 x 118 cm, Des Moines, Iowa, Art Center.*

für ihn, »jemandes Nervensystem auf die Leinwand zu projizieren«. Ähnlich wie dem von ihm bewunderten, wenige Jahre älteren Bildhauer und Maler Alberto Giacometti geht es Bacon darum, mit dem »In-Erscheinung-Treten« der Figur im Raum einer bestimmten Empfindung einen sichtbaren Ausdruck zu verleihen.

Bacon setzt sich in seinen Bildern *nicht* mit den Grausamkeiten des gerade vergangenen Krieges auseinander. Seine Figuren leiden nicht an den Folgen physischer Gewalt; sie leiden an sich selbst, wie in Munchs *Schrei* (s. S. 216), am Bewusstsein ihrer eigenen sinnlosen Existenz. In dieser Auffassung steht Bacon dem Existentialismus nahe, einem Menschenbild, wie es Jean-Paul Sartre, Jean Genet und vor allen Dingen Samuel

Die Provokation, die von Bacons großformatigen Bildern in den 1950er und 1960er Jahren ausging, war gewaltig. Besonders die 1954 auf der Biennale in Venedig in einem Raum gezeigten Variationen über das berühmte Papstporträt *Innozenz X.* von Velázquez schockierten und lösten Wut aus, nicht nur im katholischen Italien.

■ *Francis Bacon, Liegende Figur, 1969, Öl auf Leinwand, 198 x 147,5 cm, Basel, Sammlung Beyeler.*
Die Figur liegt in einem seltsam steril anmutenden Raum nackt auf einem Bett. Das Ambiente hat nichts Anheimelndes. Die Kopfpartie zeigt eindrucksvoll Bacons dynamische Arbeitsweise. Spontan aufgebrachte Farbspritzer bezieht er in das Gesamtkonzept mit ein.

Beckett, der Landsmann und Zeitgenosse Bacons, vertraten.

Beständig versucht Bacon die »hinfällige Kreatur Mensch« auf die Leinwand zu bannen. Dabei betrachtet er alles, was er tut, als Versuch und Annäherung an ein ideales Bild, das zwar in seiner Phantasie existiert, von dem er aber weiß, dass es nicht zu realisieren ist. Die Hintergründe, Raumgerüste und Möblierungen seiner Bilder sind streng komponiert. In ihrer kalten, oft lasurhaften Flächigkeit geben sie unmerklich, wie die Seile eines Boxrings während des Kampfes, nach und treten zurück. Sie tragen entscheidend dazu bei, das Betrachterauge auf die Figur im Vordergrund zu lenken. Die Körper sind immer in Öl und unter Zuhilfenahme aller erdenklicher Malmittel, also Pinsel, Spachtel, Hände und Tücher, deren Webmuster Bacon auf die Leinwand drückt, ausgeführt. Hier verdichtet sich die Textur. Für Bacon, der seinen Lebensunterhalt längere Zeit als Spieler bestritt, spielt der Malprozess als eine Art »kalkulierter Zufall« eine wesentliche Rolle. Wenn er meint, beim Malen nicht weiter zu kommen, schleudert er Farbe auf die Bilder, beurteilt das zufällig Entstandene, akzeptiert oder verwirft es, benutzt es, um einen ganz neuen Gedanken zu entwickeln. Bacon ist sich darüber im Klaren, dass er hier Strategien seiner Zeitgenossen übernimmt, europäische Spielarten des Abstrakten Expressionismus, des Informel und des Tachismus, er lässt die zufällig entstandenen Zeichen aber nur gelten, wenn sie sich auf den figurativen Kern seiner Malerei zurückbeziehen lassen.

Bacon stellt sich bewusst in die Tradition europäischer gegenständlicher Malerei. Häufig stehen Photos, Reproduktionen von Kunstwerken, Reportagebilder und private Aufnahmen am Beginn seines malerischen Prozesses. Zur Obsession wurde in den 1950er Jahren Velázquez' *Porträt von Innozenz' X.*, das Bacon lange Zeit nur in Reproduktionen kannte. Der Auseinandersetzung mit dem Original scheint er regelrecht aus dem Wege gegangen zu sein. Von 1949 bis zum Beginn der 1960er Jahre entstanden über vierzig »Papstbildnisse«, hinter denen natürlich auch die Papstporträts Raffaels (s. S. 69) und Tizians stehen. Doch war Velázquez für Bacon der Maler der abendländischen Kunstgeschichte, der vermocht hatte, mittels eines scheinbar unverfänglichen Porträts genau die Seelenschichten und Abgründe des Individuums herauszupräparieren, die auch ihn faszinierten.

Die Figur des Papstes war für Bacon die Inkarnation all dessen, wogegen er sich auflehnte: Anspruch auf Autorität, Anspruch auf Ewigkeit, Eingriff in die Privatsphäre des Menschen bis ins Schlafzimmer hinein im Namen einer übergeordneten Moral. Im Vordergrund steht die Sicht auf den Papst als »tragischen Helden«, steht die Visualisierung der existenzbestimmenden Parameter einer Person, eingespannt in ein Gerüst, das uns heute vorkommen mag wie der Glaskasten, von dem aus der Nazikriegsverbrecher Adolf Eichmann 1961 seinen Prozess in Jerusalem verfolgte. Der weit geöffnete Mund des Papstes scheint einen Schrei auszustoßen, es ist ein tonloser Schrei, der uns genauso wenig erreicht, wie der *Schrei* Munchs oder der der Kinderfrau in Sergej Eisensteins Stummfilm *Panzerkreuzer Potemkin* von 1925.

Ungehört verhallt der Schrei des Papstes. Er ist physisch und psychisch gefangen. Er schreit gegen das Gespenstische der lärmenden Gegenwart an. Die kanonischen Würdeformeln, der Thron – er wirkt bei Bacon wie ein elektrischer Stuhl – und der Purpurornat, sind nur noch Elemente des Zwangs, verleihen dem Papst, anders als bei Velázquez, weder Halt noch Würde. Angesichts der schonungslosen Offenlegung der ins Kreatürliche reduzierten Psyche des Papstes rücken sie als groteske Illustrationen in den Hintergrund: Bacon verändert und entblößt sein Ausgangsmaterial, Velázquez' Papstporträt, so lange, bis das halluzinatorische Gegenbild mit größter Schlagkraft ans Licht kommt.

Abstoßend wirken an vielen Köpfen Bacons, besonders den Porträtköpfen, die rohen Kinnladen, der sichtbare weiche Gaumen, die Zahnstummel und das glänzende Zahnfleisch. Hier wie im gesamten Gesicht, vor allem auch in den Augen, liegt der Mensch bloß. Augen und Münder sind für Bacon von

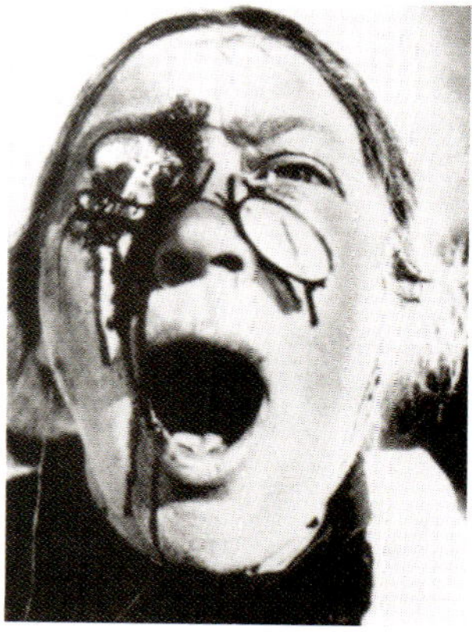

▪ *Sergej Eisenstein, Die schreiende Kinderfrau, Standbild aus Panzerkreuzer Potemkin*, 1925.
Dieser eindrucksvolle Schrei könnte Vorbild für den stummen Schrei von Bacons Papst gewesen sein.

▪ *Francis Bacon, Selbstbildnis, sitzend*, 1970

■ *Francis Bacon, Porträt von Isabel Rawsthorne, auf einer Straße in Soho stehend, 1967, Öl auf Leinwand, 198 x147,5 cm, Berlin, Staatliche Museen zu Berlin, Preußischer Kulturbesitz, Neue Nationalgalerie.*
Die Augen der porträtierten Freundin bilden, obwohl sie kaum gemalt zu sein scheinen, mit ihrem stechenden Blick einen Brennpunkt des Gemäldes. Die Pupillen wirken wie Öffnungen in schwarze Tiefen, wie Löcher, über deren Dunkelheit ein dünner weißer Schleier liegt.

zentraler Bedeutung; ihn faszinierten die instinktiv aufgerissenen Schlünde der Tiere beim Fressen oder beim Bedrohen eines Feindes. Wie seine Körper in den nach 1962 entstehenden großen Triptychen von Abbildungen in medizinischen Büchern inspiriert sind, so sind es auch seine Porträtgesichter.

Bacon vermeidet in seinen Gemälden das Narrative. Wenn er auch häufig Triptychen anfertigt, so ist es doch unmöglich, innerhalb der drei Einzeltafeln eine Erzählhandlung auszumachen. Die Personen bleiben trotz ihrer Identifizierbarkeit voneinander isoliert. Gelegentlich nutzt er die Form des Triptychons für das Porträt einer einzelnen Person, die er dann wie auf einem Polizeiphoto in drei Ansichten – von links, von vorne, von rechts – wiedergibt. Das Geschehen vollzieht sich durch die innerliche Betrachtung des Gemäldes in uns selbst. Die anheimelnde Geborgenheit einer Geschichte verweigert uns Bacon. Der (Alb-)Traum menschlicher Existenz bleibt unerzählt, seine Spannung unaufgelöst, um als Endlosschleife immer wieder geträumt zu werden.

»Ich war schon immer sehr berührt von Bildern, die mit Schlachthäusern und Fleisch zu tun hatten. Für mich gehören sie sehr stark zu dem ganzen Thema der Kreuzigung.
Ich habe nie versucht, zu schockieren. Man braucht nur die Augen offenzuhalten und ein bisschen über die unterschwelligen Dinge Bescheid wissen, um zu begreifen, dass alles, was wir machen, möglich war.«

Francis Bacon in Gesprächen mit David Sylvester

FRANCIS BACON: STUDIE NACH VELÁZQUEZ' PORTRÄT VON PAPST INNOZENZ X.

LEBEN UND WERK

Francis Bacon wird 1909 in Dublin geboren. Er wächst in Dublin und London auf. Der ständige Ortswechsel, angeborenes Asthma und die Wirren bei Ausbruch des Ersten Weltkrieges verhindern einen regelmäßigen Schulbesuch; aus einem Internat flüchtet er nach wenigen Wochen. Er lebt auf der Farm seines Vaters, zeitweise bei der Großmutter, und sieht in Irland die Gewalt zwischen Katholiken und Protestanten. 1927 geht Bacon für zwei Monate nach Berlin, wohnt zeitweise mit einem Freund im Hotel Adlon. In der Rückschau wird er die Stadt, in der er erstmals seine Homosexualität auslebte, als »im emotionalen Sinn gewalttätig« bezeichnen. Anschließend besucht er Paris. Er begegnet der Kunst Picassos, Max Ernsts und de Chiricos. 1929 nach London zurückgekehrt, betätigt Bacon sich als Innendekorateur. Er beginnt zu zeichnen und zu aquarellieren. Ein Freund, Bacons einziger Lehrer, unterrichtet ihn in Ölmalerei. In seinen Möbelentwürfen, einige werden 1930 in der Zeitschrift *The Studio* veröffentlicht, lehnt er sich an Le Corbusier an. Später wird er sie als »absolut schrecklich« bezeichnen, dennoch finden entsprechende Möbel in Bildern der 1950er und 1960er Jahre Aufnahme. 1931 gibt Bacon seine Tätigkeit als Dekorateur auf. Von seiner Kunst kann er nicht leben. Er malt nur sporadisch, nimmt Gelegenheitsjobs an, beginnt zu spielen, arbeitet zeitweise als Croupier und reist durch Europa. Wegen Asthma dienstuntauglich geschrieben, wird er während des Zweiten Weltkrieges im Zivilschutz eingesetzt, von dem er dann aus gesundheitlichen Gründen auch freigestellt wird. Er zerstört fast seine gesamte künstlerische Produktion. Wieder ernsthaft zu malen beginnt Bacon 1944. Das Triptychon *Drei Studien zu Figuren am Fuße einer Kreuzigung* entsteht. Von Bacon als sein erstes gelungenes Werk betrachtet, stellt es die Summe seiner bisherigen künstlerischen Arbeit dar. Der Verkauf von *Gemälde 1946* erlaubt es ihm, nach Monte Carlo zu ziehen, wo er seiner Spielleidenschaft frönt. 1948 beginnt er seine erste Serie von Köpfen. Photos werden zu wichtigen Vorlagen seiner Werke. 1950 kehrt er nach London zurück, zeigt dort die Serie der Papstbilder *Papst I–III*. 1954 reist er nach Italien, geht einem Besuch der Biennale in Venedig aus dem Weg und sieht in Rom auch nicht das von ihm bewunderte Porträt *Innonzenz' X.* von Velázquez. Beginnend mit *Studien zu einer Kreuzigung* malt Bacon ab 1962 in Intervallen immer wieder großformatige Triptychen. Ebenfalls in der Form des Triptychons, den Kopf von drei Seiten aufgenommen, entstehen kleinformatige Porträts, meist von Personen aus Bacons Freundes- und Bekanntenkreis. In der Regel schafft er sie aus der Erinnerung oder nach Photos, nur selten vor dem lebenden Modell. Bacon stirbt 1992 in Madrid, wo er sich anlässlich einer Velázquez-Ausstellung aufhält.

DATEN

Wo zu sehen:
Des Moines, Iowa, Art Center
Öl auf Leinwand, 153 x 118 cm

Provenienz:
1953 entstanden.

Lesenswert:
David Sylvester, *Gespräche mit Francis Bacon*, München 1986.
Wieland Schmied, *Francis Bacon. Das Bewußtsein der Gewalt*, München-New York 1996.

AUF DEN PUNKT GEBRACHT

Francis Bacon ist einer der »verstörendsten« Maler nach dem Zweiten Weltkrieg. Zu einer Zeit, in der Abstraktion allgemeiner Konsens war, malte er figurativ. Sein Thema ist der von Ängsten und Zwängen deformierte menschliche Körper.

Number 1 A

JACKSON POLLOCK

■ *Jackson Pollock, Porträtaufnahme, 1953.*

Kurz nach Eintritt der USA in den Zweiten Weltkrieg eröffnete Peggy Guggenheim – Nichte des bedeutenden Kunstsammlers Solomon R. Guggenheim – in New York ihre Galerie Art of This Century. Die erste Ausstellung 1942 bestritt sie mit Werken aus ihrer Sammlung, die in eine im weitesten Sinne abstrakte Gruppe und eine surrealistische geteilt war. Zu sehen waren kubistische Bilder Picassos, Werke Kandinskys, Malewitschs und Mondrians sowie Arbeiten de Chiricos, Ernsts, Magrittes und anderer. Exemplarisch führte die Ausstellung das Spannungsfeld vor Augen, in dem sich die eigenständige US-amerikanische Malerei in den folgenden Jahren entwickeln sollte. Die etablierte heimische Malerei, den so genannten Regionalismus, lehnten die jungen New Yorker Künstler als formal und thematisch zu eng ab, die (europäische) abstrakte Malerei wurde dagegen weithin als inhaltsleere Dekoration empfunden. Attraktiv erschien ihnen hingegen der Surrealismus, dies wurde nicht zuletzt durch die Anwesenheit zweier seiner Exponenten in New York, Salvador Dalí und Max Ernst, gefördert. Der Surrealismus bot den Künstlern das Vokabular und die Technik der »automatischen Bilderzeugung«, mit deren Hilfe sie allgemein menschliche Erfahrungen zum Ausdruck zu bringen hofften. Wie im europäischen Surrealismus sollten Bilder aus dem Unterbewussten hervorgebracht werden, doch die Bildidee, die immer auch ein rationales Moment beinhaltet, verlor dabei zu Gunsten des Malprozesses an Bedeutung – eine Entwicklung, die schon mit den von Ernst entwickelten Techniken der »Frottage«, »Grattage« und »Decalcomanie« begonnen hatte. Das bei der Bilderzeugung angewandte »automatische« Verfahren, die »Ecriture auto matique«, wie es bei den surrealistischen Schriftstellern hieß, wurde zur eigentlich schöpferischen Tätigkeit erklärt. Diese Hal-

tung sollte Jackson Pollock und andere folgerichtig in die Abstraktion führen.
Neben Europäern zeigte Peggy Guggenheim in ihrer Galerie auch junge US-amerikanische Künstler, unter ihnen Pollock und Motherwell. Pollock, den Peggy Guggenheim später als »Star der Galerie« bezeichnete, machte innerhalb der New Yorker Szene die rascheste Entwicklung. Mit nur noch vagen Anklängen an die Formenwelt des Surrealismus begann er bereits Anfang der 1940er Jahre, extrem großformatige Leinwände mit abstrakten Strukturen zu bemalen. Wenige Jahre später, im Winter 1946/47, schuf er dann seine ersten »Drip Paintings«. Unwillkürlich und stets aufs Neue versucht das Auge in *Number 1 A* das labyrinthische Durch- und Übereinander der Farbstränge zu entwirren. Es verfolgt die Linien, wodurch die Bilder Pollocks – trotz ihres statischen Baues – eine mal lyrische, mal kraftvolle Dynamik entwickeln. Schließlich verliert sich das Auge und akzeptiert »die Einheit und Unauflösbarkeit des Bildes« (Barbara

JACK THE DRIPPER

Wie die europäische Öffentlichkeit in den Jahrzehnten zuvor tat sich auch die US-amerikanische mit Avantgarde und Abstraktion schwer. Unverständnis führte zur Ablehnung; man freute sich an dem Wortspiel »Jack the Ripper«/»Jack the Dripper« (Jack der Tropfer). Zu ignorieren war Pollock nicht, doch auch das *Life-Magazin* konnte sich des Spottes nicht enthalten. In selbstbewusster Pose bildete es Pollock 1949 vor einem »Drip Painting« ab und fragte ironisch: »Is he the greatest living painter in the United States?«

■ *Jackson Pollock, Number 1 A, 1948, Öl auf Leinwand, 172,7 x 264,2 cm, Museum of Modern Art, New York.*

■ *Hans Namuth, Pollock bei der Arbeit in seinem Atelier, Photo, 1950.*
In solchen Photos und im Film hielt Namuth Pollocks Arbeit fest: Teil des Kunstwerks war die »Aktion« seiner Fertigung, und diese musste dokumentiert werden.

Rose). Pollocks Linien umreißen keine Figur, scheiden folglich auch nicht zwischen ihr und dem Grund. Nicht mehr das Hintereinander von Bildgegenständen, die Perspektive oder der in die Tiefe oder nach vorn drängende Charakter von Farben erzeugt den Eindruck von Tiefe, sondern das Übereinander der Linien. In Pollocks Bildern kann sich der Blick nicht mehr vor und zurück bewegen: Er versinkt in ihnen, wird von ihnen aufgesogen. Es entsteht ein neuer, als »optisch« zu bezeichnender Bildraum. Pollocks Bilder bieten »dem Auge keinen Schwerpunkt, kein Zentrum, keine Akzentuierung« mehr (Jürgen Claus). Sie stellen »Over-all«-Kompositionen dar.

1932, in einem Brief an den Vater, verlieh Pollock seiner Überzeugung Ausdruck, dass die Zukunft der Malerei in der Wandmalerei, nicht im Staffeleibild liege. Er studierte zu diesem Zeitpunkt bei dem New Yorker Wandmaler Thomas Hart Benton und fuhr in den Semesterferien nach Los Angeles, um die Bilder der mexikanischen Muralisten Orozco und Siqueiros zu sehen. In einem »Experimental Workshop« Siqueiros' lernte Pollock 1936 die Verwendung von synthetischen Farben kennen und kam mit neuen Techniken, eventuell auch schon mit der des Gießens von Farbe, in Berührung. Thematische oder stilistische Anregungen gab Siqueiros hingegen kaum. Seine Kunst, wie auch die Orozcos, ist realistisch und sozialkritisch, ja, revolutionär; Pollock hingegen tendierte zur Abstraktion, zur Inner-

»Dort (am Boden) bin ich dem Bild näher und auf diese Weise eher ein Teil von ihm. Ich kann um das Bild herumgehen, von allen vier Seiten an ihm arbeiten und buchstäblich im Bild sein. Ähnlich arbeiten auch die Indianer im Westen bei ihrer Sandmalerei.«

Jackson Pollock

lichkeit. Seine »Drip Paintings« sind »rein psychische Improvisationen« (Rose), ohne konkrete oder gar politische Aussage. Pollocks Übergang zur Gieß- und Tröpfeltechnik im Winter 1946/47 geht mit einer fast ausschließlichen Verwendung extrem großer Formate einher. Er breitete die Leinwände auf dem Boden aus, sodass er von allen Seiten an sie herantreten und sie bearbeiten konnte. In einem ersten Schritt versah er sie mit figurativen Grundstrukturen, über die er dann die Farbe entlang von Stöcken, eingetrockneten Pinseln oder direkt aus der Dose tropfen und rinnen ließ, eine wesentlich ursprünglichere und direktere – automatischere – Malweise als die mit dem Pinsel; die rationale Kontrolle über das Bildergebnis ist bis auf ein absolut notwendiges Restmaß beseitigt. Pollock führte den »gelenkten Zufall« (Max Ernst) in die Malerei ein. »Ich habe durchaus eine allgemeine Vorstellung von dem, was ich zu tun beabsichtige und was dabei herauskommen wird«, bemerkt er 1951; und vier Jahre zuvor, in einem Interview: »Wenn ich im Bild *drin* bin, ist mir nicht bewusst, was ich tue. Erst nach einer gewissen Zeit des *Kennenlernens* sehe ich, was ich da eigentlich mache.« Pollock illustriert Gefühle nicht, er drückt sie aus – ein rationaler Zugang zu seinen Bildern ist nicht gewollt.

Es ist der ganze Körper, mit dem Pollock malt. Die auf dem Boden liegende Leinwand bietet ihm den größtmöglichen Bewegungsfreiraum. Er agiert nicht vor ihr, sondern um sie herum, findet so den umittelbarsten Zugang. Er umkreist sie, tritt an sie heran, verändert sie und reagiert auf die Veränderungen mit weiteren Veränderungen, bis das Ergebnis für ihn feststeht. Pollock bezeichnet die Leinwand als seine Arena, als seinen Kampfplatz. Und so zeigen die Aufnahmen des Photographen Hans Namuth von 1950 Pollock bei der Arbeit: als wildes, unruhiges Tier, im Atelier eingesperrt und von Leidenschaften getrieben. Namuths dokumentarische Photos und sein Film über die Arbeitsweise Pollocks haben 1952 wesentlich

■ *Robert Motherwell, Elegie auf die Spanische Republik Nr. 55, 1955–60, Öl auf Leinwand, Cleveland, The Cleveland Museum of Art.*
Neben Pollock war Motherwell die Schlüsselfigur des Abstrakten Expressionismus. Seine Malerei ist jedoch wesentlich verhaltener. Nach eigener Aussage spielt Motherwell in den *Elegien* nicht auf konkrete historische Ereignisse an, auch sind sie nicht politisch gemeint, sondern einzig Ausdruck seiner persönlichen Betroffenheit.

■ *Yves Klein, Schwimmrelief Monochrom Blau, 1960, Düsseldorf, Kunstmuseum.*
Keine Farbe ist so stark mit positiven Assoziationen belegt wie Blau. Als »Internationales Klein Blau (IKB)«, ein leuchtendes Ultramarin, machte Klein es zu seinem Markenzeichen. Durch seine Bilder will er den Betrachter sensibilisieren, ihm den Blick öffnen, in die Weite wie auf das eigene Erleben.

zur Prägung des Begriffs »Action Painting« beigetragen. Pollocks »Drip Paintings« sind Aktionsmalerei, doch mit einem wesentlichen Unterschied zu den späteren Vertretern dieser Richtung und der »Performance«: Der Entstehungsprozess ist per se nicht öffentlich, nicht inszeniert und für die Aussage des Kunstwerkes unwesentlich.

In seinem 1937 erschienenen Buch *System and Dialectics of Art* beschrieb John Graham Kunst als auf dem »unmittelbaren, nüchternen Aufzeichnen einer authentischen, intellektuell-emotionalen Reaktion des Malers im Raum« beruhend und antizipierte so Prinzipien des Abstrakten Expressionismus, zu dessen Exponent Pollock werden sollte. Symptomatisch ist Entstehung und Verwendung des Begriffs: 1920 zur Beschreibung von Phänomenen des deutschen Expressionismus geprägt, verwandte ihn der amerikanische Kunstschriftsteller A. H. Barr 1929 für die frühen abstrakten Werke Kandinskys und übertrug ihn 1947 auf die Pollocks und anderer. Grundverschieden sind die Ansätze, die Kandinsky und Pollock zur abstrakten Malerei führten. Kandinsky kam von der Idee her, bereitete sie in Skizzen vor und setzte sie rational gezügelt im Bild um; Pollock lehnte eine von vornherein bestehende Bildidee ebenso wie vorbereitende Skizzen ab. Er wollte keine Zügelung, sondern Unmittelbarkeit des Ausdrucks. Der von Kandinsky eingeschlagene Weg wurde 1933 gewaltsam abgebrochen, der Pollocks nach 1945 in Europa bereitwillig aufgenommen: Auf beiden Seiten des Atlantiks, besonders in Deutschland, wo die Vereinnahmung der gegenständlichen Malerei durch den Nationalsozialismus diese weitgehend diskreditiert hatte, erschien die Abstraktion als der einzig gangbare Weg in der bildenden Kunst.

JACKSON POLLOCK: NUMBER 1 A

LEBEN UND WERK

Paul Jackson Pollock wird 1912 in Cody, Wyoming, geboren. Nach mehrfachem Wohnortwechsel der Familie lässt er sich 1928 in Los Angeles nieder, um an der Manual Arts High School zu studieren. Er lernt die europäische und mexikanische Moderne kennen und kommt mit theosophischen Lehren in Kontakt. 1930 setzt er seine Studien in der »Art Students League« in New York fort. Er schreibt sich in der Klasse für Wandmalerei bei dem Regionalisten Thomas Hart Benton ein. Benton, der die europäische Avantgarde strikt ablehnt, ist bis über die Mitte der 1930er Jahre hinaus der wichtigste künstlerische Bezugspunkt Pollocks. Ziel von Ausflügen während der Ferien in Los Angeles sind Bilder der mexikanischen Muralisten José Clemente Orozco und David Alfaro Siqueiros. In der Wandmalerei sieht Pollock »die Aufgabe des neuen Künstlers«. Um der Armut zu entgehen, schreibt Pollock sich 1935 in der Sektion für Wandmalerei, 1936 in der für Staffeleimalerei des »Federal Art Projects« ein und besucht einen »Experimental Workshop« Siqueiros', dessen Persönlichkeit ihn stark beeindruckt. Bis in die 1940er Jahre hinein bildet eine Arbeitsbeschaffungsmaßnahme für Künstler Pollocks Existenzgrundlage. Wegen Alkoholproblemen begibt sich Pollock 1937 erstmals in psychiatrische Behandlung. Er begegnet dem Theoretiker John Graham, der ihn fördert und durch sein Interesse für primitive Kunst, die surrealistische »automatische Bilderzeugung« und den Okkultismus wesentlich beeinflusst. In Zeichnungen, die 1939/40 im Zusammenhang mit einer achtzehn Monate dauernden Psychoanalyse nach C. G. Jung entstehen, zeigt Pollock sich vom Surrealismus, Orozco, indianischer Kunst und Picassos *Guernica* beeinflusst. Weitere Therapien und Entziehungskuren folgen. Anfang der 1940er Jahre freundet Pollock sich mit der Künstlerin Lee Krasner an und lernt Robert Motherwell kennen. Pollock nimmt an »automatischen Experimenten« teil, die ihn vom Einfluss des Unbewussten auf die Kunst überzeugen. 1943 stellt ihn Peggy Guggenheim erstmals in ihrer Galerie Art of This Century aus. In seinen Bildern setzt Pollock mythologische und totemistische Themen um. Ab 1946 beginnt er figurative Grundstrukturen mittels Gieß- und Tröpfeltechnik zu übermalen. Es entstehen die ersten »Drip Paintings«, deren Bildtitel, assoziativ von Freunden gegeben, meist auf eine kosmische Thematik verweisen. 1948 beginnt Pollock seine Bilder nicht mehr zu benennen, sondern zu nummerieren, mit dem Ziel, keine Anhaltspunkte für eine Bedeutung des jeweiligen Bilds zu geben. Die Arbeitsweise Pollocks hält Hans Namuth 1950 in Photos und einem Film fest. 1951/52 arbeitet Pollock fast ausschließlich mit schwarzer Lackfarbe. Gegenständliches kann wieder hervortreten. Pollock stirbt 1956 in East Hampton, New York.

DATEN

Wo zu sehen:
New York, Museum of Modern Art
Öl auf Leinwand, 172 x 264,2 cm

Provenienz:
1948 entstanden.

Lesenswert:
Elizabeth Frank, *Jackson Pollock*, München-Luzern 1984.

AUF DEN PUNKT GEBRACHT

In den 1940er Jahren beginnen die US-amerikanischen Künstler sich von der kulturellen Überlegenheit Europas zu emanzipieren. Erste eigenständige, nach dem Zweiten Weltkrieg auch in Europa rezipierte Kunstrichtung der USA ist der Abstrakte Expressionismus, dessen prägende Persönlichkeit Jackson Pollock ist. Seine »Drip Paintings« sind die künstlerische Unabhängigkeitserklärung der USA.

Marilyn Diptych

ANDY WARHOL

Marilyn Monroes Selbstmord am 5. August 1962 ließ schlaglichtartig hinter die Kulissen der Traumfabrik Hollywood, der Welt des Glamours und des schönen Scheins, blicken. Der Filmstar – bereits zu Lebzeiten eine Legende –, dem Intellektuelle und Künstler wie die Großen aus Film und Politik buchstäblich zu Füßen lagen, stellte sich als ein zutiefst einsamer Mensch heraus. Mit Marilyn starb der Inbegriff einer neuen Zeit. Sie stand für das Amerika der Nachkriegsära, in der die USA einen ungeahnten wirtschaftlichen Aufschwung nahmen und als unbestrittene Führungsmacht des Westens zur Weltmacht aufstiegen. Ausgeblendet waren die Schattenseiten: wachsende Slums in den Großstädten, Rassenkonflikte, Bildungsnotstand. Marilyn Monroe war banal und außergewöhnlich zugleich, mythisches Sexsymbol für alle und vielleicht die Geliebte des Präsidenten. Sie lebte in einer für den Durchschnittsbürger unerreichbaren Welt und war dennoch allgegenwärtig.

■ *Andy Warhol, Porträtaufnahme, um 1975.*

Unmittelbar nach ihrem Tod nahm sich Warhol Marilyn Monroes an – im Ausschnitt. Das Medienprodukt »Star« interessierte ihn, nicht die dahinter stehende Person. »Urbild« seiner *Marilyn*-Bilder wurde ein Pressefoto aus den 1950er Jahren. Warhol schnitt es an der Halspartie ab, ließ eine Siebdruckvorlage danach anfertigen und druckte das Porträt immer wieder, »massenhaft« und auf unterschiedlichste Weise, im *Marilyn Diptych* der Tate Gallery als Serie, einmal auf farbigem, einmal auf weißem Grund. Bei der farbigen Tafel ging Warhol in mehreren Arbeitsgängen vor. Zuerst legte er den orangefarbenen

> *»Das Monroe-Bild gehört zu einer Todesserie, an der ich arbeitete, von Leuten, die auf verschiedene Weise gestorben waren. Es gab keinen tiefschürfenden Grund dafür, eine Todesserie zu machen, ich wollte keine Opfer ihrer Zeit darstellen; es gab überhaupt keinen Grund dafür, nur einen Oberflächengrund.«*
>
> Andy Warhol, 1967

Hintergrund an, sodann die Farbpartien des Kopfes: Gesicht, Haare, Augen und Lidstrich, Lippen und Zähne, und drückte als letzten Schritt das schwarze Sieb mit dem gerasterten Foto darüber. In den oberen Ecken des Diptychons ist der Druck jeweils am schwächsten, die mittlere senkrechte Zeile der farbigen Tafel ist durch stärkeren Druck hervorgehoben, eine Zeile der linken Tafel fast bis zur Unkenntlichkeit des Porträts verwischt. Einzelne Partien des Gesichts malte Warhol bewusst großzügig. Besonders Lidschatten und Lippenrot reichen über die Umrisse des Druckes hinaus. Dies, wie auch das Matter-Werden der Drucke und die Verwischungen auf der schwarz-weißen Tafel des *Marilyn Diptych*, können auf schnelle Arbeitsweise und ungenaue Einrichtung des Siebes zurückgeführt werden, es sind aber mit Sicherheit auch bewusst angewandte künstlerische Mittel: Warhol wollte den Sex-Appeal, das Markenzeichen der Monroe, deutlich machen. Vage deutet er aber auch das Moment der Vergänglichkeit, im Sinne von »in Erscheinung treten – Präsenz – Auslöschung«, an.

Fünfzigfach schaut Marilyn von dem Diptychon der Tate Gal-

■ *Andy Warhol, Marilyn Diptych, 1962, Siebdruck auf Acryl auf Leinwand, je Tafel 208,3 x 144,8 cm, London, Tate Gallery.*

■ *Andy Warhol, Blue Marilyn, 1964, Serigraphie und Acryl auf Leinwand, 50,8 x 40,6 cm, Princeton University, The Art Museum.*

DIE SIXTIES

Während die New Yorker Szene Warhol feierte, sah das offizielle Amerika ihn als Störenfried, wenn nicht gar als Nestbeschmutzer an. Warhols Atelier, die »Factory«, wurde häufig von der Polizei kontrolliert, Warhol selbst zeitweise vom FBI beschattet. Zwar war man stolz auf die Pop-Art, die in den 1960er Jahren weltweit als bedeutende Kulturleistung der USA akzeptiert wurde, doch fügte sich Warhols Kunst nur bedingt in das Wunschbild vom prosperierenden, sauberen Amerika.

lery, hundertfach von dem Bild der Londoner Saatchi Collection; einhundertachtundsechzig Mal druckt Warhol ihre Lippen auf dem Washingtoner Diptychon *Marilyn Monroe's Lips* – eine absolute Banalisierung und Veräußerlichung des Motivs. Auf der einen Seite zeigte Warhol die Monroe als Konsumobjekt, unendlich reproduzierbar, abrufbar, immer gleich – wie *Campbell's Soup Can*. Und auf der anderen Seite wählte er mehrfach, vergrößert auf Wandformat, den Typ des Diptychons, des zweiflügeligen mittelalterlichen Altares, druckte ihr Porträt einzeln im ebenfalls sakral belegten Rundformat auf Goldgrund und, in der Farbigkeit des *Marilyn Diptych*, auf große, gleichfalls goldgrundierte Leinwand: »Der tote Star ist präsent und doch zugleich entrückt« (L. Romain), ist Ikone, durchaus in der Tradition des christlichen Heiligenbildes, jedoch ganz ohne religiösen Sinn. Durch die grelle, unsensible Farbigkeit wird dieser Ikone jede Geistigkeit genommen – fünfzigfache, hundertfache Wiederholung führt schließlich zum Verschleiß. Warhols Marilyn-Bilder sind ambivalent. Wie in allen seinen Bildern versucht er sich auch hier des Kommentars zu enthalten, nimmt sich als Künstler weitestgehend zurück. Er wollte »den menschlichen Faktor aus seiner Kunst heraushalten«, so ein Freund und Mitarbeiter Warhols im Gespräch, »deshalb war er auf Siebdruck, Schablonen und was sonst noch an mechanischer Reproduktionstechnik verfügbar war, angewiesen«. Weder bejahte Warhol das, was er zeigt, noch setzte er es einer direkten Kritik aus. Er

■ *Andy Warhol, Big Electric Chair, 1967, Siebdruck auf Acryl auf Leinwand, 137 x 185,4 cm, Paris, Musée National d'Art Moderne, Centre Georges Pompidou.* 1963 begann Warhol *Electric Chairs* zu malen und zu drucken, rührte damit an den uramerikanischen Glaubenssatz »Auge um Auge, Zahn um Zahn«. Vier Jahre später, in den *Big Electric Chairs*, scheint Warhol zu verharmlosen: verschwimmende Räumlichkeit, abstrahierende Gegenständlichkeit, dezente Mehrfarbigkeit, nach L. Romain »das ästhetische Ende eines Schreckensbildes«.

sah sich als unbeteiligten Voyeur, der, nach eigenen Angaben, Marilyn Monroe nicht vom Selbstmord abgehalten hätte und der die Beschäftigung mit Liz Taylor begann, »als sie so krank war ... (dass) alle sagten, sie würde sterben«.

Die *Marilyn*-Bilder gehören wie die *Liz*- und auch *Jackie*-Porträts zu einer von Warhol als »Todesserie« bezeichneten Folge. Als solche wohl kaum von vornherein konzipiert, bestand sie nach Warhol aus zwei Teilen: »Im ersten ging es um berühmte Tode, im zweiten um Menschen, von denen niemand je gehört hatte.« Letztere sind auf Warhols *Disaster Paintings* zu finden, Bildern von Katastrophen, von alltäglichen Unglücken, vom anonymen Tod Einzelner bis hin zum Massensterben – Motive, denen sich Warhol annimmt wie der *Campbell's Soup Can* oder der *Marilyn*. Sich einer Bewertung enthaltend, will er auch mit ihnen lediglich »Tatsachen« zeigen. Warhol hebt die Unterschiede zwischen den Dingen auf. Alles in seiner Welt – der Pop-Art – ist konsumierbar und wird konsumiert, seien es nun Katastrophen, Dosensuppen oder Coca-Cola.

Die Pop-Art brach sich um 1960 Bahn, unabhängig voneinander in den USA und in Westeuropa, dort besonders in England, wo der Begriff bereits um 1955 geprägt wurde. Zentren der Pop-Art waren New York und London. In den USA war es eine saturierte, selbstgefällige Gesellschaft, die diese Kunst hervorbrachte. Die Kunst eines Jackson Pollock, der Abstrakte Expressionismus, galt als überholt, hatte sich überlebt. Existenzielle Fragen stellten sich nicht, höchstens die: *Was macht das Zuhause von heute nur so anders, so anziehend?* – Titel einer kleinen Collage des Engländers Richard Hamilton, die 1956 in der Londoner Ausstellung *This is Tomorrow* zu sehen war. Dieses »Morgen« ist die schöne heile Welt des Konsums. Hamilton fasste deren Objekte jedoch nicht als »Tatsachen« im Sinne Warhols auf, sondern inszenierte sie, ironisch, anzüglich, entlarvend: ein posierender Bodybuilder mit Tennisschläger in Hüfthöhe, darauf das Wort »POP«, ein Pin-up auf der Couch, seinen Busen präsentierend, neben dem Mädchen, auf dem Tisch, eine Riesendose Schinken, ein eingeschalteter Fernseher, eine Frau telefoniert, an der Wand ein Comic, »Young Romance« und »True Love« sind deutlich zu lesen, und durch das Fenster der Blick auf eine Kinowerbung.

Was die unterschiedlichen Spielarten der Pop-Art verband, war die Hinwendung zu Phänomenen der Konsumgesellschaft. In

■ *Andy Warhol, Four Colored Campell's Soup Can, 1965, Acryl und Siebdruck auf Leinwand, 92 x 61 cm, New York, Sammlung Ileana und Michael Sonnabend.*

Im Juni 1962 zeigte der Kunsthistoriker Henry Geldzahler Warhol die Nachricht von einem Flugzeugabsturz mit 129 Toten und bemerkte, er habe Suppen und Coca-Cola »nun lange genug bejaht«, es sei »höchste Zeit für irgendetwas mit Tod«. Warhol malte den Tod, Marilyn und weiter Suppendosen – als gleichberechtigte Erscheinungen der Konsumwelt.

■ *Roy Lichtenstein, M-Maybe (a Girl's Picture), 1965, Magna auf Leinwand, 152 x 152 cm, Köln, Museum Ludwig.*
Vom Comic wandte Warhol sich 1961 ab, als er feststellte, dass auch Lichtenstein Comicstrips als Vorlage verwandte. Lichtenstein vergrößerte seine Motive mit Hilfe eines Projektors; zur Setzung der Rasterpunkte nahm er eine Schablone zur Hand. Im Spätwerk bildeten Werke Monets, Picassos und Mondrians seine Vorlagen, die er wie die Comics in eine »banale Monumentalität« überführte.

England geschah dies aus einer Anti-Haltung zur vermeintlichen Hochkultur, in den USA erwuchs die Pop-Art hingegen direkt aus Presse, Werbung und Comic. Ihre bedeutendsten Vertreter, Andy Warhol, Roy Lichtenstein und Tom Wesselmann, kamen aus der angewandten Kunst; die Techniken und die Farben der Reklame waren ihnen vertraut. Anfangs, noch 1961, arbeiteten sie ohne Kenntnis voneinander. Doch die Grundlagen entsprachen sich, die Ergebnisse waren vergleichbar. Mitte der 1960er Jahre trat die amerikanische Pop-Art dann ihren Siegeszug in Europa an – trotz sich ankündigender Amerikakritik und -feindlichkeit. Rassenkonflikte, Ku-Klux-Klan, Bombardements in Nordvietnam, die Ermordung Martin Luther Kings und Robert Kennedys zeigten den Europäern die *Kehrseite der USA*, so der Titel des 1964 erschienenen Bestsellers von L. L. Matthias. Kurzerhand wurde Pop-Art, verstanden als uramerikanisches Produkt, in Europa umetikettiert, so wie diese selbst es mit den Dingen getan hatte, indem sie sich ihrer »als Bilder« annahm (L. Romain). Sie wurde nun nicht mehr als Bejahung des »American way of life« betrachtet, sondern als Kritik an der Konsumgesellschaft – in Europa wohlgemerkt, nicht in den USA. Dort wirkte sie bereits auf die Alltagskultur zurück, war zur Bewegung geworden, zeugte von der »Machbarkeit der Welt« – eine Vorstellung, die bis heute ein wesentlicher Bestandteil des amerikanischen Selbstverständnisses ist.

> *»Das Schönste an Tokio ist McDonald's.*
> *Das Schönste an Stockholm ist McDonald's.*
> *Das Schönste an Florenz ist McDonald's.*
> *Peking und Leningrad haben noch nichts Schönes.«*
>
> Andy Warhol

ANDY WARHOL: MARILYN DIPTYCH

LEBEN UND WERK

Der Maler, Zeichner, Grafiker und Filmemacher Andy Warhol wird 1928 in Pittsburgh, Pennsylvania, geboren. Nach einer Ausbildung zum Gebrauchsgrafiker am Carnegie Technical College in Pittsburgh von 1945–49 ist er in den 1950er Jahren als äußerst erfolgreicher Werbegrafiker und Schaufenstergestalter in New York tätig, arbeitet aber auch bereits als freier Künstler. Um 1960 entstehen die ersten Pop-Gemälde, von denen einige als Hintergrund für Schaufensterdekorationen dienen. Warhol entdeckt, dass auch Roy Lichtenstein seine Charaktere aus dem Comic schöpft, und wendet sich Konsumartikeln zu. 1962 entstehen die ersten Serienbilder der *Campbell's Soup Can*. Nach dem Prinzip des »Malens nach Zahlen« konzipiert Warhol »Do It Yourself Paintings« und experimentiert mit Zufallseffekten, legt Leinwände auf Bürgersteigen aus, um die Fußabdrücke der Passanten in seine Bilder zu integrieren. Die ersten Siebdrucke entstehen. Die Produktion identischer, nur farblich variierter Bilder wird zum Standardmerkmal Warhols. Nach ihrem Tod wird Marilyn Monroe zu seinem bevorzugten Bildgegenstand; das *Marilyn Diptych* entsteht. 1963 bezieht Warhol ein neues Atelier, die »Factory«, und dreht seinen ersten Film. Es entstehen die ersten *Electric Chair*-Bilder und nach der Ermordung John F. Kennedys im November 1963 die Serie der Jackie-Porträts. Ebenfalls auf Grundlage von Pressefotos schafft Warhol Porträtserien von Liz Taylor und Elvis Presley. Als Auftragswerk für die New Yorker Weltausstellung entsteht 1964 die Serie der *Thirteen Most Wanted Men*, Bilder von steckbrieflich gesuchten Männern. Mit großem Erfolg werden in Paris *Disaster Paintings* gezeigt; eine Frau schießt in Warhols Atelier auf Marilyn-Porträts, als *Shot Marilyns* werden sie bekannt. Warhol ist Kopf der New Yorker Pop- und Underground-Szene. Ein Tonbandgerät wird zu seinem ständigen Begleiter. Mitte der 1960er Jahre legt Warhol den Schwerpunkt seiner Arbeit auf Filme. In einigen von ihnen tritt die Rockgruppe Velvet Underground auf, mit der er auch multimediale Veranstaltungen inszeniert. Warhol kündigt an, auf Malerei verzichten zu wollen. 1967 entstehen weitere Serien der *Flowers*, *Electric Chairs* und *Self-Portraits*. Anschließend gibt Warhol für fünf Jahre das Malen auf. Ein Attentat 1968 überlebt er schwerverletzt. 1972 entsteht die erste *Mao*-Serie. Gleichzeitig führt Warhol Werbeaufträge für Großkonzerne aus. Zahlreiche Auftragsporträts, größtenteils auf Polaroids basierend, entstehen. Um 1980 beginnt Warhol Motive aus früheren Arbeiten wieder aufzunehmen; die Auseinandersetzung mit Werken anderer Künstler gipfelt um 1985 in den *Last Supper Paintings* nach Leonardo da Vincis Mailänder *Abendmahl*. Warhol stirbt 1987 in New York.

EMPFEHLUNG

Wo zu sehen:
London, Tate Gallery
Siebdruck auf Acryl auf Leinwand, jede Tafel 208,3 × 144,8 cm

Provenienz:
1962 entstanden.

Lesenswert:
Lothar Romain, *Andy Warhol*, München 1993.

Andy Warhol, *Die Philosophie des Andy Warhol von A bis B und zurück*, München 1991.

AUF DEN PUNKT GEBRACHT

Öffentlich und im Freundeskreis hat Warhol stets jedes inhaltliche Engagement in seiner Kunst ausgeschlossen. Dennoch schildert er in seinen um 1962/63 entstandenen Bildern, der *Campell's Soup Can*, den *Marilyns* und den *Disaster Paintings*, auf überzeugende Weise die beiden Gesichter des »American way of life«.

GLOSSAR

Abstrakte Kunst Abstrakte, ungegenständliche Kunst ist keine Stilrichtung, sondern ein weit verbreitetes Phänomen der Kunst des 20. Jahrhunderts. Das erste abstrakte Bild schuf 1910 Kandinsky in der Folge theoretischer Überlegungen. Die abstrakte Kunst teilt sich in zwei Stränge, eine streng geometrische Richtung (► Konstruktivismus) und eine vom seelischen Erleben ausgehende (► Abstrakter Expressionismus).

Abstrakter Expressionismus Maßgeblich von Pollock geprägte Richtung in der US-amerikanischen Malerei der 1940er und 1950er Jahre. Die Wurzeln des Abstrakten Expressionismus liegen im ► Surrealismus, vor allem in dem von ihm geforderten Malen aus dem Unterbewussten ohne vernunftmäßige Kontrolle. Europäische Parallelerscheinung sind ► Informel und ► Tachismus.

Action Painting (Aktionsmalerei) Richtung in der Malerei um 1950, bei der der in der Öffentlichkeit vor einem Publikum stattfindende malerische Akt wesentlich zum Kunstwerkcharakter des Bildes gehört. Action Painting geht aus dem ► Abstrakten Expressionismus hervor.

Akademie Ursprünglich die Bezeichnung für Platons Philosophenschule, die sich in der Nähe eines dem Helden Akademos geweihten Haines bei Athen befand. Die ersten neuzeitlichen Akademien wurden während der ► Renaissance in Italien als Zentren der wissenschaftlichen und künstlerischen Bildung gegründet. Im Zeitalter des Absolutismus kam es in ganz Europa zu Akademiegründungen nach dem Vorbild der 1648 in Paris gegründeten »Académie royale de Peinture et de Sculpture«. Im 19. Jahrhundert verloren die staatlichen Akademien zunehmend an Einfluss. Ihre Lehrmethoden galten als überholt, ihrem Geschmacksdiktat wollten sich die progressiven Künstler nicht mehr beugen. Private Lehrinstitute wurden gegründet, unter denen die wichtigsten die Pariser Akademien »Julian« und »Suisse« waren.

Allegorie (von griechisch »allegorein«: anders sagen) Veranschaulichung von Begriffen oder Inhalten durch sinnbildliche Darstellungen, meist in Form von ► Personifikationen.

Altniederländische Kunst Die nordeuropäische, sich durch ihren Realismus von der Tradition der Internationalen Gotik trennenden Malerei des 15. Jh.s wurde vor allem von niederländischen, insbesondere flämischen Künstlern vorangebracht. (Man spricht auch von »flämischen Primitiven«, wobei »primitiv« soviel wie »alt« heißt.) Diese altniederländische Malerei hatte ihren Ursprung am Hof der Herzöge von Burgund. Die niederländische Malerei des 15. Jh.s war eine Parallelerscheinung zur italienischen Frührenaissance, und beide Stilrichtungen befruchteten sich schon bald wechselseitig. Die süddeutsche Kunst der Dürerzeit hat ihre Wurzeln sowohl in Italien als auch in den Niederlanden. Von »alten Niederländern« spricht man auch in Bezug auf die Werke der Blütezeit der holländischen Kunst im 17. Jh., der Zeit Rembrandts und Vermeers.

American Scene Realistische Richtung in der US-amerikanischen Malerei der 1920er und 1930er Jahre, formal mit Tendenzen der ► Neuen Sachlichkeit vergleichbar.

Anamorphose (von griechisch »anamorphosis«: Umgestaltung) Ein im 16. Jahrhundert beliebtes Verfahren, bei dem ein Gegenstand im Winkel zur Bildebene projiziert wird. Die entstehende Verzerrung löst sich in der Schrägansicht auf.

Anna Selbdritt Darstellung der Heiligen Anna mit ihrer Tochter Maria und dem Christusknaben.

Apotheose (griechisch: Vergöttlichung) Erhebung eines lebenden oder verstorbenen Menschen, besonders eines Herrschers, zum Gott. Die Apotheose hat ihren Ursprung im vorchristlichen orientalischen Herrscherkult und gelangte über den römischen Kaiserkult auch in die christliche Kunst. Darstellungen von Apotheosen finden sich vor allem im ► Barock.

Art Nouveau Die französische Entsprechung des ► Jugendstils.

Attribut In der bildenden Kunst ein Gegenstand, der einer mythologischen oder heiligen Person häufig oder stets beigegeben ist und so ihre Benennung erlaubt.

Avantgarde (französisch: Vorhut) In der Kunst seit Ende des 19. Jahrhunderts Bezeichnung für die Vorkämpfer einer neuen Entwicklung.

Barock (von portugiesisch »barocco«: unregelmäßig) Kunststil in Europa und seinen Kolonien von etwa 1600 bis 1750. Letzter Stil, der alle Gattungen der Kunst umfasste. Hauptmerkmale des Barocks sind kraftvoll bewegte dynamische Formen und das den Ausdruck steigernde Spiel von Licht und Schatten. Prinzipiell strebt der Stil nach Unterordnung der Teile unter das Ganze. Zu diesem Ganzen binden Komposition, Farb- und Lichtführung die häufig gegenläufigen Bildelemente. Ausgangspunkt des Barocks war Rom, wo Caravaggio um 1600 die Malerei des ► Manierismus überwindet. Im Zuge der Gegenreformation breitete sich der Stil zuerst in den katholischen Ländern aus, später, und in den Formen »beruhigt«, auch in den protestantischen Ländern. Weitgehend eigenständig blieb nur die Malerei der bürgerlichen Niederlande.

Bauhaus 1919 in Weimar gegründete, 1925 nach Dessau, 1932 nach Berlin verlegte und 1933 von den Nationalsozialisten geschlossene Hochschule für Gestaltung mit internationaler Ausstrahlung. Am Bauhaus wurde keine einheitliche Stilrichtung propagiert, doch übten ► Konstruktivismus und ► Stijl einen unübersehbaren Einfluss auf den sogenannten »Bauhausstil« aus. Am Bauhaus tätig waren unter anderem Klee und Kandinsky.

Bedeutungsperspektive Darstellungsweise, in der die Größe der Figuren von deren Bedeutung abhängt. Besonders auf mittelalterlichen Altären erscheinen Christus und Heilige größer als Nebenfiguren und Stifter. Mit der ► Renaissance verschwindet die Bedeutungsperspektive weitgehend.

Biedermeier Klassizistischer Dekorationsstil in Deutschland und Österreich, um 1815–1850. Im Unterschied zum ► Empire werden die Formen auf bescheidene, bürgerliche Dimensionen reduziert. Man kann auch hinsichtlich der Malerei der ► Romantik von biedermeierlichen Tendenzen sprechen, dort wo das bürgerlich-ländliche Idyll im Vordergrund steht.

Blauer Reiter 1912 gegründete Künstlergruppe. Zum Kreis gehörten u. a. Kandinsky, Marc, Macke und Klee. Neben der ► Brücke wichtigster Zusammenschluss expressionistischer Maler.

Boheme (von französisch »bohème«: Zigeunerwelt) Künstlerkreis außerhalb der »guten« Gesellschaft, besonders auf Vertreter des ► Impressionismus angewandt.

Brücke, Die 1905 gegründete Dresdner Künstlergemeinschaft früher Expressionisten wie Kirchner und Nolde.

Byzantinische Kunst Die spätantike und mittelalterliche christliche Kunst des byzantinischen Reiches mit der Hauptstadt Konstantinopel (Byzanz, heute Istanbul) vom 6. bis ins 15. Jahrhundert. Charakteristisch für die byzantinische Kunst ist eine feierliche Starrheit. Die westeuropäische Kunst des Mittelalters ist entscheidend durch den byzantinischen Einfluss geprägt. In der Malerei ist es erst Giotto, der die byzantinische Tradition überwindet.

Camera obscura (lateinisch: dunkle Kammer) Urform der photographischen Kamera, ein anfangs nur mit einem Loch (Blende), später auch mit einer Linse versehenes Gehäuse, das als Zeichenhilfe für perspektivische Konstruktionen diente. Die durch die Öffnung gebündelten Lichtstrahlen produzieren auf der (transparenten) Rückseite des Kastens ein seitenverkehrtes, auf dem Kopf stehendes Bild.

Capriccio (italienisch: Laune) In der Regel einer Thematik folgende willkürliche Zusammenstellung von Bildelementen.

Dada Namensgebend war ein Zufallsfund in einem französischen Wörterbuch: Dada heißt »Schaukelpferd«. Die Kunst- und Literaturrichtung entstand unter dem Eindruck des Ersten Weltkrieges 1916–1918 in Zürich. Zeitweise gehörten Ernst in Köln, Grosz in Berlin, Breton in Paris und Duchamp in New York dem Dada an. Die Dadaisten lehnten die gesamte traditionelle Kunst und Kultur ab, die sich nach ihrer Ansicht durch den Krieg selbst ad absurdum geführt hatte. Dada gehört zu den wichtigsten Kunstrichtungen des 20. Jahrhunderts und wirkte namentlich auf den ► Surrealismus.

Diptychon In der Antike eine zusammenklappbare Schreibtafel, im Mittelalter ein aus zwei Tafeln (Flügeln) bestehendes klappbares Altarbild.

Divisionismus siehe Impressionismus

Duktus Pinselführung eines Malers.

Ecce Homo (lateinisch: Sehet, welch ein Mensch!) In Anlehnung an Joh. 19,5 Bezeichnung für Darstellungen des dornengekrönten Christus (auch »Schmerzensmann«).

Eklektizismus In der Kunst die Entlehnung von Elementen der Darstellung aus früheren Stilen. Meist polemisch gebrauchter Begriff, der mit dem Vorwurf mangelnder eigener schöpferischer Leistung der kritisierten Stilrichtung einhergeht. Als eklektizistisch wird vor allem die historistische Kunst des mittleren und späteren 19. Jahrhunderts bezeichnet.

Emblem Die im 16. Jahrhundert weit verbreitete Verbindung von literarischen Formulierungen mit bildkünstlerischen Motiven. Unter einer Überschrift (Motto) steht ein Bild, dem ein erklärender Text oder Kommentar angefügt ist. Keines der drei Elemente ist für sich verständlich, nur zusammen ergeben sie einen Sinn.

Empire Klassizistischer Dekorationsstil während der napoleonischen Kaiserzeit (1804–1815). Klassizistische Formen werden im Empirestil oft ins monumentale gesteigert. Wichtigster Anreger für die Ausbildung des Empirestils war Jacques-Louis David

Entartete Kunst Während des Nationalsozialismus in Deutschland offizielle Bezeichnung für nahezu die gesamte ► Moderne und einige ihrer Vorläufer. Die unter das Verdikt »entartet« fallenden Kunstwerke wurden nach 1933 aus öffentlichen Sammlungen entfernt, eine Auswahl zur »Abschreckung« 1937 in München gezeigt, dann ins Ausland verkauft oder zerstört (1939 öffentliche Verbrennung von mehr als 1000 Werken in Berlin). Betroffene Künstler erhielten Ausstellungs- und Schaffensverbot.

Expressionismus Richtung in der deutschen Kunst von 1905 (Gründung der Dresdner Malervereinigung ► Die Brücke) bis in die 1920er Jahre. Den Begriff prägte Herwarth Walden 1911 in seiner Zeitschrift *Der Sturm*. Der Expressionismus suchte nach einer Steigerung des Ausdrucks, hierzu dienten ihm die Vereinfachung der Form bis hin zur Deformation, starke Farbkontraste und die Lösung vom Naturvorbild. Die wichtigsten Vorläufer des Expressionismus sind van Gogh und Munch. Um 1910 gewannen ► Fauvismus und ► Futurismus Einfluss auf den Expressionismus. Zentren waren Dresden und Berlin mit den Brücke-Malern, unter ihnen Kirchner, und München mit dem ► Blauen Reiter, dem unter anderen Kandinsky und Marc angehörten.

Fauvismus (von französisch »fauves«: wilde Tiere) Stilrichtung der französischen Malerei am Anfang des 20. Jahrhunderts, steht am Beginn der ► Moderne. Die Bezeichnung rührt von einer Bemerkung des Kritikers Louis Vauxcelles über einige im Pariser Herbstsalon von 1905 vertretene Maler her, unter ihnen der bedeutendste Vertreter der Richtung, Matisse. Charakteristisch für den Fauvismus ist der großflächige Auftrag reiner Farben. Mit dem Aufkommen des ► Kubismus beginnt sich die ohnehin nur lose Gruppe der Fauvisten aufzulösen. Der Fauvismus wirkte besonders auf den ► Expressionismus.

Firnis Durchsichtiger, häufig nachdunkelnder oder gelblich werdender Schutzanstrich von ► Ölgemälden.

Freie Künste (lateinisch »Artes liberales«) Seit der römischen Antike die vier mathematischen Disziplinen Arithmetik, Geometrie, Astronomie und Musik, das sogenannte Quadrivium, und die drei grammatisch-literarischen Fächer Grammatik, Rhetorik und Dialektik, das Trivium.

Fresko (von italienisch »fresco«: frisch) Technik der Wandmalerei, bei der die Farbe auf den noch nassen Putz aufgetragen wird.

Futurismus Richtung der italienischen Literatur und Kunst um 1910/14. Der Futurismus war bedingungslos technik- und zukunftsgläubig; ältere Kunst und Tradition wurde für wertlos. erklärt. Stilistisch orientierte sich der Futurismus vor allem am ► Kubismus, dem er das Element der Bewegung hinzufügte. Der Futurismus wirkte auf den ► Expressionismus.

Genre, Genremalerei Seit dem 18. Jahrhundert Bezeichnung für die Malerei, die ihre Themen dem täglichen Leben entnimmt und sie ohne Überhöhung umsetzt. Ihren Höhepunkt hat die Genremalerei in der bürgerlichen Malerei der Niederlande des 17. Jahrhunderts. Im 18. Jahrhundert tritt das Genre auch im höfischen Bereich auf. Eine Verbindung des Genres mit sozialer Anklage findet sich im 19. Jahrhundert.

Goldener Schnitt Maß- und Proportionsverhältnis, bei dem sich das Ganze (A) zum größeren Teil (B) wie das größere zum kleineren Teil (C) verhält (A : B = B : C). Die sich aus dem Prinzip des Goldenen Schnitts ergebenden, als besonders harmonisch empfundenen Proportionen fanden besonders in der Antike, in der ► Renaissance und im ► Klassizismus Anwendung.

Gotik Den bis in den ► Klassizismus negativ belegten Begriff leitete Giorgio Vasari (1511–74) von den Goten als den Barbaren schlechthin ab. In seinen Augen waren sie es, die durch ihre Einfälle in Italien die Kultur der Antike zerstörten. Von Paris um 1150 ausgehend, breitete sich der Stil über Europa aus. In Italien dauerte die Gotik bis etwa 1400, in Nordeuropa bis ins 16. Jahrhundert an. Im Zentrum gotischer Kunst stand der Kirchenbau, an den Malerei und Skulptur, von (meist italienischen) Ausnahmen abgesehen, eng gebunden blieb.

Historie, Historienmalerei Bezeichnung für Darstellungen aus dem Alten oder Neuen Testament, aus Mythologie oder Geschichte. Über Jahrhunderte als höchste Gattung der Malerei angesehen, sank die Historie am Ende des 19. Jahrhunderts zur Bedeutungslosigkeit herab und spielt heute kaum mehr eine Rolle.

Holzschnitt Graphische Technik, bei der die Linien der Zeichnung als erhöhte Stege stehenbleiben (Hochdruckverfahren). Obwohl der Holzschnitt bereits seit dem 4. Jahrhundert in Europa bekannt war, verbreitete er sich als Bilddruckverfahren erst seit Ende des 14. Jahrhunderts und erreichte um 1500 seine Blüte. Wiederaufgenommen wurde er vor allem von den Künstlern des ► Expressionismus.

Ikone (griechisch: Bild, Abbild) Kultbild der orthodoxen Kirche. Der Ikone liegt die Vorstellung zugrunde, dass sie auf ein »Urbild« zurückgeht. Dieses gilt es für den Maler zu reproduzieren, keinesfalls jedoch zu verändern. Anders als dem abendländischen, ist dem orthodoxen Christen nicht nur das Dargestellte, sondern die Ikone selbst heilig.

Ikonographie Beschreibung, Form und Inhaltsdeutung von Kunstwerken, ursprünglich nur auf Malerei und Skulptur angewandt, heute auch auf Architektur bezogen.

Impressionismus (von französisch »impression«: Eindruck) Nach Monets Bild *Impression – Aufgehende Sonne* von 1872 bezeichnete Richtung der französischen Malerei der 1870er und darauf folgenden Jahre. Die Impressionisten gingen vom ► Realismus und der Landschaftsmalerei der Schule von Barbizon aus; ihr Ziel war es, einen Gegenstand oder eine Situation in ihrer momentanen Erscheinungsform festzuhalten. Wichtig war die Erfassung von Licht, Atmosphäre und Bewegung. Charakteristisch für den Impressionismus sind das Malen im Freien (»Plein-air«), helle Farben und eine – die Kenntnis von Velázquez und Turner voraussetzende – die Konturen auflösende Malweise. Auch in England und Deutschland wurde der Impressionismus aufgenommen. Als Sonderform ist auch die kurzlebige Strömung des Pointillismus (auch Divisionismus) zum Impressionismus zu zählen.

Informel (von französisch »art informel«: nichtformale Kunst) Auf eine Wortprägung des Pariser Malers Michel Tapié von 1945 zurückgehender Begriff. Die Künstler des Informel lehnten Kompositionsregeln strikt ab. Um geistige Impulse auszudrücken, verwandten sie frei erfundene Zeichen, Farbflecken und Linien. Parallelerscheinung ist der ► Abstrakte Expressionismus. Vom Informel kaum zu scheiden ist der ► Tachismus.

Inkarnat (von italienisch »incarnato«: fleischfarben) Farbton der menschlichen Haut.

Jugendstil Sammelbezeichnung für eine um 1900 vor allem Malerei, Plastik und Kunstgewerbe betreffende stilistische Erscheinung. Dem Jugendstil in Deutschland, nach der 1896 in München erstmals erschienen Zeitschrift *Die Jugend* benannt, entspricht in Frankreich der Art Nouveau, in England der Modern Style und in Österreich der ► Sezessionsstil. Charakteristisch für den Jugendstil sind Flächenhaftigkeit und eine fließende, dekorative Linienführung. Grundlagen schufen die ► Präraffaeliten. Der fließende Übergang vom Jugendstil zum ► Symbolismus wird im Werk Klimts, Munchs und Hodlers deutlich.

Karton (von italienisch »cartone«: großes Papier) Ein in der für die Ausführung vorgesehenen Größe angefertigter Entwurf, etwa zu einem Fresko oder Wandteppich.

Kirchenväter Bedeutende Theologen frühchristlicher Zeit. Die vier »abendländischen« Kirchenväter sind Ambrosius, Augustinus, Hieronymus und Gregor der Große.

Klassizismus Im weiteren Sinn jede auf der klassischen Antike beruhende Tendenz in der Kunst, im engeren Sinn der als Reaktion auf ► Barock und ► Rokoko entstehende Stil von etwa 1770 bis 1830. Maßstab für den Klassizismus war die Kunst der Antike, besonders die griechische, die als zeitlos gültig angesehen wurde. Kennzeichnend für die Malerei und die Architektur des Klassizismus sind strenge, klare Gliederung und einfache Formen. Bevorzugt behandelt wurden ernste Themen.

Konstruktivismus Um 1914 von Russland ausgehende abstrakte Richtung in Malerei, Plastik und Architektur. Von Malewitsch als ► Suprematismus bezeichnet und theoretisch fundiert, zielte der Konstruktivismus auf eine »reine Malerei«, die weder Inhalte noch Emotionen transportieren sollte. Zur Anwendung kamen entsprechend »reine« geometrische Formen: Quadrat, Rechteck, Kreis und die »reine« gerade Linie. Der Konstruktivismus wirkte auf das ► Bauhaus und den ► Stijl.

Kubismus Richtung der modernen Kunst, die auf den ► Fauvismus folgte. Die Bezeichnung stammt von dem Kritiker Louis Vauxcelles, der 1908 in einer Pariser Galerie gezeigte Bilder Braques mit Hilfe des Wortes »Cubes« (Würfel) beschrieb. In Anknüpfung an Cézanne begannen Picasso und Braque den Bildgegenstand in geometrische Körper und Flächen zu facettieren und machten ihn so simultanansichtig. Dieser als analytische bezeichnete Kubismus geht 1912 in den synthetischen über, in dem die Facettierung des Bildgegenstandes zu Gunsten einer Zueinanderordnung von Flächen und Ebenen aufgegeben wurde. Der Kubismus ist von zentraler Bedeutung für die weitere Entwicklung der Kunst im 20. Jahrhundert.

Kupferstich Graphische Technik, bei der die Linien der Zeichnung in die Platte eingegraben werden (Tiefdruckverfahren). Blütezeit des Kupferstichs war die erste Hälfte des 16. Jahrhunderts. Im 17. und 18. Jahrhundert wurde der Kupferstich häufig für die Gemäldereproduktion angewandt.

Laster In Entsprechung zu den ► Tugenden werden meist sieben Laster gezählt (seltener 12 oder 15) und wie diese in der Regel in Form von weiblichen ► Personifikationen dargestellt. Laster sind Unverstand, Ungerechtigkeit, Luxus, Furcht, Unglaube, Neid und Verzweiflung.

L'art pour l'art (französisch: Die Kunst für die Kunst) Mitte des 19. Jahrhunderts verkündeter Grundsatz, demzufolge die Kunst zweckfrei zu sein habe, ohne politische, soziale oder religiöse Bindungen. Nach dem selben Grundsatz ist ältere Kunst nur nach künstlerisch-formalen Gesichtspunkten zu beurteilen.

Lithographie Steindruck. Graphische Technik, bei der auf eine feinporige Kalksteinplatte die Zeichnung mit fetthaltiger Kreide oder Tusche aufgetragen wird (Flachdruckverfahren). Anschließend wird der Stein befeuchtet. Nach dem Prinzip der Abstoßung von Wasser und Fett drucken nur die fetthaltigen Partien. Das Verfahren wurde 1796/97 von Alois Senefelder entdeckt.

Luftperspektive Die atmosphärische Trübungen nachahmende Verundeutlichung und Farbveränderung zum Hintergrund hin, häufig in Form von »Verblauung«.

Mäzen Nach dem reichen römischen Privatmann Gaius Maecenas (gestorben 8 v. Chr.), der unter anderem Schriftsteller wie Vergil und Horaz unterstützte: Kunstfreund oder freigebiger Gönner.

Manierismus Wichtige Strömung der Spätrenaissance. Der Idealismus der Hochrenaissance wird im Manierismus bewusst aufgehoben und nicht selten ins Gegenteil verkehrt. Typisch sind Überlängung des menschlichen Körpers, komplizierte Komposition und artifizielle Farbgebung. Im erweiterten Sinne steht der Begriff auch für jede Form extremer Verfeinerung und Raffinesse in der Kunst.

Metamorphosen (von griechisch »metamorphosis«: Verwandlung) Titel eines Werkes des römischen Dichters Ovid (43 v. Chr. – 17/18 n. Chr.), das etwa 250 Mythen enthält, die durch das Motiv der Verwandlung zusammengehalten werden. Wichtige Quelle der mythologischen Malerei und Plastik der ► Renaissance und des ► Barock.

Minimal art Vor allem in den 60er und 70er Jahren des 20. Jh.s verbreitete, schwer genau eingrenzbare Richtung der bildenden Kunst. In der Minimal art (eine Parallelerscheinung ist die minimalistische Musik) werden einfachste bildnerische Elemente mit nur kleinen Abwandlungen wiederholt, um klare Wirkung und verfeinerte Wahrnehmung für Nuancen zu erzielen.

Moderne Bezeichnung für die avantgardistische Kunst des 20. Jahrhunderts, die den Bruch mit wesentlichen Errungenschaften der ► Renaissance bedeutete. Grundlagen der Moderne schufen vor allem van Gogh, Munch und Cézanne.

Mosaik Ein aus bunten Glasstücken oder kleinen Steinen zusammengesetztes Bild oder Muster auf Wand-, Boden- oder Gewölbeflächen.

Musen Neun Schwestern, antike Schutzgöttinnen der Künste im Gefolge des Apoll. Ihr Sitz ist der Parnaß. Den Musen geweihte Stätten wurden Museion genannt, daher Museum.

Neoimpressionismus Bezeichnung für den flächig-dekorativen Stil, zu dem Seurat und sein Freund Paul Signac mit ihrer ► pointillistischen Technik gelangten und mit dem sie Mitte der 1880er Jahre den ► Impressionismus hinter sich ließen.

Neue Sachlichkeit Strömung in der deutschen Malerei der 1920er Jahre. Namensgebend war eine 1925 in Mannheim veranstaltete Ausstellung. Der Neuen Sachlichkeit, der unter anderen zeitweise Dix und Grosz angehörten, ging es im Gegensatz zum ► Expressionismus um eine möglichst objektive und genaue Erfassung der sozialen Wirklichkeit. Die überscharfe Darstellung der Bildgegenstände verleiht vielen »neusachlichen« Bildern einen magischen Charakter, der auch durch die Nähe einiger Maler zum ► Surrealismus bedingt ist. Parallelen zur Neuen Sachlichkeit finden sich in der Malerei der ► American Scene.

Neuromantik Bezeichnung für Tendenzen in der deutschen Kunst des späten 19. Jh.s, in der sich die romantische Tradition mit Einflüssen der ► Präraffaeliten und der ► Symbolisten mischen und im Gegensatz zum ► Realismus und ► Impressionismus stehen. Typischer Vertreter solcher neuromantischen Tendenzen ist etwa Arnold Böcklin.

Œuvre (französisch: Werk) Gesamtschaffen eines Künstlers.

Ölmalerei Eine bereits in der Antike bekannte, im 15. Jahrhundert die ► Temperamalerei verdrängende Technik, bei der ein pflanzliches Öl, etwa Leinöl, als Bindemittel dient. Die Ölmalerei erlaubt einen deckenden, pastosen oder dünnen und durchschimmernden Farbauftrag. Feinste Übergänge und Abstufungen sind möglich. Den Abschluss eines in Ölmalerei ausgeführten Gemäldes bildet in der Regel ein Schutzanstrich, die ► Firnis. Neben die Ölmalerei trat im 20. Jahrhundert das Malen mit synthetischen Farben, etwa mit Acryl.

Op-Art Richtung in der Kunst vor allem der 60er Jahre des 20. Jh., die versuchte, optische Reiz- und Verwirreffekte zu erzielen, etwa durch Spiralen, die sich bei längerem Hinsehen selbst zu drehen scheinen; dieser Effekt kann noch dadurch verstärkt werden, indem die Spirale selbst ein sich drehendes Objekt ist. Op-art wurde auch zum Dekorationsstil, etwa für Bekleidungsstoffe oder Schmuckstücke.

Orphismus Der Begriff wurde 1912 durch den französischen Dichter und Kritiker Guillaume Apollinaire nach Orpheus, dem Sänger der griechischen Sage, geprägt. Der Orphismus geht von der Formfacettierung des analytischen ► Kubismus aus und konzentrierte sich auf den Lichteindruck, den er mit Hilfe der Farbe auffächerte. Begründer und wichtigster Vertreter der Richtung war Delaunay.

Parnaß Berg bei Delphi in Mittelgriechenland, Sitz der Musen.

Parzen Schicksalsgöttinnen der römischen Mythologie, die den Lebensfaden spinnen, zuteilen und zerschneiden, in der nordischen Götterlehre die Nornen.

Pastos (von italienisch »pastoso«: teigig, breiig) Dicker, reliefartiger Farbauftrag.

Performance (englisch: Aufführung, Darstellung) In den 1970er Jahren entstandener Begriff für die Kunstaktion vor Publikum, bei der die künstlerische Aussage im Ablauf einer geplanten Handlungsfolge gemacht wird.

Personifikation Darstellung von Begriffen, Dingen, Naturerscheinungen und so weiter durch Menschen.

Perspektive ► Bedeutungsperspektive, Luftperspektive, Zentralperspektive

Pietà Bezeichnung für die trauernde Maria mit dem Leichnam Christi auf dem Schoß.

Pittura metafisica (italienisch: metaphysische Malerei) 1917 als Gegenposition zum ► Futurismus entstandene Richtung der italienischen Malerei mit de Chirico als Hauptvertreter. Kennzeichnend sind in ungewohnter Perspektive gegebene bühnenhafte, unbelebt wirkende Bildräume mit wenigen vereinzelten Gegenständen. Die Pittura metafisica hatte erheblichen Einfluss auf den ► Surrealismus.

Pointillismus (von französisch »point«: Punkt) siehe Impressionismus

Pop-Art (von englisch »popular art«: populäre Kunst) Ursprünglich wohl von einem Bild des Engländers Hamilton, in dem das Wort »POP« erscheint, übernommen, seit den 1960er Jahren als Kürzel für »popular art« verstanden. Ende der 1950er Jahre unabhängig voneinander in England und in den USA unter anderem als Reaktion auf die ► abstrakte Kunst entstandene gegenständliche Richtung in der Malerei. Die Pop-Art erhob Dinge des Alltags und banale Konsumobjekte zu Kunstwerken, verlieh so ihrer Ablehnung der Tradition Ausdruck und zeigte, dass letztlich alles Konsum ist. Charakteristisch für die Pop-Art sind große Formate, einfache Formen und eine plakative Farbigkeit.

Postimpressionismus Sammelbezeichnung für Tendenzen in der europäischen Kunst nach dem Ende der Hauptphase des ► Impressionismus (um 1886), insbesondere, soweit sie von Künstlern, die durch den Impressionismus geprägt sind, repräsentiert werden. In diesem Sinne gehören zum Postimpressionismus der ► Neoimpressionismus Seurats, die Kunst Gauguins, van Goghs und Cézannes, aber auch die der Nabis und Intimisten sowie teilweise der ► Symbolismus. Auch der Altersstil Renoirs und Monets kann dazugerechnet werden. Zumindest für die französische Kunst wird der Postimpressionismus zum verbindenden Glied zwischen dem Impressionismus und der Moderne des 20. Jh.s.

Postmoderne Kontroverse Bezeichnung für Tendenzen in der Kunst und Kunsttheorie seit den 80er Jahren des 20. Jh.s, die Moderne, wie sie sich seit Anfang des Jh.s entwickelt hatte, als abgeschlossene Phase zu betrachten. Sich als »postmodern« begreifende Künstler (v. a. Architekten) zitieren wie die Künstler des Historismus gegen Ende des 19. Jh.s Werke der Vergangenheit, eingeschlossen solche der »klassischen« Moderne der ersten Hälfte des 20. Jh.s.

Präraffaeliten 1848 gegründete englische Künstlergruppe, die sich die Kunst vor Raffael, besonders die Botticellis, zum Vorbild nahm. Hauptvertreter waren Hunt, Rossetti und Millais. Auf ► Symbolismus und ► Jugendstil wirkten vor allem Burne-Jones und Morris.

Primitivismus Kein eigentlicher Stil, vielmehr eine bewusste Abkehr von den Errungenschaften europäischer Kunst und die Beschäftigung mit Motiven und Elementen aus der so genannten primitiven Kunst der Naturvölker, besonders am Beginn des 20. Jahrhunderts. Einflüsse der Kunst der Naturvölker finden sich etwa im Werk Picassos und bei einigen Malern des ► Expressionismus.

Programm Meist vom Auftraggeber festgelegter, von Gelehrten gegebenenfalls unter Beteiligung des ausführenden Künstlers ausgearbeiteter allgemeiner Bildinhalt. Ein Programm steht in der Regel am Anfang eines größeren künstlerischen Projekts, etwa eines Freskenzyklus oder einer Gemäldefolge.

Propaganda (von lateinisch »propagare«: ausbreiten) Werbende Tätigkeit für meist politische oder ideologische Ziele; nach der 1622 gegründeten päpstlichen »Congregatio de propaganda fide« (Gesellschaft zur Verbreitung des Glaubens).

Putto (italienisch: Knäblein) Kleiner nackter Knabe nach dem Vorbild der antiken Amoretten, Söhne der Venus.

Quadraturmalerei Illusionistische Wand- und Deckenmalerei, bei der der Realraum durch gemalte Architekturen (Scheinarchitekturen) erweitert wird.

Radierung Graphische Technik bei der eine Metallplatte mit einer säurebeständigen Schicht, dem Ätzgrund, überzogen wird. Die Zeichnung wird in den Grund geritzt, anschließend die Platte in ein Säurebad gelegt, wo sich die Säure an den freigelegten Stellen in das Metall frisst (Tiefdruckverfahren).

Realismus Unabhängig von stilistischen Erwägungen die Bezeichnung für wirklichkeitsgetreue Darstellung. Im engeren Sinne besonders für die um die Mitte des 19. Jahrhunderts in Frankreich aufkommende, von Millet und Courbet geprägte gesellschaftskritische Kunstrichtung verwandt.

Renaissance (französisch: Wiedergeburt, dem italienischen »rinascimento« nachgebildet) Von Giorgio Vasari (1511–1574) geprägter Begriff, der die Überwindung der mittelalterlichen und die Erneuerung der antiken Kunst bezeichnet. Die Epoche umfasst den Zeitraum von etwa 1420 bis 1600, geteilt in Frührenaissance (nur in Italien, vor allem Florenz) bis etwa 1500, Hochrenaissance (mit Zentrum in Rom) bis etwa 1530 und Spätrenaissance oder ► Manierismus bis zum Ende des 16. Jahrhunderts. Die Renaissance schuf das neuzeitliche Menschenbild und ein auf rationaler Erkenntnis der Natur beruhendes Weltbild. Der Künstler emanzipierte sich vom Handwerk. Höchstes Ziel in der Malerei war die Nachahmung der Natur mithilfe mathematisch berechenbarer Perspektive und gründlicher Kenntnis der Anatomie.

Rokoko (von französisch »rocaille«: Muschelwerk) Stilphase zwischen ► Barock und ► Klassizismus von etwa 1720 bis 1780. Das Rokoko, in erster Linie ein Dekorationsstil, entstand in Frankreich als Reaktion auf die Monumentalität des Barocks. Häufig verwendete Motive sind die Muschel und der C-Schwung. Typisch für die Rokoko-Malerei sind leichte, häufig auch frivole Themen aus Mythologie und privatem Bereich.

Romantik In England gegen Ende des 18. Jahrhunderts entstandene und bis etwa 1830 in Europa vorherrschende Gegenbewegung zum ► Klassizismus, zuerst in der Literatur, später auch in der Malerei und der Musik. Für die Romantiker standen das Gefühl und das Irrationale im Vordergrund, nicht die Vernunft und die sichtbare Realität. Die Romantik entdeckte das Mittelalter wieder und idealisierte es, besonders in Deutschland, zur »guten alten Zeit«. In der romantischen Malerei spielt das Landschaftsbild eine herausragende Rolle, besonders bei Friedrich und Turner.

Sakramente (von lateinisch »sacramentum«: Weihe, Treueid, später: religiöses Ritual) Von Christus eingesetzte sichtbare Zeichen, die die göttliche Gnade weitergeben. Die katholische Kirche zählt sieben Sakramente: Taufe, Firmung, Buße, Abendmahl, Priesterweihe, Ehe und Letzte Ölung, die evangelische Kirche zwei: Taufe und Abendmahl.

Sezession Bezeichnung für die aus Opposition zu den ► Akademien und dem offiziellen Kunstgeschmack um 1900 entstehenden Zusammenschlüsse von progressiven Künstlern.

Sfumato (italienisch: verraucht) Malweise, die Umrisse wie durch einen Dunstschleier erscheinen lässt. Die Erfindung des Sfumato wird meist Leonardo da Vinci zugeschrieben.

Sibyllen (griechisch »sibylla«: Prophetin) Göttlich inspirierte Seherinnen der vorchristlichen Antike. Der Legende nach sollen auch sie, wie einige Propheten des Alten Testaments, das Erscheinen Christi vorausgesagt haben.

Siebdruck Graphische Technik, bei der die Farbe durch ein feines Netz gedrückt wird (Durchdruckverfahren). Nichtzudruckende Partien sind verschlossen.

Simultandarstellung Darstellung von zeitlich oder räumlich auseinander liegenden Ereignissen in einem Bild, typisch für das Mittelalter, als die Stadien der Vertreibung aus dem Paradies, die Lebens- und Leidensgeschichte Christi und so weiter häufig simultan dargestellt wurden.

Spätgotik Etwas ungenaue Bezeichnung für die nordeuropäische Kunst des 15. und frühen 16. Jh.s. In ihren dekorativen Elementen knüpft die Malerei und Schnitzkunst der Spätgotik an die Internationale Gotik an. Im übrigen ist sie seit der realistischen Malerei van Eycks und van der Weydens und den Bildwerken Claus Sluters ebenso wie die Frührenaissance, mit der sie bald eine Wechselbeziehung eingeht, die Kunst einer neuen Epoche. Gegen Mitte des 16. Jh.s geht die spätgotische Tradition in den internationalen Stil der späten Renaissance ein.

Staffage Meist Figuren ohne inhaltliche Bedeutung, die der Belebung von Landschaften oder Architekturdarstellungen dienen.

Stijl, De (niederländisch: Der Stil) Von Prinzipien des ► Konstruktivismus ausgehende abstrakte Richtung der niederländischen Malerei der 1920er Jahre. Namensgebend war eine erstmals 1917 erschienene Zeitschrift. Das theoretische Fundament des Stijl konzipierte Mondrian. Charakteristisch ist die Gliederung der Bildfläche durch Vertikalen und Horizontalen und die Beschränkung auf die Primärfarben Rot, Gelb und Blau sowie die Nichtfarben Schwarz, Grau und Weiß.

Stillleben Darstellung regloser Dinge in einer vom Maler geschaffenen Anordnung. Stillleben erfreuten sich besonders in der niederländischen Malerei des 17. Jahrhunderts großer Beliebtheit, wo unter anderem zwischen Prunk-, Blumen-, Früchte- und Jagdstillleben unterschieden wurde. Gelegentlich sind Stilleben mit dem ► Vanitas-Gedanken verbunden.

Suprematismus siehe Konstruktivismus.

Surrealismus Anfang der 1920er Jahre aus dem Pariser ► Dada hervorgehende, von der Psychoanalyse Freuds beeinflusste Richtung der Literatur, der Malerei, des Films und der Photografie. Die Malerei des Surrealismus erfuhr entscheidende Anregungen von der ► Pittura metafisica. Der Surrealismus suchte den spontanen Ausdruck des Unterbewussten. Charakteristisch ist die (scheinbar) widersprüchliche Kombination von Gegenständen und deren Vieldeutigkeit. Erfahrungs-, Denk- und Sehmuster werden erschüttert. Typischste Vertreter des Surrealismus sind Dalí und Magritte.

Symbolismus Richtung, die in der Literatur um 1860, in der Malerei um 1880 als Reaktion auf die als sinnentleert, verwissenschaftlicht und kommerzialisiert wahrgenommene Welt entstand. Zur Darstellung kam nicht die sichtbare Realität, sondern Phantasien, die häufig um die Themen Sünde, Krankheit und Tod kreisten. Zum Symbolismus werden unter anderen Böcklin und Munch gezählt. Die Grenze zum ► Jugendstil ist fließend.

Tachismus (von französisch »tache«: Fleck) Um 1950 von dem Kritiker Michel Seuphor geprägter Begriff. Weitgehend gleichbedeutend mit dem ► Informel. Parallelerscheinung ist der ► Abstrakte Expressionismus.

Temperamalerei (von lateinisch »temperare«: vermischen) Technik, bei der Ei oder Leim als Bindemittel dienen. Die Temperamalerei wurde im 15. Jahrhundert zunehmend von der ► Ölmalerei verdrängt, gegen Ende des 19. Jahrhunderts jedoch sporadisch wieder aufgenommen. Üblich ist die Temperatechnik bis heute in der ► Ikonenmalerei der Ostkirche.

Tondo (italienisch: Scheibe, Kreis) Rundes Gemälde.

Triptychon (von griechisch »triptychos«: dreifach) Charakteristische Altarform des Mittelalters, bestehend aus einem feststehenden Mittelteil und zwei klappbaren Seitentafeln (Flügeln).

Tugenden Häufig den ► Lastern gegenübergestellt. Es werden in der Regel sieben (seltener 12 oder 15) Tugenden gezählt, geschieden in vier weltliche oder Kardinaltugenden: Klugheit, Gerechtigkeit, Mäßigkeit, Tapferkeit, und drei christliche Tugenden: Glaube, Liebe, Hoffnung. Dargestellt finden sich die Tugenden meist in Form von weiblichen ► Personifikationen.

Typologie Lehre davon, dass Geschehnisse des Alten Testaments auf solche des Neuen Testaments vorausdeuten. Die Typologie ist in der christlichen Kunst Grundlage der Bibeldeutung.

Vanitas (lateinisch: Eitelkeit, Vergänglichkeit) Darstellungen mit Hinweisen auf die Vergänglichkeit alles Irdischen. Häufig verwandte Vanitas-Symbole sind Totenschädel, Sanduhr und brennende Kerze.

Vedute (italienisch »veduta«: Ansicht, Aussicht) Streng wirklichkeitsgetreue Wiedergabe einer Landschaft oder einer Stadt.

Vesperbild Übliche Bezeichnung für spätgotische nördlich der Alpen entstandene Darstellungen der ► Pietà.

Weltlandschaft Eine aus Versatzstücken, Fluss, Gebirge, Ebene, Meer, Stadt und so weiter aufgebaute Landschaft ohne konkrete topographische Bezüge.

Zentralperspektive Nachbildung des natürlichen, streng genommen einäugigen Sehprozesses, um 1420 in Florenz; wahrscheinlich von dem Architekten Brunelleschi oder in seiner Umgebung erfunden. Wesentliches Prinzip der Zentralperspektive ist das Zusammenlaufen sämtlicher in die Tiefe führender Linien an einem Punkt, dem so genannten Fluchtpunkt. Es entsteht die Illusion eines alle Bildgegenstände umfassenden einheitlichen Bildraumes. Die Zentralperspektive ist eine der wesentlichen Erfindungen der ► Renaissance.

REGISTER DER KÜNSTLER UND IHRER WERKE

BILDNACHWEIS

Der Verlag dankt allen, die uns Bilder zur Verfügung gestellt haben, für die freundliche Genehmigung zum Abdruck. Leider war es uns nicht in allen Fällen möglich, die Rechteinhaber ausfindig zu machen; alle Ansprüche bleiben gewahrt.

Alte Pinakothek, München: S. 104, 118 · Archiv des Corvina-Verlags: S. 26 unten · AKG, Berlin: S. 1, 3, 4, 5, 8, 11, 16 und U4, 17,18, 19, 20 oben, 23, 24, 26 oben, 27, 28, 29, 30, 31, 32, 33, 36, 38 und U4, 39, 40, 41, 44, 45 und U1, 46, 48, 49 unten, 50 rechts, 51, 52, 54 unten, 58, 59, 61, 64 oben, 68, 69, 70, 71, 72, 74, 75, 76, 77, 78, 80, 81, 82, 85, 86, 88, 89, 90, 91, 92, 94, 95, 96, 97, 98, 100 oben, 101 und U1, 106, 110, 114, 115 und U1, 120, 121, 123, 124 oben, 126, 127, 128 unten, 129, 132, 134, 138, 139, 143, 144, 145, 146, 148 unten und U4, 149, 151, 152 oben, 154 und U4, 155 oben, 156, 157, 158, 160, 161 unten, 162, 163, 166, 167, 168, 169, 170, 172, 173, 174, 175, 176, 178, 179, 182, 183, 184, 186, 187 unten und U1, 189, 190 und U1, 192, 193, 195. 196, 198, 200, 201, 204 oben, 205, 206, 208 und U4, 209, 210, 212, 213 und U1, 214, 220, 224, 232, 238, 239, 240, 242, 250, 252, 254, 260, 266, 267 unten, 268, 269, 272, 288 · AKG, Berlin/© VG Bild-Kunst, Bonn 2007: S. 234 oben, 236, 243, 244, 248, 257 unten, 270 · The Art Institute of Chicago: S. 251 · Bibliothèque nationale de France, Paris: S. 155 unten · Cliché Giraudon: S. 50 links · Dear and Chapter of Westminster, London: S. 22 · © Dedalus Foundation, Inc./VG Bild-Kunst, Bonn 2007: S. 263 · Des Moines Art Center/© VG Bild-Kunst, Bonn 2007: S. 255 · dpa Bildarchiv, Hamburg: S. 247 unten · © Salvador Dali. Foundation Gala-Salvador Dali/VG Bild-Kunst, Bonn 2007: S. 246, 247 oben · Tom Haartsen: S. 112 · Fernand Hazan, Paris: S. 164 · David Heald/© VG Bild-Kunst, Bonn 2007: S. 234 unten · Hispanic Society of America, New York: S. 150 · Kommunes Kunstsamlinger Munch-Museet, Oslo: S. 216 · Kunstmuseum, Basel: S. 199 · Carl Lamb und Max Hirmer: S. 136, 137, 140 · L.A.R.A., S.A. - ADAGP: S. 62 · The Metropolitan Museum of Art, New York: S. 187 oben · © The Munch Museum/The Munch Ellingsen Group/VG Bild-Kunst, Bonn 2007: S. 217, 218 · Musée d'Orsay, Paris: S. 188 · National Gallery Publications Ltd., London: S. 108 · National Portrait Gallery, London: S. 84 · Neue Pinakothek, München: S. 202 · New Tate Gallery, London: S. 9, 267 oben · Nippon Television Network Corp., Tokio: S. 66 oben · Rijksmuseum Amsterdam: S. 122 · Sammlung Beyeler, Basel/© VG Bild-Kunst, Bonn 2007: S. 256 · Sammlung Winzinger, Regensburg: S. 49 oben · Scala Archives, New York: S. 20 oben · Scala, Florenz: S. 100 unten · Scala Instituto Fotografico, Editionale S.p.A.: S. 4, 65 links, 66 unten · Staatliche Graphische Sammlung, München: S. 111 · Staatliche Museen Preußischer Kulturbesitz, Berlin/© VG Bild-Kunst, Bonn 2007: S. 258 · Städtische Galerie im Lenbachhaus, München/© VG Bild-Kunst, Bonn 2007: S. 233 · © Succession H. Matisse/VG Bild-Kunst, Bonn 2007: S. 221, 222 · © Succession Picasso/VG Bild-Kunst, Bonn 2007: 225, 226, 227, 228, 229, 230 · The Trustees of The National Gallery, London: S. 194 · © VG Bild-Kunst, Bonn 2007: S. 130, 261, 264 · Elke Walford: S. 161 oben

IMPRESSUM

Bibliografische Information der Deutschen Nationalbibliothek
Die Deutsche Nationalbibliothek verzeichnet diese Publikation in der Deutschen Nationalbibliografie; detaillierte bibliografische Daten sind im Internet über http://dnb.d-nb.de abrufbar.

5. überarbeitete Auflage 2007

Gestaltung und Satz: typocepta, Wilhelm Schäfer, Köln
Satz aus der Berthold Concorde und der DTL Caspari
Printed and bound in Singapore by Imago

www.gerstenberg-verlag.de

ISBN 978-3-8067-2516-2